2016

中国农村统计年鉴

CHINA RURAL STATISTICAL YEARBOOK

国家统计局农村社会经济调查司 编

图书在版编目（CIP）数据

中国农村统计年鉴 . 2016 / 国家统计局农村社会经济调查司编 . -- 北京 : 中国统计出版社 , 2016.11
ISBN 978-7-5037-8043-1

Ⅰ . ①中 … Ⅱ . ①国 … Ⅲ . ①农村经济－统计资料－中国－ 2016 －年鉴 Ⅳ . ① C832-54

中国版本图书馆 CIP 数据核字 (2016) 第 268879 号

中国农村统计年鉴—2016

编　　者 / 国家统计局农村社会经济调查司
责任编辑 / 尹　伊
封面设计 / 李雪燕
出版发行 / 中国统计出版社
通信地址 / 北京市丰台区西三环南路甲 6 号　邮政编码 /100073
电　　话 / 邮购（010）63376909　书店（010）68783171
网　　址 / http://www.zgtjcbs.com/
印　　刷 / 河北鑫宏源印刷包装有限责任公司
经　　销 / 新华书店
开　　本 / 880×1230mm　1/16
字　　数 / 904 千字
印　　张 / 28.25
版　　别 / 2016 年 11 月第 1 版
版　　次 / 2016 年 11 月第 1 次印刷
定　　价 / 248.00 元

如有印装差错，由本社发行部调换。

《中国农村统计年鉴—2016》编辑委员会

编 者 说 明

《中国农村统计年鉴—2016》由17部分组成：一、发展综述；二、综合与概要；三、农村基本情况与农业生产条件；四、农业生态与环境；五、农村投资；六、农林牧渔业总产值、中间消耗及增加值；七、主要农产品种植(养殖)面积与产量；八、农村市场与物价；九、农产品进出口；十、农产品成本与收益；十一、收入与消费；十二、农村文化、教育、卫生及社会服务；十三、国有农场；十四、西部大开发12省（区、市）农村经济情况；十五、各地区主要农村经济指标排序；十六、国外主要农业指标；十七、如何使用《中国农村统计年鉴》。

《中国农村统计年鉴—2016》收录了2015年农村社会经济统计资料及建国以后各关键历史年份全国主要统计数据。本年鉴中所涉及的全国性数据均未包括台湾省及港澳地区。

《中国农村统计年鉴—2016》中，执行新国民经济行业分类标准，自2003年起，农林牧渔业包括农林牧渔服务业。

《中国农村统计年鉴—2016》第十六部分的资料，因国际组织数据库进行了调整，所以往年部分数据也随之做了修正，指标设置也有调整。

《中国农村统计年鉴—2016》中的符号："…"表示数据不足本表最小单位"空格"表示缺或无该项数据；"#"表示其中项，未标年份的数据均为当年数据。

在本书的编辑过程中，得到了国务院有关部门、各省（自治区、直辖市）统计局和国家统计局各调查总队的大力支持，在此谨致谢意。

目录

第一部分　发展综述

第二部分　综合与概要

第三部分　农村基本情况与农业生产条件

第四部分　农业生态与环境

第五部分 农村投资

第六部分 农林牧渔业总产值、中间消耗及增加值

第七部分　主要农产品种植（养殖）面积与产量

第八部分　农村市场与物价

第九部分　农产品进出口

第十部分　农产品成本与收益

第十一部分　收入与消费

第十二部分 农村文化、教育、卫生及社会服务

第十三部分 国有农场

第十四部分 西部大开发 12 省（区、市）农村经济情况

第十五部分　各地区主要农村经济指标排序

第十六部分　国外主要农业指标

第十七部分　如何使用《中国农村统计年鉴》

发展综述

2015 年农业生产发展情况综述

2015 年是“十二五”规划的收官之年，农业发展延续了“十二五”时期的良好形势。在国家一系列强农惠农富农政策带动下，2015 年粮食生产实现“十二”连增，粮食综合生产能力实现质的飞跃，主要大宗农产品获得丰收，市场供给充足，农产品市场平稳运行。农业发展的大好形势，为国民经济持续稳定健康发展奠定了坚实基础，提供了强大支撑。

一、粮食生产跃上新台阶

（一）粮食生产实现“十二连增”

保障粮食等重要农产品的基本供给，始终是农业农村工作的首要任务，是治国理政的头等大事。2015 年中央继续坚持把“三农”工作作为全党工作的重中之重，不断加大对粮食生产的投入力度，不断完善强农惠农富农政策体系。各地认真贯彻落实中央一号文件和中央农村工作会议精神，全力抗击各种自然灾害，粮食产量再创历史新高，自 2004 年以来连续十二年实现增产，彻底打破了“两丰一平一歉”的传统粮食产量变动规律，取得举世瞩目的巨大成就。2015 年全国粮食总产量为 12428.7 亿斤，比上年增加 288.2 亿斤，增长 2.4%。全国粮食总产量自 2013 年历史上首次突破 12000 亿斤，2014 年和 2015 年分别再创历史新高，稳定站上 12000 亿斤新台阶，标志着我国粮食综合生产能力实现了质的飞跃，保障国家粮食安全的能力进一步增强。

“十二五”时期，全国粮食总产量累计增产 1499.2 亿斤，增长 13.7%，年均增幅为 2.6%。值得强调的是，“十二五”期间全国粮食总产量连年增产是在已经连续七年增产、基数较大的情况下取得的，实属不易。

表 1　2000 年全国粮食总产量

单位：亿斤

年　份	粮食总产量	比上年增加	比上年增长（%）
2000	9244	-924	-9.1
2001	9053	-191	-2.1
2002	9141	88	1.0
2003	8614	-527	-5.8
2004	9389	775	9.0
2005	9680	291	3.1
2006	9961	280	2.9
2007	10032	71	0.7
2008	10574	542	5.4
2009	10616	42	0.4
2010	10930	313	3.0
2011	11424	495	4.5
2012	11791	367	3.2
2013	12038.8	247.8	2.1
2014	12140.5	101.7	0.8
2015	12428.7	288.2	2.4

（二）2015 年粮食生产主要特点

第一，分季节看，夏粮、秋粮增产，早稻减产，呈现“两增一减”格局。2015 年，全国夏粮 2822.4 亿斤，增产 90.5 亿斤，增长 3.3%；秋粮 8932.5 亿斤，增产 204.1 亿斤，增长 2.3%；早稻 673.8 亿斤，减产 6.4 亿斤,减少 0.9%。

第二，分类别看，谷物增产，豆类和薯类减产，呈现“一增两减”格局。2015 年，全国谷物产量 11445.1 亿斤，比上年增加 296.9 亿斤，增长 2.7%。谷物中，稻谷 4164.9 亿斤，小麦 2603.7 亿斤，玉米 4491.6 亿斤，分别增产 34.7 亿斤、79.6 亿斤和 178.7 亿斤。豆类 317.6 亿斤，薯类 666.0 亿斤，分别减产 7.5 亿斤和 1.2 亿斤。在粮食产量结构中，谷物占粮食总产量的比重提高，豆类和薯类占比下降。2015 年谷物占粮食总产量的比重为 92.1%，比上年提高 0.3 个百分点，比 2005 年提高 3.7 个百分点；豆类和薯类占粮食总产量的比重分别为 2.6%和 5.4%，比上年分别降低 0.12 和 0.14 个百分点，比 2005 年分别降低 1.9 和 1.8 个百分点。在谷物中，玉米所占比提高，稻谷占比下降，小麦占比基本持平。2015 年玉米占谷物产量的比重为 39.2%，比上年提高 0.6 个百分点，比 2005 年提高 6.7 个百分点；稻谷占谷物产量的比重为 36.4%，比上年下降 0.7 个百分点，比 2005 年下降 5.8 个百分点；小麦占谷物产量的比重为 22.7%，比上年提高 0.1 个百分点，与 2005 年基本持平。

第三，粮食主产区的重要作用进一步强化。2015 年，13 个粮食主产区全部实现增产，有 10 个粮食主产省（区）增产量均在 10 亿斤以上，其中，河南、辽宁分别增产 59.0 亿斤和 49.7 亿斤。2015 年，13 个主产区粮食产量为 9468.2 亿斤，比上年增加 264 亿斤，增长 2.9%；占全国粮食总产量的比重为 76.2%，比上年提高 0.4 个百分点，比 2005 年提高了 3 个百分点。2015 年，13 个粮食主产区粮食增产量占全国粮食增加量的比重为 91.6%，表明九成以上的粮食增产来源于主产区。部分非粮食主产区减产。2015 年，9 个省（自治区、直辖市）减产，共减产 20.8 亿斤。其中，山西因秋粮受旱严重，比上年减产 14.2 亿斤，减 5.4%。

（三）粮食增产的主要原因

1. 气候好、灾害轻，单产提高。

2015 年，全国粮食作物平均单产为每亩 365.5 公斤，每亩比上年增产 6.5 公斤，提高 1.8%。因单产提高增产粮食约 221.6 亿斤，对粮食增产的贡献率为 76.9%。其中，谷物单产每亩 398.9 公斤，每亩增产 6.1 公斤，提高 1.5%。谷物中，稻谷、小麦、玉米单产分别为每亩 459.5 公斤、359.5 公斤和 392.8 公斤，每亩分别增产 5.3 公斤、9.9 公斤和 5.5 公斤。

粮食单产提高的主要原因：一是农业气象条件良好，灾害较轻。2014 年冬季和 2015 年春季，粮食主产省大于 10℃积温、降雨量、累计日照时数普遍高于上年。虽然南方部分地区阶段性强降水、北方部分地区一段时间出现干旱等造成局部灾害，但全国农业气象灾害总体较轻。据民政部统计，2015 年 1-10 月，全国农作物受灾面积 31567.2 万亩，比上年同期减少 6312.3 万亩，减少 16.7%；绝收面积 3639.0 万亩，减少 705.0 万亩，减少 16.2%。二是高产作物面积增加。2015 年，全国玉米播种面积比上年增加 1489.8 万亩，增长 2.7%。三是农业生产措施得力。特别是在部分地区发生灾情后，国务院领导亲自指挥，有关部门联合抗灾，有效减轻了灾害损失。

2. 政策好，播种面积增加。

党中央、国务院高度重视农业生产，国家财政持续加大强农惠农政策力度，继续实施“四补贴”、最低收购价政策和临时收储政策，继续对产量大县和生猪大县进行奖励，调动了地方政府重农抓粮和广大农民务农种粮的积极性，粮食播种面积增加。2015 年，全国粮食播种面积 17 亿亩，比上年增加 926.9 万亩，增长 0.5%。因播种面积扩大而增产粮食约 66.6 亿斤，对粮食增产的贡献率为 23.1%。其中，谷物播种面积 14.35 亿亩，增加 1568.1 万亩，增长 1.1%。谷物中，小麦、玉米播种面积分别为 3.62 亿亩和 5.72 亿亩，分别增加 107.8 万亩和 1489.8 万亩；稻谷播种面积 4.53 亿亩，减少 145.0 万亩。

3. 农业物质技术装备水平提高。

2015 年国家继续加大以农田水利为重点的农业基础设施建设力度，全年新增耕地灌溉面积 158 万公顷，新增节水灌溉面积 254 万公顷。2015 年国家加快推进农业创新，主要粮食作物育种、重大病虫害防治等现代农业生物技术取得重大进展；完善农业科技推广体系，大力推广良种良法，农业科技进步对农业增产的作用提升。据农业部统计，2015 年农业科技进步贡献率有望超过 56%，比上年提高 0.4

个以上百分点。农业科技进步贡献率超过 50%，表明我国农业增长已由过去主要依靠增加资源要素投入，转变到主要依靠科技进步上来。2015 年国家进一步完善农机具购置补贴政策，提高政策的指向性、精准性和普惠性，加大先进适用农业机械技术的推广应用力度，农业机械化水平提高。据农业部初步统计，2015 年我国农作物耕种收综合机械化水平达到 62%，比上年提高 1 个百分点。农业机械化水平提高，逐步改变了主要依靠人畜力进行农业劳作的传统生产方式，把农民从繁重的农业生产劳动中解放出来，有效地缓解了农村青壮年劳动力短缺的矛盾，同时极大地提高了农业劳动生产率。

（四）粮食价格变动情况

从国际市场看，虽然 2015 年全球谷物产量有所下降，但仍属产量较高年份，加之期初库存创历史新高，全球粮食供给形势较为宽松，主要谷物品种价格下跌。从国内情况看，我国粮食经过连年增产，加之进口处于较高水平，国内粮食库存巨大，供给较为充足。在国内外粮食供给均较为宽松的背景下，2015 年我国粮食价格总体呈现稳中略降的运行态势，部分产品四季度价格下降幅度加大。

从粮食生产者价格变动情况来看，2015 年全国粮食生产者价格总水平比上年下降 1.3%，其中，谷物下降 1.3%，豆类下降 1.1%，薯类下降 0.7%。在谷物中，小麦生产者价格下降 0.8%，稻谷上涨 1.6%，玉米下降 3.5%。分季度看，2015 年粮食生产者价格先扬后抑。第一季度和第二季度粮食生产者价格同比分别上涨 1.7%和 1.4%，第三季度和第四季度同比分别下降 1.9%和 5.7%。谷物生产者价格第一季度和第二季度同比分别上涨 1.8%和 1.6%，第三和第四季度同比分别下降 2.1%和 5.7%。其中，小麦第一季度和第二季度同比分别上涨 3.7%和 1.4%，第三季度和第四季度同比分别下降 3.2%和 5.8%；稻谷第一、二和三季度同比分别上涨 2.4%、2.6%和 1.5%，第四季度同比下降 0.6%；玉米第一、二季度同比均上涨 1.3%，第三、四季度同比分别下降 3.9%和 12.9%。豆类生产者价格第一、二季度同比分别上涨 1.5%和 1.6%，第三、四季度同比分别下降 0.4%和 6.5%。其中，大豆第一、二季度同比分别上涨 0.8%和 2.2%，第三、四季度同比分别下降 0.4%和 6.0%。薯类生产者价格第一、二和四季度同比分别下跌 1.5%、6.1%和 1.4%，第三季度同比上涨 5.2%。

从粮食集贸市场价格变动情况，2015 年主要粮食品种集贸市场价格总体呈现下降走势。稻谷集贸市场价格先扬后抑，1 至 8 月稻谷价格上涨，8 至 12 月价格下跌。2015 年 8 月籼稻和粳稻集贸市场价格（这里的价格为全国 200 个集贸市场的平均价格，下同）分别为 2.83 元/公斤和 3.28 元/公斤，比 1 月份分别上涨 1.4%和 2.8%，比上年同期分别上涨 1.8%和 2.5%；12 月籼稻和粳稻集贸市场价格分别为 2.77 元/公斤和 3.20 元/公斤，比 8 月份分别下跌 2.1%和 2.4%。2015 年 1 至 10 月小麦集贸市场价格持续下跌，11 月略有回升后趋稳。2015 年 12 月，小麦集贸市场价格为 2.44 元/公斤，比上年同期下跌 5.8%（2015 年小麦集贸市场价格走势参考图 3-4）。2015 年上半年玉米集贸市场价格稳中略升，下半年持续下跌，9 月份新粮上市后，价格加速下跌。2015 年 12 月，玉米集贸市场价格为 2.19 元/公斤，比上年同期下跌 10.6%。2015 年大豆价格总体保持下降趋势，12 月大豆集贸市场价格为 6.03 元/公斤，比上年同期下降 3.8%。

二、经济作物结构调整加快

（一）棉花

1.棉花生产情况。

受结构调整、前期库存积压较多、需求回落和价格下降的影响，2015 年棉花产量下降。2015 年全国棉花总产量为 560.3 万吨，比上年减产 57.5 万吨，减少 9.3%。其中，新疆棉花产量为 350.3 万吨，比上年减产 17.4 万吨，减少 4.7%；其他地区棉花产量为 210.2 万吨，比上年减产 40.0 万吨，减少 16.0%。2015 年新疆棉花产量占全国的比重为 62.5%，比上年提高 3.0 个百分点。

棉花播种面积减少。2015 年全国棉花播种面积为 5695.5 万亩，比上年减少 638.4 万亩，减少 10.1%。新疆棉花播种面积比上年减少 73.5 万亩，其他地区合计减少 564.9 万亩。因播种面积减少使得棉花减产 61.9 万吨。

棉花单产略增。2015 年全国棉花单产为每亩 98.4 公斤，比上年增加 0.8 公斤，提高 0.8%，因单产提高使得全国棉花产量增加了 4.5 万吨。全国棉花单产提高的原因：一是 2015 年长江流域棉花生长气候条件较为适宜，棉花长势好于上年，单产提高 5.8%，这是全国棉花单产提高的主要原因。二是新疆棉花播种面积占全国的比重为 50.1%，比上年提高了 3.9 个百分点；单产为 122.6 公斤/亩，虽比上年减少 3 公斤，但仍比其他地区高 48.7 公斤，由此全国棉花单产每亩提高了 0.2 公斤。

表 2　2010 年以来全国棉花（皮棉）产量

单位：万吨

年　份	产量	比上年增加	比上年增长（%）
2010	596		
2011	660	64	10.7
2012	684.0	25.0	3.8
2013	629.9	-54.1	-7.9
2014	617.8	-12.1	-1.9
2015	560.3	-57.5	-9.3

“十二五”时期，全国棉花产量波动较大，呈现出先扬后抑的变动特点。2011 年和 2012 年棉花产量连续实现增产，2013 年后连续下降。2012 年全国棉花产量达到 684 万吨，比 2010 年增加 88 万吨，增长 14.8%。2015 年全国棉花产量比 2012 年 124 万吨，下降 18.1%。

2. 棉花价格变动情况。

在国家实施棉花临时收储政策时期，棉花生产连续丰收，棉花净进口较多，2013/2014 年期末棉花库存积压了 1300 多万吨。同时，世界经济增长乏力，国际竞争加剧，我国纺织品出口低迷，棉花需求不振。加之，我国实施农产品价格形成机制改革，取消棉花临时收储政策，在新疆开展棉花目标价格改革试点，棉花价格出现连续下滑。2015 年，全国棉花（籽棉，下同）生产者价格比上年下降 12.5%。其中，第一、二、四季度分别比上年同期下降 22.2%、14.1%和 7.3%（第三季度农户极少出售棉花，缺乏可靠的生产者价格数据）。从集贸市场价格来看，2015 年棉花集贸市场价格下降，12 个月的价格全部低于上年同期。2015 年 12 月棉花集贸市场价格为 6.52 元/公斤，比上年同期下降 6.2%。从月度变化情况来看，1-6 月份棉花价格稳中略降，7-12 月份总体呈下跌走势。

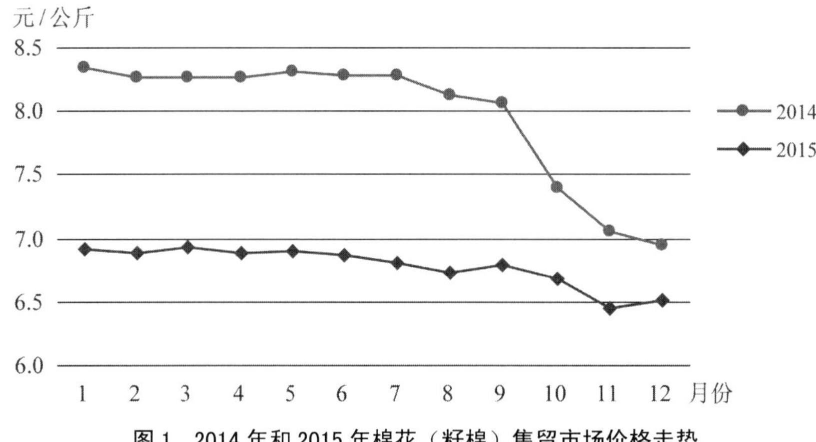

图 1　2014 年和 2015 年棉花（籽棉）集贸市场价格走势

（二）油料

1. 油料生产情况。

油料产量继 2013 年站上 3500 万吨新台阶后，2015 年再创历史新高。2015 年全国油料产量为 3537 万吨，比上年增加 29.6 万吨，增产 0.8%。油料生产大省的增产作用增强。2015 年油料生产大省河南、湖北、湖南、四川、内蒙古合计增产 60.4 万吨，其他地区减产 39.2 万吨。

“十二五”时期，全国油料产量总体保持持续增长态势。2015 年全国油料产量比 2010 年增加了 307 万吨，增长 9.5%，年均增长 1.8%。

表 3　2010 年以来全国油料产量

单位：万吨

年份	总产量	比上年增加	比上年增长（%）
2010	3230		
2011	3307	77	2.4
2012	3437	130	3.9
2013	3517	80	2.3
2014	3507	-10	-0.3
2015	3537	30	0.8

2. 油料价格变动情况。

从生产者价格来看，2015 年油料生产者价格稳中略升，比上年增长 0.8%。其中，第一和二季度同比分别上涨 3.4%和 0.3%，第三季度同比下降 1.6%，第四季度同比上涨0.9%。从集贸市场价格来看，2015 年不同油料品种集贸市场价格走势差异较大。油菜籽价格低于上年同期。2015 年 1-12 月油菜籽集贸市场价格均低于上年同期。其中，12 月油菜籽集贸市场价格为 5.14 元/公斤，比上年同期下降 4.3 个百分点。从月度环比变化情况看，2015 年油菜籽集贸市场价格逐渐下跌，1-8 月基本呈逐月下跌走势，9 月份触底反弹，10-12 月平稳运行。花生仁价格总体高于上年同期。除 12 月份略低于上年同期外，2015 年 1-11 月花生仁集贸市场价格均高于上年同期。从月度环比变化情况来看，花生仁集贸市场价格先扬后抑，1-8 月稳中略升，9 月开始逐月下降。

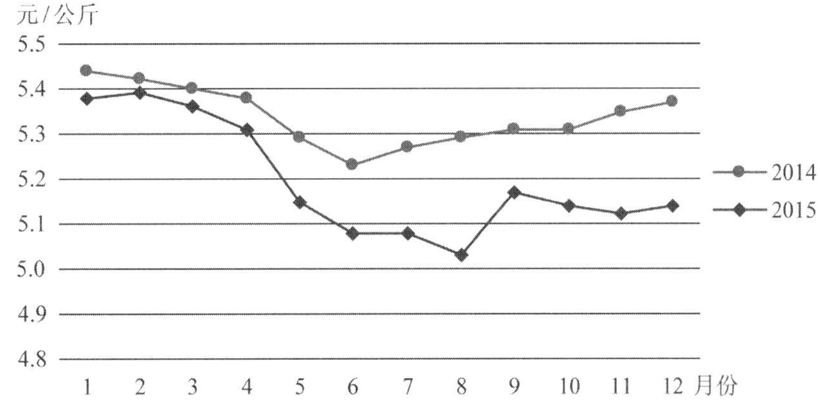

图 2　2014 年和 2015 年油菜籽集贸市场价格走势

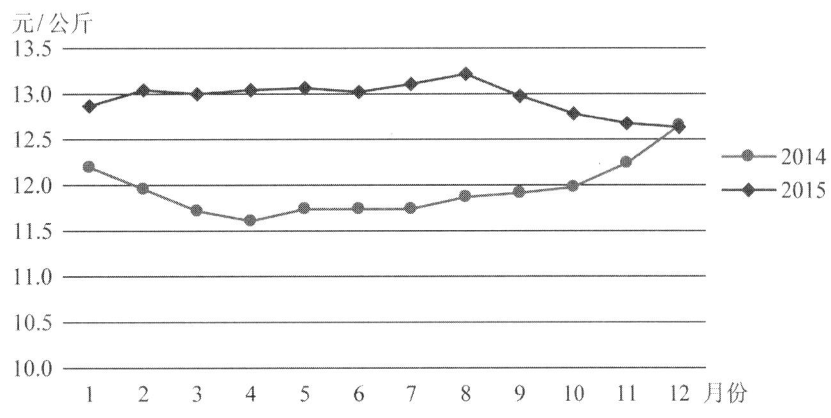

图 3　2014 年和 2015 年花生仁集贸市场价格走势

（三）糖料

受近年来食糖国内外价差较大，食糖进口量居高不下，国内食糖生产成本增加，收益下降等因素的影响，2015 年糖料生产萎缩，糖料减产。2015 年全国糖料产量为 12500 万吨，比上年减少 861.2 万吨，减产 6.4%。糖料产量前三省份广西、云南和广东合计减产 682.0 万吨，占全国减产量的比重为 79.2%；其他省份减产 179 万吨，占全国减产量的比重为 20.8%。

2015 年全国糖料种植面积为 2604.8 万亩，比上年减少 244.1 万亩，下降 8.6%。因播种面积减少，使得全国糖料减产 1130.1 万吨。2015 年全国糖料单产为 4798.8 公斤/亩，比上年增加 108.8 公斤/亩，提高 2.3%。因单产提高，全国糖料增产 298 万吨。

“十二五”时期，全国糖料产量总体增加，但年度间波动较大，呈现先扬后抑的特点。2015 年全国糖料产量比 2010 年增加 492 万吨，增长 4.1%，年均增长 0.8%。“十二五”前三年全国糖料产量连续增长，2013 年达到 13746 万吨，比 2010 年 1738 万吨，增长 14.5%，年均增幅为 4.6%；后两年连续减产，2015 年比 2013 年减产 1246 万吨，减少 9.1%。

2015 年糖料生产者价格比上年下降 1.2%。其中第一、二季度同比分别下降 2.5%和 5.5%，第四季度同比上涨 7.5%。

表 4　2010 年以来全国糖料产量

单位：万吨

年　份	产量	比上年增加	比上年增长(%)
2010	12008		
2011	12517	509	4.2
2012	13485	968	7.7
2013	13746	261	1.9
2014	13361	-385	-2.8
2015	12500	-861	-6.4

三、畜牧业稳步增长

（一）生猪

1.生猪生产情况。

生猪出栏减少，猪肉产量下降。据初步统计，2015 年全国生猪出栏 7.08 亿头，比上年减少 2685 万头，下降 3.7%；猪肉产量 5487 万吨，比上年减少 184 万吨，下降 3.3%。分地区看，15 个主产区①生猪出栏和肉产量分别下降 2.7%和 2.5%；非主产区生猪出栏和肉产量分别下降 8.0%和 6.6%。其中，浙江、福建受生态环境要求等因素影响，生产降幅较大，两省生猪出栏分别下降 23.7%和 14.2%。

前两年，生猪市场价格持续低迷，养殖效益亏损，养殖户主动调减产能，生猪和能繁殖母猪存栏下降。2015 年二季度以后，随着猪价上涨，养殖效益提升，养殖户补栏积极性有所提高。12 月底全国生猪存栏及能繁殖母猪存栏分别为 4.51 亿头和 4693 万头，虽比上年同期分别下降 3.2%和 5.4%，但比 9 月底分别回升 1.0%和 3.9%。

自 2010 年首次超过 5000 万吨，“十二五”时期全国生猪产量站稳 5000 万吨新台阶，全部年份生猪产量都超过 5000 万吨。“十二五”时期，全国生猪产量总体呈稳定增长态势。2015 年全国生猪产量比 2010 年增加了 416 万吨，增长 8.2%，年均增长 1.6%。从年度变动情况来看，2011 年全国生猪产量与 2010 年相比，稳中略降，减产 11 万吨。2012、2013、2014 年三年全国生猪产量连续增长，2014 年全国生猪产量达到 5671 万吨，比 2010 年累计增产 600 万吨，增长 11.8%。

表 5　2010 年以来全国猪肉产量

单位：万吨

年　份	产量	比上年增加	比上年增长(%)
2010	5071		
2011	5060	-11	-0.2
2012	5343	283	5.6
2013	5493	150	2.8
2014	5671	178	3.2
2015	5487	-185	-3.3

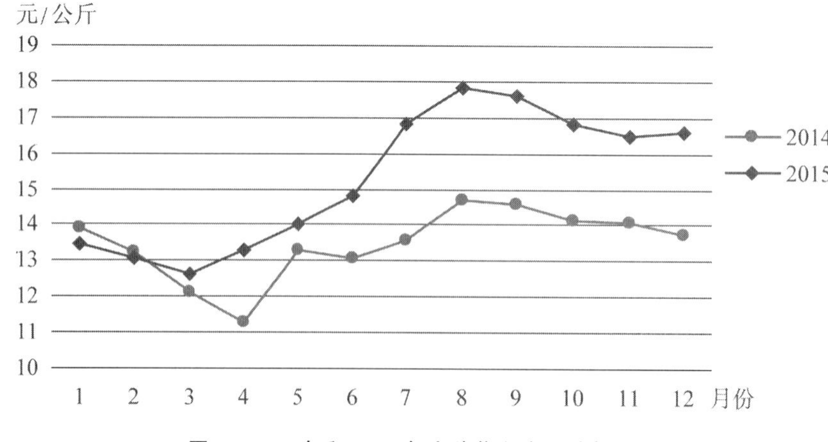

图 4　2014 年和 2015 年生猪集贸市场价格走势

2. 生猪价格变动情况。

2015 年生猪生产者价格先抑后扬，全年上涨

① 生猪主产区包括河北、辽宁、江苏、浙江、安徽、江西、山东、河南、湖北、湖南、广东、广西、重庆、四川、云南等 15 个省份，其他省份为非生猪主产区。

8.9%。分季度看，第一季度生猪生产者价格同比下降 3.6%，第二、三和四季度同比分别上涨 5.9%、19.4%和 12.9%。从集贸市场价格来看，2015 年全国生猪价格呈“S”型走势，1-3 月下跌，4-8 月逐月快速上涨，9-11 月有所回落，12 月份止落企稳。12 月份全国生猪价格为 16.62 元/公斤，比 8 月份的年内最高价低 1.22 元/公斤，下降 6.8%，但比上年同期上涨 21.1%（见图 4）。

（二）牛和羊

1. 牛和羊生产情况。

2015 年，全国牛出栏 5003 万头，比上年增加 74 万头，增长 1.5%；牛肉产量 700 万吨，比上年增加 11 万吨，增长 1.6%。全年牛奶产量 3755 万吨，比上年增加 30 万吨，增长 0.8%。12 月底全国牛存栏 1.08 亿头，比上年同期增加 239 万头，增长 2.3%。“十二五”时期，全国牛肉产量总体呈稳定增长态势，累计增产 47 万吨，增长 7.2%，年均增幅为 1.4%。

表 6　2010 年以来全国牛肉产量

单位：万吨

年　份	产量	比上年增加	比上年增长(%)
2010	653		
2011	648	-6	-0.9
2012	662	15	2.3
2013	673	11	1.7
2014	689	16	2.4
2015	700	11	1.6

羊产品产量增长，存栏增加。2015 年全国羊出栏 2.95 亿只，比上年增加 731 万只，增长 2.5%；羊肉产量 441 万吨，比上年增加 13 万吨，增长 2.9%。12 月底全国羊存栏 3.11 亿只，比上年同期增加 785 万只，增长 2.6%。“十二五”时期，全国羊肉产量总体呈稳步增长态势，累计增产 42 万吨，增长 10.5%，年均增长 2.0%。

表 7　2010 年以来全国羊肉产量

单位：万吨

年份	产量	比上年增加	比上年增长(%)
2010	399		
2011	393	-6	-1.4
2012	401	8	2
2013	408	7	1.8
2014	428	20	4.9
2015	441	13	2.9

2. 牛和羊价格变动情况。

2015 年活牛和活羊生产者价格下跌，分别比上年回落 0.9%和 10.6%。分季度看，活牛生产者价格第一、二、三和四季度同比分别下跌 0.2%、0.3%、1.1%和 1.4%；活羊生产者价格同比分别下跌 9.6%、9.3%、13.7%和 9.4%。

2015 年活牛集贸市场价格总体呈下降走势，1-4 月份高于上年同期，5-12 月份低于上年同期。12 月活牛集贸市场价格为 26.96 元/公斤，比上年同期下跌 4.2%。从月度环比变动情况看，1-5 月活牛集贸市场价格总体下跌，6 月份后平稳运行。延续 2014 年稳步下跌趋势，2015 年活羊集贸市场价格逐月下跌，1-12 月价格水平均低于上年同期。12 月活羊集贸市场价格为 26.79 元/公斤，比上年同期下跌 10.8%。

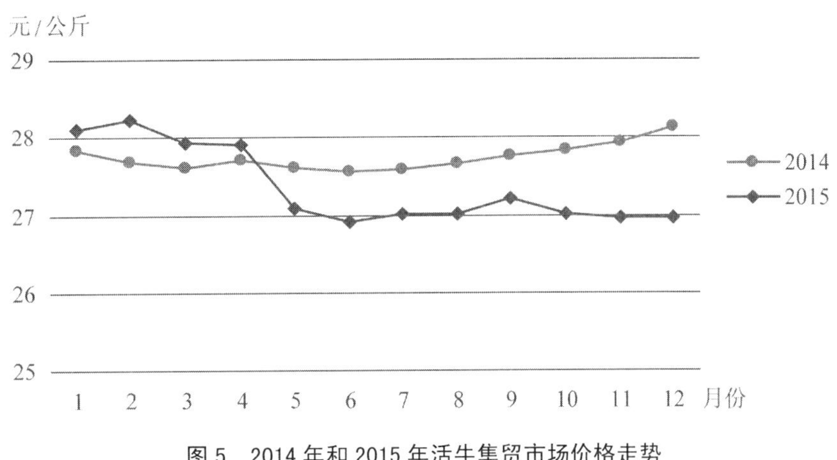

图 5　2014 年和 2015 年活牛集贸市场价格走势

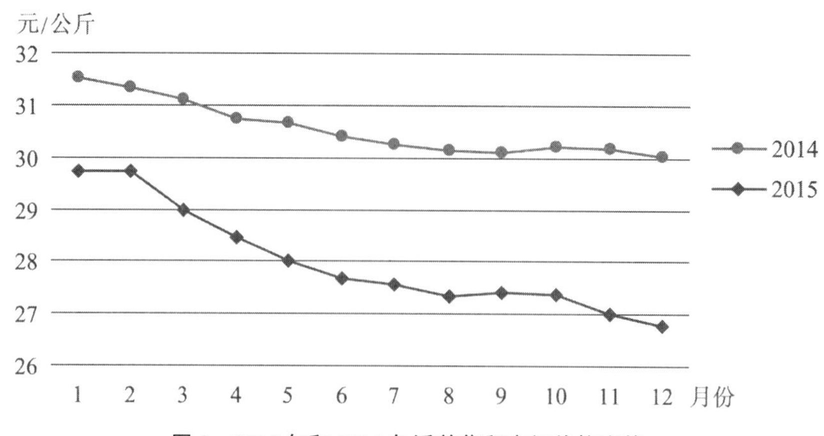

图 6　2014 年和 2015 年活羊集贸市场价格走势

（三）家禽

1. 家禽生产情况。

2015 年家禽养殖未出现较大疫情，生产稳步增长，产品产量增加。据初步统计，全国家禽出栏 120 亿只，比上年增加 4.46 亿只，增长 3.9%；禽肉产量 1826 万吨，比上年增加 76 万吨，增长 4.3%；禽蛋产量 2999 万吨，比上年增加 105 万吨，增长 3.6%。全国家禽年末存栏 59 亿只，比上年同期增加 8799 万只，增长 1.5%。

2. 家禽价格变动情况。

从生产者价格情况来看，2015 年家禽生产者价格稳中略升，比上年上涨 1.3%。分季度看，第一、四季度同比分别上涨 3.2%和 3.0%，第二、三季度同比分别下跌 0.4%和 0.5%。2015 年禽蛋生产者价格比上年下跌 3.1%，其中，第一季度同比上涨 4.1%，第二、三和四季度同比分别下跌 5.0%、3.5%和 7.0%。从集贸市场价格情况来看，2015 年活鸡集贸市场总体在 18 元/公斤至 19 元/公斤之间震荡运行，年末价格与上年同期基本持平。

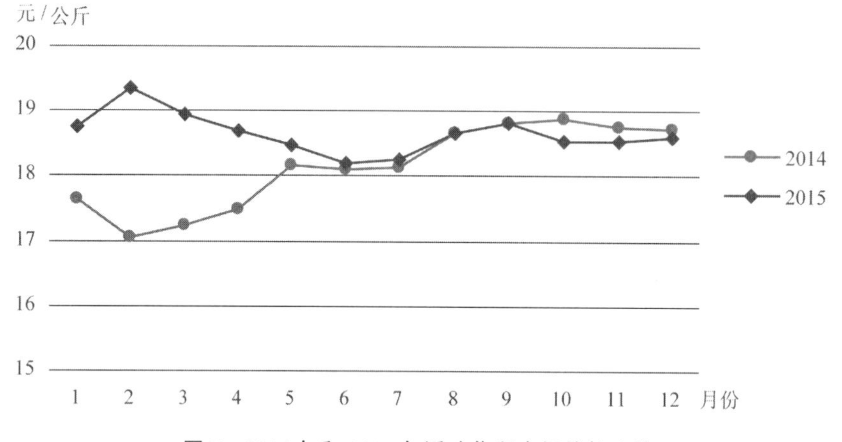

图 7　2014 年和 2015 年活鸡集贸市场价格走势

四、几点建议

（一）提高粮食综合生产能力

在国内外粮食供给较为充分的情况下，国家开始实施农业供给侧结构性改革，以逐步消化规模巨大的库存，优化农业生产结构，缓解农业发展面临的资源和环境压力。在推进农业供给侧结构性改革过程中，要主动调结构，保产能，要注重保护并提高粮食综合生产能力，防止出现放松或忽视粮食生产的倾向。要严守耕地红线不动摇，确保需要时有地可种。要切实提高耕地质量，确保需要时能产得出。习近平总书记强调，“中国人的饭碗任何时候都要牢牢端在自己手上，我们的饭碗应该主要装中国粮”。解决十三亿人的吃饭问题必须立足于国内生产，始终都是具有全局意义的战略问题。

（二）强化农业科技支撑

农业现代化依然是“四化同步”的短板，农业发展面临着严峻挑战，不仅受到价格“天花板”和成本“地板”的双重挤压，还受到资源和环境“紧箍咒”的双重约束。破解农业发展难题的根本出路在于科技，要真正把农业发展从依靠资源要素投入增加转到主要依靠科技进步上来，提高耕地产出率、资源利用率和劳动生产率。要大力加强以优良品种培育为重点的农业科技创新力度，重点突破生物育种、农机装备、智能农业、生态环保等领域关键技术。要完善农业技术推广体系，加快先进适用农业技术的应用步伐，缩短技术传播周期。要加强培育现代职业农民，发挥其辐射带动作用；要切实提高农业从业人员素质，认真解决好“最后一公里”问题。

（三）加强农产品市场宏观调控

降库存是农业供给侧结构性改革的重要任务，2016 年农产品市场运行面临较大的下行压力。要引导农民根据市场需求合理调整农作物种植结构。要加强并改善农产品市场宏观调控，确保农产品市场平稳运行，避免发生较为严重的“谷贱伤农”现象。要把握好农产品储备和进出口的规模、节奏和时机，推动农产品市场平稳有序运行。要综合运用工商、税收、财政、金融、保险等手段，维护市场秩序，维护农民利益。要加快发展农产品加工业，延长农业产业链条，推进一二三产业融合发展，缓解国家农产品收购压力，同时也能促进农民增收。

（四）深入实施农业“走出去”战略

人多地少、资源短缺、环境脆弱是我国农业基本国情，部分农产品国际竞争力低下，进口规模巨大，产业安全受到挑战。在农业对外开放度扩大的背景下，统筹利用国际国内两个市场、两种资源，提升我国农业竞争力，是当前和今后一段时期的重大挑战。实施农业“走出去”战略，在全球范围内优化资源配置，不仅可为我国建立稳定的产品来源基地，也可缓解我国资源和环境过度开发的压力，促进休养生息，同时也有利于促进世界农业发展和投资目的地经济增长。要加强农业“走出去”战略设计，明确战略定位和“走出去”的重点行业、重点地区；要完善农业“走出去”支持保护政策体系，鼓励有条件的农业企业向加工、物流、仓储、码头等资本和技术密集型行业以及种子、研发等科技含量较高的关键领域投资，提升投资层次；要加强对“走出去”企业的信息服务，因地制宜，建立健全纠纷解决机制；要整合资源，培育一些具有强大竞争力的跨国农业企业集团。

2

综合与概要

2-1 农村经济主要指标

指　　标	单位	1990年	1995年	2000年	2013年	2014年	2015年
一、农业机械总动力	亿瓦特	2870.8	3611.8	5257.4	10390.7	10805.7	11172.8
二、农林牧渔业总产值	亿元	7662.1	20340.9	24915.8	96995.3	102226.1	107056.4
三、农林牧渔业增加值	亿元	5062.0	12135.8	14944.7	56966.0	60158.0	62904.1
四、主要农产品产量							
粮食	万吨	44624.3	46661.8	46217.5	60193.8	60702.6	62143.9
棉花	万吨	450.8	476.8	441.7	629.9	617.8	560.3
油料	万吨	1613.2	2250.3	2954.8	3517.0	3507.4	3537.0
糖料	万吨	7214.5	7940.1	7635.3	13746.1	13361.2	12500.0
黄红麻	万吨	72.6	37.1	12.6	6.1	5.6	5.3
烤烟	万吨	225.9	207.2	223.8	314.9	279.5	260.6
猪牛羊肉	万吨	2513.5	4265.3	4743.2	6574.4	6788.8	6627.5
牛奶	万吨	415.7	576.4	827.4	3531.4	3724.6	3754.7
禽蛋	万吨	794.6	1676.7	2182.0	2876.1	2893.9	2999.2
水产品	万吨	1237.0	2517.2	3706.2	6172.0	6461.5	6699.6
水果	万吨	1874.4	4214.6	6225.1	25093.0	26142.2	27375.0
五、农村物价总指数(上年=100)							
农产品生产价格总指数	%	97.4	119.9	96.4	103.2	99.8	101.7
农村商品零售价格指数	%	103.2	116.4	98.5	101.8	101.0	100.3
农业生产资料价格指数	%	105.5	127.4	99.1	101.4	99.1	100.4
农村居民消费价格指数	%	104.5	117.5	99.9	102.8	101.8	101.3
六、农村居民人均可支配收入	元				9429.6	10488.9	11421.7
农村居民人均消费支出	元				7485.1	8382.6	9222.6
七、农村教育、卫生							
在校学生数							
#普通中学	万人	2739.0	2773.0	3586.3	896.0	827.1	
普通小学	万人	9595.6	9306.2	8503.7	3217.0	3049.9	
农民高等学校	人	353.0	966.0	800.0	1168.0	1298.0	
农民技术培训学校	万人	1050.0	4948.7	6209.6	3043.0	2868.1	
卫生院床位数	万张	72.3	73.3	73.5	113.6	116.7	
卫生技术人员	万人	77.7	91.9	102.6	104.3	105.3	

注：1. 2000年以前农产品生产价格总指数为农副产品收购价格指数。
2. 从2003年起，农林牧渔业总产值、增加值、中间消耗核算执行新国民经济行业分类标准,包括农林牧渔服务业。
3. 从2003年起，水果产量含果用瓜。
4. 2011年新疆生猪数据调整，全国生猪存栏、出栏、肉产量等指标相应变化，下同。
5. 从2013年起,国家统计局开展了住户收支与生活状况抽样调查,本表中的农村居民收入与支出数据来源于此调查、与2012年及以前的农村住户抽样调查的调查范围、调查方法、指标口径有所不同，数据来源于实施城乡一体化调查后的住户收支与生活状况抽样调查。

2-2 按人口平均的主要农产品产量

单位：千克/人

年 份	粮食	棉花	油料	糖料	猪牛羊肉	水产品
1949	208.9	0.8	4.7	5.2		0.8
1952	288.1	2.3	7.4	13.4		2.9
1957	306.0	2.6	6.6	18.7		4.9
1962	231.9	1.1	3.0	5.7		3.4
1965	272.0	2.9	5.1	21.5		4.2
1970	293.2	2.8	4.6	19.0		3.9
1975	310.5	2.6	4.9	20.9		4.8
1978	318.7	2.3	5.5	24.9		4.9
1980	326.7	2.8	7.8	29.7		4.6
1985	360.7	3.9	15.0	57.5		6.7
1990	393.1	4.0	14.2	63.6		10.9
1991	378.3	4.9	14.2	73.2		11.7
1992	380.0	3.9	14.1	75.6		13.4
1993	387.4	3.2	15.3	64.7		15.5
1994	373.5	3.6	16.7	61.6		17.9
1995	387.3	4.0	18.7	65.9		20.9
1996	414.4	3.5	18.2	68.7	30.3	23.1
1997	401.7	3.7	17.5	76.3	34.6	25.4
1998	412.5	3.6	18.6	78.8	37.0	27.2
1999	405.8	3.1	20.8	66.5	38.0	28.5
2000	366.0	3.5	23.4	60.5	37.6	29.4
2001	355.9	4.2	22.5	68.1	38.0	29.9
2002	357.0	3.8	22.6	80.4	38.5	30.9
2003	334.3	3.8	21.8	74.8	39.5	31.6
2004	362.2	4.9	23.7	73.8	40.4	32.8
2005	371.3	4.4	23.6	72.5	42.0	33.9
2006	379.9	5.7	20.2	79.8	42.6	35.0
2007	380.6	5.8	19.5	92.5	40.1	36.0
2008	399.1	5.7	22.3	101.3	42.4	37.0
2009	398.7	4.8	24.0	92.2	44.4	38.4
2010	408.7	4.5	24.2	89.8	45.8	40.2
2011	425.2	4.9	24.6	93.2	45.4	41.7
2012	436.5	5.1	25.4	99.8	47.4	43.7
2013	443.5	4.6	25.9	101.3	48.6	43.7
2014	445.0	4.5	25.7	97.9	49.8	47.4
2015	453.2	4.1	25.8	91.2	48.3	49.1

注：按年平均人口计算。

2-2 续表 单位：千克/人

年 份	黄红麻	烤烟	水果	牛奶	禽蛋	茶叶
1952	0.3	0.4	4.3			0.14
1957	0.2	0.4	5.1			0.18
1962	0.1	0.2	4.1			0.11
1965	0.4	0.5	4.5			0.14
1970	0.2	0.5	4.6			0.17
1975	0.4	0.8	5.9	1.0		0.23
1978	1.1	1.1	6.9	0.9		0.28
1980	1.1	0.7	6.9	1.2		0.31
1985	3.9	2.0	11.1	2.4	5.1	0.41
1990	0.6	2.0	16.5	3.7	7.0	0.48
1991	0.4	2.3	18.9	4.0	8.0	0.47
1992	0.5	2.7	20.9	4.3	8.8	0.48
1993	0.6	2.6	25.6	4.2	10.0	0.51
1994	0.3	1.6	29.4	4.4	12.4	0.49
1995	0.3	1.6	35.0	4.8	13.9	0.49
1996	0.3	2.4	38.2	5.2	16.1	0.49
1997	0.3	3.2	41.4	4.9	15.4	0.50
1998	0.2	1.7	43.9	5.3	16.3	0.54
1999	0.1	1.7	49.8	5.7	17.0	0.54
2000	0.1	1.8	49.3	6.6	17.3	0.54
2001	0.1	1.6	52.3	8.1	17.4	0.55
2002	0.1	1.7	112.3	10.2	17.7	0.58
2003	0.1	1.6	112.7	13.6	18.1	0.60
2004	0.1	1.7	118.4	17.4	18.3	0.64
2005	0.1	1.9	123.6	21.1	18.7	0.72
2006	0.1	1.7	130.4	24.4	18.5	0.78
2007	0.1	1.7	137.6	26.7	19.2	0.88
2008	0.1	2.0	145.1	26.8	20.4	0.95
2009	0.1	2.1	153.2	26.4	20.6	1.02
2010	0.1	2.0	160.0	26.7	20.7	1.10
2011	0.1	2.1	169.5	27.2	20.9	1.21
2012	0.1	2.3	178.1	27.7	21.2	1.33
2013	0.1	2.3	184.9	26.1	21.3	1.32
2014	0.1	2.0	191.6	27.3	21.2	1.54
2015	0.0	1.9	199.6	27.4	21.9	1.64

注：从2002年起，水果产量含果用瓜。

2-3 农村经济在国民经济中的地位

单位：亿元、%

年　份	国内生产总值	#第一产业	所占比重	社会消费品零售额	#县及县以下	所占比重
1952	679.0	342.9	50.5	276.8		
1957	1068.0	430.0	40.3	474.2		
1962	1149.3	453.1	39.4	604.0		
1965	1716.1	651.1	37.9	670.3		
1970	2252.7	793.3	35.2	858.0		
1975	2997.3	971.1	32.4	1271.1		
1978	3624.1	1027.5	28.4	1558.6	1053.4	67.6
1980	4551.6	1359.4	29.9	2140.0	1406.4	65.7
1981	4898.1	1545.6	31.6	2350.0	1506.7	64.1
1982	5333.0	1761.6	33.0	2570.0	1649.5	64.2
1983	5975.6	1960.8	32.8	2849.4	1792.1	62.9
1984	7226.3	2295.5	31.8	3376.4	2027.7	60.1
1985	9039.9	2541.6	28.1	4305.0	2430.5	56.5
1986	10308.8	2763.9	26.8	4950.0	2932.0	59.2
1987	12102.2	3204.3	26.5	5820.0	3393.0	58.3
1988	15101.1	3831.0	25.4	7440.0	4179.2	56.2
1989	17090.3	4228.0	24.7	8101.4	4434.6	54.7
1990	18774.3	5017.0	26.7	8300.1	4411.5	53.1
1991	21895.5	5288.6	24.2	9415.6	4885.8	51.9
1992	27068.3	5800.0	21.4	10993.7	5523.4	50.2
1993	35524.3	6887.3	19.4	12462.1	5237.2	42.0
1994	48459.6	9471.4	19.5	16264.7	6603.5	40.6
1995	61129.8	12020.0	19.7	20620.0	8243.3	40.0
1996	71572.3	13877.8	19.4	24774.1	9822.9	39.6
1997	79429.5	14264.6	18.0	27298.9	10648.5	39.0
1998	84883.7	14618.0	17.2	29152.5	11327.3	38.9
1999	90187.7	14548.1	16.1	31134.7	12043.1	38.7
2000	99776.3	14716.2	14.7	34152.6	13042.3	38.2
2001	110270.4	15501.2	14.1	37595.2	14051.8	37.4
2002	121002.0	16188.6	13.4	42027.0	15041.0	35.8
2003	136564.6	16968.3	12.4	45842.0	16065.0	35.0
2004	160714.4	20901.8	13.0	59501.0	19805.0	33.3
2005	185895.8	21803.5	11.7	67176.6	22082.0	32.9
2006	217656.6	23313.0	10.7	76410.0	24867.4	32.5
2007	268019.4	27783.0	10.4	89210.0	28799.3	32.3
2008	316751.7	32747.0	10.3	114830.1	34752.8	30.3
2009	345629.2	34154.0	9.9	132678.4	43584.2	32.8
2010	408903.0	39354.6	9.6	156998.4	50020.7	31.9
2011	484123.5	46153.3	9.5	183918.6	58499.1	31.8
2012	534123.0	50892.7	9.5	210307.0	67021.3	31.9
2013	588018.8	55321.7	9.4	237809.9	76896.4	32.3
2014	635910.2	58336.1	9.2	271896.1	90105.8	33.1
2015	676707.8	60863.0	9.0	300930.8	100648.0	33.4

注：1. 社会消费品零售额，1992年及以前为社会商品零售总额数据。
2. 根据最新修订的报表制度，2010年以后县及县以下的数据为镇区与乡村之和。
3. 国内生产总值依据全国第一次经济普查结果进行了修订。

2-3 续表 1

单位：亿元、%

年 份	全国一般公共预算收入			全国一般公共预算支出		
	合 计	#烟叶税	耕地占用税	合 计	#农林水	所占比重
1970	662.9			649.4		
1975	815.6			820.9		
1978	1132.3			1122.1		
1980	1159.9			1228.8		
1981	1175.8			1138.4		
1982	1212.3			1230.0		
1983	1367.0			1409.5		
1984	1642.9			1701.0		
1985	2004.8			2004.3		
1986	2122.0			2204.9		
1987	2199.4		1.4	2262.2		
1988	2357.2		21.2	2491.2		
1989	2664.9		16.9	2823.8		
1990	2937.1		14.6	3083.6		
1991	3149.5		17.9	3386.6		
1992	3483.4		29.2	3742.2		
1993	4349.0		29.4	4642.3		
1994	5218.1		36.5	5792.6		
1995	6242.2		34.5	6823.7		
1996	7408.0		31.2	7937.6		
1997	8651.1		32.5	9233.6		
1998	9876.0		33.4	10798.2		
1999	11444.1		33.0	13187.7		
2000	13395.2		35.3	15886.5		
2001	16386.0		38.3	18902.6		
2002	18903.6		57.3	22053.2		
2003	21715.3		39.9	24650.0		
2004	26396.5		120.1	28486.9		
2005	31649.3		141.9	33930.3		
2006	38760.2	41.6	171.1	40422.7		
2007	51321.8	47.8	185.0	49781.4	3404.7	6.8
2008	61330.4	67.5	314.4	62592.7	4544.0	7.3
2009	68518.3	80.8	633.1	76299.9	6720.4	8.8
2010	83101.5	78.4	888.6	89874.2	8129.6	9.0
2011	103874.4	91.4	1075.5	109247.8	9937.6	9.1
2012	117253.5	131.8	1620.7	125953.0	11973.9	9.5
2013	129209.6	150.3	1808.2	140212.1	13349.6	9.5
2014	140370.0	141.1	2059.1	151785.6	14173.8	9.3
2015	152216.7	142.8	2097.4	175767.8	17241.7	9.8

注：2015年数据为预算执行数，以前各年数据为财政决算数。

2-3 续表 2

单位：元/人

年 份	全国居民消费水平			指数(1978年=100)		城乡消费水平对比(农村居民=1)
		城镇居民	农村居民	城镇居民	农村居民	
1978	184	405	138	100	100	2.9
1979	208	425	159	103	107	2.7
1980	238	490	178	110	116	2.7
1981	264	517	202	114	127	2.6
1982	284	504	227	109	141	2.2
1983	315	547	252	116	154	2.2
1984	356	621	280	128	168	2.2
1985	440	750	346	137	192	2.2
1986	496	847	385	146	201	2.2
1987	558	953	427	152	213	2.2
1988	684	1200	506	160	220	2.4
1989	785	1345	588	161	232	2.3
1990	831	1404	627	164	240	2.2
1991	916	1619	661	181	246	2.5
1992	1057	2009	701	212	250	2.9
1993	1332	2661	822	244	262	3.2
1994	1799	3645	1073	261	275	3.4
1995	2330	4769	1344	286	289	3.5
1996	2765	5382	1655	297	329	3.3
1997	2978	5645	1768	303	342	3.2
1998	3126	5909	1778	320	346	3.3
1999	3346	6351	1793	349	354	3.5
2000	3721	6999	1917	383	378	3.7
2001	3987	7324	2032	397	395	3.6
2002	4301	7745	2157	422	421	3.6
2003	4606	8104	2292	437	440	3.5
2004	5138	8880	2521	463	458	3.5
2005	5771	9832	2784	503	489	3.5
2006	6416	10739	3066	536	525	3.5
2007	7572	12480	3538	598	570	3.5
2008	8707	14061	4065	636	610	3.5
2009	9514	15127	4402	687	667	3.4
2010	10919	17104	4941	741	716	3.5
2011	13134	19912	6187	802	809	3.2
2012	14699	21861	6964	860	880	3.1
2013	16190	23609	7773	905	956	3.0
2014	17778	25424	8711	956	1050	2.9
2015	19308	27088	9630	1005	1147	2.8

注：1. 绝对数按当年价格计算，指数按可比价格计算。
2. 本表数据来源于国民经济核算资料，与城乡住户抽样调查数据的指标口径不同。

2-3 续表 3 单位：元/人

年 份	农村居民人均纯收入	指数(1978=100)	城镇居民人均可支配收入	指数(1978=100)
1978	133.6	100.0	343.4	100.0
1980	191.3	139.0	477.6	127.0
1981	223.4	160.4	500.4	129.9
1982	270.1	192.3	535.3	136.3
1983	309.8	219.6	564.6	141.5
1984	355.3	249.5	652.1	158.7
1985	397.6	268.9	739.1	160.4
1986	423.8	277.6	900.9	182.7
1987	462.6	292.0	1002.1	186.8
1988	544.9	310.7	1180.2	182.3
1989	601.5	305.7	1373.9	182.5
1990	686.3	311.2	1510.2	198.1
1991	708.6	317.4	1700.6	212.4
1992	784.0	336.2	2026.6	232.9
1993	921.6	346.9	2577.4	255.1
1994	1221.0	364.3	3496.2	276.8
1995	1577.7	383.6	4283.0	290.3
1996	1926.1	418.1	4838.9	301.6
1997	2090.1	437.3	5160.3	311.9
1998	2162.0	456.1	5425.1	329.9
1999	2210.3	473.5	5854.0	360.6
2000	2253.4	483.4	6280.0	383.7
2001	2366.4	503.7	6859.6	416.3
2002	2475.6	527.9	7702.8	472.1
2003	2622.2	550.6	8472.2	514.6
2004	2936.4	588.0	9421.6	554.2
2005	3254.9	624.5	10493.0	607.4
2006	3587.0	670.7	11759.5	670.7
2007	4140.4	734.4	13785.8	752.3
2008	4760.6	793.2	15780.8	815.7
2009	5153.2	860.6	17174.7	895.4
2010	5919.0	954.4	19109.4	965.2
2011	6977.3	1063.2	21809.8	1046.3
2012	7916.6	1176.9	24564.7	1146.7
2013	8895.9	1286.4	26955.1	1227.0
2014	9892.0	1404.7	29381.0	1310.5
2015	10772.0	1510.1	31790.3	1396.9

注：本表1978-2012年数据来源于分别开展的农村住户调查和城镇住户调查,2013-2014年数据是按照可比口径使用城乡一体化住户收支与生活状况调查数据推算获得,为人均可支配收入。

2-4　各地区农村经济在国民经济中的地位

单位：%

地　区	第一产业增加值占地区生产总值比重	镇区及乡村消费品零售额占全社会消费品零售额的比重
北　京	0.6	7.7
天　津	1.3	19.6
河　北	11.5	49.9
山　西	6.2	45.5
内蒙古	9.0	33.9
辽　宁	8.3	21.1
吉　林	11.2	26.0
黑龙江	17.5	27.2
上　海	0.4	7.2
江　苏	5.7	29.9
浙　江	4.3	39.0
安　徽	11.2	44.4
福　建	8.2	35.9
江　西	10.6	47.4
山　东	7.9	39.8
河　南	11.4	42.7
湖　北	11.2	32.8
湖　南	11.5	41.4
广　东	4.6	23.3
广　西	15.3	42.3
海　南	23.1	32.4
重　庆	7.3	33.6
四　川	12.2	41.5
贵　州	15.6	35.4
云　南	15.0	37.7
西　藏	9.4	44.6
陕　西	8.8	34.7
甘　肃	14.1	41.2
青　海	8.6	37.8
宁　夏	8.2	38.1
新　疆	16.7	25.2

2-5 各地区社会消费品零售额

(按当年价计算) 单位：亿元

地 区	社会消费品零售额	#镇区零售额	#乡村零售额
全国合计	**300930.8**	**58715.9**	**41932.1**
北 京	10338.0	471.3	325.2
天 津	5257.3	807.7	224.0
河 北	12990.7	3464.3	3015.2
山 西	6033.7	1628.6	1116.4
内蒙古	6107.7	1304.2	764.7
辽 宁	12787.2	1504.5	1198.6
吉 林	6651.9	953.6	776.3
黑龙江	7640.2	1121.8	954.3
上 海	10131.5	287.2	441.5
江 苏	25876.8	5113.9	2624.5
浙 江	19784.7	4457.8	3262.2
安 徽	8908.0	2234.8	1719.8
福 建	10505.9	2717.1	1057.4
江 西	5925.5	1796.4	1010.4
山 东	27761.4	5480.1	5582.0
河 南	15740.4	3861.1	2853.8
湖 北	14003.2	2362.5	2227.9
湖 南	12024.0	3836.8	1140.2
广 东	31517.6	3446.1	3907.1
广 西	6348.1	1940.0	747.8
海 南	1325.1	207.4	222.2
重 庆	6424.0	1838.1	318.4
四 川	13877.7	3035.9	2726.1
贵 州	3283.0	571.5	591.4
云 南	5103.2	1224.3	697.3
西 藏	408.5	110.1	72.1
陕 西	6578.1	1499.0	783.2
甘 肃	2907.2	607.7	590.4
青 海	691.0	170.6	90.8
宁 夏	789.6	237.8	62.8
新 疆	2606.0	424.0	232.2

2-6 2015年各地区城乡居民收入水平

单位：元/人

地 区	农村居民 人均可支配收入	城镇居民 人均可支配收入	城乡居民收入水平对比 (农村居民=1)
全国总计	**11421.7**	**31194.8**	**2.73**
北 京	20568.7	52859.2	2.57
天 津	18481.6	34101.3	1.85
河 北	11050.5	26152.2	2.37
山 西	9453.9	25827.7	2.73
内蒙古	10775.9	30594.1	2.84
辽 宁	12056.9	31125.7	2.58
吉 林	11326.2	24900.9	2.20
黑龙江	11095.2	24202.6	2.18
上 海	23205.2	52961.9	2.28
江 苏	16256.7	37173.5	2.29
浙 江	21125.0	43714.5	2.07
安 徽	10820.7	26935.8	2.49
福 建	13792.7	33275.3	2.41
江 西	11139.1	26500.1	2.38
山 东	12930.4	31545.3	2.44
河 南	10852.9	25575.6	2.36
湖 北	11843.9	27051.5	2.28
湖 南	10992.5	28838.1	2.62
广 东	13360.4	34757.2	2.60
广 西	9466.6	26415.9	2.79
海 南	10857.6	26356.4	2.43
重 庆	10504.7	27238.8	2.59
四 川	10247.4	26205.3	2.56
贵 州	7386.9	24579.6	3.33
云 南	8242.1	26373.2	3.20
西 藏	8243.7	25456.6	3.09
陕 西	8688.9	26420.2	3.04
甘 肃	6936.2	23767.1	3.43
青 海	7933.4	24542.3	3.09
宁 夏	9118.7	25186.0	2.76
新 疆	9425.1	26274.7	2.79

注：本表数据来源于国家统计局开展的城乡一体化住户收支与生活状况调查。

2-7 各地区城乡居民消费水平

单位：元/人

地　区	居民消费水平			城乡居民消费水平对比(农村居民=1)
		城镇居民	农村居民	
北　京	39200	41846	22315	1.9
天　津	30330	32872	18380	1.8
河　北	12829	17924	7666	2.3
山　西	14364	19018	8809	2.2
内蒙古	20835	26872	11814	2.3
辽　宁	23693	28567	13707	2.1
吉　林	14630	19358	8837	2.2
黑龙江	16443	21660	9238	2.3
上　海	45816	48750	23005	2.1
江　苏	31682	37515	20428	1.8
浙　江	28712	33359	19953	1.7
安　徽	13941	20251	7674	2.6
福　建	20828	25202	13631	1.8
江　西	14489	19362	9432	2.1
山　东	20684	26993	12651	2.1
河　南	14507	21821	8271	2.6
湖　北	17429	23561	9542	2.5
湖　南	16289	22770	9785	2.3
广　东	26365	32393	13344	2.4
广　西	13857	21076	7439	2.8
海　南	17019	23626	9124	2.6
重　庆	18860	25795	8337	3.1
四　川	14774	20114	10039	2.0
贵　州	12876	20082	7866	2.6
云　南	13401	20699	7820	2.6
西　藏	8756	17466	5412	3.2
陕　西	15363	21877	7944	2.8
甘　肃	11868	19480	6255	3.1
青　海	15167	21217	9109	2.3
宁　夏	17210	24041	9050	2.7
新　疆	13684	20532	7694	2.7

注：本表数据来源于国民经济核算资料，与城乡住户抽样调查数据的指标口径不同。

2-8 主要农产品供需情况

一、粮食

年 份	生产量（万吨）	进口量（万吨）	出口量（万吨）	城镇居民人均消费（千克/人）	农村居民人均消费（千克/人）
1980	32056	1343	162		257.2
1981	32502	1481	126	145.4	256.1
1982	35450	1612	125	144.6	260.0
1983	38728	1344	196	144.5	259.9
1984	40731	1045	357	142.1	266.5
1985	37911	600	932	134.8	257.5
1986	39151	773	942	137.9	259.3
1987	40298	1628	737	133.9	259.4
1988	39408	1533	717	137.2	259.5
1989	40755	1658	656	133.9	262.3
1990	44624	1372	583	130.7	262.1
1991	43529	1345	1086	127.9	255.6
1992	44266	1175	1364	111.5	250.5
1993	45649	752	1535	97.8	251.8
1994	44510	920	1346	101.7	257.6
1995	46662	2081	214	97.0	256.1
1996	50450	1200	144	94.7	256.2
1997	49417	705	859	88.6	250.7
1998	51230	708	906	86.7	248.9
1999	50839	772	758	84.9	247.5
2000	46218	1357	1400	82.3	250.2
2001	45264	1738	903	79.7	238.6
2002	45706	1417	1514	78.5	236.5
2003	43070	2283	2230	79.5	222.4
2004	46947	2298	514	78.2	218.3
2005	48402	3286	1141	77.0	208.9
2006	49804	3186	723	75.9	205.6
2007	50160	3237	1118	77.6	199.5
2008	52871	4131	379	58.5	199.1
2009	53082	5223	329	81.3	189.3
2010	54648	6695	275	81.5	181.4
2011	57121	6390	288	80.7	170.7
2012	58958	8025	277	78.8	164.3
2013	60194	8645	243	121.3	178.5
2014	60703	10042	211	117.2	167.6
2015	62144	12477	164	112.6	159.5

注：①从2013年起,国家统计局开展了住户收支与生活状况抽样调查,本年鉴中的2013年及之后年份的城乡居民消费粮油糖数据来源于此调查，与2012年及以前的农村住户抽样调查的调查范围、调查方法、指标口径有所不同，后表同。
②城乡居民人均粮食消费量为原粮，但城镇居民1980--2012年人均粮食消费量为加工粮。

2-8 续表 1 二、食用植物油

年份	生产量(万吨)	进口量(万吨)	出口量(万吨)	城镇居民人均消费(千克/人)	农村居民人均消费(千克/人)
1980	222		3.1		1.4
1981	292	4.4	6.3	4.8	1.9
1982	345	5.6	10.2	5.8	2.1
1983	360	3.5	15.6	6.5	2.2
1984	382	1.4	13.1	7.1	2.5
1985	401	3.5	16.2	5.8	2.6
1986	441	19.8	16.6	6.2	2.6
1987	478	51.1	5.6	6.5	3.1
1988	480	21.4	2.6	7.0	3.3
1989	496	105.6	6.2	6.2	3.3
1990	544	112.0	14.0	6.4	3.5
1991	644	61.0	9.9	6.9	3.9
1992	661	42.0	6.8	6.7	4.1
1993	965	24.0	13.6	7.1	4.1
1994	723	163.0	27.0	7.5	4.1
1995	1144	353.0	49.6	7.1	4.3
1996	947	264.0	47.3	7.1	4.5
1997	894	285.8	86.1	7.2	4.7
1998	602	205.5	30.9	7.6	4.6
1999	734	208.0	9.7	7.8	4.6
2000	835	179.0	11.2	8.2	5.5
2001	1383	165.0	13.4	8.1	7.0
2002	1531	319.0	9.8	8.5	7.5
2003	1584	541.0	6.0	9.2	6.3
2004	1235	676.0	6.5	9.3	5.3
2005	1612	621.0	22.5	9.3	6.0
2006	1986	671.0	39.9	9.4	5.8
2007	2319	838.0	16.6	9.6	6.0
2008	2419	817.1	24.9	10.3	6.2
2009	3280	816.0	11.4	9.7	5.4
2010	3916	687.0	9.2	8.8	5.5
2011	4332	657.0	12.2	9.3	6.6
2012	5176	845.0	10.0	9.1	6.9
2013	6219	810.0	11.5	10.5	9.3
2014	6534	650.0	13.4	10.6	9.0
2015	6734	676.0	13.5	10.7	9.2

注：本表生产量为规模以上企业产量的快报数据。

2-8 续表 2

三、棉花

年 份	生产量(万吨)	进口量(万吨)	出口量(万吨)	全国人均产量(千克/人)
1980	270.7	88.5	0.9	2.8
1981	296.8	80.1	0.1	3.0
1982	359.8	47.3	0.4	3.5
1983	463.7	23.0	5.8	4.4
1984	625.8	4.0	18.9	5.9
1985	414.7	…	34.7	3.9
1986	354.0	…	55.8	3.2
1987	424.5	0.6	75.5	3.8
1988	414.9	3.5	46.8	3.7
1989	378.8	51.9	27.2	3.3
1990	450.8	42.0	16.7	3.9
1991	567.5	37.0	20.0	4.8
1992	450.8	28.0	14.5	3.8
1993	373.9	1.0	15.0	3.1
1994	434.0	52.6	11.1	3.6
1995	476.8	74.0	2.2	3.9
1996	420.0	6.5	0.4	3.4
1997	460.3	78.3	0.1	3.7
1998	450.1	20.9	4.5	3.6
1999	382.9	5.0	23.6	3.1
2000	441.7	4.7	29.2	3.5
2001	532.4	6.0	5.2	4.2
2002	491.6	18.0	15.0	3.8
2003	486.0	87.0	11.2	3.8
2004	632.0	191.0	0.9	4.9
2005	571.4	257.0	0.5	4.4
2006	753.3	364.0	1.3	5.2
2007	762.4	246.0	2.1	5.8
2008	749.2	211.0	1.6	5.7
2009	637.7	153.0	0.8	4.8
2010	596.1	284.0	0.6	4.5
2011	658.9	336.0	2.6	4.9
2012	683.6	513.0	1.8	5.1
2013	629.9	415.0	0.7	4.6
2014	617.8	244.0	1.3	4.5
2015	560.3	147.0	2.9	4.1

2-8 续表 3　　　　四、糖料

年　份	糖料生产量(万吨)	食糖进口量(万吨)	食糖出口量(万吨)	城镇居民人均食糖消费(千克/人)	农村居民人均食糖消费(千克/人)
1980	2911.2	91.2	30.1		1.1
1981	3602.8	102.9	12.5	2.9	1.1
1982	4359.4	217.7	6.7	2.8	1.2
1983	4103.3	190.0	6.0	2.8	1.3
1984	4780.3	123.0	5.2	2.9	1.3
1985	6046.8	191.0	18.4	2.5	1.5
1986	5852.5	118.0	26.6	2.6	1.6
1987	5550.3	183.0	45.2	2.5	1.7
1988	6187.4	371.0	24.8	2.6	1.4
1989	5803.8	158.0	43.0	2.4	1.5
1990	7214.5	113.0	57.0	2.1	1.5
1991	8418.7	101.0	34.3	1.8	1.4
1992	8808.0	110.0	167.0	1.9	1.5
1993	7624.2	45.0	185.0	1.8	1.4
1994	7346.0	155.2	94.7	1.9	1.3
1995	7940.0	295.0	48.0	1.7	1.3
1996	8360.0	125.0	66.5	1.7	1.4
1997	9380.0	78.3	37.9	1.6	1.4
1998	9790.4	50.8	43.6	1.8	1.4
1999	8334.1	42.0	36.7	1.8	1.5
2000	7635.3	64.1	41.5	1.7	1.3
2001	8655.1	120.0	19.6	1.7	1.4
2002	10293.0	118.3	32.6		1.6
2003	9642.0	78.0	10.3	—	1.2
2004	9528.0	121.0	8.5	—	1.1
2005	9451.9	139.0	35.8	—	1.1
2006	10460.0	137.0	15.4	—	1.1
2007	12188.2	119.0	11.1	—	1.1
2008	13419.6	78.0	6.2	—	1.1
2009	12276.6	106.0	6.4	—	1.1
2010	12008.5	177.0	9.4	—	1.0
2011	12516.5	292.0	5.9	—	1.0
2012	13485.4	375.0	4.7	—	1.2
2013	13746.1	455.0	4.8	1.3	1.2
2014	13361.1	349.0	4.6	1.3	1.3
2015	12500.0	485.0	7.5	1.3	1.3

农村基本情况与农业生产条件

3-1 全国乡村人口和乡村就业人员情况

单位：万人、%

年 份	乡村人口		乡村就业人员数(年末)		
	人口数	占总人口比重		第一产业	第一产业人员所占比重
1978	79014	82.1	30638	28318	92.4
1980	79565	80.6	31836	29122	91.5
1985	80757	76.3	37065	31130	84.0
1990	84138	73.6	47708	38914	81.6
1991	84620	73.1	48026	39098	81.4
1992	84996	72.5	48291	38699	80.1
1993	85344	72.0	48546	37680	77.6
1994	85681	71.5	48802	36628	75.1
1995	85947	71.0	49025	35530	72.5
1996	85085	69.5	49028	34820	71.0
1997	84177	68.1	49039	34840	71.0
1998	83153	66.7	49021	35177	71.8
1999	82038	65.2	48982	35768	73.0
2000	80837	63.8	48934	36043	73.7
2001	79563	62.3	48674	36399	74.8
2002	78241	60.9	48121	36640	76.1
2003	76851	59.5	47506	36204	76.2
2004	75705	58.2	46971	34830	74.2
2005	74544	57.0	46258	33442	72.3
2006	73160	55.7	45348	31941	70.4
2007	71496	54.1	44368	30731	69.3
2008	70399	53.0	43461	29923	68.9
2009	68938	51.7	42506	28890	68.0
2010	67113	50.1	41418	27931	67.4
2011	65656	48.7	40506	26594	65.7
2012	64222	47.4	39602	25773	65.1
2013	62961	46.3	38737	24171	62.4
2014	61866	45.2	37943	22790	60.1
2015	60346	43.9	37041	21919	59.2

注：1. 本表人口1981年及以前数据为户籍统计数;1982、1990、2000、2010年人口数据为当年人口普查数据推算数；其余年份人口数据为在年度人口抽样调查基础上，根据人口普查数据修订数(下表同)。
2. 本表全国乡村就业人员小计1990年及以后的数据为根据劳动力调查、人口普查的推算数，2001年及以后数据根据第六次人口普查重新修订，因此与相应年份的分地区、分登记注册类型、分行业资料的分项数据之和不一致(下表同)。
3. 资料来源：《中国统计年鉴》。

3-2 各地区乡村人口和乡村就业人员

单位：万人、%

地　区	乡村人口		乡村就业人员数（年末）	
	人口数	占总人口比重		第一产业
全　国	**60346**	**43.9**	**37041**	**21919**
北　京	293	13.5		
天　津	269	17.4		
河　北	3614	48.7		
山　西	1648	45.0		
内蒙古	997	39.7		
辽　宁	1431	32.7		
吉　林	1230	44.7		
黑龙江	1570	41.2		
上　海	299	12.4		
江　苏	2670	33.5		
浙　江	1894	34.2		
安　徽	3041	49.5		
福　建	1436	37.4		
江　西	2209	48.4		
山　东	4233	43.0		
河　南	5039	53.2		
湖　北	2525	43.2		
湖　南	3331	49.1		
广　东	3395	31.3		
广　西	2539	52.9		
海　南	409	44.9		
重　庆	1178	39.1		
四　川	4292	52.3		
贵　州	2047	58.0		
云　南	2687	56.7		
西　藏	234	72.3		
陕　西	1748	46.1		
甘　肃	1477	56.8		
青　海	292	49.7		
宁　夏	299	44.8		
新　疆	1245	52.8		

注：本表人口数据根据2013年人口变动情况抽样调查数据推算。

3-3 农村居民家庭劳动力文化状况

指　　标	单位	1990年	1995年	2000年	2011年	2012年	2012年为下列各年百分比(%)	
							1990年	2011年
平均每百个劳动力中:								
不识字或识字很少	人	20.73	13.47	8.09	5.47	5.30	25.6	96.9
小学程度	人	38.86	36.62	32.22	26.51	26.07	67.1	98.4
初中程度	人	32.84	40.10	48.07	52.97	53.03	161.5	100.1
高中程度	人	6.96	8.61	9.31	9.86	10.01	143.8	101.5
中专程度	人	0.51	0.96	1.83	2.54	2.66	522.0	104.9
大专及大专以上	人	0.10	0.24	0.48	2.65	2.93	2929.6	110.4

注：本表数据来源于国家统计局农村住户调查。

3-4 主要农业机械年末拥有量

年 份	农用机械总动力(亿瓦)	大中型拖拉机(台)	小 型拖拉机(万台)	大中型拖拉机配套农具(万部)	联 合收获机(台)
1957	12.1	14674			1789
1962	75.7	54938	0.1	19.2	5906
1965	109.9	72599	0.4	25.8	6704
1970	216.5	125498	7.8	34.6	8002
1975	747.9	344518	59.9	90.8	12551
1978	1175.0	557358	137.3	119.2	18987
1979	1337.9	666823	167.1	131.3	23026
1980	1474.6	744865	187.4	136.9	27045
1981	1568.0	792032	203.7	139.0	31268
1982	1661.4	812447	228.7	137.4	33904
1983	1802.2	840776	275.0	130.8	35728
1984	1949.7	853914	329.8	117.0	35861
1985	2091.3	852357	382.4	112.8	34573
1986	2295.0	866463	452.6	100.6	30945
1987	2483.6	880952	530.0	103.5	33802
1988	2657.5	870187	595.8	97.1	35004
1989	2806.7	848220	654.3	99.1	36582
1990	2870.8	813521	698.1	97.4	38719
1991	2938.9	784466	730.4	99.1	43996
1992	3030.8	758904	750.7	104.4	51075
1993	3181.7	721216	788.3	100.1	56304
1994	3380.3	693154	823.7	98.0	63918
1995	3611.8	671846	864.6	99.1	75351
1996	3854.7	670848	918.9	105.0	96378
1997	4201.6	689051	1048.5	115.7	141312
1998	4520.8	725215	1122.1	120.4	182629
1999	4899.6	784216	1200.3	132.0	226036
2000	5257.4	974547	1264.4	140.0	262578
2001	5517.2	829900	1305.1	146.9	282871
2002	5793.0	911670	1339.4	157.9	310147
2003	6038.7	980560	1377.7	169.8	365041
2004	6402.8	1118636	1454.9	188.7	410520
2005	6839.8	1395981	1526.9	226.2	480378
2006	7252.2	1718247	1567.9	261.5	565578
2007	7659.0	2062731	1619.1	308.3	633784
2008	8219.0	2995214	1722.4	435.4	743474
2009	8749.6	3515757	1750.9	542.1	858372
2010	9278.0	3921723	1785.8	612.9	992062
2011	9773.5	4406471	1811.3	699.0	1113708
2012	10255.9	4852400	1797.2	763.5	1278821
2013	10390.7	5270200	1752.3	826.6	1421000
2014	10805.7	5679500	1729.8	889.6	1584600
2015	11172.8	6072900	1703.0	962.0	1739000

注：1.自2000年起，大中型拖拉机、联合收获机统计口径变化，数字有调整。
　　2.自2008年起使用农业部农机化司统计数字，取消渔用机动船指标(以下表同)。

3-5 主要农业机械年末拥有量及增长情况

指　　标	单　位	1990年	1995年	2000年	2014年	2015年	2015年为2014年百分比(%)
一、农业机械总动力	**万千瓦**	**28707.7**	**36118.1**	**52573.6**	**108056.6**	**111728.1**	**103.4**
柴油发动机动力	万千瓦		24176.3	39140.0	86717.0	89783.8	103.5
汽油发动机动力	万千瓦		3433.9	3128.9	3478.0	3669.8	105.5
电动机动力	万千瓦		8443.7	10126.7	17748.8	18189.3	102.5
其他机械动力	万千瓦		64.2	89.9	86.6	85.0	98.1
二、主要农业机械与设备							
大中型拖拉机	万台	81.4	67.2	97.5	568.0	607.3	106.9
小型拖拉机	万台	698.1	864.6	1264.4	1729.8	1703.0	98.5
大中型拖拉机配套农具	万部	97.4	99.1	140.0	889.6	962.0	108.1
小型拖拉机配套农具	万部	648.8	958.0	1788.8	3053.6	3041.5	99.6
农用排灌电动机	万台	430.8	535.2	741.3	1287.3	1303.0	101.2
农用排灌柴油机	万台	411.1	491.2	688.1	936.1	939.9	100.4
联合收获机	万台	3.9	7.5	26.2	158.5	173.9	109.7
机动脱粒机	万台	493.3	605.9	876.2	1049.0	1061.8	101.2
机电井	万眼			435.8	4739.4	483.2	10.2
节水灌溉类机械	万套	39.3	58.6	91.9	210.7	222.9	105.8
农用水泵	万台	723.9	903.5	1392.5	2224.5	2249.2	101.1

注：2013年以后机电井包含规模以下机电井，2013年以前不包括。

3-6 各地区主要农业机械年末拥有量

地　区	农业机械总动力（万千瓦）		大中型拖拉机（台）	
	2014年	2015年	2014年	2015年
全国总计	**108056.6**	**111728.1**	**5679500**	**6072900**
北　京	195.8	186.1	6600	7000
天　津	552.3	546.9	15800	15000
河　北	10942.9	11102.8	254600	274300
山　西	3286.2	3351.7	119000	130700
内蒙古	3632.6	3805.1	671500	723800
辽　宁	2730.2	2813.9	223400	231500
吉　林	2919.1	3152.5	480800	521600
黑龙江	5155.5	5442.3	921600	968000
上　海	117.8	119.0	7200	7500
江　苏	4650.0	4825.5	151200	167600
浙　江	2420.1	2360.7	12000	12600
安　徽	6365.8	6581.0	199300	220100
福　建	1368.4	1384.1	3500	3900
江　西	2118.4	2260.8	14200	19600
山　东	13101.4	13353.0	518400	535200
河　南	11476.8	11710.1	378100	402300
湖　北	4292.9	4468.1	158500	168400
湖　南	5672.1	5894.1	116300	128800
广　东	2632.4	2696.8	28100	28700
广　西	3567.5	3803.2	37900	42400
海　南	517.3	511.6	44900	43700
重　庆	1243.3	1299.7	3800	4100
四　川	4160.1	4404.5	126100	132200
贵　州	2458.4	2575.2	42100	42800
云　南	3215.0	3333.0	301300	317600
西　藏	570.8	619.7	88800	107700
陕　西	2552.1	2667.3	101700	111100
甘　肃	2545.7	2685.0	144300	160300
青　海	440.9	453.9	15900	16900
宁　夏	813.0	831.3	49100	53200
新　疆	2341.8	2489.3	443500	474300

3-6 续表 1

地区	小型拖拉机(台)		大中型拖拉机配套农具(部)	
	2014年	2015年	2014年	2015年
全国总计	**17297700**	**17030400**	**8896400**	**9620000**
北京	2000	1400	11400	10400
天津	4600	2800	30200	31900
河北	1386200	1362600	458200	497800
山西	355300	357900	242600	256900
内蒙古	407800	382100	1070800	1167400
辽宁	332500	340100	292000	305500
吉林	660800	646400	811000	858800
黑龙江	624000	603000	1303100	1383200
上海	3300	3000	19100	20500
江苏	881600	818600	265300	302500
浙江	129700	118600	18400	19900
安徽	2189000	2146700	442100	515100
福建	99600	98200	4100	5100
江西	307600	332000	22700	27600
山东	1967200	1909300	1008500	1033000
河南	3462600	3396200	896100	948300
湖北	1129800	1138100	318000	371300
湖南	235600	243600	47300	56000
广东	333300	329600	34700	44500
广西	469800	486000	54400	65300
海南	63000	57800	16400	18200
重庆	8000	8400	3100	3200
四川	113600	104500	53200	60200
贵州	95200	99200	16200	17100
云南	368300	371800	56400	61600
西藏	141300	144000	71200	85600
陕西	204400	218100	185900	199300
甘肃	598300	613200	311400	356400
青海	258900	258600	11000	14300
宁夏	167800	161200	85400	90000
新疆	296600	277400	736200	793100

3-6 续表 2

地 区	小型拖拉机配套农具(部)		农用排灌电动机(台)	
	2014年	2015年	2014年	2015年
全国总计	**30536300**	**30415200**	**12873300**	**13029600**
北 京	2100	1900	37400	36900
天 津	18000	15200	63100	63500
河 北	1837400	1803900	1536200	1544600
山 西	499300	511000	145500	146100
内蒙古	848800	866400	178300	182900
辽 宁	501800	509400	808000	803800
吉 林	1896300	1903200	197100	198600
黑龙江	1149400	1129900	141300	143500
上 海	3000	2300	13600	13600
江 苏	1470400	1405900	425900	425400
浙 江	145600	137100	840000	830700
安 徽	5157300	5031900	1186000	1189900
福 建	131700	133500	65900	71300
江 西	314000	334200	236000	241000
山 东	3305000	3246700	1259400	1262100
河 南	6709900	6613700	1129600	1133600
湖 北	2230100	2224400	708100	737300
湖 南	112300	116200	1102500	1122500
广 东	368000	376600	364100	369800
广 西	575500	691600	284600	306100
海 南	53800	52000	45000	45800
重 庆	3500	3700	768600	772700
四 川	106700	107000	379600	398300
贵 州	31000	30100	256200	272300
云 南	344400	354400	131100	147200
西 藏	96700	107000	900	1000
陕 西	300500	298600	331200	333400
甘 肃	1223500	1279600	138100	136300
青 海	258300	273000	2200	2300
宁 夏	231800	231100	27100	26700
新 疆	610200	623700	70700	70400

3-6 续表 3

单位：台

地 区	农用排灌柴油机		农用水泵		联合收获机	
	2014年	2015年	2014年	2015年	2014年	2015年
全国总计	**9361300**	**9399300**	**22245100**	**22491800**	**1584600**	**1739000**
北 京	2600	2600	34200	33200	1800	1500
天 津	38100	37900	87300	85200	5800	5800
河 北	970300	942700	1706100	1697300	127700	137700
山 西	27300	26800	152900	153400	31200	34400
内 蒙 古	213100	218000	386800	390900	24700	30100
辽 宁	226800	225900	1219200	1215200	18600	24500
吉 林	264100	265700	494700	595900	46700	63200
黑 龙 江	248800	249500	482400	493600	108800	118700
上 海			13700	13600	2800	2700
江 苏	180000	178900	659900	659200	149500	159100
浙 江	87100	84700	869400	849400	18100	17800
安 徽	399500	391300	1805800	1790600	159300	174200
福 建	101100	101600	190800	197400	7300	8200
江 西	347500	352400	439600	446700	56600	65600
山 东	1810600	1807000	2961000	2964400	256000	269300
河 南	545800	541000	2234400	2233400	221300	241500
湖 北	267100	264400	1106000	1101300	81400	88700
湖 南	1318200	1333200	2266300	2334300	101800	113700
广 东	442400	451900	790900	801600	23900	25600
广 西	506700	527400	884500	899700	26700	30400
海 南	182500	156200	191300	146100	4500	4200
重 庆	138700	140600	1002300	1013400	7100	8300
四 川	505800	529000	874100	912900	26100	29400
贵 州	211400	236800	521900	562200	1800	2300
云 南	220100	224600	302100	320500	6600	7200
西 藏	7500	7600	5100	5400	5500	5500
陕 西	55700	57200	326200	332600	37400	41100
甘 肃	24800	26100	119100	127600	7000	8100
青 海	400	500	1900	2000	2000	2300
宁 夏	4700	4800	41300	38500	7600	8200
新 疆	12600	13000	73900	74300	9000	9700

3-6 续表 4

地区	机动脱粒机(部)		节水灌溉类机械(套)	
	2014年	2015年	2014年	2015年
全国总计	**10489600**	**10618000**	**2107200**	**2228530**
北京	3900	3900	9700	10300
天津	20800	20300	2700	2700
河北	202500	198200	55500	56900
山西	88700	91400	15600	15700
内蒙古	109900	113100	67400	71700
辽宁	149100	147500	132200	133300
吉林	171200	157300	40600	40300
黑龙江	172300	174100	38400	41600
上海	800	600	7500	7700
江苏	149500	105000	67600	74100
浙江	618800	504700	28300	29200
安徽	346400	342400	204700	206400
福建	110300	108400	19800	21300
江西	296100	292400	131400	132200
山东	403200	395300	512500	523000
河南	546400	545900	213000	215600
湖北	320300	352100	110400	120800
湖南	1280900	1278600	19300	27630
广东	529500	535600	129400	135000
广西	942400	951500	117300	131900
海南	44900	44600	9300	9200
重庆	741500	749500	1500	1600
四川	1605600	1728300	23600	24700
贵州	427000	524600	12600	22900
云南	369300	402200	11900	27700
西藏	59300	61300		
陕西	387200	418500	31600	44100
甘肃	280000	255200	14900	18700
青海	35600	36400	1100	1200
宁夏	21000	21800	8300	7600
新疆	55200	57300	69100	73500

3-6 续表 5 单位：千公顷

地 区	机耕面积		机播面积		机收面积	
	2014年	2015年	2014年	2015年	2014年	2015年
全国总计	**117417.7**	**119876.4**	**83956.3**	**86651.2**	**83270.0**	**87644.4**
北 京	65.2	12.6	113.1	94.2	95.0	81.0
天 津	381.9	372.1	419.1	407.9	349.0	377.0
河 北	5432.7	5475.3	6623.5	6624.6	4988.4	5192.4
山 西	2683.1	2737.0	2622.3	2646.6	1810.7	1824.8
内 蒙 古	6282.0	6490.7	6856.2	7220.2	4487.4	5086.5
辽 宁	3819.5	3887.4	3293.5	3419.2	1813.9	2099.9
吉 林	4980.3	5071.9	5004.8	5158.5	2917.3	3299.0
黑 龙 江	14364.6	14375.3	14141.5	14202.1	12362.0	12931.1
上 海	357.4	339.7	63.6	66.0	154.3	157.7
江 苏	5956.5	6066.2	4390.4	4576.1	5211.4	5142.8
浙 江	1438.1	1431.3	224.9	233.7	920.0	869.8
安 徽	7379.4	7525.5	4687.0	5003.9	6239.4	6440.6
福 建	1042.4	1071.8	136.7	135.5	388.1	398.7
江 西	3913.5	4206.1	615.2	956.0	3153.0	3651.3
山 东	6140.7	6050.4	8641.0	8767.6	7256.8	7283.1
河 南	9084.0	9103.9	10205.4	10399.2	9429.0	9789.5
湖 北	5847.0	6004.1	2091.3	2306.6	4179.4	4233.7
湖 南	5903.1	6102.3	1012.8	1244.8	3752.8	4010.6
广 东	3644.7	3741.8	247.7	264.8	1580.4	1654.7
广 西	4461.9	4656.5	622.8	718.3	1872.5	2111.6
海 南	568.2	528.9	8.3	6.1	326.8	265.8
重 庆	2066.6	2168.3	125.0	128.2	324.4	356.6
四 川	4597.9	4855.1	730.0	858.6	1973.2	2186.0
贵 州	1475.8	1716.0	59.8	63.8	285.6	309.5
云 南	2670.2	2781.3	110.3	141.4	393.2	440.8
西 藏	141.2	153.4	136.1	129.1	114.0	109.5
陕 西	2862.6	2882.9	2002.8	2029.6	1811.5	1821.8
甘 肃	2436.8	2582.2	1537.0	1617.8	963.9	1096.4
青 海	373.4	380.6	296.0	295.9	214.0	224.7
宁 夏	900.8	918.5	685.0	711.3	554.0	579.6
新 疆	6146.4	6187.6	6253.4	6224.0	3348.7	3617.9

3-7 农村电力、灌溉面积、化肥施用量情况

年份	乡村(农村)办水电站		农村用电量(亿千瓦时)	耕地灌溉面积(千公顷)	化肥施用量(万吨)
	个数(个)	装机容量(万千瓦)			
1952	98	0.8	0.5	19959.0	7.8
1957	544	2.0	1.4	27339.0	37.3
1962	7436	25.2	16.1	30545.0	63.0
1965			37.1		194.2
1978	82387	228.4	253.1	44965.0	884.0
1979	83224	276.3	282.7	45003.1	1086.3
1980	80319	304.1	320.8	44888.1	1269.4
1981	74017	336.0	369.9	44573.8	1334.9
1982	66256	353.0	396.9	44176.9	1513.4
1983	62328	346.3	435.2	44644.1	1659.8
1984	60062	361.5	464.0	44453.0	1739.8
1985	55754	380.2	508.9	44035.9	1775.8
1986	54136	387.9	586.7	44225.8	1930.6
1987	51978	394.1	658.8	44403.0	1999.3
1988	51558	461.1	712.0	44375.9	2141.5
1989	50862	416.8	790.5	44917.2	2357.1
1990	52387	428.8	844.5	47403.1	2590.3
1991	49644	456.9	963.2	47822.1	2805.1
1992	48082	478.7	1107.1	48590.1	2930.2
1993	45153	481.9	1244.9	48727.9	3151.9
1994	48722	503.6	1473.9	48759.1	3317.9
1995	40699	519.5	1655.7	49281.6	3593.7
1996	37743	533.7	1812.7	50381.6	3827.9
1997	36117	562.5	1980.1	51238.5	3980.7
1998	33185	634.8	2042.2	52295.6	4083.7
1999	31678	664.1	2173.4	53158.4	4124.3
2000	29962	698.5	2421.3	53820.3	4146.4
2001	29183	896.6	2610.8	54249.4	4253.8
2002	27633	812.2	2993.4	54354.9	4339.4
2003	26696	862.3	3432.9	54014.2	4411.6
2004	27115	993.8	3933.0	54478.4	4636.6
2005	26726	1099.2	4375.7	55029.3	4766.2
2006	27493	1243.0	4895.8	55750.5	4927.7
2007	27664	1366.6	5509.9	56518.3	5107.8
2008	44433	5127.4	5713.2	58471.7	5239.0
2009	44804	5512.1	6104.4	59261.4	5404.4
2010	45815	5924.0	6632.3	60347.7	5561.7
2011	45151	6212.3	7139.6	61681.6	5704.2
2012	45799	6568.6	8104.9	62490.5	5838.8
2013	46849	7118.6	8549.5	63473.3	5911.9
2014	47073	7322.1	8884.4	64539.5	5996.4
2015	47340	7583.0	9026.9	65872.6	6022.6

注：2008年起乡村办水电站统计口径变更为农村水电。农村水电是指装机容量5万千瓦及以下水电站和配套电网(以下表同)。

3-8 农村电力和农田水利建设情况

指　　标	单 位	1990年	1995年	2000年	2014年	2015年	2015年为2014年百分比(%)
一、乡村办水电站	**个**	**52387**	**40699**	**29962**	**47073**	**47340**	**100.6**
装机容量	万千瓦	428.8	519.5	698.5	7322.1	7583.0	103.6
发电量	亿千瓦时		134.1	205.0	2281.5	2351.3	103.1
二、农村用电量	**亿千瓦时**	**844.5**	**1655.7**	**2421.3**	**8884.4**	**9026.9**	**101.6**
三、农田水利建设情况							
耕地灌溉面积	千公顷	47403.1	49281.2	53820.3	64539.5	65872.6	102.1

注：2008年起乡村办水电站统计口径变更为农村水电，统计口径与往年不可比。

3-9 农用化肥、农膜、柴油和农药使用量

指　　标	单 位	1990年	1995年	2000年	2014年	2015年	2015年为2014年百分比(%)
一、化肥施用量(折纯量)	**万吨**	**2590.3**	**3593.7**	**4146.4**	**5996.4**	**6022.6**	**100.4**
氮　肥	万吨	1638.4	2021.9	2161.5	2392.9	2361.6	98.7
磷　肥	万吨	462.4	632.4	690.5	845.3	843.1	99.7
钾　肥	万吨	147.9	268.5	376.5	641.9	642.3	100.1
复合肥	万吨	341.6	670.8	917.9	2116.3	2175.7	102.8
二、农用塑料薄膜使用量	**万吨**	**48.2**	**91.5**	**133.5**	**258.0**	**260.4**	**100.9**
#地膜使用量	万吨		47.0	72.2	144.1	145.5	100.9
地膜覆盖面积	千公顷		6493.0	10624.8	18140.3	18318.4	101.0
三、农用柴油使用量	**万吨**		**1087.8**	**1405.0**	**2176.3**	**2197.7**	**101.0**
四、农药使用量	**万吨**	**73.3**	**108.7**	**128.0**	**180.7**	**178.3**	**98.7**

3-10 各地区农村电力和农田水利建设情况

地 区	乡村办水电站(个)		装机容量(万千瓦)		发 电 量(万千瓦时)		农村用电量(亿千瓦时)	
	2014年	2015年	2014年	2015年	2014年	2015年	2014年	2015年
全国总计	**47073**	**47340**	**7322.1**	**7583.0**	**22814930**	**23512814**	**8884.4**	**9026.9**
北 京	72	72	4.3	4.3	2714	2046	50.6	51.7
天 津	1	1	0.6	0.6	1819	1556	109.0	102.4
河 北	246	248	38.9	39.6	46936	42078	631.3	611.8
山 西	149	149	19.1	19.4	30859	32425	97.1	96.8
内蒙古	40	40	9.3	9.5	16885	16853	63.1	72.3
辽 宁	184	187	43.5	44.3	79344	55440	433.1	457.8
吉 林	251	259	57.2	58.1	140707	131114	48.8	49.6
黑龙江	81	84	29.4	34.9	75986	74281	69.6	72.6
上 海							885.6	919.2
江 苏	29	29	3.7	4.0	5318	5784	1834.9	1836.2
浙 江	3196	3200	392.4	395.9	1061271	1156688	905.3	905.6
安 徽	825	842	107.6	110.8	236293	276334	147.5	156.7
福 建	6608	6585	734.1	738.2	2426558	2503915	367.7	381.1
江 西	3889	3925	310.4	325.5	886115	926272	97.6	99.9
山 东	129	129	8.4	8.9	2781	616	480.0	482.3
河 南	525	530	49.1	49.3	69586	89186	313.2	321.0
湖 北	1753	1764	341.6	360.1	877254	865115	142.2	149.1
湖 南	4439	4472	592.1	610.9	1854824	1988720	123.8	123.9
广 东	9805	9817	727.3	740.0	1931347	1883727	1314.0	1326.2
广 西	2387	2402	429.2	441.2	1392894	1437663	76.2	83.9
海 南	338	338	40.3	41.7	139429	92613	10.9	13.0
重 庆	1496	1520	225.5	243.5	688512	681142	78.3	78.1
四 川	4917	4948	1076.1	1110.3	4099217	3972823	169.6	174.8
贵 州	1474	1512	315.3	328.6	1048995	1074656	71.3	80.1
云 南	1913	1951	1107.3	1141.8	3479164	3784567	87.1	91.4
西 藏	362	365	31.3	31.8	85386	85976	1.2	1.3
陕 西	659	680	130.8	138.6	363783	396987	109.0	110.2
甘 肃	714	673	237.7	248.8	863394	859026	51.3	54.0
青 海	241	245	95.4	103.3	364192	395224	5.0	5.9
宁 夏	3	3	0.5	0.5	1800	460	13.6	13.8
新 疆	343	366	152.0	186.6	496591	629126	96.5	104.1
水利部属	4	4	11.5	12.1	44976	50401		

3-10 续表 单位：千公顷

地 区	耕地灌溉面积					
	2014年	2015年	实际耕地灌溉面积	新增耕地灌溉面积	节水灌溉面 积	新增节水灌溉面积
全国总计	**64539.5**	**65872.6**	**56739.4**	**1797.7**	**31060.4**	**2724.7**
北 京	143.1	137.4	119.0	0.8	197.2	10.9
天 津	308.9	308.9	283.4		207.6	15.9
河 北	4404.2	4448.0	3642.9	74.5	3140.0	195.4
山 西	1408.2	1460.3	1433.6	66.9	895.4	51.3
内 蒙 古	3011.9	3086.9	2458.6	71.1	2474.8	198.1
辽 宁	1474.0	1520.3	1351.1	57.0	806.5	86.5
吉 林	1628.4	1790.9	1182.5	164.7	668.8	169.5
黑 龙 江	5305.2	5530.8	4565.5	328.0	1696.9	345.1
上 海	184.1	188.2	188.2	4.1	143.3	7.3
江 苏	3890.5	3952.5	3782.5	92.1	2336.1	172.7
浙 江	1425.4	1432.2	1347.7	17.2	1094.2	26.2
安 徽	4331.7	4400.3	3469.8	71.3	906.9	44.7
福 建	1116.1	1061.7	900.3	13.2	575.2	40.7
江 西	2001.6	2027.7	1772.0	28.2	500.3	33.9
山 东	4901.9	4964.4	4491.0	87.6	2919.3	229.1
河 南	5101.1	5210.6	4495.5	197.3	1672.2	230.3
湖 北	2855.3	2899.1	2442.7	49.8	383.2	37.3
湖 南	3101.7	3113.3	2628.4	12.5	348.2	12.2
广 东	1771.0	1771.3	1649.1	0.3	295.9	16.1
广 西	1600.0	1618.8	1396.2	19.7	951.4	72.1
海 南	259.9	264.0	197.5	6.4	83.4	1.9
重 庆	677.3	687.2	421.2	10.6	205.7	23.7
四 川	2666.3	2735.1	2178.6	79.6	1567.9	98.6
贵 州	981.8	1065.4	896.9	77.0	325.6	12.3
云 南	1709.0	1757.7	1552.0	60.9	724.5	45.1
西 藏	244.0	247.8	221.6	16.5	23.5	4.3
陕 西	1226.5	1236.8	1023.0	30.3	877.2	65.1
甘 肃	1297.1	1306.7	1165.8	10.1	920.7	119.5
青 海	182.5	197.0	177.9	5.5	135.8	22.3
宁 夏	498.9	506.5	488.4	8.9	310.9	40.9
新 疆	4831.9	4944.9	4816.4	135.7	3671.9	296.0

3-11 各地区农用化肥施用量

(按折纯法计算) 单位：万吨

地区	农用化肥施用量		1. 氮肥		2. 磷肥	
	2014年	2015年	2014年	2015年	2014年	2015年
全国总计	**5996.4**	**6022.6**	**2392.9**	**2361.6**	**845.3**	**843.1**
北京	11.6	10.5	5.4	4.9	0.7	0.6
天津	23.3	21.8	10.6	10.0	3.5	3.2
河北	335.6	335.5	150.7	147.9	46.9	46.4
山西	119.6	118.5	35.9	33.5	17.5	16.0
内蒙古	222.7	229.4	97.1	98.7	38.7	41.4
辽宁	151.6	152.1	67.9	65.6	12.1	11.8
吉林	226.7	231.2	70.4	69.1	7.2	7.0
黑龙江	251.9	255.3	89.0	88.5	52.4	52.1
上海	10.2	9.9	5.1	5.0	0.8	0.7
江苏	323.6	320.0	163.9	162.1	43.3	42.4
浙江	89.6	87.5	47.6	46.3	10.7	10.2
安徽	341.4	338.7	111.6	107.6	35.7	34.1
福建	122.6	123.8	47.5	47.6	17.2	17.7
江西	142.9	143.6	42.3	42.2	22.4	22.1
山东	468.1	463.5	154.4	151.0	48.2	48.1
河南	705.8	716.1	241.5	238.7	119.8	117.5
湖北	348.3	333.9	146.3	138.5	63.9	60.3
湖南	247.8	246.5	107.5	101.6	27.6	26.5
广东	249.6	256.5	101.7	103.6	22.9	24.4
广西	258.7	259.9	74.7	74.2	31.3	31.1
海南	49.5	51.1	14.7	15.3	3.9	4.1
重庆	97.3	97.7	49.9	49.7	17.9	17.8
四川	250.2	249.8	125.7	124.7	49.9	49.6
贵州	101.3	103.7	52.0	52.8	11.9	12.3
云南	226.9	231.9	113.3	115.3	33.4	34.5
西藏	5.8	6.0	2.0	2.0	1.1	1.2
陕西	230.2	231.9	96.1	93.5	18.4	18.5
甘肃	97.6	97.9	40.7	40.6	18.6	19.1
青海	9.7	10.1	4.0	4.1	1.7	1.8
宁夏	39.7	40.1	17.8	17.3	4.5	4.5
新疆	237.0	248.1	105.7	109.8	61.3	66.2

3-11 续表 单位：万吨

地区	3. 钾肥		4. 复合肥	
	2014年	2015年	2014年	2015年
全国总计	**641.9**	**642.3**	**2116.3**	**2175.7**
北京	0.6	0.5	5.0	4.5
天津	1.7	1.5	7.5	7.1
河北	28.0	28.1	110.0	113.1
山西	10.0	10.4	56.2	58.6
内蒙古	19.0	19.3	67.9	70.0
辽宁	12.9	12.8	58.6	62.0
吉林	15.7	15.4	133.4	139.8
黑龙江	37.9	37.3	72.7	77.5
上海	0.5	0.5	3.8	3.8
江苏	19.4	19.3	97.0	96.3
浙江	7.2	6.8	24.1	24.3
安徽	32.6	32.1	161.5	165.0
福建	24.8	24.9	33.1	33.6
江西	21.5	21.5	56.8	57.7
山东	42.0	40.4	223.5	224.0
河南	64.2	63.6	280.3	296.3
湖北	31.6	31.1	106.5	104.0
湖南	44.1	43.2	68.7	75.2
广东	49.3	50.3	75.6	78.2
广西	57.4	58.3	95.4	96.2
海南	8.6	9.1	22.3	22.7
重庆	5.4	5.6	24.1	24.7
四川	17.7	17.8	56.9	57.7
贵州	9.6	10.0	27.8	28.7
云南	24.8	25.3	55.4	56.7
西藏	0.6	0.6	2.1	2.3
陕西	23.8	24.4	91.8	95.5
甘肃	8.6	8.9	29.7	29.4
青海	0.3	0.3	3.8	4.0
宁夏	2.5	2.7	14.8	15.6
新疆	19.8	20.6	50.2	51.5

3-12 各地区农用塑料薄膜使用量

地区	农用塑料薄膜使用量(吨)		地膜使用量(吨)		地膜覆盖面积(公顷)	
	2014年	2015年	2014年	2015年	2014年	2015年
全国总计	**2580211**	**2603561**	**1441453**	**1454828**	**18140255**	**18318355**
北京	10903	10402	2903	2663	16544	14131
天津	12274	10552	4637	4493	73072	65468
河北	137918	137983	66828	65655	1102706	1068550
山西	48381	47864	33742	32407	585064	588444
内蒙古	89409	95021	64534	69669	1117615	1181606
辽宁	146207	141942	41387	40582	315728	323675
吉林	57858	59164	26478	26864	184927	175632
黑龙江	84424	83097	33619	33128	338851	323379
上海	19287	18030	5335	4728	21296	19590
江苏	119846	113243	46287	45563	604627	609443
浙江	65677	67458	28811	29037	153145	162417
安徽	96155	97943	42906	43539	430713	436963
福建	60932	62067	29998	30750	140900	141643
江西	53122	53977	31095	32371	128518	131253
山东	305168	301575	126249	123397	2218705	2171923
河南	163477	162001	76390	74406	1076675	1032096
湖北	69186	71321	40645	40440	391970	407710
湖南	82946	83989	55867	55860	717110	716791
广东	46206	46795	24999	26046	133024	138426
广西	44087	46276	33226	35207	416345	415443
海南	28100	32433	13800	15481	43156	44213
重庆	43824	45162	22964	23819	237447	244539
四川	130263	132170	90430	91857	997214	1002048
贵州	48949	49403	32031	29700	304246	307461
云南	110993	113104	89523	90865	1023760	1011227
西藏	1724	1866	1418	1117	3422	3522
陕西	41479	43068	21096	22147	447888	454135
甘肃	176169	183735	107640	114295	1337167	1394900
青海	7046	7377	5734	6006	66124	70860
宁夏	15281	15642	11082	11265	197481	197337
新疆	262921	268901	229798	231471	3314815	3463530

3-13 各地区农用柴油和农药使用量

地　区	农用柴油使用量(万吨)		农药使用量(吨)	
	2014年	2015年	2014年	2015年
全国总计	**2176.3**	**2197.7**	**1806919**	**1782969**
北　京	3.4	2.8	3603	3174
天　津	15.3	15.5	3642	3528
河　北	291.0	293.2	86329	83328
山　西	30.6	29.8	31029	31035
内蒙古	74.4	80.4	30875	32961
辽　宁	74.5	72.5	60294	59875
吉　林	65.3	66.7	59517	62285
黑龙江	145.0	145.0	87381	82949
上　海	12.6	13.4	4666	4415
江　苏	107.5	108.6	79531	78100
浙　江	200.7	203.2	58748	56458
安　徽	73.4	75.7	113974	111048
福　建	86.3	86.2	56391	55770
江　西	28.7	28.8	94764	93873
山　东	168.3	165.8	156350	151004
河　南	116.0	114.7	129866	128748
湖　北	67.3	65.6	126099	120685
湖　南	42.6	43.6	124277	122353
广　东	77.6	78.7	112664	113782
广　西	64.7	64.8	71999	74916
海　南	23.0	21.7	39900	39800
重　庆	22.5	21.4	18437	18199
四　川	46.6	46.9	59385	58912
贵　州	10.9	11.0	13425	13722
云　南	84.8	86.3	57225	58648
西　藏	5.1	5.4	1012	1074
陕　西	91.2	92.3	12793	13092
甘　肃	38.6	42.7	77832	78848
青　海	6.6	6.5	1886	1956
宁　夏	22.2	22.2	2586	2593
新　疆	80.1	86.3	30439	25838

3-14 2015年各地区农用地情况

单位：千公顷

地　区	农用地数量	耕 地	园 地	林 地	草 地	其 他
全国总计	**645456.8**	**134998.7**	**14323.3**	**252992.0**	**219420.6**	**23722.2**
北　京	1147.8	219.3	134.9	737.1	0.2	56.4
天　津	696.4	436.9	29.9	54.9		174.6
河　北	13084.3	6525.5	837.2	4602.2	401.7	717.7
山　西	10029.6	4058.8	407.0	4857.3	33.8	672.7
内蒙古	82897.3	9238.0	56.7	23236.4	49547.5	818.8
辽　宁	11535.6	4977.4	468.6	5617.1	3.2	469.3
吉　林	16606.2	6999.2	65.8	8854.9	237.2	449.1
黑龙江	39922.7	15854.1	44.7	21822.9	1096.3	1104.8
上　海	314.6	189.8	16.7	46.7	0.0	61.4
江　苏	6497.0	4574.9	301.1	257.5	0.1	1363.5
浙　江	8613.3	1978.6	585.1	5646.7	0.3	402.5
安　徽	11153.8	5872.9	351.0	3749.9	0.5	1179.6
福　建	10880.2	1336.3	773.0	8336.4	0.3	434.3
江　西	14437.0	3082.7	326.1	10334.5	0.7	693.0
山　东	11528.5	7611.0	721.2	1489.5	5.8	1701.1
河　南	12681.2	8105.9	220.6	3471.7	0.3	882.6
湖　北	15765.8	5255.0	482.9	8601.5	2.0	1424.5
湖　南	18194.0	4150.2	664.4	12215.1	13.5	1150.7
广　东	14972.9	2615.9	1271.3	10034.3	3.1	1048.4
广　西	19557.0	4402.3	1084.7	13309.5	5.2	755.3
海　南	2973.9	725.9	921.5	1198.9	18.0	109.7
重　庆	7080.4	2430.5	270.9	3807.1	45.5	526.4
四　川	42180.6	6731.4	732.0	22158.6	10958.5	1600.0
贵　州	14759.1	4537.4	164.6	8939.1	72.6	1045.4
云　南	32944.0	6208.5	1633.9	23020.4	147.3	1933.8
西　藏	87240.1	443.0	1.6	16026.5	70692.3	76.8
陕　西	18613.1	3995.2	819.7	11194.5	2178.5	425.3
甘　肃	18549.5	5374.9	257.1	6099.3	5920.6	897.7
青　海	45101.5	588.4	6.1	3541.5	40808.9	156.6
宁　夏	3809.9	1290.1	50.4	766.9	1494.0	208.4
新　疆	51689.5	5188.9	622.9	8963.3	35732.6	1181.8

注：本表数据来源于国土资源部。

3-15 各地区耕地面积构成(2015年)

单位：%

地　　区	耕地	水田	水浇地	旱地
全国总计	**100.0**	**24.7**	**20.7**	**54.6**
北　　京	100.0	0.9	75.6	23.5
天　　津	100.0	3.6	77.4	19.0
河　　北	100.0	1.4	60.0	38.6
山　　西	100.0	0.0	26.3	73.7
内 蒙 古	100.0	0.9	30.8	68.3
辽　　宁	100.0	13.5	3.5	83.0
吉　　林	100.0	11.8	0.8	87.4
黑 龙 江	100.0	20.1	0.2	79.7
上　　海	100.0	70.6	26.5	3.0
江　　苏	100.0	58.9	10.3	30.8
浙　　江	100.0	75.1		24.9
安　　徽	100.0	49.0	4.1	46.9
福　　建	100.0	83.1	3.3	13.6
江　　西	100.0	80.4	0.5	19.1
山　　东	100.0	1.2	67.7	31.1
河　　南	100.0	9.3	56.0	34.7
湖　　北	100.0	50.6	9.3	40.1
湖　　南	100.0	78.8	0.1	21.2
广　　东	100.0	63.4	4.5	32.2
广　　西	100.0	44.4	0.1	55.5
海　　南	100.0	53.6	0.1	46.3
重　　庆	100.0	39.8	0.0	60.1
四　　川	100.0	41.0	1.7	57.3
贵　　州	100.0	27.4	0.3	72.4
云　　南	100.0	22.9	1.3	75.8
西　　藏	100.0	9.4	60.1	30.5
陕　　西	100.0	4.0	26.4	69.6
甘　　肃	100.0	0.1	24.7	75.2
青　　海	100.0		31.7	68.3
宁　　夏	100.0	14.5	25.0	60.4
新　　疆	100.0	1.1	94.8	4.1

4

农业生态与环境

4-1　全国自然保护区情况

项　　目	单 位	1997年	1999年	2000年	2005年	2013年	2014年	2015年
1. 自然保护区数	个	926	1146	1227	2349	2697	2729	2740
国家级	个	124	155	155	243	407	428	428
省级	个	392	404	433	773	855	858	879
2. 自然保护区总面积	万公顷	7698	8815	9821	14995	14631	14699	14703
国家级	万公顷	2647	5816	5806	8899	9404	9652	9649
省级	万公顷	4606	2265	3031	4487	3919	3778	3796

注：2015年数据为初步数。

4-2　农村环境情况

指　　标	2000	2001	2010	2011	2013	2014	2015
农村改水累计受益人口(万人)	88112	86113	90834	89971	89938	91511	
农村改水累计受益率(%)	92.4	91.0	94.9	94.2	95.6	95.8	
累计使用卫生厕所户数(万户)	9572	11405	17138	18019	19401	19939	20684
卫生厕所普及率(%)	44.8	46.1	67.4	69.2	74.1	76.1	78.4
累计使用卫生公厕户数(万户)		852.8	2827.7	2972.8	3165.1	3990.9	3879.5
农村沼气池产气量(亿立方米)	25.9	29.8	139.7	152.8	157.8	155.0	153.9
太阳能热水器(万平方米)	1107.8	1319.4	5498.3	6231.9	7294.6	7782.9	8232.6
太阳灶(万台)	33.2	38.9	161.7	213.9	226.4	230.0	232.6

注：因报表主管机关调整,改水部分指标无数，下同。

4-3 各地区自然保护基本情况

地　区	自然保护区个数(个)		自然保护区面积(万公顷)	
	2014年	2015年	2014年	2015年
全国总计	**2729**	**2740**	**14699.2**	**14702.8**
北　京	20	20	13.4	13.4
天　津	8	8	9.1	9.1
河　北	44	44	70.5	70.0
山　西	46	46	110.3	110.3
内蒙古	182	182	1264.3	1271.0
辽　宁	104	104	274.3	275.4
吉　林	48	51	245.2	252.5
黑龙江	250	251	747.4	750.2
上　海	4	4	13.6	13.6
江　苏	30	30	53.0	53.0
浙　江	33	35	19.9	20.0
安　徽	104	105	45.5	45.8
福　建	90	92	43.3	44.5
江　西	202	200	129.0	122.6
山　东	88	88	111.9	111.9
河　南	33	33	74.1	74.1
湖　北	70	77	101.7	105.0
湖　南	128	128	131.0	130.9
广　东	390	384	185.4	184.9
广　西	77	78	142.1	141.9
海　南	49	49	270.5	270.7
重　庆	57	57	83.8	82.7
四　川	168	168	829.8	828.6
贵　州	124	124	89.0	89.3
云　南	157	159	283.2	287.3
西　藏	47	47	4136.9	4136.9
陕　西	60	60	113.1	113.1
甘　肃	60	60	916.8	916.8
青　海	11	11	2166.5	2166.5
宁　夏	14	14	53.3	53.3
新　疆	31	31	1971.2	1957.5

资料来源：环境保护部。
注：2015年数据为初步数。

4-4 各地区农村改水、改厕情况

地　区	累计已改水受益人口（万人）	自来水累计受益人口	累计使用卫生厕所户数（万户）	卫生厕所普及率（%）
全　国			**20684.3**	**78.4**
北　京			117.0	98.4
天　津			115.5	93.6
河　北			1034.8	68.8
山　西			387.2	56.0
内 蒙 古			247.3	62.6
辽　宁			496.8	72.8
吉　林			337.0	76.5
黑 龙 江			474.2	75.9
上　海			98.8	98.6
江　苏			1522.4	96.9
浙　江			1158.7	96.5
安　徽			963.2	67.1
福　建			676.8	94.0
江　西			752.5	89.4
山　东			1928.7	92.2
河　南			1662.0	75.6
湖　北			892.9	83.0
湖　南			1103.6	74.4
广　东			1380.1	92.3
广　西			902.8	85.7
海　南			105.5	82.4
重　庆			480.9	66.2
四　川			1577.7	77.7
贵　州			549.6	54.8
云　南			624.0	64.6
西　藏				
陕　西			391.7	55.4
甘　肃			351.5	71.8
青　海			63.0	66.6
宁　夏			65.9	70.3
新　疆			165.0	75.0
新疆兵团			57.5	81.2

资料来源：国家卫生和计划生育委员会。

4-5 各地区农村可再生资源利用情况

地 区	沼气池产气总量(万立方米)	#沼气工程	太阳能热水器(万平方米)	太阳房(万平方米)	太阳灶(台)	生活污水净化沼气池(个)
全 国	**1539353.3**	**250286.7**	**8232.6**	**2549.4**	**2325927**	**202039**
北 京	2461.3	2443.1	90.2	115.3	120	
天 津	2824.5	1564.1	48.3	0.7		8
河 北	75529.7	9888.9	640.9	126.8	51563	137
山 西	13351.9	2469.2	411.0	0.2	69435	28
内蒙古	9895.6	1768.1	66.7	88.2	58710	1
辽 宁	12751.4	5290.4	144.6	538.8	976	
吉 林	4701.0	545.7	66.2	289.4	731	3
黑龙江	6969.9	6211.3	81.8	527.9	511	
上 海	2272.0	2272.0	88.6	5.0		
江 苏	32347.0	14495.4	860.1	1.6		31635
浙 江	13176.8	8755.3	650.6		40	69309
安 徽	28513.2	3988.7	568.6			1661
福 建	30070.0	9325.0	39.1			1100
江 西	51411.9	9606.7	197.6	0.5		1945
山 东	92733.5	20241.5	1262.8	14.1	5817	149
河 南	143343.1	38422.5	562.8	1.9		518
湖 北	98411.1	11880.6	328.0			1294
湖 南	98735.4	10404.0	216.5			2017
广 东	34181.2	26833.4	77.2	0.1	48	6496
广 西	156678.9	1817.7	107.3			120
海 南	35003.8	10408.6	389.3			
重 庆	42017.8	4589.2	60.3			16945
四 川	273287.5	32396.8	199.7	2.8	121417	67976
贵 州	61615.8	4059.8	77.8			396
云 南	128624.8	373.4	380.4		264	162
西 藏	5784.7	21.3	149.3		388721	4
陕 西	27418.0	2404.1	208.1	0.2	247392	103
甘 肃	35795.9	2066.1	126.6	315.6	778984	25
青 海	2154.3	187.3	14.9	496.8	258259	
宁 夏	2793.9	1470.1	64.9	14.2	326864	7
新 疆	13826.9	3440.0	52.4	9.4	16075	
新疆兵团	670.4	646.4	0.2			

资料来源：农业部。

4-6 全国林业重点生态工程历年完成造林面积

单位：万公顷

年 份	合 计	天然林保护工程	退耕还林工程		京津风沙源治理工程
			退耕还林工程合计	其中：退耕地造林	
1979～1985年	1010.98				
1986年	110.67				
1987年	106.48				
1988年	106.39				
1989年	100.18				
1990年	166.21				
"七五"小计	589.93				
1991年	208.22				
1992年	230.80				
1993年	234.46				13.28
1994年	250.63				13.98
1995年	261.93				16.86
"八五"小计	1186.04				44.12
1996年	248.17				16.50
1997年	244.94				21.60
1998年	271.80	29.04			23.16
1999年	316.95	47.76	44.79	38.15	21.16
2000年	309.90	42.64	68.36	32.84	28.03
"九五"小计	1391.76	119.43	113.15	70.99	110.43
2001年	307.13	94.81	87.10	38.61	21.73
2002年	673.17	85.61	442.36	203.98	67.64
2003年	824.24	68.83	619.61	308.59	82.44
2004年	478.06	64.15	321.75	82.49	47.33
2005年	309.96	42.48	189.84	66.74	40.82
"十五"小计	2592.56	355.87	1660.66	700.41	259.96
2006年	280.17	77.48	105.05	21.85	40.95
2007年	267.83	73.29	105.60	5.95	31.51
2008年	343.35	100.90	118.97	0.22	46.90
2009年	457.55	136.09	88.67	0.07	43.48
2010年	366.79	88.55	98.26	0.03	43.91
"十一五"小计	1715.68	476.31	516.55	28.12	206.77
2011年	309.30	55.36	73.02	0.01	54.52
2012年	275.39	48.52	65.53		54.17
2013年	256.90	46.03	62.89		62.61
2014年	192.69	41.05	37.86	0.01	23.91
2015年	284.04	64.48	63.60	44.63	22.33
"十二五"小计	1318.31	255.44	302.90	44.64	217.53

注：1. 京津风沙源治理工程1993-2000年数据为原全国防沙治沙工程数据；太行山绿化工程1990年造林面积35.46万公顷系指1984-1990年的造林面积，其中1990年造林面积为10.97万公顷。
2. 自2006年起将无林地和疏林地封育面积计入造林总面积，2015年将有林地和灌木林地封育计入造林总面积。

4-6 续表

单位：万公顷

年 份	三北及长江流域等防护林工程						
	小 计	三北防护林体系工程	长江中上游防护林体系工程	沿海防护林体系工程	珠江流域防护林体系工程	太行山绿化工程	平原绿化工程
1979～1985年	1010.98	1010.98					
1986年	110.67	110.67					
1987年	106.48	106.48					
1988年	106.39	106.39					
1989年	100.18	95.61	4.57				
1990年	166.21	98.33	32.41			35.46	
"七五"小计	589.93	517.49	36.99			35.46	
1991年	208.22	117.05	46.24	22.36		22.57	
1992年	230.80	125.52	58.46	23.58		23.24	
1993年	221.18	116.00	57.30	13.12		27.52	7.24
1994年	236.65	125.55	54.60	15.28		35.82	5.40
1995年	245.07	133.33	53.57	10.33		42.70	5.14
"八五"小计	1141.92	617.44	270.17	84.67		151.86	17.78
1996年	231.67	134.23	46.40	7.22		40.25	3.59
1997年	223.35	126.61	44.78	6.35	5.67	36.63	3.31
1998年	219.60	124.40	44.86	6.03	3.99	34.37	5.96
1999年	203.25	124.54	36.98	4.45	3.21	29.34	4.73
2000年	170.88	105.32	20.69	5.69	3.07	29.85	6.26
"九五"小计	1048.75	615.09	193.71	29.73	15.93	170.44	23.84
2001年	103.49	54.17	16.27	9.09	2.71	14.13	7.13
2002年	77.56	45.38	11.03	5.57	4.66	7.62	3.32
2003年	53.35	27.53	10.88	3.86	4.47	5.00	1.62
2004年	44.83	23.23	11.33	3.02	3.18	3.09	0.98
2005年	36.82	21.79	6.59	2.27	3.07	2.85	0.25
"十五"小计	316.06	172.10	56.10	23.80	18.07	32.69	13.29
2006年	56.68	32.68	7.87	1.70	2.88	11.47	0.09
2007年	57.42	38.15	7.64	2.39	1.74	7.39	0.11
2008年	76.58	49.79	7.23	7.42	3.70	8.03	0.41
2009年	189.31	125.59	22.21	21.22	8.21	11.92	0.17
2010年	136.06	92.82	11.88	17.32	6.68	6.92	0.43
"十一五"小计	516.05	339.04	56.83	50.05	23.21	45.73	1.20
2011年	126.40	73.78	20.48	20.99	7.23	3.66	0.26
2012年	107.18	67.87	15.79	14.54	5.16	3.81	
2013年	85.36	51.86	13.04	11.86	4.40	3.57	0.64
2014年	89.87	59.63	10.74	9.69	2.69	4.92	2.19
2015年	133.63	76.60	23.72	18.84	9.66	4.81	
"十二五"小计	542.44	329.74	83.78	75.91	29.14	20.77	3.10

4-7 各地区林业重点生态工程建设情况

单位：公顷

地区	总计	天然林保护工程	退耕还林工程		
			合计	其中：退耕地造林面积	其中：荒山荒地造林面积
全国合计	**2840396**	**644794**	**636023**	**446280**	**189410**
北京	12633				
天津	8032				
河北	130066		16394		16394
山西	182346	38667	57968	6667	51301
内蒙古	426278	131949	18949	3334	15282
辽宁	114219		3332	3332	
吉林	74006	47604			
黑龙江	92780	26348			
上海					
江苏	15239				
浙江	11051				
安徽	40961		10370		10370
福建	56638				
江西	75339				
山东	43398				
河南	53686	8600			
湖北	88328	33331	25332	22002	3330
湖南	38823		8443	6663	1780
广东	97653				
广西	41352		11317	9934	1383
海南	7992	1440	237		237
重庆	99155	31553	67602	67602	
四川	123683	51319	72364	70481	1883
贵州	63687	12600	48887	46667	2220
云南	241638	88717	149355	68111	81244
西藏	19432	2192			
陕西	216904	95668	58686	57621	1065
甘肃	105113	18181	43470	43336	134
青海	75852	20572			
宁夏	51807	15362			
新疆	212613	999	43317	40530	2787
大兴安岭	19692	19692			

4-7 续表 单位：公顷

地区	三北及长江流域防护林建设工程							京津风沙源治理工程
	合计	三北防护林四期工程	长江流域防护林二期工程	沿海防护林体系二期工程	珠江流域防护林二期工程	太行山绿化防护林二期工程	平原绿化二期工程	
全国合计	**1336328**	**766014**	**237247**	**188373**	**96628**	**48066**		**223251**
北京	2869	133				2736		9764
天津	5205	1874		3331				2827
河北	72206	39083		18257		14866		41466
山西	52365	41901				10464		33346
内蒙古	150896	150896						124484
辽宁	110887	84623		26264				
吉林	26402	26402						
黑龙江	66432	66432						
上海								
江苏	15239		4014	11225				
浙江	11051		4130	6921				
安徽	30591		30591					
福建	56638		32436	24202				
江西	75339		55340		19999			
山东	43398		16238	27160				
河南	45086		25086			20000		
湖北	29665		29665					
湖南	30380		22507		7873			
广东	97653			60663	36990			
广西	30035			4035	26000			
海南	6315			6315				
重庆								
四川								
贵州	2200				2200			
云南	3566				3566			
西藏	17240		17240					
陕西	51186	51186						11364
甘肃	43462	43462						
青海	55280	55280						
宁夏	36445	36445						
新疆	168297	168297						
大兴安岭								

4-8 灌区、水库、除涝、治水情况

指 标	单 位	1990年	1995年	2000年	2010年	2013年	2014年	2015年
年底万亩以上灌区数	处	5363	5562	5683	5795	7709	7706	7728
#3.3万公顷以上	处	72	74	101	131	176	176	176
2.0～3.3万公顷	处	76	99	141	218	280	280	280
灌区有效灌溉面积	万公顷	2123.1	2249.9	2449.3	2941.5	3021.6	3021.6	2990.2
#3.3万公顷以上	万公顷	604.7	631.4	788.3	1091.8	624.1	624.1	1000.7
2.0～3.3万公顷	万公顷	189.6	244.4	344.0	474.0	501.0	501.0	518.5
水库	座	81527	82915	83260	87873	97721	97735	97988
大型水库	座	366	387	420	552	687	697	707
中型水库	座	2499	2593	2704	3269	3774	3799	3844
小型水库	座	78662	79935	80136	84052	93260	93239	93437
水库库容量	亿立方米	4660	4797	5183	7162	8298	8396	8581
大型水库	亿立方米	3397	3493	3843	5594	6529	6618	6812
中型水库	亿立方米	690	719	746	930	1070	1077	1068
小型水库	亿立方米	573	585	593	638	699	701	701
节水灌溉面积	万公顷			1638.9	2731.4	2710.9	2901.9	3106.0
除涝面积	万公顷	1933.7	2006.5	2098.9	2169.2	2194.3	2236.9	2271.3
水土流失治理面积	万公顷	5300.0	6690.0	8096.0	10680.0	10689.2	11160.9	11554.7
堤防长度	万公里	22.0	24.7	27.0	29.4	27.5	28.4	29.1
堤防保护耕地面积	万公顷	3200.0	3060.9	3960.0	4683.1	4031.7	4279.4	4084.4

注：1.节水灌溉面积2013年与水利普查数据进行了衔接。
2.万亩以上灌区处数与有效灌溉面积统计口径为按有效灌溉面积达到万亩统计，2012、2013年已与水利普查数据进行了衔接,按设计灌溉面积达到万亩进行统计。
3.堤防长度为五级及以上堤防。

4-9 各地区水利设施和除涝、治水面积

地 区	水库数（座）	水库库容量（亿立方米）	除涝面积（千公顷）	水土流失治理面积（千公顷）
全国总计	**97988**	**8581**	**22712.7**	**115546.6**
北 京	87	52	1.2	710.8
天 津	28	26	369.3	97.3
河 北	1082	206	1641.1	5061.5
山 西	601	69	89.1	5846.4
内蒙古	613	103	277.0	12597.2
辽 宁	803	364	911.5	4857.8
吉 林	1624	325	1031.1	1793.5
黑龙江	1139	268	3385.2	3834.2
上 海			60.2	
江 苏	1079	35	3017.7	893.8
浙 江	4334	444	537.7	3655.4
安 徽	5877	325	2334.3	1857.4
福 建	3683	194	145.6	3399.3
江 西	10815	306	404.8	5577.9
山 东	6418	212	2930.2	3776.7
河 南	2653	420	2074.6	3559.8
湖 北	6556	1263	1313.9	5634.3
湖 南	14097	497	425.4	3259.8
广 东	8397	448	536.5	1457.5
广 西	4545	658	234.5	2107.3
海 南	1112	75	13.3	74.6
重 庆	3003	120		3070.0
四 川	8093	381	103.1	8510.3
贵 州	2343	292	97.6	6297.8
云 南	6230	742	270.8	8074.4
西 藏	105	29	338.7	466.1
陕 西	1095	87	132.7	7288.3
甘 肃	381	96	13.6	7702.2
青 海	203	319		898.7
宁 夏	321	29		2057.2
新 疆	671	195	21.7	1128.9

注：水土流失治理面积为2015年初步数。

4-10 全国农作物受灾和成灾面积

单位：千公顷

年 份	受灾面积			成灾面积		
		旱灾	洪涝灾		旱灾	洪涝灾
1952	9137	4236	2794	4433	2589	1844
1957	29149	17205	8083	14983	7400	6032
1962	37175	20808	9810	17286	8691	6318
1965	20804	13631	5587	11223	8107	2813
1970	9974	5723	3129	3295	1931	1234
1975	35379	24832	6817	10239	5318	3467
1978	50807	32641	3109	24457	16564	2012
1979	39367	24646	5757	15790	9316	2868
1980	50025	21901	9687	29777	14174	6070
1981	39786	25693	8625	18743	12134	3973
1982	33133	20697	8361	16117	9972	4397
1983	34713	16089	12162	16209	7586	5747
1984	31887	15819	10632	15607	7015	5395
1985	44365	22989	14197	22705	10063	8949
1986	47135	31042	9155	23656	14765	5601
1987	42086	24920	8686	20393	13033	4104
1988	50874	32904	11949	24503	15303	6128
1989	46991	29358	11328	24449	15262	5917
1990	38474	18175	11804	17819	7805	5605
1991	55472	24914	24596	27814	10559	14614
1992	51332	32981	9422	25895	17047	4463
1993	48827	21097	16390	23134	8656	8608
1994	55046	30423	17328	31382	17050	10744
1995	45824	23455	12734	22268	10402	7604
1996	46991	20152	18147	21234	6247	10855
1997	53429	33516	11415	30307	20012	5839
1998	50145	14236	22292	25181	5060	13785
1999	49980	30156	9020	26734	16614	5071
2000	54688	40541	7323	34374	26784	4321
2001	52215	38472	6042	31793	23698	3614
2002	46946	22124	12288	27160	13174	7388
2003	54506	24852	19208	32516	14470	12289
2004	37106	17253	7314	16297	8482	3747
2005	38818	16028	10932	19966	8479	6047
2006	41091	20738	8003	24632	13411	4569
2007	48992	29386	10463	25064	16170	5105
2008	39990	12137	6477	22284	6798	3656
2009	47214	29259	7613	21234	13197	3162
2010	37426	13259	17525	18538	8987	7024
2011	32471	16304	6863	12441	6599	2840
2012	24962	9340	7730	11475	3509	4145
2013	31350	14100	8757	14303	5852	4859
2014	24891	12272	4718	12678	5677	2704
2015	21770	10610	5620	12380	5863	3327

4-11 全国农作物受灾、成灾和绝收面积

单位：千公顷

指　　标	1990年	1995年	2000年	2014年	2015年	2015年为2014年百分比(%)
一、受灾面积	**38474**	**45824**	**54688**	**24891**	**21770**	**87.5**
旱　灾	18175	23455	40541	12272	10610	86.5
洪涝灾	11804	12734	7323	4718	5620	119.1
风雹灾	6354	4479	2307	3225	2918	90.5
冷冻灾	2141	3578	2795	2133	900	42.2
台风灾			1722	2483	1721	69.3
二、成灾面积	**17819**	**22268**	**34374**	**12678**	**12380**	**97.6**
旱　灾	7805	10402	26784	5677	5863	103.3
洪涝灾	5605	7604	4321	2704	3327	123.0
风雹灾	3415	2076	1162	2193	1825	83.2
冷冻灾	994	1791	1032	933	474	50.8
台风灾			1075	1149	890	77.5
三、绝收面积		**5618**	**10148**	**3090**	**2233**	**72.2**
旱　灾		2121	8006	1485	1046	70.5
洪涝灾		2627	1324	625	660	105.6
风雹灾		561	321	458	309	67.5
冷冻灾		194	260	168	37	21.7
台风灾			237	349	182	52.1

4-12 各地区农作物受灾面积

单位：千公顷

地区	受灾面积合计		旱灾		洪涝灾	
	2014年	2015年	2014年	2015年	2014年	2015年
全国总计	**24891**	**21770**	**12272**	**10610**	**4718**	**5620**
北京	53	6	26			1
天津	10					
河北	1436	1799	1028	1113	48	282
山西	1174	1143	722	1023	90	31
内蒙古	1878	2701	1314	2172	78	185
辽宁	1931	1483	1811	1430	14	7
吉林	689	846	568	700	24	24
黑龙江	810	1175	62	484	513	482
上海		12				4
江苏	554	616	474		2	200
浙江	204	393			135	24
安徽	641	967	283		269	691
福建	103	203			49	77
江西	487	455			381	399
山东	886	1379	689	883	66	239
河南	1905	225	1809		48	53
湖北	1059	1116	634	118	294	874
湖南	1136	765			1041	753
广东	842	846		148	122	78
广西	1213	546	16	160	116	222
海南	309	41		4	2	1
重庆	281	71	8		251	61
四川	919	563	577	223	292	258
贵州	627	224	10	19	390	161
云南	882	1028	332	515	144	231
西藏	13	12	4	1	3	8
陕西	772	744	435	562	143	91
甘肃	1618	1011	644	533	155	81
青海	170	221	24	127	14	10
宁夏	438	219	228	172	2	5
新疆	1849	960	576	224	31	90

4-12 续表 单位：千公顷

地区	风雹灾		冷冻灾		台风灾	
	2014年	2015年	2014年	2015年	2014年	2015年
全国总计	**3225**	**2918**	**2133**	**900**	**2483**	**1721**
北京	27	5				
天津	10					
河北	254	347	105	57		
山西	154	56	208	32		
内蒙古	439	302	48	42		
辽宁	24	47	73			
吉林	89	122	8			
黑龙江	235	147		63		
上海						8
江苏	56	97	1	59	21	259
浙江	5	1	7		57	368
安徽	10	119	41	58	38	99
福建	3		2		49	126
江西	42	16	28		35	40
山东	58	208		43	74	6
河南	38	153	10	20		
湖北	49	51	83	74		
湖南	21	12	73	1		
广东	15	4	5		700	617
广西	15	3	15		1051	161
海南					308	36
重庆	21	10	2			
四川	30	72	18	10		
贵州	161	41	44	4	7	
云南	157	112	75	170	135	1
西藏	5	1		2		
陕西	190	76	5	16		
甘肃	143	263	676	135		
青海	68	50	64	34		
宁夏	94	38	115	4		
新疆	812	569	430	77		

4-13 各地区农作物成灾面积

单位：千公顷

地 区	成灾面积合计		旱 灾		洪 涝 灾	
	2014年	2015年	2014年	2015年	2014年	2015年
全国总计	**12678**	**12380**	**5677**	**5863**	**2704**	**3327**
北 京	36	5	17			1
天 津	9					
河 北	816	968	593	533	16	236
山 西	495	548	208	478	67	23
内 蒙 古	1145	1740	740	1347	60	133
辽 宁	1319	973	1262	928	3	2
吉 林	318	415	233	330	18	16
黑 龙 江	458	844	31	371	269	320
上 海		5				3
江 苏	199	285	156		2	93
浙 江	99	184			68	9
安 徽	250	556	60		150	442
福 建	59	116			30	49
江 西	329	331			263	294
山 东	337	664	231	405	22	106
河 南	824	73	775		22	17
湖 北	344	515	179	59	131	410
湖 南	660	420			615	411
广 东	403	495		104	63	30
广 西	433	252	4	52	60	127
海 南	208	20		2	1	
重 庆	162	42	5		145	36
四 川	368	228	166	54	175	128
贵 州	351	118	3	8	221	85
云 南	512	607	194	301	98	164
西 藏	11	5	4	1	3	2
陕 西	435	465	275	335	43	63
甘 肃	804	584	291	253	117	64
青 海	77	164	1	79	11	6
宁 夏	156	167	59	139	0	3
新 疆	1062	589	191	85	33	55

4-13 续表

单位：千公顷

地区	风雹灾		冷冻灾		台风灾	
	2014年	2015年	2014年	2015年	2014年	2015年
全国总计	**2193**	**1825**	**933**	**474**	**1149**	**890**
北京	19	4				
天津	9					
河北	160	167	48	31		
山西	124	20	96	28		
内蒙古	337	221	7	40		
辽宁	19	43	27		7	
吉林	67	69	1			
黑龙江	158	100		53		
上海						2
江苏	37	50		27	4	116
浙江	3	1	3		25	175
安徽	7	44	11	14	23	57
福建	2		2		24	66
江西	29	12	12		25	26
山东	39	144		9	45	1
河南	26	54	1	2		
湖北	3	26	31	21		
湖南	10	9	35	1		
广东	6	1	2		332	360
广西	9	2	6		354	71
海南					207	18
重庆	11	6	1			
四川	22	46	5			
贵州	100	25	16	1	4	
云南	76	76	30	66	99	1
西藏	4	1		1		
陕西	114	53	3	14		
甘肃	119	181	277	86		
青海	46	49	19	30		
宁夏	59	22	38	3		
新疆	576	400	263	49		

农村投资

5-1 国家财政用于农林水各项支出

单位：亿元

年 份	农 业	林 业	水 利	南水北调	扶 贫	农业综合开发	农村综合改革
1990							
1991							
1992							
1993							
1994							
1996							
1997							
1998							
1999							
2000							
2001							
2002							
2003							
2004							
2005							
2006							
2007							
2008	2278.9	424.0	1122.7		320.4	251.6	
2009	3826.9	532.1	1519.6		374.8	286.8	
2010	3949.4	667.3	1856.5	78.4	423.5	337.8	607.9
2011	4291.2	876.5	2602.8	68.9	545.3	386.5	887.6
2012	5077.4	1019.2	3271.2	45.9	690.8	462.5	987.3
2013	5561.6	1204.3	3338.9	95.6	841.0	521.1	1148.0
2014	5816.6	1348.8	3478.7	69.6	949.0	560.7	1265.7
2015	6390.5	1600.8	4757.3	81.7	1204.9	591.0	1390.5

5-2 农村住户固定资产投资情况

单位：亿元

指　　标	2012年	2013年	2014年	2015年
农村住户固定资产投资完成额	**9840.6**	**10546.7**	**10755.8**	**10409.8**
一、按投资构成分				
1. 建筑工程	6999.5	8072.6	8620.4	8426.4
#水利	11.1	34.1	38.4	41.4
住宅	6568.5	7387.3	7726.8	7501.7
2. 安装工程	16.9	17.6	13.7	8.8
3. 设备工具器具购置	1785.8	1778.1	1617.7	1587.4
生产设备	1255.0	1604.7	1557.2	1562.9
4. 其他	1038.3	678.4	503.9	387.2
二、按投资方向分				
#农林牧渔业	2224.0	2077.6	1999.8	1980.3
采矿业	2.1	2.0	1.7	0.6
制造业	146.1	120.5	127.5	137.0
电力、燃气及水的生产和供应业	0.7	5.8	4.7	13.1
建筑业	53.6	137.4	91.7	59.9
批发和零售业	47.7	121.2	247.6	243.5
交通运输、仓储和邮政业	563.5	436.9	326.1	225.2
住宿和餐饮业	45.9	29.9	41.3	42.4
房地产业	6519.9	7429.8	7789.9	7578.1
租赁和商务服务业	5.7	18.6	11.6	12.1
居民服务和其他服务业	219.3	104.9	96.1	102.1

注：表5-2到5-7数据来源于农村住户固定资产投资抽样调查。

5-3 各地区农村住户固定资产投资完成额

单位：亿元

地 区	2012年	2013年	2014年	2015年
全国总计	**9840.6**	**10546.7**	**10755.8**	**10409.8**
北 京	47.5	49.5	50.8	50.0
天 津	21.5	27.2	27.8	17.4
河 北	556.7	564.5	524.7	542.5
山 西	278.4	286.5	319.1	329.6
内蒙古	126.0	145.0	154.0	173.1
辽 宁	300.9	316.3	304.0	277.5
吉 林	249.3	253.5	231.7	196.7
黑龙江	319.3	331.8	291.1	298.7
上 海	3.0	3.7	3.5	3.3
江 苏	380.5	390.8	385.9	341.7
浙 江	553.4	588.0	708.0	658.6
安 徽	482.0	530.7	619.3	582.0
福 建	257.4	281.6	308.1	327.4
江 西	395.8	415.3	432.9	394.2
山 东	936.2	913.2	896.4	931.0
河 南	891.4	899.4	769.9	709.1
湖 北	429.6	510.5	473.6	477.5
湖 南	557.0	616.2	694.4	720.9
广 东	501.3	512.9	450.9	392.6
广 西	463.4	523.7	555.6	572.8
海 南	80.9	72.3	72.8	95.8
重 庆	125.8	144.3	144.6	145.1
四 川	509.7	570.8	656.4	560.3
贵 州	212.9	270.8	247.3	268.8
云 南	277.6	346.5	424.7	431.2
西 藏				
陕 西	338.7	350.6	351.7	351.2
甘 肃	105.0	120.7	124.5	127.6
青 海	74.8	75.8	72.3	66.5
宁 夏	63.8	73.4	79.9	79.0
新 疆	300.8	361.1	380.0	287.6

5-4 2015年各地区农村住户固定资产投资结构情况

单位：亿元

地区	投资额	建筑工程	#住宅	设备工具器具购置	#生产设备
全国总计	**10409.8**	**8426.4**	**7501.7**	**1587.4**	**1562.9**
北京	50.0	46.6	44.7	1.8	1.8
天津	17.4	11.3	7.1	5.4	5.4
河北	542.5	456.9	402.4	77.8	77.8
山西	329.6	228.7	217.0	86.3	86.3
内蒙古	173.1	106.5	91.0	53.0	53.0
辽宁	277.5	197.7	133.7	52.1	52.1
吉林	196.7	109.5	97.8	71.5	71.5
黑龙江	298.7	112.8	104.2	170.0	170.0
上海	3.3	3.0	2.8	0.3	0.3
江苏	341.7	299.5	248.3	39.1	39.1
浙江	658.6	621.7	572.1	35.0	35.0
安徽	582.0	435.5	409.6	142.8	142.8
福建	327.4	290.4	276.8	31.5	22.2
江西	394.2	354.2	331.8	30.3	30.3
山东	931.0	652.2	444.1	258.1	251.2
河南	709.1	641.4	556.9	59.6	57.6
湖北	477.5	399.6	353.1	63.7	63.7
湖南	720.9	625.5	567.2	69.7	69.7
广东	392.6	367.5	358.7	23.0	23.0
广西	572.8	417.1	399.5	81.7	81.7
海南	95.8	92.4	87.6	2.0	2.0
重庆	145.1	125.9	110.4	7.0	7.0
四川	560.3	479.9	432.9	50.8	50.8
贵州	268.8	211.3	201.9	36.1	36.1
云南	431.2	373.2	346.5	30.0	30.0
西藏					
陕西	351.2	310.5	293.6	28.6	28.6
甘肃	127.6	87.3	66.8	33.8	27.6
青海	66.5	53.2	49.7	11.9	11.9
宁夏	79.0	63.1	57.3	8.9	8.9
新疆	287.6	251.9	236.4	25.7	25.7

5-5 2015年各地区农村住户固定资产投资投向情况

单位：亿元

地　　区	投资额	农林牧渔业	制造业	建筑业	交通运输、仓储和邮政业	房地产业	居民服务和其他服务业
全国总计	**10409.8**	**1980.3**	**137.0**	**59.9**	**225.2**	**7578.14**	**102.1**
北　京	50.0	1.7	0.2	0.1	0.3	44.7	0.0
天　津	17.4	1.5	5.7	0.2	1.4	7.1	0.5
河　北	542.5	89.7	1.1	1.6	41.8	402.4	1.4
山　西	329.6	63.6	0.3	0.7	32.0	217.1	3.3
内蒙古	173.1	72.9				91.0	2.9
辽　宁	277.5	91.0	2.8	11.2	8.2	133.7	8.7
吉　林	196.7	91.8	0.0	0.0	5.7	97.8	0.3
黑龙江	298.7	172.6	1.3	0.7	9.4	104.9	0.0
上　海	3.3	0.5				2.8	0.0
江　苏	341.7	69.1	20.2		3.5	248.3	
浙　江	658.6	53.8	29.9	0.1	1.4	572.1	0.1
安　徽	582.0	140.9	2.9	0.6	9.8	409.6	0.5
福　建	327.4	21.8	5.7	4.1		277.0	2.5
江　西	394.2	46.2	1.5	3.7	5.0	331.8	4.5
山　东	931.0	295.2	47.2	1.8		482.4	9.9
河　南	709.1	72.5	6.6	4.6	31.2	559.3	23.3
湖　北	477.5	103.9	3.6	0.2	15.1	353.1	1.3
湖　南	720.9	100.0	3.5	1.1		567.2	1.9
广　东	392.6	24.8		0.0		358.8	1.9
广　西	572.8	112.8	3.2	0.6	23.8	399.5	29.2
海　南	95.8	6.9		1.3		87.6	
重　庆	145.1	19.7	0.0	2.3	2.7	110.4	0.5
四　川	560.3	98.3		2.7	13.3	432.9	2.0
贵　州	268.8	28.5	0.5	16.9		210.4	0.4
云　南	431.2	72.3	0.6	1.2	5.9	346.8	1.4
西　藏							
陕　西	351.2	34.0			11.9	294.9	
甘　肃	127.6	22.6		3.4		88.2	5.3
青　海	66.5	4.1		0.8		52.9	0.2
宁　夏	79.0	18.8	0.1		2.8	57.3	
新　疆	287.6	48.8				236.4	0.1

5-6 农村住户固定资产投资和建房情况

年 份	投资总额（亿元）	#竣工房屋投资	#住宅	房屋施工面积（万平方米）	房屋竣工面积（万平方米）	#住宅	竣工房屋造价（元/平方米）	#住宅
1985	478.4	350.1	313.2		78973.0	69542.0	44.0	45.0
1990	876.5	777.1	649.8	76819.0	71136.0	67812.0	109.0	96.0
1991	1042.6	912.5	759.3	85405.0	79501.0	74193.0	115.0	102.0
1992	1005.5	937.5	678.5	83392.0	65338.0	60442.0	143.0	112.0
1993	1137.7	1015.4	760.3	57432.0	56012.0	46129.0	181.0	165.0
1994	1519.2	1315.9	1002.7	72283.0	65390.0	57646.0	201.0	174.0
1995	2007.9	1709.4	1349.9	78192.0	73522.0	66230.0	233.0	204.0
1996	2544.0	2250.9	1766.4	96115.0	87277.0	79531.0	258.0	222.0
1997	2691.2	2405.8	1890.7	89309.0	85888.0	77287.0	280.0	245.0
1998	2681.5	2402.2	1907.2	89099.0	83864.0	77031.0	286.0	248.0
1999	2779.6	1908.2	1799.1	89050.0	83244.0	76758.0	229.2	234.4
2000	2904.3	1969.3	1846.8	88231.8	81270.2	75515.3	242.3	244.6
2001	2976.6	1908.2	1775.0	81048.2	74517.5	68799.3	256.1	258.0
2002	3123.2	1956.5	1858.1	80345.0	75125.7	69841.0	260.4	266.0
2003	3201.0	2053.2	1926.9	81123.7	75683.6	69741.1	271.3	276.3
2004	3362.7	2031.0	1933.4	71112.1	65801.5	62303.5	308.7	310.3
2005	3940.6	2190.6	2083.1	73109.2	66604.2	62292.4	328.9	334.4
2006	4436.2	2620.1	2490.2	76189.4	69237.9	64563.7	378.4	385.7
2007	5123.3	3228.3	3022.0	86665.6	78321.2	72676.4	412.2	415.8
2008	5951.8	3748.5	3547.1	91911.4	84407.0	78585.7	444.1	451.4
2009	7434.5	5029.9	4743.3	116099.4	105683.0	95570.5	475.9	496.3
2010	7886.0	5247.0	4931.7	106679.8	94114.8	87947.1	557.5	560.8
2011	9089.1	5983.7	5636.0	118455.2	103053.2	94939.1	580.6	593.6
2012	9840.6	6395.3	6051.6	105516.6	94187.8	87775.9	679.0	689.4
2013	10546.7	7249.6	6735.9	109242.0	92661.7	85953.0	782.4	783.7
2014	10755.8	7387.5	6843.0	103672.9	90287.4	83769.6	818.2	816.9
2015	10409.8	7157.1	6709.6	98376.7	85316.8	79380.2	838.9	845.2

5-7 2015年分地区农村住户固定资产投资和建房情况

年份	投资总额(亿元)	#竣工房屋投资	#住宅	房屋施工面积(万平方米)	房屋竣工面积(万平方米)	#住宅	竣工房屋造价(元/平方米)	#住宅
全国	**10409.8**	**7157.1**	**6709.6**	**98376.7**	**85316.8**	**79380.2**	**838.9**	**845.2**
北京	50.0	43.7	43.0	329.5	303.8	296.2	1438.3	1451.5
天津	17.4	13.7	12.1	138.9	97.0	82.8	1414.3	1459.2
河北	542.5	382.1	351.4	5296.8	4752.2	4158.5	804.1	845.1
山西	329.6	218.8	215.9	2907.4	2707.6	2535.0	808.3	851.8
内蒙古	173.1	94.5	90.4	995.5	987.5	878.9	957.3	1029.0
辽宁	277.5	168.9	140.7	3110.2	2883.6	2296.6	585.6	612.6
吉林	196.7	99.7	97.6	762.6	759.1	731.1	1313.1	1334.7
黑龙江	298.7	104.7	100.4	795.2	750.1	703.7	1395.1	1426.4
上海	3.3	2.6	2.5	17.4	15.4	15.0	1661.4	1662.9
江苏	341.7	269.7	269.5	2777.0	2549.3	2547.2	1058.0	1058.0
浙江	658.6	433.1	404.5	4444.0	2890.7	2694.4	1498.2	1501.4
安徽	582.0	335.3	323.9	5820.8	4339.0	4186.0	772.7	773.8
福建	327.4	204.7	202.1	2697.8	1899.4	1871.5	1077.5	1080.1
江西	394.2	290.2	276.4	5220.2	4353.1	4178.8	666.6	661.3
山东	931.0	525.8	441.4	10498.0	10191.0	8932.0	516.0	494.2
河南	709.1	493.9	462.6	7123.4	6437.1	6135.3	767.3	753.9
湖北	477.5	343.9	319.4	4289.2	3666.8	3404.8	938.0	938.2
湖南	720.9	537.7	511.9	7131.0	6064.2	5833.3	886.7	877.6
广东	392.6	332.7	325.0	3388.2	2761.5	2716.4	1204.7	1196.4
广西	572.8	339.0	332.2	6164.2	5631.2	5424.9	602.1	612.3
海南	95.8	71.9	64.8	833.5	611.5	589.4	1175.8	1099.2
重庆	145.1	100.1	93.1	1397.3	1197.4	1134.8	836.0	820.7
四川	560.3	417.6	386.7	5404.4	4685.4	4292.2	891.2	900.9
贵州	268.8	198.9	191.9	2779.0	2533.0	2427.0	785.2	790.9
云南	431.2	466.0	425.3	5702.1	4721.5	4253.7	987.0	999.9
西藏								
陕西	351.2	242.2	234.6	3006.5	2444.6	2416.0	990.7	971.0
甘肃	127.6	74.0	66.8	1320.0	1252.0	1110.0	591.4	601.4
青海	66.5	52.9	49.7	741.7	670.1	614.7	789.1	808.3
宁夏	79.0	63.0	56.2	434.0	434.0	368.0	1451.8	1527.8
新疆	287.6	235.9	217.6	2851.2	2727.9	2552.2	864.7	852.6

农林牧渔业总产值、中间消耗及增加值

6-1 农林牧渔业增加值和指数

年 份	农林牧渔业增加值 (亿元)	指 数	
		以1978年为100	以上年为100
1978	1027.5	100.0	104.1
1980	1371.6	104.5	98.5
1985	2564.4	155.4	101.8
1990	5062.0	190.7	107.3
1991	5342.2	195.2	102.4
1992	5866.6	203.1	104.1
1993	6963.8	211.2	104.0
1994	9572.7	219.6	104.0
1995	12135.8	229.5	104.5
1996	14015.4	241.2	105.1
1997	14441.9	251.6	104.3
1998	14817.6	260.4	103.5
1999	14770.0	267.7	102.8
2000	14944.7	274.1	102.4
2001	15781.3	281.8	102.8
2002	16537.0	290.0	102.9
2003	17381.7	297.3	102.5
2004	21412.7	316.0	106.3
2005	22420.0	332.4	105.2
2006	24040.0	349.0	105.0
2007	28627.0	361.9	103.7
2008	33702.2	381.8	105.5
2009	35225.9	397.8	104.2
2010	40533.6	414.9	104.3
2011	47486.1	429.4	104.3
2012	52373.6	448.8	104.5
2013	56966.0	466.7	104.0
2014	60158.0	486.3	104.2
2015	62904.1	505.9	104.0

注：1. 根据新国民经济行业分类标准，对农林牧渔业增加值历史数据进行了调整，农林牧渔业增加值包括农林牧渔服务业增加值。
2. 根据第二次农业普查结果，对2005-2006年农林牧渔业增加值进行了修正。
3. 农林牧渔业增加值增长速度为可比增长速度。
4. 2008年农林牧渔业增加值最终核实数为33702.2亿元。2009年《中国统计年鉴》使用的34000亿元为初步核实数。

6-2 农林牧渔业总产值、增加值、中间消耗及构成

(按当年价格计算)

指　　标	总产值	增加值	中间消耗	#农林牧渔业物质消耗	#农林牧渔业生产服务支出
一、绝对数(亿元)					
农林牧渔业合计	**107056.4**	**62904.1**	**44152.3**	**37331.9**	**6820.5**
#农业	57635.8	37029.7	20606.1	16919.4	3686.8
林业	4436.4	2895.8	1540.6	1155.4	385.2
牧业	29780.4	14360.0	15420.4	14319.3	1101.1
渔业	10880.6	6569.1	4311.6	3521.2	790.3
二、构成(%)					
(以农林牧渔业合计为100)					
农林牧渔业合计	**100.0**	**100.0**	**100.0**	**100.0**	**100.0**
#农业	53.8	58.9	46.7	45.3	54.1
林业	4.1	4.6	3.5	3.1	5.6
牧业	27.8	22.8	34.9	38.4	16.1
渔业	10.2	10.4	9.8	9.4	11.6

6-3 各地区农林牧渔业总产值、增加值和中间消耗

(按当年价格计算) 单位：亿元

地区	农林牧渔业			农业		
	总产值	增加值	中间消耗	总产值	增加值	中间消耗
全国	**107056.4**	**62904.1**	**44152.3**	**57635.8**	**37029.7**	**20606.1**
北京	368.2	142.6	225.6	154.5	70.3	84.2
天津	467.4	210.5	256.9	238.0	116.1	121.9
河北	5978.9	3578.7	2400.2	3441.4	2337.5	1103.8
山西	1522.6	824.1	698.5	969.5	553.8	415.8
内蒙古	2751.6	1642.5	1109.0	1418.3	926.9	491.4
辽宁	4686.7	2505.1	2181.6	2068.6	1212.2	856.4
吉林	2880.6	1644.6	1236.0	1400.4	926.3	474.1
黑龙江	5044.9	2687.8	2357.1	2911.9	1852.8	1059.1
上海	302.6	114.0	188.6	162.0	66.7	95.4
江苏	7030.8	4209.5	2821.3	3722.1	2566.2	1155.9
浙江	2933.4	1865.3	1068.1	1434.7	1032.6	402.1
安徽	4390.8	2550.3	1840.5	2174.6	1333.2	841.4
福建	3717.9	2194.1	1523.8	1618.6	1017.1	601.5
江西	2859.1	1827.8	1031.3	1326.9	869.1	457.8
山东	9549.6	5182.9	4366.7	4929.9	2900.8	2029.0
河南	7641.3	4348.4	3292.9	4610.7	2704.7	1906.0
湖北	5728.6	3417.3	2311.2	2780.4	1795.5	984.8
湖南	5630.7	3462.0	2168.8	3043.5	2130.4	913.1
广东	5520.0	3426.1	2093.9	2793.8	1949.8	844.0
广西	4197.1	2633.0	1564.1	2146.4	1478.7	667.7
海南	1323.9	880.5	443.4	613.9	407.3	206.6
重庆	1738.1	1168.7	569.5	1033.7	771.5	262.2
四川	6377.8	3745.3	2632.5	3335.5	2296.7	1038.8
贵州	2738.7	1712.7	1026.0	1772.6	1096.5	676.1
云南	3383.1	2098.3	1284.8	1841.5	1231.3	610.1
西藏	149.5	100.8	48.7	68.0	44.3	23.7
陕西	2813.5	1673.2	1140.3	1910.7	1178.6	732.1
甘肃	1722.1	995.5	726.6	1252.5	753.8	498.7
青海	319.3	212.2	107.0	145.0	85.6	59.4
宁夏	483.0	251.7	231.3	311.0	175.7	135.3
新疆	2804.4	1598.7	1205.8	2005.4	1147.6	857.8

6-3 续表 1

单位：亿元

地区	林业			牧业		
	总产值	增加值	中间消耗	总产值	增加值	中间消耗
全国	**4436.4**	**2895.8**	**1540.6**	**29780.4**	**14360.0**	**15420.4**
北京	57.3	26.5	30.8	135.9	38.9	96.9
天津	7.7	4.6	3.1	130.2	50.0	80.3
河北	121.5	86.2	35.3	1904.1	898.1	1006.0
山西	97.4	41.8	55.6	359.0	182.1	176.9
内蒙古	99.4	68.2	31.2	1160.9	602.0	558.8
辽宁	166.1	86.3	79.8	1561.4	639.0	922.4
吉林	109.8	66.8	43.0	1244.9	578.5	666.4
黑龙江	204.2	95.0	109.3	1704.8	641.5	1063.3
上海	12.2	3.9	8.2	65.6	20.2	45.4
江苏	129.1	72.4	56.7	1262.1	515.9	746.2
浙江	151.6	109.2	42.4	426.2	190.4	235.8
安徽	290.1	200.6	89.5	1259.0	610.0	649.0
福建	314.3	201.6	112.7	571.3	297.4	273.9
江西	293.7	220.3	73.4	719.8	389.7	330.1
山东	139.9	98.4	41.5	2523.2	1043.7	1479.6
河南	134.3	84.4	49.9	2445.3	1337.0	1108.3
湖北	180.6	92.6	88.0	1503.3	875.0	628.3
湖南	317.4	234.6	82.8	1601.7	727.8	874.0
广东	296.7	221.1	75.6	1117.1	506.7	610.4
广西	313.9	235.0	78.9	1140.3	560.6	579.7
海南	99.2	64.1	35.1	238.5	142.0	96.4
重庆	60.4	44.3	16.1	542.9	275.9	267.0
四川	205.8	131.7	74.1	2515.6	1121.9	1393.7
贵州	137.7	92.9	44.8	665.2	415.9	249.2
云南	317.1	215.8	101.3	1031.0	559.7	471.3
西藏	2.1	1.3	0.8	75.3	52.3	23.0
陕西	75.8	47.0	28.8	665.5	358.8	306.7
甘肃	28.6	12.9	15.8	279.4	185.8	93.6
青海	7.4	4.5	2.9	158.4	116.6	41.8
宁夏	11.6	4.1	7.6	122.9	51.9	71.0
新疆	53.2	27.7	25.5	649.5	374.5	275.0

6-3 续表 2

单位：亿元

地区	渔业		
	总产值	增加值	中间消耗
全　国	**10880.6**	**6569.1**	**4311.6**
北　京	11.9	4.4	7.4
天　津	80.4	38.1	42.2
河　北	198.7	117.6	81.1
山　西	9.9	5.5	4.5
内蒙古	30.8	20.3	10.4
辽　宁	689.8	446.4	243.4
吉　林	39.9	24.6	15.3
黑龙江	117.6	44.3	73.3
上　海	51.8	19.0	32.7
江　苏	1517.5	831.6	685.9
浙　江	855.9	500.7	355.2
安　徽	475.1	312.9	162.2
福　建	1082.3	602.0	480.3
江　西	420.0	293.9	126.1
山　东	1524.7	936.2	588.6
河　南	123.6	83.4	40.2
湖　北	922.8	546.7	376.1
湖　南	366.9	238.8	128.1
广　东	1117.2	668.0	449.2
广　西	429.8	291.1	138.7
海　南	324.9	241.3	83.6
重　庆	74.9	58.5	16.5
四　川	210.5	127.0	83.5
贵　州	55.9	35.3	20.6
云　南	81.7	48.9	32.8
西　藏	0.2	0.1	0.1
陕　西	23.6	13.3	10.3
甘　肃	2.2	1.5	0.6
青　海	2.8	2.2	0.6
宁　夏	15.8	6.1	9.7
新　疆	21.8	9.3	12.4

6-4 各地区分部门农林牧渔业增加值

(按当年价格计算)　　单位：亿元

地　区	合计	#农业	林业	牧业	渔业
全国总计	**62904.1**	**37029.7**	**2895.8**	**14360.0**	**6569.1**
北　京	142.6	70.3	26.5	38.9	4.4
天　津	210.5	116.1	4.6	50.0	38.1
河　北	3578.7	2337.5	86.2	898.1	117.6
山　西	824.1	553.8	41.8	182.1	5.5
内蒙古	1642.5	926.9	68.2	602.0	20.3
辽　宁	2505.1	1212.2	86.3	639.0	446.4
吉　林	1644.6	926.3	66.8	578.5	24.6
黑龙江	2687.8	1852.8	95.0	641.5	44.3
上　海	114.0	66.7	3.9	20.2	19.0
江　苏	4209.5	2566.2	72.4	515.9	831.6
浙　江	1865.3	1032.6	109.2	190.4	500.7
安　徽	2550.3	1333.2	200.6	610.0	312.9
福　建	2194.1	1017.1	201.6	297.4	602.0
江　西	1827.8	869.1	220.3	389.7	293.9
山　东	5182.9	2900.8	98.4	1043.7	936.2
河　南	4348.4	2704.7	84.4	1337.0	83.4
湖　北	3417.3	1795.5	92.6	875.0	546.7
湖　南	3462.0	2130.4	234.6	727.8	238.8
广　东	3426.1	1949.8	221.1	506.7	668.0
广　西	2633.0	1478.7	235.0	560.6	291.1
海　南	880.5	407.3	64.1	142.0	241.3
重　庆	1168.7	771.5	44.3	275.9	58.5
四　川	3745.3	2296.7	131.7	1121.9	127.0
贵　州	1712.7	1096.5	92.9	415.9	35.3
云　南	2098.3	1231.3	215.8	559.7	48.9
西　藏	100.8	44.3	1.3	52.3	0.1
陕　西	1673.2	1178.6	47.0	358.8	13.3
甘　肃	995.5	753.8	12.9	185.8	1.5
青　海	212.2	85.6	4.5	116.6	2.2
宁　夏	251.7	175.7	4.1	51.9	6.1
新　疆	1598.7	1147.6	27.7	374.5	9.3

6-5 各地区分部门农林牧渔业增加值构成

(按当年价格计算)

单位：%

地　区	合计	#农业	林业	牧业	渔业
全国总计	**100.0**	**58.9**	**4.6**	**22.8**	**10.4**
北　京	100.0	49.3	18.6	27.3	3.1
天　津	100.0	55.2	2.2	23.7	18.1
河　北	100.0	65.3	2.4	25.1	3.3
山　西	100.0	67.2	5.1	22.1	0.7
内蒙古	100.0	56.4	4.2	36.7	1.2
辽　宁	100.0	48.4	3.4	25.5	17.8
吉　林	100.0	56.3	4.1	35.2	1.5
黑龙江	100.0	68.9	3.5	23.9	1.6
上　海	100.0	58.5	3.4	17.7	16.7
江　苏	100.0	61.0	1.7	12.3	19.8
浙　江	100.0	55.4	5.9	10.2	26.8
安　徽	100.0	52.3	7.9	23.9	12.3
福　建	100.0	46.4	9.2	13.6	27.4
江　西	100.0	47.5	12.1	21.3	16.1
山　东	100.0	56.0	1.9	20.1	18.1
河　南	100.0	62.2	1.9	30.7	1.9
湖　北	100.0	52.5	2.7	25.6	16.0
湖　南	100.0	61.5	6.8	21.0	6.9
广　东	100.0	56.9	6.5	14.8	19.5
广　西	100.0	56.2	8.9	21.3	11.1
海　南	100.0	46.3	7.3	16.1	27.4
重　庆	100.0	66.0	3.8	23.6	5.0
四　川	100.0	61.3	3.5	30.0	3.4
贵　州	100.0	64.0	5.4	24.3	2.1
云　南	100.0	58.7	10.3	26.7	2.3
西　藏	100.0	44.0	1.3	51.9	0.1
陕　西	100.0	70.4	2.8	21.4	0.8
甘　肃	100.0	75.7	1.3	18.7	0.2
青　海	100.0	40.3	2.1	54.9	1.0
宁　夏	100.0	69.8	1.6	20.6	2.4
新　疆	100.0	71.8	1.7	23.4	0.6

6-6 各地区分部门农林牧渔业增加值率

(以该部门总产值为100)　　单位：%

地　区	农林牧渔业	农业	林业	牧业	渔业
全国总计	**58.8**	**64.2**	**65.3**	**48.2**	**60.4**
北　京	38.7	45.5	46.3	28.7	37.3
天　津	45.0	48.8	59.6	38.4	47.5
河　北	59.9	67.9	70.9	47.2	59.2
山　西	54.1	57.1	42.9	50.7	55.0
内蒙古	59.7	65.4	68.6	51.9	66.1
辽　宁	53.5	58.6	52.0	40.9	64.7
吉　林	57.1	66.1	60.9	46.5	61.7
黑龙江	53.3	63.6	46.5	37.6	37.7
上　海	37.7	41.2	32.2	30.8	36.8
江　苏	59.9	68.9	56.1	40.9	54.8
浙　江	63.6	72.0	72.0	44.7	58.5
安　徽	58.1	61.3	69.1	48.5	65.9
福　建	59.0	62.8	64.1	52.1	55.6
江　西	63.9	65.5	75.0	54.1	70.0
山　东	54.3	58.8	70.3	41.4	61.4
河　南	56.9	58.7	62.9	54.7	67.5
湖　北	59.7	64.6	51.3	58.2	59.2
湖　南	61.5	70.0	73.9	45.4	65.1
广　东	62.1	69.8	74.5	45.4	59.8
广　西	62.7	68.9	74.9	49.2	67.7
海　南	66.5	66.3	64.6	59.6	74.3
重　庆	67.2	74.6	73.3	50.8	78.0
四　川	58.7	68.9	64.0	44.6	60.3
贵　州	62.5	61.9	67.4	62.5	63.1
云　南	62.0	66.9	68.1	54.3	59.9
西　藏	67.4	65.1	62.0	69.4	67.2
陕　西	59.5	61.7	62.0	53.9	56.4
甘　肃	57.8	60.2	45.0	66.5	70.5
青　海	66.5	59.0	60.7	73.6	78.6
宁　夏	52.1	56.5	35.0	42.2	38.6
新　疆	57.0	57.2	52.0	57.7	42.9

6-7 各地区分部门农林牧渔业中间消耗

(按当年价格计算)

单位：亿元

地　　区	合计	#农业	林业	牧业	渔业
全国合计	**44152.3**	**20606.1**	**1540.6**	**15420.4**	**4311.6**
北　　京	225.6	84.2	30.8	96.9	7.4
天　　津	256.9	121.9	3.1	80.3	42.2
河　　北	2400.2	1103.8	35.3	1006.0	81.1
山　　西	698.5	415.8	55.6	176.9	4.5
内 蒙 古	1109.0	491.4	31.2	558.8	10.4
辽　　宁	2181.6	856.4	79.8	922.4	243.4
吉　　林	1236.0	474.1	43.0	666.4	15.3
黑 龙 江	2357.1	1059.1	109.3	1063.3	73.3
上　　海	188.6	95.4	8.2	45.4	32.7
江　　苏	2821.3	1155.9	56.7	746.2	685.9
浙　　江	1068.1	402.1	42.4	235.8	355.2
安　　徽	1840.5	841.4	89.5	649.0	162.2
福　　建	1523.8	601.5	112.7	273.9	480.3
江　　西	1031.3	457.8	73.4	330.1	126.1
山　　东	4366.7	2029.0	41.5	1479.6	588.6
河　　南	3292.9	1906.0	49.9	1108.3	40.2
湖　　北	2311.2	984.8	88.0	628.3	376.1
湖　　南	2168.8	913.1	82.8	874.0	128.1
广　　东	2093.9	844.0	75.6	610.4	449.2
广　　西	1564.1	667.7	78.9	579.7	138.7
海　　南	443.4	206.6	35.1	96.4	83.6
重　　庆	569.5	262.2	16.1	267.0	16.5
四　　川	2632.5	1038.8	74.1	1393.7	83.5
贵　　州	1026.0	676.1	44.8	249.2	20.6
云　　南	1284.8	610.1	101.3	471.3	32.8
西　　藏	48.7	23.7	0.8	23.0	0.1
陕　　西	1140.3	732.1	28.8	306.7	10.3
甘　　肃	726.6	498.7	15.8	93.6	0.6
青　　海	107.0	59.4	2.9	41.8	0.6
宁　　夏	231.3	135.3	7.6	71.0	9.7
新　　疆	1205.8	857.8	25.5	275.0	12.4

6-8 各地区分部门农林牧渔业中间消耗构成

(按当年价格计算) 单位：%

地 区	合计	#农业	林业
全国合计	**100.0**	**46.7**	**3.5**
北 京	100.0	37.3	13.6
天 津	100.0	47.5	1.2
河 北	100.0	46.0	1.5
山 西	100.0	59.5	8.0
内 蒙 古	100.0	44.3	2.8
辽 宁	100.0	39.3	3.7
吉 林	100.0	38.4	3.5
黑 龙 江	100.0	44.9	4.6
上 海	100.0	50.5	4.4
江 苏	100.0	41.0	2.0
浙 江	100.0	37.6	4.0
安 徽	100.0	45.7	4.9
福 建	100.0	39.5	7.4
江 西	100.0	44.4	7.1
山 东	100.0	46.5	1.0
河 南	100.0	57.9	1.5
湖 北	100.0	42.6	3.8
湖 南	100.0	42.1	3.8
广 东	100.0	40.3	3.6
广 西	100.0	42.7	5.0
海 南	100.0	46.6	7.9
重 庆	100.0	46.0	2.8
四 川	100.0	39.5	2.8
贵 州	100.0	65.9	4.4
云 南	100.0	47.5	7.9
西 藏	100.0	48.7	1.6
陕 西	100.0	64.2	2.5
甘 肃	100.0	68.6	2.2
青 海	100.0	55.5	2.7
宁 夏	100.0	58.5	3.3
新 疆	100.0	71.1	2.1

6-8 续表 单位：%

地区	牧业	渔业	农林牧渔服务业
全国合计	**34.9**	**9.8**	**5.1**
北京	43.0	3.3	2.8
天津	31.2	16.4	3.7
河北	41.9	3.4	7.2
山西	25.3	0.6	6.6
内蒙古	50.4	0.9	1.5
辽宁	42.3	11.2	3.7
吉林	53.9	1.2	3.0
黑龙江	45.1	3.1	2.2
上海	24.1	17.4	3.6
江苏	26.4	24.3	6.3
浙江	22.1	33.3	3.1
安徽	35.3	8.8	5.3
福建	18.0	31.5	3.6
江西	32.0	12.2	4.3
山东	33.9	13.5	5.2
河南	33.7	1.2	5.7
湖北	27.2	16.3	10.1
湖南	40.3	5.9	7.9
广东	29.2	21.5	5.5
广西	37.1	8.9	6.3
海南	21.7	18.9	4.9
重庆	46.9	2.9	1.4
四川	52.9	3.2	1.6
贵州	24.3	2.0	3.4
云南	36.7	2.6	5.4
西藏	47.2	0.1	2.3
陕西	26.9	0.9	5.5
甘肃	12.9	0.1	16.2
青海	39.0	0.6	2.2
宁夏	30.7	4.2	3.4
新疆	22.8	1.0	2.9

6-9 各地区分部门农林牧渔业中间消耗占产值的比重

(以该部门总产值为100)

单位：%

地　区	农林牧渔业	农业	林业
全国总计	**41.2**	**35.8**	**34.7**
北　京	61.3	54.5	53.7
天　津	55.0	51.2	40.4
河　北	40.1	32.1	29.1
山　西	45.9	42.9	57.1
内蒙古	40.3	34.7	31.4
辽　宁	46.5	41.4	48.0
吉　林	42.9	33.9	39.1
黑龙江	46.7	36.4	53.5
上　海	62.3	58.8	67.8
江　苏	40.1	31.1	43.9
浙　江	36.4	28.0	28.0
安　徽	41.9	38.7	30.9
福　建	41.0	37.2	35.9
江　西	36.1	34.5	25.0
山　东	45.7	41.2	29.7
河　南	43.1	41.3	37.1
湖　北	40.3	35.4	48.7
湖　南	38.5	30.0	26.1
广　东	37.9	30.2	25.5
广　西	37.3	31.1	25.1
海　南	33.5	33.7	35.4
重　庆	32.8	25.4	26.7
四　川	41.3	31.1	36.0
贵　州	37.5	38.1	32.6
云　南	38.0	33.1	31.9
西　藏	32.6	34.9	38.0
陕　西	40.5	38.3	38.0
甘　肃	42.2	39.8	55.0
青　海	33.5	41.0	39.3
宁　夏	47.9	43.5	65.0
新　疆	43.0	42.8	48.0

6-9 续表　　　　单位：%

地　区	牧业	渔业	农林牧渔服务业
全国总计	**51.8**	**39.6**	**52.6**
北　京	71.3	62.7	72.5
天　津	61.6	52.5	84.7
河　北	52.8	40.8	55.6
山　西	49.3	45.0	52.8
内蒙古	48.1	33.9	40.6
辽　宁	59.1	35.3	39.7
吉　林	53.5	38.3	43.6
黑龙江	62.4	62.3	49.0
上　海	69.2	63.2	62.2
江　苏	59.1	45.2	44.1
浙　江	55.3	41.5	50.2
安　徽	51.5	34.1	51.3
福　建	47.9	44.4	42.2
江　西	45.9	30.0	44.5
山　东	58.6	38.6	52.8
河　南	45.3	32.5	57.6
湖　北	41.8	40.8	68.5
湖　南	54.6	34.9	56.7
广　东	54.6	40.2	58.7
广　西	50.8	32.3	59.5
海　南	40.4	25.7	45.7
重　庆	49.2	22.0	29.4
四　川	55.4	39.7	38.4
贵　州	37.5	36.9	32.9
云　南	45.7	40.1	62.0
西　藏	30.6	32.8	28.9
陕　西	46.1	43.6	45.2
甘　肃	33.5	29.5	74.0
青　海	26.4	21.4	42.1
宁　夏	57.8	61.4	36.0
新　疆	42.3	57.1	46.9

6-10　分项农林牧渔业中间消耗

单位：亿元

指　　标	1990年	1997年	2013年	2014年	2015年
中间消耗总计		**9615.5**	**40029.3**	**42068.1**	**44152.3**
一、物质消耗	**2508.2**	**8864.8**	**34276.6**	**35851.8**	**37331.9**
#用种量	245.7	854.8	4453.6	4846.7	5325.5
饲料	995.2	3708.5	13689.1	14023.3	14223.3
肥料	601.2	1634.0	5970.9	6289.6	6520.7
燃料	152.0	544.7	2518.3	2555.3	2603.7
农药	70.7	259.7	874.1	902.5	932.4
农膜		121.9	556.4	572.4	608.3
畜牧用药			337.3	352.5	370.5
用电量	61.6	365.0	1406.8	1468.5	1521.2
小农机			569.3	602.4	666.1
对物质生产部门的劳务支出					
二、生产服务支出			**5750.4**	**6216.3**	**6820.5**

注：1. 从2003年起,物质消耗项下的“对物质生产部门的劳务支出”调至“生产服务支出”项下。
　　2. 物质消耗和生产服务支出分项2013年未包括西藏和青海。

6-11 各地区农林牧渔业增加值、中间消耗及占农林牧渔业总产值比重

(按当年价格计算) 单位：亿元

地区	农林牧渔业增加值	占农林牧渔业总产值比重(%)	农林牧渔业中间消耗	占农林牧渔业总产值比重(%)
全国总计	**62904.1**	**58.8**	**44152.3**	**41.2**
北京	142.6	38.7	225.6	61.3
天津	210.5	45.0	256.9	55.0
河北	3578.7	59.9	2400.2	40.1
山西	824.1	54.1	698.5	45.9
内蒙古	1642.5	59.7	1109.0	40.3
辽宁	2505.1	53.5	2181.6	46.5
吉林	1644.6	57.1	1236.0	42.9
黑龙江	2687.8	53.3	2357.1	46.7
上海	114.0	37.7	188.6	62.3
江苏	4209.5	59.9	2821.3	40.1
浙江	1865.3	63.6	1068.1	36.4
安徽	2550.3	58.1	1840.5	41.9
福建	2194.1	59.0	1523.8	41.0
江西	1827.8	63.9	1031.3	36.1
山东	5182.9	54.3	4366.7	45.7
河南	4348.4	56.9	3292.9	43.1
湖北	3417.3	59.7	2311.2	40.3
湖南	3462.0	61.5	2168.8	38.5
广东	3426.1	62.1	2093.9	37.9
广西	2633.0	62.7	1564.1	37.3
海南	880.5	66.5	443.4	33.5
重庆	1168.7	67.2	569.5	32.8
四川	3745.3	58.7	2632.5	41.3
贵州	1712.7	62.5	1026.0	37.5
云南	2098.3	62.0	1284.8	38.0
西藏	100.8	67.4	48.7	32.6
陕西	1673.2	59.5	1140.3	40.5
甘肃	995.5	57.8	726.6	42.2
青海	212.2	66.5	107.0	33.5
宁夏	251.7	52.1	231.3	47.9
新疆	1598.7	57.0	1205.8	43.0

6-12 农林牧渔业总产值

(按当年价格计算)　　单位：亿元

年　份	农林牧渔业总产值	#农业产值	林业产值	牧业产值	渔业产值
1952	461.0	396.0	7.3	51.7	6.1
1957	537.0	443.9	17.5	65.4	10.2
1962	584.0	494.7	13.0	63.8	12.6
1965	833.0	684.3	22.3	111.5	14.8
1970	1021.0	838.4	28.6	136.6	17.4
1975	1260.0	1020.5	39.2	178.4	21.9
1978	1397.0	1117.5	48.1	209.3	22.1
1980	1922.6	1454.1	81.4	354.2	32.9
1985	3619.5	2506.4	188.7	798.3	126.1
1990	7662.1	4954.3	330.3	1967.0	410.6
1991	8157.0	5146.4	367.9	2159.2	483.5
1992	9084.7	5588.0	422.6	2460.5	613.5
1993	10995.5	6605.1	494.0	3014.4	882.0
1994	15750.5	9169.2	611.1	4672.0	1298.2
1995	20340.9	11884.6	709.9	6045.0	1701.3
1996	22353.7	13539.8	778.0	6015.5	2020.4
1997	23788.4	13852.5	817.8	6835.4	2282.7
1998	24541.9	14241.9	851.3	7025.8	2422.9
1999	24519.1	14106.2	886.3	6997.6	2529.0
2000	24915.8	13873.6	936.5	7393.1	2712.6
2001	26179.6	14462.8	938.8	7963.1	2815.0
2002	27390.8	14931.5	1033.5	8454.6	2971.1
2003	29691.8	14870.1	1239.9	9538.8	3137.6
2004	36239.0	18138.4	1327.1	12173.8	3605.6
2005	39450.9	19613.4	1425.5	13310.8	4016.1
2006	40810.8	21522.3	1610.8	12083.9	3970.5
2007	48893.0	24658.2	1861.6	16124.9	4457.5
2008	58002.2	28044.2	2152.9	20583.6	5203.4
2009	60361.0	30777.5	2193.0	19468.4	5626.4
2010	69319.8	36941.1	2595.5	20825.7	6422.4
2011	81303.9	41988.6	3120.7	25770.7	7568.0
2012	89453.0	46940.5	3447.1	27189.4	8706.0
2013	96995.3	51497.4	3902.4	28435.5	9634.6
2014	102226.1	54771.5	4256.0	28956.3	10334.3
2015	107056.4	57635.8	4436.4	29780.4	10880.6

注：2009年按照新的《统计用产品分类目录》对数据进行了调整(后同)。

6-13 农林牧渔业总产值构成

(按当年价格计算)

单位：%

年　份	农林牧渔业	农业产值	林业产值	牧业产值	渔业产值
1952	100.0	85.9	1.6	11.2	1.3
1957	100.0	82.7	3.3	12.2	1.9
1962	100.0	84.7	2.2	10.9	2.2
1965	100.0	82.2	2.7	13.4	1.8
1970	100.0	82.1	2.8	13.4	1.7
1975	100.0	81.0	3.1	14.2	1.7
1978	100.0	80.0	3.4	15.0	1.6
1979	100.0	78.1	3.6	16.8	1.5
1980	100.0	75.6	4.2	18.4	1.7
1981	100.0	75.0	4.5	18.4	2.0
1982	100.0	75.1	4.4	18.4	2.1
1983	100.0	75.4	4.6	17.6	2.3
1984	100.0	74.1	5.0	18.3	2.6
1985	100.0	69.2	5.2	22.1	3.5
1986	100.0	69.1	5.0	21.8	4.1
1987	100.0	67.6	4.7	22.8	4.8
1988	100.0	62.5	4.7	27.3	5.5
1989	100.0	62.8	4.4	27.6	5.3
1990	100.0	64.7	4.3	25.7	5.4
1991	100.0	63.1	4.5	26.5	5.9
1992	100.0	61.5	4.7	27.1	6.8
1993	100.0	60.1	4.5	27.4	8.0
1994	100.0	58.2	3.9	29.7	8.2
1995	100.0	58.4	3.5	29.7	8.4
1996	100.0	60.6	3.5	26.9	9.0
1997	100.0	58.2	3.4	28.7	9.6
1998	100.0	58.0	3.5	28.6	9.9
1999	100.0	57.5	3.6	28.5	10.3
2000	100.0	55.7	3.8	29.7	10.9
2001	100.0	55.2	3.6	30.4	10.8
2002	100.0	54.5	3.8	30.9	10.8
2003	100.0	50.1	4.2	32.1	10.6
2004	100.0	50.1	3.7	33.6	9.9
2005	100.0	49.7	3.6	33.7	10.2
2006	100.0	52.7	3.9	29.6	9.7
2007	100.0	50.4	3.8	33.0	9.1
2008	100.0	48.4	3.7	35.5	9.0
2009	100.0	51.0	3.6	22.8	9.3
2010	100.0	53.3	3.7	30.0	9.3
2011	100.0	51.6	3.8	31.7	9.3
2012	100.0	52.5	3.9	30.4	9.7
2013	100.0	53.1	4.0	29.3	9.9
2014	100.0	53.6	4.2	28.3	10.1
2015	100.0	53.8	4.1	27.8	10.2

注：2006年为根据农普调整的数据。

6-14 农林牧渔业分项产值及构成

(按当年价格计算)

指　　标	绝对数(亿元)		构成(%)	
	2014年	2015年	2014年	2015年
农林牧渔业总产值	**102226.1**	**107056.4**	**100.0**	**100.0**
一、农业产值	**54771.5**	**57635.8**	**53.6**	**53.8**
(一)谷物及其他作物	23075.9	22253.7	22.6	20.8
谷物	14769.8	14190.0	14.4	13.3
薯类	1485.8	1541.3	1.5	1.4
油料	2198.6	2177.3	2.2	2.0
豆类	843.4	769.4	0.8	0.7
棉花	1309.3	1041.4	1.3	1.0
麻类	24.2	30.3	0.0	0.0
糖料	665.7	663.9	0.7	0.6
烟草	627.8	655.0	0.6	0.6
其他农作物	1144.1	1149.0	1.1	1.1
(二)蔬菜园艺作物	20202.1	22741.8	19.8	21.2
#蔬菜(含菜用瓜)	17570.1	20091.5	17.2	18.8
食用菌	1604.1	1584.1	1.6	1.5
花卉	656.0	710.1	0.6	0.7
盆景园艺	392.7	383.8	0.4	0.4
(三)水果、坚果、茶、饮料和香料	10119.5	11153.5	9.9	10.4
#水果	7875.7	8732.5	7.7	8.2
坚果	808.2	880.5	0.8	0.8
茶及饮料原料	1269.0	1334.3	1.2	1.2
香料原料	166.6	192.4	0.2	0.2
(四)中草药材	1380.0	1542.2	1.3	1.4
二、林业产值	**4256.0**	**4436.4**	**4.2**	**4.1**
(一)林木的培育和种植	1729.3	1871.6	1.7	1.7
(二)竹木采运	1089.7	1141.3	1.1	1.1
(三)林产品	1436.9	1423.4	1.4	1.3
三、牧业产值	**28956.3**	**29780.4**	**28.3**	**27.8**
(一)牲畜饲养	7859.6	8056.7	7.7	7.5
#牛的饲养	3519.7	3623.6	3.4	3.4
羊的饲养	2377.7	2086.9	2.3	1.9
(二)猪的饲养	12297.6	12859.7	12.0	12.0
(三)家禽饲养	7393.8	7395.5	7.2	6.9
(四)狩猎和捕捉动物	29.2	61.7	0.0	0.1
(五)其他畜牧业	1362.7	1406.9	1.3	1.3
四、渔业产值	**10334.3**	**10880.6**	**10.1**	**10.2**
(一)海水产品	4644.2	5003.1	4.5	4.7
其中：养殖	2044.6	2201.3	2.0	2.1
(二)淡水产品	5690.1	5877.5	5.6	5.5
其中：养殖	4356.3	4105.4	4.3	3.8

6-15 各地区农林牧渔业总产值

(按当年价格计算) 单位：亿元

地区	农林牧渔业总产值		农业产值	
	2014年	2015年	2014年	2015年
全国总计	**102226.1**	**107056.4**	**54771.5**	**57635.8**
北京	420.1	368.2	155.1	154.5
天津	441.7	467.4	230.7	238.0
河北	5994.8	5978.9	3453.4	3441.4
山西	1530.5	1522.6	984.0	969.5
内蒙古	2779.8	2751.6	1408.4	1418.3
辽宁	4498.4	4686.7	1734.1	2068.6
吉林	2763.0	2880.6	1342.5	1400.4
黑龙江	4894.8	5044.9	3015.6	2911.9
上海	322.2	302.6	169.5	162.0
江苏	6443.4	7030.8	3362.8	3722.1
浙江	2844.6	2933.4	1386.0	1434.7
安徽	4223.7	4390.8	2119.2	2174.6
福建	3522.3	3717.9	1529.6	1618.6
江西	2726.5	2859.1	1144.1	1326.9
山东	9198.3	9549.6	4765.8	4929.9
河南	7549.1	7641.3	4492.0	4610.7
湖北	5452.8	5728.6	2761.7	2780.4
湖南	5304.8	5630.7	2884.7	3043.5
广东	5234.2	5520.0	2613.2	2793.8
广西	3947.7	4197.1	1994.0	2146.4
海南	1252.2	1323.9	568.2	613.9
重庆	1595.0	1738.1	967.9	1033.7
四川	5888.1	6377.8	3078.6	3335.5
贵州	2118.5	2738.7	1321.9	1772.6
云南	3263.3	3383.1	1806.3	1841.5
西藏	138.7	149.5	63.3	68.0
陕西	2741.8	2813.5	1870.8	1910.7
甘肃	1618.8	1722.1	1174.9	1252.5
青海	327.5	319.3	144.2	145.0
宁夏	445.5	483.0	274.0	311.0
新疆	2744.0	2804.4	1955.1	2005.4

6-15 续表 单位：亿元

地 区	林业产值		牧业产值		渔业产值	
	2014年	2015年	2014年	2015年	2014年	2015年
全国总计	**4256.0**	**4436.4**	**28956.3**	**29780.4**	**10334.3**	**10880.6**
北 京	90.7	57.3	152.7	135.9	13.2	11.9
天 津	3.2	7.7	117.6	130.2	79.5	80.4
河 北	108.1	121.5	1952.0	1904.1	191.0	198.7
山 西	98.5	97.4	354.6	359.0	9.8	9.9
内蒙古	96.4	99.4	1205.7	1160.9	29.1	30.8
辽 宁	152.4	166.1	1717.5	1561.4	699.8	689.8
吉 林	104.4	109.8	1195.0	1244.9	40.1	39.9
黑龙江	195.7	204.2	1486.1	1704.8	102.7	117.6
上 海	8.8	12.2	69.9	65.6	62.5	51.8
江 苏	118.2	129.1	1182.7	1262.1	1426.7	1517.5
浙 江	147.0	151.6	472.2	426.2	779.4	855.9
安 徽	283.1	290.1	1182.1	1259.0	459.7	475.1
福 建	323.3	314.3	522.9	571.3	1025.2	1082.3
江 西	274.2	293.7	814.9	719.8	400.7	420.0
山 东	131.5	139.9	2418.3	2523.2	1481.7	1524.7
河 南	152.4	134.3	2505.2	2445.3	105.1	123.6
湖 北	157.0	180.6	1427.7	1503.3	844.2	922.8
湖 南	304.8	317.4	1503.2	1601.7	338.9	366.9
广 东	279.8	296.7	1077.4	1117.1	1080.3	1117.2
广 西	303.2	313.9	1087.2	1140.3	413.1	429.8
海 南	103.2	99.2	228.0	238.5	310.2	324.9
重 庆	53.6	60.4	486.4	542.9	64.9	74.9
四 川	196.0	205.8	2318.8	2515.6	192.4	210.5
贵 州	99.6	137.7	569.3	665.2	47.0	55.9
云 南	303.1	317.1	975.8	1031.0	78.1	81.7
西 藏	2.6	2.1	69.3	75.3	0.2	0.2
陕 西	73.6	75.8	648.3	665.5	19.9	23.6
甘 肃	25.5	28.6	268.4	279.4	2.1	2.2
青 海	6.6	7.4	169.1	158.4	2.2	2.8
宁 夏	10.0	11.6	126.8	122.9	14.9	15.8
新 疆	49.4	53.2	651.2	649.5	19.6	21.8

6-16 各地区农业分项产值

(按当年价格计算)

单位：亿元

地区	农业	1.谷物及其他作物	#谷物	#小麦	稻谷	玉米
全国	**57635.8**	**22253.7**	**14190.0**	**3131.5**	**6129.1**	**4314.9**
北京	154.5	15.4	12.5	2.7	0.1	9.4
天津	238.0	49.5	41.9	15.1	5.0	21.0
河北	3441.4	1000.9	723.0	345.8	19.1	326.9
山西	969.5	345.4	273.2	65.4	0.1	181.2
内蒙古	1418.3	1015.1	604.7	54.3	17.1	357.9
辽宁	2068.6	324.8	280.2	0.9	88.9	182.5
吉林	1400.4	966.0	818.9	0.0	195.3	589.2
黑龙江	2911.9	1839.6	1459.4	4.9	824.9	620.2
上海	162.0	38.3	33.4	5.2	26.6	0.6
江苏	3722.1	1401.0	1116.7	286.7	632.6	65.2
浙江	1434.7	292.5	195.5	6.9	174.9	11.4
安徽	2174.6	1248.3	902.1	355.7	432.1	109.3
福建	1618.6	340.3	162.4	0.2	152.2	7.2
江西	1326.9	695.4	524.4	1.7	516.9	4.8
山东	4929.9	1829.4	994.7	576.2	21.0	393.8
河南	4610.7	1957.3	1297.4	801.7	128.6	363.3
湖北	2780.4	1147.0	714.6	101.7	521.8	71.1
湖南	3043.5	1041.8	773.9	1.9	717.8	47.0
广东	2793.8	784.4	375.5	0.1	340.4	34.6
广西	2146.4	948.2	414.8	0.2	343.6	70.2
海南	613.9	112.6	47.4		46.1	
重庆	1033.7	350.6	194.8	5.0	123.7	63.4
四川	3335.5	1186.9	747.1	111.9	417.5	192.9
贵州	1772.6	454.2	204.7	15.5	112.3	75.2
云南	1841.5	797.6	333.5	15.8	206.8	135.1
西藏	68.0	32.9	27.8	5.6	0.2	0.7
陕西	1910.7	444.1	252.5	102.6	23.8	98.3
甘肃	1252.5	470.0	232.4	57.6	0.6	107.9
青海	145.0	62.1	17.8	7.4		3.9
宁夏	311.0	116.0	75.0	11.1	17.9	44.4
新疆	2005.4	946.0	337.9	171.8	21.3	126.2

6-16 续表 1

单位：亿元

地区	#薯类	#油料	花生	油菜籽	#豆类	大豆
全国	**1541.3**	**2177.3**	**1061.0**	**802.4**	**769.4**	**537.6**
北京	0.7	0.5	0.4		0.5	0.4
天津	0.1	0.4	0.2		0.6	0.5
河北	83.2	80.8	70.1	1.7	14.5	10.8
山西	26.6	9.1	0.9	0.3	18.0	10.6
内蒙古	89.7	139.7	1.8	19.4	51.2	39.0
辽宁	14.1	15.7	40.8	0.1	9.5	7.8
吉林	56.1	45.7	35.2		28.8	13.1
黑龙江	127.2	17.9	4.2		176.0	171.4
上海	0.1	0.4	0.1	0.3	0.3	
江苏	38.4	86.8	25.6	51.4	42.5	24.9
浙江	17.7	21.7	6.1	15.1	20.1	13.2
安徽	14.0	133.1	62.6	58.8	70.4	62.6
福建	50.2	35.8	34.3	1.2	15.1	11.7
江西	15.4	67.4	31.5	31.6	19.7	14.7
山东	68.5	211.8	208.0	1.7	21.0	20.4
河南	54.3	338.8	260.1	40.2	26.5	22.9
湖北	85.2	180.7	48.2	112.7	25.8	16.8
湖南	26.0	147.9	19.3	126.9	22.7	13.5
广东	135.9	89.8	88.9	0.5	16.3	12.1
广西	20.7	50.3	47.6	1.0	13.7	8.3
海南	20.7	7.9	7.8		1.4	0.7
重庆	62.6	34.5	7.2	26.6	22.4	9.1
四川	144.9	213.8	42.0	171.3	30.0	14.8
贵州	72.3	50.1	4.7	43.8	20.6	7.7
云南	67.5	36.5	5.2	33.5	58.0	8.1
西藏	0.2	3.1	0.0	3.1	0.6	0.2
陕西	79.6	43.7	6.9	24.5	13.8	6.4
甘肃	117.8	40.2	0.3	18.3	15.1	7.4
青海	16.1	14.2		14.0	2.7	
宁夏	18.2	9.1		0.1	1.2	0.3
新疆	17.2	49.9	1.1	4.3	10.4	8.3

6-16 续表 2

单位：亿元

地区	#棉花	#麻类	#糖料	#烟草
全国	**1041.4**	**30.3**	**663.9**	**655.0**
北京				
天津	4.2			
河北	78.4		3.6	0.5
山西	2.3		0.3	1.8
内蒙古	0.1		12.0	2.3
辽宁			0.8	2.9
吉林			0.5	10.5
黑龙江		1.0	0.5	13.1
上海	0.1		0.1	
江苏	50.5	0.2	3.0	
浙江	2.3		9.2	0.3
安徽	72.2	1.9	4.7	9.9
福建			6.2	41.7
江西	8.8	0.8	14.9	13.6
山东	190.4			19.6
河南	26.8	1.4	4.9	79.7
湖北	85.1	16.3	5.2	20.5
湖南	8.2	1.0	7.8	47.6
广东		2.0	72.1	12.7
广西	0.8	1.0	361.7	6.3
海南		0.1	24.7	0.3
重庆		0.8	2.7	20.8
四川	1.5	3.2	6.3	39.7
贵州	0.6	0.1	23.4	76.9
云南			79.1	222.9
西藏				
陕西	5.0	0.1	0.1	10.7
甘肃	15.2	0.1	0.7	0.6
青海				
宁夏				0.3
新疆	488.9	0.2	19.3	

6-16 续表 3　　　　单位：亿元

地区	2.蔬菜园艺	蔬菜	食用菌	花卉	3.水果、坚果、饮料和香料作物	苹果	梨	柑橘
全国	**22741.8**	**20091.5**	**1584.1**	**710.1**	**11153.5**	**1932.4**	**537.7**	**1200.4**
北京	81.5	62.9	8.1	7.4	57.1	6.5	5.8	
天津	150.9	133.5	8.6	5.3	37.6	2.1	1.1	
河北	1747.8	1608.2	110.2	9.9	624.3	132.0	79.4	
山西	295.2	275.4	15.0	3.9	279.9	125.1	25.2	25.6
内蒙古	300.9	287.6	12.2	0.4	61.6	4.0	2.0	2.7
辽宁	1324.0	1276.2	35.1	12.7	405.9	102.0	33.8	
吉林	314.6	297.6	16.8	0.1	96.0	3.8	3.1	
黑龙江	780.7	400.8	379.3	0.6	284.2	11.1	1.6	
上海	89.7	71.3	12.3	4.0	33.7	0.0	2.2	1.7
江苏	1930.7	1691.4	90.0	47.5	377.5	25.9	25.7	1.6
浙江	681.9	461.7	45.6	160.1	407.3		15.3	45.7
安徽	578.9	530.4	15.2	10.6	302.8	13.6	31.1	0.9
福建	765.8	485.0	179.5	74.2	480.6		6.8	99.1
江西	392.3	346.4	12.6	33.3	223.0		4.6	174.0
山东	1937.5	1837.0	44.8	13.6	1104.3	375.7	39.6	
河南	1723.5	1408.3	273.6	27.3	824.8	170.4	33.2	1.0
湖北	1211.7	1046.3	90.0	37.4	421.6	0.3	16.5	105.6
湖南	1487.1	1466.1	21.0	2.2	387.8		9.1	46.1
广东	1301.4	1169.0	20.0	80.4	665.9		3.4	175.6
广西	715.6	619.5	62.7	18.9	416.0		8.2	73.2
海南	252.0	222.0	0.0	30.0	236.1			3.6
重庆	450.3	410.2	13.0	12.0	171.5	0.6	23.0	95.2
四川	1336.2	1245.5	57.1	33.6	740.5	28.7	55.0	251.9
贵州	1005.5	975.2	20.4	7.9	194.4	2.7	14.3	14.7
云南	449.1	381.3	10.2	55.9	407.7	8.5	10.0	30.9
西藏	11.6	11.6	0.0	0.0	1.3	0.3	0.1	
陕西	573.8	537.8	24.4	5.6	824.4	392.8	27.3	10.4
甘肃	370.3	368.9	3.8	1.1	298.7	151.2	8.8	0.0
青海	42.5	41.6	0.6	0.5	4.9	0.4	0.2	
宁夏	98.9	93.1	2.1	3.6	63.8	8.4	0.6	
新疆	339.6	329.6		10.0	718.2	366.5	51.0	41.0

6-16 续表 4 单位：亿元

地区	茶及其他饮料	#茶	香料作物	中药材
全国	**1334.3**	**1301.0**	**192.4**	**1542.2**
北京			0.1	0.4
天津			0.0	0.0
河北			4.1	68.3
山西	0.2	0.1	3.6	49.0
内蒙古				40.8
辽宁			0.0	13.8
吉林				23.8
黑龙江				7.4
上海				0.4
江苏	49.5	49.5	0.0	12.9
浙江	144.0	144.0		52.9
安徽	54.1	54.1	0.1	44.6
福建	204.2	204.2	0.3	31.9
江西	12.6	12.6		16.2
山东	17.2	17.2	9.9	58.6
河南	190.0	190.0	6.6	105.0
湖北	131.5	131.5	2.9	55.4
湖南	100.9	100.9	0.7	126.8
广东	30.4	30.4	4.4	42.2
广西	24.8	24.8	16.5	66.6
海南	0.7	0.6	29.6	13.1
重庆	14.0	14.0	10.5	61.3
四川	122.0	122.0	11.1	71.8
贵州	98.1	93.6	2.8	118.5
云南	102.9	74.9	29.9	187.0
西藏	0.1	0.1	0.0	22.3
陕西	35.8	35.8	29.3	68.3
甘肃	1.2	0.5	28.4	113.5
青海			0.0	35.6
宁夏			0.3	32.3
新疆			1.1	1.5

6-17　各地区林业分项产值

（按当年价格计算）　　单位：亿元

地　区	林业产值	1.林木的培育和种植	2.竹木采运	#村及村以下	3.林产品
全　国	**4436.4**	**1871.6**	**1141.3**	**469.6**	**1423.4**
北　京	57.3	55.8	1.4	0.7	0.1
天　津	7.7	6.5	1.3	1.3	
河　北	121.5	91.6	5.1	3.1	24.7
山　西	97.4	96.7	0.6	0.3	0.0
内蒙古	99.4	82.7	10.6		6.1
辽　宁	166.1	85.8	80.3		
吉　林	109.8	37.0	31.3		41.5
黑龙江	204.2	105.9	12.3		86.1
上　海	12.2	11.8	0.1		0.2
江　苏	129.1	91.4	25.6	12.2	12.0
浙　江	151.6	8.7	53.0	32.5	89.9
安　徽	290.1	102.9	88.6	58.0	98.6
福　建	314.3	30.8	149.7	95.4	133.8
江　西	293.7	89.7	72.8	29.5	131.2
山　东	139.9	58.6	27.5	24.5	53.8
河　南	134.3	78.1	18.6	17.0	37.5
湖　北	180.6	69.9	54.4		56.3
湖　南	317.4	108.2	55.7		153.4
广　东	296.7	38.7	96.8	93.4	161.3
广　西	313.9	33.3	190.4		90.2
海　南	99.2	41.5	8.4		49.3
重　庆	60.4	52.3	7.1	2.2	1.0
四　川	205.8	179.0	25.3	4.0	1.5
贵　州	137.7	109.1	18.6	12.6	10.1
云　南	317.1	67.6	98.1	79.2	151.4
西　藏	2.1	1.1	1.0	0.9	0.0
陕　西	75.8	51.6	4.0	2.6	20.2
甘　肃	28.6	22.0	0.2	0.1	6.4
青　海	7.4	7.0	0.1		0.3
宁　夏	11.6	9.3	0.6	0.2	1.7
新　疆	53.2	47.0	1.4		4.7

6-18 各地区畜牧业分项产值

(按当年价格计算) 单位：亿元

地 区	牧业产值	1.牲畜饲养			
			牛	羊	奶产品
全 国	**29780.4**	**8056.7**	**3623.6**	**2086.9**	**1570.7**
北 京	135.9	39.3	10.5	6.8	21.1
天 津	130.2	44.4	14.8	5.5	23.9
河 北	1904.1	641.1	267.7	192.0	159.3
山 西	359.0	127.7	43.4	41.4	33.8
内蒙古	1160.9	917.9	224.5	320.7	308.4
辽 宁	1561.4	629.9	255.7	55.0	45.6
吉 林	1244.9	502.5	418.4	50.5	21.0
黑龙江	1704.8	883.8	257.8	156.2	281.1
上 海	65.6	17.6	0.6	4.2	12.8
江 苏	1262.1	94.5	13.4	50.7	23.8
浙 江	426.2	26.7	4.0	10.2	9.3
安 徽	1259.0	192.5	99.8	78.6	11.7
福 建	571.3	61.5	26.5	20.8	14.2
江 西	719.8	73.7	51.1	8.4	8.9
山 东	2523.2	499.7	237.6	138.3	117.1
河 南	2445.3	854.7	558.4	120.7	126.1
湖 北	1503.3	180.1	98.8	65.1	15.0
湖 南	1601.7	116.7	70.1	42.1	4.3
广 东	1117.1	41.6	26.6	4.0	11.0
广 西	1140.3	95.7	77.5	10.7	5.5
海 南	238.5	31.1	24.6	6.4	0.2
重 庆	542.9	50.9	33.3	14.5	2.7
四 川	2515.6	332.8	159.3	141.2	27.9
贵 州	665.2	165.3	113.5	47.7	3.7
云 南	1031.0	237.2	149.9	63.1	19.1
西 藏	75.3	71.5	41.9	14.9	11.0
陕 西	665.5	245.4	59.2	73.8	94.1
甘 肃	279.4	162.3	69.6	62.9	21.7
青 海	158.4	135.4	40.5	58.8	28.4
宁 夏	122.9	99.7	33.2	27.8	36.3
新 疆	649.5	483.4	141.7	194.1	71.6

6-18 续表 单位：亿元

地区	2.猪的饲养	3.家禽饲养	#肉禽	禽蛋	4.狩猎和捕猎动物	5.其他畜牧业
全国	**12859.7**	**7395.5**	**4304.9**	**3083.2**	**61.7**	**1406.9**
北京	46.5	46.3	21.4	24.9		3.8
天津	56.4	29.0	9.0	20.0		0.4
河北	608.4	465.3	136.7	328.6	0.0	189.3
山西	126.5	98.0	24.2	73.7	0.0	6.8
内蒙古	140.6	98.6	40.5	58.1		3.7
辽宁	433.2	491.7	303.1	188.6	1.0	5.7
吉林	375.9	350.6	211.1	139.5		15.9
黑龙江	501.0	299.4	180.7	118.7		20.6
上海	35.7	11.9	5.3	4.5		0.3
江苏	517.3	484.3	270.2	211.0	2.0	163.9
浙江	281.5	76.3	44.3	32.0	2.0	39.7
安徽	632.4	365.1	213.4	151.7	5.5	63.5
福建	284.3	194.9	170.4	24.6	3.5	27.0
江西	396.1	221.7	134.3	87.4	2.9	25.3
山东	968.7	781.7	353.6	428.1	1.8	271.4
河南	1055.0	479.7	137.5	339.7	2.3	53.5
湖北	977.9	339.3	170.1	169.1	0.9	5.2
湖南	1033.2	371.2	159.6	211.6	7.1	73.5
广东	595.7	397.9	357.6	40.3	2.7	79.2
广西	559.8	353.6	329.6	24.0		131.2
海南	117.1	84.7	78.4	6.4	0.7	4.8
重庆	281.0	181.5	133.2	48.2		29.4
四川	1319.2	731.4	541.8	189.7		132.2
贵州	390.7	107.1	82.0	25.1	0.1	2.0
云南	627.4	148.3	122.7	25.6	0.0	18.1
西藏	2.8	1.0	0.4	0.6		0.0
陕西	291.3	97.6	32.7	65.0	0.3	30.9
甘肃	97.1	17.8	7.7	10.2		2.2
青海	18.0	4.3	2.6	2.0	0.1	0.5
宁夏	12.9	9.6	3.4	6.2		0.7
新疆	75.9	55.4	27.3	28.1	28.7	6.1

6-19　各地区渔业分项产值

(按当年价格计算)　　单位：亿元

地　区	渔业产值	1.海水产品					
			#养殖	鱼　类	甲壳类	贝　类	藻类
全　国	**10880.6**	**5003.1**	**2201.3**	**1462.5**	**1396.2**	**1235.0**	**154.0**
北　京	11.9	1.9		1.9			
天　津	80.4	30.0	4.3	23.3	6.1	0.6	
河　北	198.7	125.1	83.7	33.4	55.0	28.9	
山　西	9.9						
内蒙古	30.8						
辽　宁	689.8	586.6	303.6	111.0	147.8	286.0	22.1
吉　林	39.9						
黑龙江	117.6						
上　海	51.8	16.1		9.4	3.5	0.0	
江　苏	1517.5	416.9	209.6	96.7	103.1	175.3	5.6
浙　江	855.9	633.4	156.4	248.0	208.5	87.0	8.7
安　徽	475.1						
福　建	1082.3	888.0		280.9	253.1	224.1	64.1
江　西	420.0						
山　东	1524.7	1222.5	839.1	365.9	228.5	339.5	50.0
河　南	123.6						
湖　北	922.8						
湖　南	366.9						
广　东	1117.2	551.8	416.6	233.2	275.3	34.0	3.4
广　西	429.8	244.7	140.5	59.0	115.4	59.7	
海　南	324.9	286.0	47.4				
重　庆	74.9						
四　川	210.5						
贵　州	55.9						
云　南	81.7						
西　藏	0.2						
陕　西	23.6						
甘　肃	2.2						
青　海	2.8						
宁　夏	15.8						
新　疆	21.8						

6-19 续表　　单位：亿元

地　区	2.内陆水产品	#养殖	鱼　类	甲壳类	贝　类
全　国	**5877.5**	**4105.4**	**4012.3**	**1401.1**	**56.2**
北　京	10.0	9.3	8.1	0.0	
天　津	50.4	43.7	31.2	15.1	0.1
河　北	73.6	59.5	53.0	14.5	0.1
山　西	9.9	9.7	9.8	0.1	
内蒙古	30.8	26.7	29.4	0.4	
辽　宁	103.2	90.9	75.5	24.6	1.9
吉　林	39.9	35.6	39.1	0.7	0.1
黑龙江	117.6	101.8	113.5	1.6	1.4
上　海	35.7	35.0	10.5	19.8	
江　苏	1100.6	973.9	422.4	590.9	14.4
浙　江	222.4	202.4	110.7	40.9	1.8
安　徽	475.1	377.0	291.0	156.0	10.0
福　建	194.3		154.0	32.9	2.5
江　西	420.0	385.8	308.0	51.7	8.5
山　东	302.2	282.4	263.0	34.7	0.8
河　南	123.6	116.4	108.6	11.3	0.1
湖　北	922.8		628.4	241.5	5.3
湖　南	366.9	320.3	328.0	23.7	4.1
广　东	565.4	549.3	431.7	130.0	1.4
广　西	185.2	17.0	144.9	2.4	0.8
海　南	38.8	37.6			
重　庆	74.9	65.3	73.4	1.0	0.1
四　川	210.5	190.2	205.1	2.6	0.6
贵　州	55.9	45.2	51.9	2.1	1.7
云　南	81.7	72.5	78.2	1.9	0.6
西　藏	0.2	0.1	0.0		
陕　西	23.6	22.2	22.1	0.5	
甘　肃	2.2	2.2	2.2		
青　海	2.8	2.8	2.8		
宁　夏	15.8	15.7	15.6	0.2	
新　疆	21.8	14.8			

6-20 四大地区农林牧渔业总产值及构成

(按当年价格计算)

指 标	东部地区		中部地区		西部地区		东北地区	
	2014年	2015年	2014年	2015年	2014年	2015年	2014年	2015年
一、绝对数(亿元)								
农林牧渔业总产值	**35673.7**	**37192.8**	**26787.5**	**27773.1**	**27608.7**	**29478.2**	**12156.2**	**12612.3**
#农业	18234.3	19108.8	14385.7	14905.6	16059.3	17240.5	6092.3	6380.8
林业	1313.8	1329.6	1270.0	1313.5	1219.7	1313.2	452.6	480.2
牧业	8193.7	8374.2	7787.6	7888.2	8576.3	9006.8	4398.7	4511.1
渔业	6449.7	6765.2	2158.3	2318.3	883.6	949.9	842.7	847.2
二、构成(%)								
农林牧渔业总产值	**100.0**	**100.0**	**100.0**	**100.0**	**100.0**	**100.0**	**100.0**	**100.0**
#农业	51.1	51.4	53.7	53.7	58.2	58.5	50.1	50.6
林业	3.7	3.6	4.7	4.7	4.4	4.5	3.7	3.8
牧业	23.0	22.5	29.1	28.4	31.1	30.6	36.2	35.8
渔业	18.1	18.2	8.1	8.3	3.2	3.2	6.9	6.7

6-21 农林牧渔业总产值

单位：亿元

年 份	农林牧渔业总产值	农业产值	林业产值	牧业产值	渔业产值
			(按1957年不变价格计算)		
1952	417.0	364.9	2.9	47.9	1.3
1957	536.7	455.5	9.3	69.0	2.9
1962	430.3	370.8	7.3	44.5	
1965	589.6	484.8	12.0	82.7	10.1
1970	716.3	596.8	16.0	92.6	10.9
			(按1970年不变价格计算)		
1975	1202.4	966.8	37.1	179.4	19.1
1978	1288.7	1031.0	44.4	193.0	20.3
			(按1980年不变价格计算)		
1980	1964.5	1491.6	94.5	339.6	38.8
1985	2912.2	2133.4	146.4	563.3	69.1
			(按1990年不变价格计算)		
1990	8151.2	5190.8	378.4	2048.8	533.2
1991	8451.8	5239.6	408.6	2229.7	573.9
1992	8989.1	5461.3	439.9	2426.1	661.8
1993	9692.9	5747.2	475.3	2686.8	783.6
1994	10525.9	5933.8	517.3	3134.4	940.4
1995	11670.7	6405.0	543.4	3599.1	1123.2
1996	12127.0	6901.6	574.0	3371.2	1280.2
1997	12942.4	7210.0	593.1	3711.7	1427.6
1998	13712.8	7564.6	610.4	3984.5	1553.2
1999	14351.4	7891.1	629.6	4165.9	1664.9
2000	14863.9	7999.8	663.4	4428.3	1772.4
2001	15494.0	8288.3	658.6	4705.6	1841.5
2002	16259.7	8611.7	705.2	4988.5	1954.3
2003	16997.2	8005.5	818.7	5564.3	2067.1
			(按可比价格计算)		
2004	31905.2	16133.4	1264.8	10225.1	3327.4
2005	38291.2	18890.5	1369.4	13128.8	3841.6
2006	40007.5	20645.2	1513.4	12381.8	3812.7
2007	42409.1	22363.2	1721.9	12462.1	4134.7
2008	51692.8	25836.7	2011.9	17213.6	4723.4
2009	60566.5	29291.8	2343.3	21173.0	5514.4
2010	63031.2	32036.9	2340.5	20266.3	5938.8
2011	72410.2	39022.5	2792.6	21181.8	6711.2
2012	85297.7	43835.6	3329.2	27117.1	7957.6
2013	93006.0	48995.2	3700.1	27735.0	9158.8
2014	101075.1	53753.5	4139.7	29292.6	10055.9
2015	106240.7	57498.0	4482.7	29278.1	10732.0

注：1.从2004年起，农林牧渔业总产值使用可比价格计算。
2.2006年为农业普查调整数。

6-22 农林牧渔业总产值指数

(以1952年为100)

年 份	农林牧渔业总产值	农业产值	林业产值	牧业产值	渔业产值
1949	65.2	64.6	55.2	70.4	46.2
1952	100.0	100.0	100.0	100.0	100.0
1957	128.7	124.8	320.7	144.1	223.1
1962	103.2	101.6	251.7	92.9	592.3
1965	141.4	132.9	413.8	172.7	776.9
1970	171.8	163.6	551.7	193.3	838.5
1975	192.4	179.4	745.5	232.2	1150.3
1978	206.2	191.3	892.2	249.8	1222.5
1980	224.9	203.6	1014.8	306.4	1270.7
1985	333.4	291.2	1572.1	508.2	2263.0
1990	420.5	356.7	1601.1	704.4	4238.2
1991	436.0	360.1	1728.5	766.5	4562.1
1992	463.0	375.3	1861.1	834.1	5260.5
1993	500.0	394.9	2010.4	923.8	6222.5
1994	543.0	407.5	2189.3	1078.1	7467.0
1995	602.2	439.7	2298.8	1237.7	8915.6
1996	658.9	474.0	2428.1	1379.0	10161.8
1997	703.2	495.2	2508.7	1518.3	11331.4
1998	745.0	519.6	2582.0	1629.9	12328.6
1999	779.7	542.0	2664.6	1704.0	13215.0
2000	807.8	549.6	2808.5	1811.4	14074.0
2001	842.0	569.4	2788.4	1924.8	14622.3
2002	883.6	591.6	2985.6	2040.5	15518.0
2003	918.9	591.6	3194.6	2183.3	16293.9
2004	987.8	641.9	3258.5	2340.5	17271.5
2005	1044.1	668.2	3362.8	2523.1	18394.1
2006	1100.7	704.2	3550.5	2649.3	19496.5
2007	1143.2	731.7	3795.6	2718.2	20451.8
2008	1208.7	766.7	4102.1	2901.7	21671.7
2009	1264.3	796.0	4395.3	3069.9	22927.1
2010	1320.2	828.3	4681.9	3195.5	24198.4
2011	1379.0	875.0	5037.5	3250.2	25286.6
2012	1446.8	913.5	5374.0	3420.0	26588.4
2013	1504.2	953.5	5768.5	3488.6	27971.3
2014	1567.5	995.3	6119.2	3593.8	29194.5
2015	1629.1	1044.8	6445.2	3633.7	30318.0

注：本表按可比价格计算。

6-23 各地区农林牧渔业总产值指数

(以上年为100，按可比价格计算)

地区	农林牧渔总产值	#农业产值	林业产值	牧业产值	渔业产值
全国合计	**103.9**	**105.0**	**105.3**	**101.1**	**103.8**
北京	88.3	102.6	63.2	87.8	89.1
天津	102.6	104.2	108.7	100.5	101.2
河北	102.7	102.8	104.3	101.7	102.4
山西	101.1	100.9	100.7	101.2	102.2
内蒙古	102.4	106.0	103.5	97.9	104.4
辽宁	103.8	113.8	101.1	95.6	100.0
吉林	104.3	104.8	110.5	103.4	102.7
黑龙江	105.2	105.4	105.7	104.2	110.2
上海	93.3	94.5	121.5	90.5	89.6
江苏	102.6	103.3	106.1	97.7	102.5
浙江	101.2	103.4	104.2	86.7	104.8
安徽	104.2	104.9	105.7	102.7	103.3
福建	103.9	104.5	104.1	98.8	105.4
江西	104.0	106.2	106.9	99.6	104.1
山东	104.3	104.7	108.1	103.1	103.2
河南	104.6	105.6	101.7	102.2	110.5
湖北	105.4	104.5	121.5	100.5	105.6
湖南	103.7	104.4	108.2	99.6	107.1
广东	103.1	104.0	105.8	99.5	103.3
广西	103.7	105.1	106.3	99.7	104.0
海南	105.5	106.4	107.3	102.5	104.8
重庆	104.6	104.6	109.0	102.4	114.0
四川	103.6	102.8	94.8	105.7	100.3
贵州	106.8	108.7	108.2	101.5	118.1
云南	106.0	106.1	109.7	104.0	108.8
西藏	104.5	104.4	77.6	105.3	100.6
陕西	105.0	106.1	113.1	100.6	112.2
甘肃	105.7	105.6	112.2	105.5	101.0
青海	101.8	100.1	112.5	102.5	125.2
宁夏	104.4	105.6	99.3	101.6	105.6
新疆	106.3	106.9	107.9	104.1	109.5

注：本表按可比价格计算。

6-24 各地区农林牧渔业总产值及占全国的比重

(按可比价格计算)

地 区	农林牧渔业总产值	2015年比2014年增减百分比(%)	占全国的比重(%)
全国合计	**106240.7**	**3.9**	**100.0**
北 京	370.8	-11.7	0.3
天 津	453.4	2.6	0.4
河 北	6154.4	2.7	5.8
山 西	1546.7	1.1	1.5
内蒙古	2845.2	2.4	2.7
辽 宁	4667.9	3.8	4.4
吉 林	2882.3	4.3	2.7
黑龙江	5150.4	5.2	4.8
上 海	300.8	-6.7	0.3
江 苏	6611.3	2.6	6.2
浙 江	2877.6	1.2	2.7
安 徽	4401.1	4.2	4.1
福 建	3661.2	3.9	3.4
江 西	2835.5	4.0	2.7
山 东	9590.8	4.3	9.0
河 南	7898.8	4.6	7.4
湖 北	5745.5	5.4	5.4
湖 南	5499.6	3.7	5.2
广 东	5394.7	3.1	5.1
广 西	4094.6	3.7	3.9
海 南	1321.1	5.5	1.2
重 庆	1667.6	4.6	1.6
四 川	6097.8	3.6	5.7
贵 州	2263.0	6.8	2.1
云 南	3459.6	6.0	3.3
西 藏	145.0	4.5	0.1
陕 西	2878.5	5.0	2.7
甘 肃	1711.1	5.7	1.6
青 海	333.4	1.8	0.3
宁 夏	465.2	4.4	0.4
新 疆	2915.8	6.3	2.7

6-25 各地区农林牧渔业总产值

(按可比价格计算)　　单位：亿元

地　区	农林牧渔业总产值	农业产值	林业产值	牧业产值	渔业产值
全国总计	**106240.7**	**57498.0**	**4482.7**	**29278.1**	**10732.0**
北　京	370.8	159.2	57.3	134.0	11.8
天　津	453.4	240.3	3.5	118.2	80.4
河　北	6154.4	3549.9	112.8	d	195.5
山　西	1546.7	992.5	99.2	358.8	10.0
内蒙古	2845.2	1493.1	99.8	1180.1	30.4
辽　宁	4667.9	1973.6	154.1	1642.3	699.5
吉　林	2882.3	1406.3	115.3	1235.1	41.2
黑龙江	5150.4	3179.3	206.8	1548.2	113.2
上　海	300.8	160.1	10.7	63.3	56.0
江　苏	6611.3	3474.5	125.4	1155.0	1462.4
浙　江	2877.6	1433.0	153.2	409.6	817.0
安　徽	4401.1	2223.4	299.2	1213.5	475.1
福　建	3661.2	1598.9	336.4	516.4	1080.2
江　西	2835.5	1215.5	293.2	811.3	417.1
山　东	9590.8	4990.4	142.2	2494.1	1529.0
河　南	7898.8	4745.2	155.0	2559.3	116.1
湖　北	5745.5	2886.6	190.7	1434.3	891.4
湖　南	5499.6	3012.5	329.7	1497.0	362.8
广　东	5394.7	2717.1	296.2	1072.5	1116.0
广　西	4094.6	2096.5	322.2	1084.3	429.7
海　南	1321.1	604.7	110.7	233.6	325.0
重　庆	1667.6	1012.8	58.4	498.1	74.0
四　川	6097.8	3164.6	185.8	2451.8	193.0
贵　州	2263.0	1437.2	107.8	577.6	55.5
云　南	3459.6	1916.8	332.6	1015.2	85.0
西　藏	145.0	66.0	2.0	73.0	0.2
陕　西	2878.5	1984.4	83.2	652.5	22.3
甘　肃	1711.1	1240.5	28.6	283.3	2.2
青　海	333.4	144.3	7.4	173.4	2.8
宁　夏	465.2	289.2	9.9	128.8	15.8
新　疆	2915.8	2089.4	53.3	678.0	21.5

6-26 农林牧渔业分项产值及增幅

(按可比价格计算)

指 标	绝对数 (亿元)	比上年增长幅度 (%)
农林牧渔业总产值	**106240.7**	**3.9**
农业产值	**57498.0**	**5.0**
谷物及其他作物	23202.2	0.4
蔬菜园艺作物	21617.1	6.9
水果、坚果、饮料和香料作物	11156.6	10.2
中药材	1522.1	10.3
林业产值	**4482.7**	**5.3**
林木的培育和种植	1871.2	2.5
竹木采运	1144.4	5.0
林产品	1467.1	2.1
牧业产值	**29278.1**	**1.1**
牲畜饲养	8201.4	4.3
猪的饲养	11931.9	-3.0
家禽饲养	7610.7	2.9
狩猎和捕捉动物	33.0	13.3
其他畜牧业	1501.1	4.5
渔业产值	**10732.0**	**3.8**
海水产品	4850.8	4.4
内陆水域水产品	5881.2	2.1

6-27 各地区农业分项产值

(按可比价格计算)

单位：亿元

地区	农业	谷物及其他作物	蔬菜及园艺	水果坚果及饮料	中药材
全国	**57498.0**	**23202.2**	**21617.1**	**11156.6**	**1522.1**
北京	159.2	16.7	79.9	62.1	0.4
天津	240.3	63.6	136.9	39.8	0.0
河北	3549.9	1143.4	1625.9	709.4	71.2
山西	992.5	348.2	304.4	291.3	48.7
内蒙古	1493.1	1075.6	322.5	55.6	39.4
辽宁	1973.6	595.6	988.3	372.4	17.2
吉林	1406.3	995.6	301.0	85.1	24.6
黑龙江	3179.3	2083.3	818.5	270.1	7.3
上海	160.1	38.3	87.4	34.2	0.2
江苏	3474.5	1360.2	1761.6	341.3	11.4
浙江	1433.0	291.0	678.7	414.6	48.6
安徽	2223.4	1301.6	575.8	299.2	46.8
福建	1598.9	325.8	739.2	501.0	32.9
江西	1215.5	638.3	347.3	214.4	15.6
山东	4990.4	1894.2	1908.8	1130.0	57.4
河南	4745.2	2042.0	1718.0	880.1	105.0
湖北	2886.6	1215.3	1192.9	410.0	68.4
湖南	3012.5	1064.3	1452.3	371.2	124.7
广东	2717.1	752.7	1269.4	652.3	42.6
广西	2096.5	915.2	677.7	447.3	56.3
海南	604.7	111.3	257.4	222.7	13.4
重庆	1012.8	343.2	451.2	162.8	55.7
四川	3164.6	1132.0	1261.7	705.8	65.2
贵州	1437.2	453.8	797.4	93.9	92.2
云南	1916.8	804.1	463.8	452.0	196.9
西藏	66.0	31.9	11.3	1.2	21.6
陕西	1984.4	499.9	552.6	858.4	73.5
甘肃	1240.5	496.4	353.3	277.9	112.9
青海	144.3	60.4	41.1	1.3	41.6
宁夏	289.2	122.8	86.9	50.9	28.6
新疆	2089.4	985.7	353.9	748.3	1.6

6-28 各地区林业分项产值

(按可比价格计算) 单位：亿元

地区	林业产值	林木的培育和种植	竹木采运	林产品
全国	**4482.7**	**1871.2**	**1144.4**	**1467.1**
北京	57.3	55.8	1.4	0.1
天津	3.5	2.9	0.6	
河北	112.8	84.6	5.2	23.0
山西	99.2	98.6	0.6	
内蒙古	99.8	82.7	11.1	6.1
辽宁	154.1	89.9	64.2	
吉林	115.3	39.1	32.9	43.3
黑龙江	206.8	107.2	12.4	87.2
上海	10.7	10.4	0.1	0.2
江苏	125.4	89.2	24.9	11.3
浙江	153.2	8.8	53.9	90.5
安徽	299.2	105.9	90.2	103.1
福建	336.4	31.5	159.0	145.9
江西	293.2	91.2	71.9	130.0
山东	142.2	59.7	28.3	54.2
河南	155.0	91.4	28.2	35.4
湖北	190.7	78.6	55.9	56.3
湖南	329.7	115.5	58.3	155.9
广东	296.2	40.3	96.1	159.8
广西	322.2	34.2	193.1	95.0
海南	110.7	42.6	8.5	59.6
重庆	58.4	50.3	7.1	1.0
四川	185.8	161.1	23.3	1.4
贵州	107.8	85.3	14.2	8.3
云南	332.6	68.5	96.3	167.8
西藏	2.0	1.1	1.0	0.0
陕西	83.2	53.9	4.2	25.2
甘肃	28.6	28.6		
青海	7.4	7.1		0.3
宁夏	9.9	8.0	0.5	1.5
新疆	53.3	47.2	1.4	4.7

6-29 各地区畜牧业分项产值

(按可比价格计算)　　单位：亿元

地　区	牧业产值	牲畜饲养	猪的饲养	家禽饲养	捕猎	其他畜牧业
全　国	**29278.1**	**8201.4**	**11931.9**	**7610.7**	**33.0**	**1501.1**
北　京	134.0	42.0	41.8	46.4		3.8
天　津	118.2	45.7	43.1	29.1		0.4
河　北	1985.6	694.3	553.1	547.4		190.7
山　西	358.8	137.1	113.7	100.8		7.1
内蒙古	1180.1	946.6	135.1	94.7		3.7
辽　宁	1642.3	617.6	423.2	594.2	1.0	6.3
吉　林	1235.1	499.6	372.6	345.2		17.6
黑龙江	1548.2	802.6	454.9	271.9		18.7
上　海	63.3	18.9	31.7	12.2		0.5
江　苏	1155.0	93.6	423.7	475.7	1.9	160.1
浙　江	409.6	24.6	266.1	73.4	1.9	43.6
安　徽	1213.5	209.3	562.8	372.8	5.3	63.4
福　建	516.4	56.9	256.6	173.0	3.5	26.3
江　西	811.3	75.6	479.5	231.3	2.8	22.0
山　东	2494.1	507.5	917.1	799.3	1.8	268.6
河　南	2559.3	969.8	938.2	590.9	2.3	58.1
湖　北	1434.3	163.3	865.4	340.4	0.9	64.3
湖　南	1497.0	115.4	957.4	356.6	6.4	61.2
广　东	1072.5	36.9	556.5	400.2	2.6	76.2
广　西	1084.3	96.3	497.6	341.3		149.1
海　南	233.6	30.0	113.8	84.3	0.7	4.8
重　庆	498.1	47.6	252.1	172.9		25.6
四　川	2451.8	333.7	1259.8	727.5		130.9
贵　州	577.6	151.9	322.3	101.3	0.1	2.0
云　南	1015.2	256.0	602.7	138.7	0.0	17.7
西　藏	73.0	69.4	2.7	1.0		0.0
陕　西	652.5	246.4	284.5	95.7	0.3	25.5
甘　肃	283.3	165.6	96.0	19.4		2.3
青　海	173.4	136.9	17.2	4.4		14.9
宁　夏	128.8	105.8	11.4	10.8		0.7
新　疆	678.0	504.6	79.2	57.8	1.4	34.9

6-30 各地区渔业分项产值

(按可比价格计算) 单位：亿元

地区	渔业产值	海水产品	内陆水产品
全国	**10732.0**	**4850.8**	**5881.2**
北京	11.8	1.9	9.9
天津	80.4	30.1	50.3
河北	195.5	123.0	72.4
山西	10.0		10.0
内蒙古	30.4		30.4
辽宁	699.5	524.7	174.8
吉林	41.2		41.2
黑龙江	113.2		113.2
上海	56.0	20.2	35.8
江苏	1462.4	395.9	1066.5
浙江	817.0	596.0	221.0
安徽	475.1		475.1
福建	1080.2	874.1	206.2
江西	417.1		417.1
山东	1529.0	1232.2	296.8
河南	116.1		116.1
湖北	891.4		891.4
湖南	362.8		362.8
广东	1116.0	536.1	579.8
广西	429.7	236.8	192.9
海南	325.0	279.7	45.3
重庆	74.0		74.0
四川	193.0		193.0
贵州	55.5		55.5
云南	85.0		85.0
西藏	0.2		0.2
陕西	22.3		22.3
甘肃	2.2		2.2
青海	2.8		2.8
宁夏	15.8		15.8
新疆	21.5		21.5

主要农产品种植（养殖）面积与产量

7-1 主要农作物播种面积

单位：千公顷

年 份	农作物总播种面积	粮食面积					
			稻 谷	小 麦	玉 米	大 豆	薯 类
1952	141256	123979	28382	24780	12566	11679	8688
1957	157244	133633	32241	27542	14943	12748	10495
1962	140229	121621	26935	24075	12819	9504	12171
1965	143291	119627	29825	24709	15671	8593	11175
1970	143487	119267	32358	25458	15831	7985	10717
1975	149545	121062	35729	27661	18598	6999	10969
1978	150104	120587	34421	29183	19961	7144	11796
1980	146380	117234	33878	28844	20087	7226	10153
1985	143626	108845	32070	29218	17694	7718	8572
1990	148362	113466	33064	30753	21401	7560	9121
1991	149586	112314	32590	30948	21574	7041	9078
1992	149007	110560	32090	30496	21044	7221	9057
1993	147741	110509	30355	30235	20694	9454	9220
1994	148241	109544	30171	28981	21152	9222	9270
1995	149879	110060	30744	28860	22776	8127	9519
1996	152381	112548	31406	29611	24498	7471	9797
1997	153969	112912	31765	30057	23775	8346	9785
1998	155706	113787	31214	29774	25239	8500	10000
1999	156373	113161	31283	28855	25904	7962	10355
2000	156300	108463	29962	26653	23056	9307	10538
2001	155708	106080	28812	24664	24282	9482	10217
2002	154636	103891	28202	23908	24634	8720	9881
2003	152415	99410	26508	21997	24068	9313	9702
2004	153553	101606	28379	21626	25446	9589	9457
2005	155488	104278	28847	22793	26358	9591	9503
2006	152149	104958	28938	23613	28463	9304	7877
2007	153464	105638	28919	23721	29478	8754	8082
2008	156266	106793	29241	23617	29864	9127	8427
2009	158614	108986	29627	24291	31183	9190	8636
2010	160675	109876	29873	24257	32500	8516	8750
2011	162283	110573	30057	24270	33542	7889	8906
2012	163416	111205	30137	24268	35030	7172	8886
2013	164627	111956	30312	24117	36318	6791	8963
2014	165446	112723	30310	24069	37123	6800	8940
2015	166374	113343	30216	24141	38119	6506	8839

7-1 续表 单位：千公顷

年 份	棉 花	花 生	油菜籽	芝 麻	黄红麻	甘 蔗	甜 菜	烤 烟
1952	5576	1804	1863		158	183	35	186
1957	5775	2541	2308		143	267	159	355
1962	3497	1301	1361		62	154	83	176
1965	5003	1846	1822		113	351	171	325
1970	4997	1709	1453		135	387	199	291
1975	4955	1877	2313		297	523	303	460
1978	4866	1768	2600	638	412	549	331	613
1980	4920	2339	2844	776	314	480	443	397
1985	5140	3318	4494	1052	992	965	560	1077
1990	5588	2907	5503	669	300	1009	670	1342
1991	6538	2880	6133	680	270	1164	783	1562
1992	6835	2976	5976	746	277	1246	660	1849
1993	4985	3379	5300	754	274	1088	599	1835
1994	5528	3776	5783	690	176	1057	698	1302
1995	5422	3809	6907	642	147	1125	695	1309
1996	4722	3616	6734	594	147	1207	638	1683
1997	4491	3722	6475	615	162	1311	612	2161
1998	4459	4039	6527	630	93	1401	583	1200
1999	3726	4268	6899	697	65	1303	341	1216
2000	4041	4856	7494	784	50	1185	329	1269
2001	4810	4991	7095	758	52	1248	406	1181
2002	4184	4921	7143	759	55	1393	424	1192
2003	5111	5057	7221	687	41	1409	248	1139
2004	5693	4745	7271	624	32	1378	190	1145
2005	5062	4662	7278	593	31	1354	210	1245
2006	5816	3956	5984	564	31	1378	189	1088
2007	5926	3945	5642	486	33	1586	216	1066
2008	5754	4246	6594	472	26	1743	246	1230
2009	4949	4377	7278	476	24	1697	186	1265
2010	4849	4527	7370	447	19	1686	219	1231
2011	5038	4581	7347	437	19	1721	227	1351
2012	4688	4639	7432	437	18	1795	236	1480
2013	4346	4633	7531	418	17	1816	182	1527
2014	4222	4604	7588	429	14	1760	139	1379
2015	3797	4616	7534	422	13	1600	137	1222

7-2　主要农作物播种面积

单位：千公顷

指　　标	1990年	1995年	2000年	2014年	2015年	2015年为2014年百分比(%)
农作物总播种面积	**148362**	**149879**	**156300**	**165446**	**166374**	**100.6**
一、粮食作物	113466	110060	108463	112723	113343	100.6
1.谷物		89310	85264	94603	95636	101.1
稻谷	33064	30744	29962	30310	30216	99.7
小麦	30753	28860	26653	24069	24141	100.3
玉米	21401	22776	23056	37123	38119	102.7
谷子	2278	1522	1250	772	839	108.8
高粱	1545	1215	889	619	574	92.7
其他谷物		4192	3454	1710	1746	102.1
2.豆类		11232	12660	9179	8868	96.6
#大豆	7560	8127	9307	6800	6506	95.7
杂豆		3105	3353	2379	2362	99.3
3.薯类	9121	9519	10538	8940	8839	98.9
#马铃薯	2865	3434	4723	5573	5518	99.0
二、油料作物	10900	13101	15400	14043	14035	99.9
#花生	2907	3809	4856	4604	4616	100.3
油菜籽	5503	6907	7494	7588	7534	99.3
芝麻	669	642	784	429	422	98.3
胡麻籽	703	621	498	306	292	95.5
向日葵	713	813	1229	949	1036	109.3
三、棉花	5588	5422	4041	4222	3797	89.9
四、麻类	495	376	262	86	81	94.1
#黄红麻	300	147	50	14	13	93.2
苎　麻	81	97	96	60	56	93.6
大　麻	21	16	13	8	6	84.5
亚　麻	87	113	96	3	3	95.8
五、糖料	1679	1820	1514	1899	1737	91.4
甘蔗	1009	1125	1185	1760	1600	90.9
甜菜	670	695	329	139	137	98.6
六、烟叶	1593	1470	1437	1463	1314	89.8
#烤烟	1342	1309	1269	1379	1222	88.6
七、药材	153	279	676	1985	2044	103.0
八、蔬菜、瓜类	7059	10616	17231	23896	24549	102.7
#蔬菜	6338	9515	15237	21405	22000	102.8
九、其他农作物	7429	6736	7352	5129	5475	106.7
#青饲料	1862	1825	2142	2019	1996	98.9

7-2　续表 1　　　　　　　　　　　　　　　　　　　　　　　　　　　　单位：千公顷

指　　标	全国		东部		中部	
	2014年	2015年	2014年	2015年	2014年	2015年
全年农作物播种面积	**165446.2**	**166373.8**	**38645.6**	**38746.2**	**49554.5**	**49391.6**
一、粮食	112722.6	113342.9	25144.5	25278.2	33168.0	33303.5
其中：夏收粮食	27581.6	27625.3	9257.4	9319.4	10241.3	10273.9
(一)谷物	94603.5	95635.9	22810.1	22976.1	29522.5	29786.5
1.稻谷	30309.9	30215.7	6428.1	6404.1	12472.0	12536.6
(1)早稻	5795.0	5714.8	1342.1	1327.6	3485.6	3449.4
(2)中稻和一季晚稻	18164.2	18191.9	3488.2	3494.8	5230.9	5346.2
(3)双季晚稻	6350.7	6309.0	1597.9	1581.7	3755.5	3741.1
2.小麦	24069.4	24141.4	8506.4	8565.8	9632.0	9692.8
(1)冬小麦	22563.6	22616.7	8488.8	8543.9	9631.6	9692.4
(2)春小麦	1505.8	1524.6	17.7	21.9	0.4	0.3
3.玉米	37123.4	38119.3	7322.1	7468.0	6830.7	6968.8
4.谷子	771.8	839.4	168.5	168.3	252.6	263.5
5.高粱	619.2	574.0	25.7	19.7	50.4	47.9
6.其他谷物	1709.8	1746.1	359.3	350.3	284.8	277.0
其中：大麦	468.8	446.6	180.1	170.6	90.9	79.4
(二)豆类	9178.8	8868.3	970.0	945.1	2217.7	2100.1
其中：大豆	6799.9	6506.1	708.9	692.2	1738.9	1670.9
绿豆	540.1	565.3	31.6	29.7	213.6	208.2
红小豆	151.7	172.5	21.3	20.1	25.2	30.2
(三)薯类	8940.3	8838.8	1364.4	1357.0	1427.8	1416.9
其中：马铃薯	5573.3	5518.2	346.3	370.5	540.2	544.1
二、油料作物	14042.7	14034.6	2418.0	2384.6	6225.0	6203.3
其中：花生	4603.9	4615.7	1717.5	1705.3	1731.6	1753.8
油菜籽	7587.9	7534.4	577.8	548.7	4011.1	3976.6
芝麻	429.1	421.7	26.0	27.1	353.4	350.6
胡麻籽	306.1	292.3	35.5	34.5	60.3	55.7
向日葵	948.5	1036.3	54.0	61.5	42.8	40.8
三、棉花	4222.3	3796.7	1184.0	1002.2	997.0	822.7
四、麻类	86.4	81.3	1.3	1.0	34.8	31.4
其中：黄红麻	14.4	13.4	0.7	0.6	9.3	8.9
苎　麻	59.5	55.7	0.5	0.4	23.2	20.2
大　麻	7.7	6.5	0.1	0.1	2.3	2.3
亚　麻	3.1	2.9			0.0	
五、糖料	1899.2	1736.5	266.1	244.1	45.9	46.0
(一)甘蔗	1760.4	1599.6	250.9	226.9	44.1	44.8
(二)甜菜	138.8	136.9	15.3	17.2	1.8	1.2
六、烟叶	1463.1	1314.0	126.6	118.7	326.6	312.6
其中：烤烟	1378.7	1221.5	123.2	114.8	314.6	283.0
七、药材	1984.8	2043.8	187.7	210.2	491.8	431.5
八、蔬菜(含菜用瓜)	21404.8	21999.7	7676.4	7836.5	5920.5	6079.4
九、瓜果类	2491.3	2549.5	779.5	806.6	861.5	875.3
其中：西瓜	1852.3	1860.7	553.1	565.8	708.8	713.6
甜瓜	438.9	460.9	120.8	129.5	112.9	119.1
草莓	113.3	129.3	51.2	57.2	30.0	33.7
十、其他农作物	5129.0	5474.9	861.4	864.1	1483.5	1285.9
其中：青饲料	2019.5	1996.5	220.8	213.8	517.4	426.0

7-2 续表 2

单位：千公顷

指　　标	西部		东北	
	2014年	2015年	2014年	2015年
全年农作物播种面积	**55240.8**	**56043.0**	**22005.3**	**22193.0**
一、粮食	34477.8	34620.6	19932.3	20140.6
其中：夏收粮食	8019.3	8032.1	63.6	
(一)谷物	25810.0	25976.4	16460.9	16896.9
1.稻谷	6895.1	6820.6	4514.6	4454.5
(1)早稻	967.3	937.8		
(2)中稻和一季晚稻	4930.5	4896.5	4514.6	4454.5
(3)双季晚稻	997.3	986.3		
2.小麦	5779.2	5806.0	151.8	76.9
(1)冬小麦	4443.2	4380.4		
(2)春小麦	1335.9	1425.6	151.8	76.9
3.玉米	11503.8	11644.7	11466.9	12037.9
4.谷子	247.8	295.7	102.9	111.9
5.高粱	338.0	311.9	205.1	194.5
6.其他谷物	1046.2	1097.5	19.5	21.2
其中：大麦	197.9	196.6	0.0	0.0
(二)豆类	2920.8	2947.9	3070.3	2875.2
其中：大豆	1455.4	1473.9	2896.7	2669.1
绿豆	174.1	198.9	120.8	128.5
红小豆	70.4	72.8	34.9	49.3
(三)薯类	5747.0	5696.3	401.1	368.5
其中：马铃薯	4318.6	4264.2	368.1	339.5
二、油料作物	4732.1	4797.7	667.6	649.0
其中：花生	681.0	688.5	473.7	468.0
油菜籽	2997.9	3007.8	1.1	1.3
芝麻	43.3	39.5	6.4	4.5
胡麻籽	210.4	202.1		
向日葵	732.8	777.9	118.9	156.2
三、棉花	2040.7	1971.7	0.6	0.1
四、麻类	47.0	45.8	3.3	3.0
其中：黄红麻	4.5	4.0		
苎　麻	35.8	35.1		
大　麻	3.4	2.5	1.9	1.6
亚　麻	1.7	1.5	1.4	1.4
五、糖料	1573.1	1442.0	14.1	4.4
(一)甘蔗	1465.5	1327.9		
(二)甜菜	107.6	114.1	14.1	4.4
六、烟叶	944.6	832.3	65.3	50.5
其中：烤烟	888.6	783.1	52.3	40.7
七、药材	1213.7	1330.8	91.7	71.2
八、蔬菜(含菜用瓜)	6854.3	7138.0	953.6	945.7
九、瓜果类	683.8	713.8	166.4	153.8
其中：西瓜	502.8	505.7	87.5	75.6
甜瓜	152.3	163.9	52.9	48.3
草莓	13.3	16.8	18.8	21.5
十、其他农作物	2673.7	3150.2	110.4	174.7
其中：青饲料	1228.5	1308.6	52.7	48.1

7-2 续表 3 单位：千公顷

指 标	粮食主产区		粮食主销区		粮食平衡区	
	2014年	2015年	2014年	2015年	2014年	2015年
全年农作物播种面积	**112230.6**	**112586.1**	**11215.9**	**11234.8**	**41999.7**	**42552.9**
一、粮食	81080.3	81646.7	5996.4	5969.0	25645.8	25727.2
其中：夏收粮食	19916.5	19905.8	755.9	755.2	6909.1	6964.3
(一)谷物	70327.7	71257.7	4868.8	4831.8	19407.0	19546.4
1.稻谷	21534.6	21552.7	3949.2	3911.4	4826.1	4751.6
(1)早稻	3486.4	3449.4	1342.1	1327.6	966.5	937.8
(2)中稻和一季晚稻	14292.6	14362.3	1009.3	1002.1	2862.3	2827.5
(3)双季晚稻	3755.5	3741.1	1597.9	1581.7	997.3	986.3
2.小麦	19087.0	19075.2	263.5	268.2	4718.9	4798.0
(1)冬小麦	18365.7	18424.0	251.9	256.6	3946.1	3936.2
(2)春小麦	721.4	651.1	11.6	11.7	772.8	861.8
3.玉米	28107.8	29012.6	588.6	594.4	8426.9	8512.3
4.谷子	472.4	511.2	2.4	3.0	297.0	325.2
5.高粱	424.1	397.9	7.8	3.5	187.3	172.6
6.其他谷物	701.7	708.2	57.3	51.2	950.8	986.7
其中：大麦	302.0	284.5	37.2	30.0	129.6	132.1
(二)豆类	6739.7	6452.1	332.8	333.8	2106.4	2082.3
其中：大豆	5647.5	5361.6	233.7	237.6	918.7	906.9
绿豆	399.3	413.4	7.0	6.7	133.8	145.2
红小豆	85.9	105.2	4.3	4.1	61.5	63.2
(三)薯类	4012.9	3936.9	794.9	803.4	4132.5	4098.5
其中：马铃薯	2230.0	2204.1	186.3	192.2	3157.0	3121.9
二、油料作物	10649.2	10638.1	679.3	689.3	2714.3	2707.2
其中：花生	3679.9	3668.9	518.1	531.4	405.9	415.4
油菜籽	5766.2	5719.4	150.2	146.0	1671.6	1669.0
芝麻	378.0	373.5	10.0	11.2	41.1	37.0
胡麻籽	98.5	94.6			207.6	197.7
向日葵	649.3	750.3	0.9	0.6	298.3	285.4
三、棉花	2128.7	1791.4	48.4	33.2	2045.2	1972.1
四、麻类	68.8	64.7	0.5	0.4	17.1	16.2
其中：黄红麻	10.2	9.7	0.4	0.3	3.8	3.4
苎 麻	52.9	49.4	0.1	0.1	6.6	6.3
大 麻	4.3	4.0			3.4	2.4
亚 麻	1.4	1.4			1.7	1.5
五、糖料	128.5	131.3	249.2	225.4	1521.5	1379.8
(一)甘蔗	59.4	59.8	249.2	225.4	1451.8	1314.4
(二)甜菜	69.1	71.5			69.7	65.4
六、烟叶	526.0	488.0	95.7	91.3	841.4	734.6
其中：烤烟	484.5	433.1	92.8	88.0	801.4	700.4
七、药材	800.1	753.8	91.4	98.4	1093.3	1191.6
八、蔬菜(含菜用瓜)	12686.5	12957.3	3204.1	3274.5	5514.3	5767.9
九、瓜果类	1664.6	1674.0	233.5	242.3	593.2	633.2
其中：西瓜	1246.7	1242.5	165.5	169.9	440.1	448.3
甜瓜	279.6	282.5	26.5	29.4	132.8	149.0
草莓	96.5	108.1	8.5	9.9	8.3	11.2
十、其他农作物	2498.0	2440.8	617.4	611.0	2013.6	2423.0
其中：青饲料	1069.6	989.6	129.2	126.7	820.7	880.2

7-3 主要农作物播种面积构成

（以农作物总播种面积为100） 单位：%

指 标	1990年	1995年	2000年	2014年	2015年
农作物总播种面积	**100.0**	**100.0**	**100.0**	**100.0**	**100.0**
一、粮食作物	76.5	73.4	69.4	68.1	68.1
1.谷物		59.6	54.6	57.2	57.5
稻谷	22.3	20.5	19.2	18.3	18.2
小麦	20.7	19.3	17.1	14.5	14.5
玉米	14.4	15.2	14.8	22.4	22.9
谷子	1.5	1.0	0.8	0.5	0.5
高粱	1.0	0.8	0.6	0.4	0.3
其他谷物		2.8	2.2	1.0	1.0
2.豆类		7.5	8.1	5.5	5.3
#大豆	5.1	5.4	6.0	4.1	3.9
杂豆		2.1	2.1	1.4	1.4
3.薯类	6.1	6.4	6.7	5.4	5.3
#马铃薯	1.9	2.3	3.0	3.4	3.3
二、油料作物	7.3	8.7	9.9	8.5	8.4
#花生	2.0	2.5	3.1	2.8	2.8
油菜籽	3.7	4.6	4.8	4.6	4.5
芝麻	0.5	0.4	0.5	0.3	0.3
胡麻籽	0.5	0.4	0.3	0.3	0.2
向日葵	0.5	0.5	0.8	0.6	0.6
三、棉花	3.8	3.6	2.6	2.6	2.3
四、麻类	0.3	0.3	0.2	0.1	0.0
#黄红麻	0.2	0.1	…	0.0	0.0
苎 麻	…	0.1	0.1	0.0	0.0
大 麻	…	…	…	0.0	0.0
亚 麻	0.1	0.1	0.1	0.0	0.0
五、糖料	1.1	1.2	1.0	1.1	1.0
甘蔗	0.7	0.8	0.8	1.1	1.0
甜菜	0.5	0.5	0.2	0.1	0.1
六、烟叶	1.1	1.0	0.9	0.9	0.8
#烤烟	0.9	0.9	0.8	0.8	0.7
七、药材	0.1	0.2	0.4	1.2	1.2
八、蔬菜、瓜类	4.8	7.1	11.1	14.4	14.8
#蔬菜	4.3	6.3	9.7	12.9	13.2
九、其他农作物	4.2	4.5	4.7	3.1	3.3
#青饲料	1.3	1.2	1.4	1.2	1.2

7-3 续表 1 单位：%

指 标	全国		东部		中部	
	2014年	2015年	2014年	2015年	2014年	2015年
全年农作物播种面积	**100.0**	**100.0**	**100.0**	**100.0**	**100.0**	**100.0**
一、粮食	68.1	68.1	65.1	65.2	66.9	67.4
其中：夏收粮食	16.7	16.6	24.0	24.1	20.7	20.8
(一)谷物	57.2	57.5	59.0	59.3	59.6	60.3
1.稻谷	18.3	18.2	16.6	16.5	25.2	25.4
(1)早稻	3.5	3.4	3.5	3.4	7.0	7.0
(2)中稻和一季晚稻	11.0	10.9	9.0	9.0	10.6	10.8
(3)双季晚稻	3.8	3.8	4.1	4.1	7.6	7.6
2.小麦	14.5	14.5	22.0	22.1	19.4	19.6
(1)冬小麦	13.6	13.6	22.0	22.1	19.4	19.6
(2)春小麦	0.9	0.9	0.0	0.1	0.0	0.0
3.玉米	22.4	22.9	18.9	19.3	13.8	14.1
4.谷子	0.5	0.5	0.4	0.4	0.5	0.5
5.高粱	0.4	0.3	0.1	0.1	0.1	0.1
6.其他谷物	1.0	1.0	0.9	0.9	0.6	0.6
其中：大麦	0.3	0.3	0.5	0.4	0.2	0.2
(二)豆类	5.5	5.3	2.5	2.4	4.5	4.3
其中：大豆	4.1	3.9	1.8	1.8	3.5	3.4
绿豆	0.3	0.3	0.1	0.1	0.4	0.4
红小豆	0.1	0.1	0.1	0.1	0.1	0.1
(三)薯类	5.4	5.3	3.5	3.5	2.9	2.9
其中：马铃薯	3.4	3.3	0.9	1.0	1.1	1.1
二、油料作物	8.5	8.4	6.3	6.2	12.6	12.6
其中：花生	2.8	2.8	4.4	4.4	3.5	3.6
油菜籽	4.6	4.5	1.5	1.4	8.1	8.1
芝麻	0.3	0.3	0.1	0.1	0.7	0.7
胡麻籽	0.2	0.2	0.1	0.1	0.1	0.1
向日葵	0.6	0.6	0.1	0.2	0.1	0.1
三、棉花	2.6	2.3	3.1	2.6	2.0	1.7
四、麻类	0.1	0.0	0.0	0.0	0.1	0.1
其中：黄红麻	0.0	0.0	0.0	0.0	0.0	0.0
苎 麻	0.0	0.0	0.0	0.0	0.0	0.0
大 麻	0.0	0.0	0.0	0.0	0.0	0.0
亚 麻	0.0	0.0			0.0	
五、糖料	1.1	1.0	0.7	0.6	0.1	0.1
(一)甘蔗	1.1	1.0	0.6	0.6	0.1	0.1
(二)甜菜	0.1	0.1	0.0	0.0	0.0	0.0
六、烟叶	0.9	0.8	0.3	0.3	0.7	0.6
其中：烤烟	0.8	0.7	0.3	0.3	0.6	0.6
七、药材	1.2	1.2	0.5	0.5	1.0	0.9
八、蔬菜(含菜用瓜)	12.9	13.2	19.9	20.2	11.9	12.3
九、瓜果类	1.5	1.5	2.0	2.1	1.7	1.8
其中：西瓜	1.1	1.1	1.4	1.5	1.4	1.4
甜瓜	0.3	0.3	0.3	0.3	0.2	0.2
草莓	0.1	0.1	0.1	0.1	0.1	0.1
十、其他农作物	3.1	3.3	2.2	2.2	3.0	2.6
其中：青饲料	1.2	1.2	0.6	0.6	1.0	0.9

7-3 续表 2

单位：%

指　　标	西部		东北	
	2014年	2015年	2014年	2015年
全年农作物播种面积	**100.0**	**100.0**	**100.0**	**100.0**
一、粮食	62.4	61.8	90.6	90.8
其中：夏收粮食	14.5	14.3	0.3	
(一)谷物	46.7	46.4	74.8	76.1
1.稻谷	12.5	12.2	20.5	20.1
(1)早稻	1.8	1.7		
(2)中稻和一季晚稻	8.9	8.7	20.5	20.1
(3)双季晚稻	1.8	1.8		
2.小麦	10.5	10.4	0.7	0.3
(1)冬小麦	8.0	7.8		
(2)春小麦	2.4	2.5	0.7	0.3
3.玉米	20.8	20.8	52.1	54.2
4.谷子	0.4	0.5	0.5	0.5
5.高粱	0.6	0.6	0.9	0.9
6.其他谷物	1.9	2.0	0.1	0.1
其中：大麦	0.4	0.4	0.0	0.0
(二)豆类	5.3	5.3	14.0	13.0
其中：大豆	2.6	2.6	13.2	12.0
绿豆	0.3	0.4	0.5	0.6
红小豆	0.1	0.1	0.2	0.2
(三)薯类	10.4	10.2	1.8	1.7
其中：马铃薯	7.8	7.6	1.7	1.5
二、油料作物	8.6	8.6	3.0	2.9
其中：花生	1.2	1.2	2.2	2.1
油菜籽	5.4	5.4	0.0	0.0
芝麻	0.1	0.1	0.0	0.0
胡麻籽	0.4	0.4		
向日葵	1.3	1.4	0.5	0.7
三、棉花	3.7	3.5	0.0	0.0
四、麻类	0.1	0.1	0.0	0.0
其中：黄红麻	0.0	0.0		
苎　麻	0.1	0.1		
大　麻	0.0	0.0	0.0	0.0
亚　麻	0.0	0.0	0.0	0.0
五、糖料	2.8	2.6	0.1	0.0
(一)甘蔗	2.7	2.4		
(二)甜菜	0.2	0.2	0.1	0.0
六、烟叶	1.7	1.5	0.3	0.2
其中：烤烟	1.6	1.4	0.2	0.2
七、药材	2.2	2.4	0.4	0.3
八、蔬菜(含菜用瓜)	12.4	12.7	4.3	4.3
九、瓜果类	1.2	1.3	0.8	0.7
其中：西瓜	0.9	0.9	0.4	0.3
甜瓜	0.3	0.3	0.2	0.2
草莓	0.0	0.0	0.1	0.1
十、其他农作物	4.8	5.6	0.5	0.8
其中：青饲料	2.2	2.3	0.2	0.2

7-3 续表 3

单位：%

指标	粮食主产区		粮食主销区		粮食平衡区	
	2014年	2015年	2014年	2015年	2014年	2015年
全年农作物播种面积	**100.0**	**100.0**	**100.0**	**100.0**	**100.0**	**100.0**
一、粮食	72.2	72.5	53.5	53.1	61.1	60.5
其中：夏收粮食	17.7	17.7	6.7	6.7	16.5	16.4
(一)谷物	62.7	63.3	43.4	43.0	46.2	45.9
1.稻谷	19.2	19.1	35.2	34.8	11.5	11.2
(1)早稻	3.1	3.1	12.0	11.8	2.3	2.2
(2)中稻和一季晚稻	12.7	12.8	9.0	8.9	6.8	6.6
(3)双季晚稻	3.3	3.3	14.2	14.1	2.4	2.3
2.小麦	17.0	16.9	2.3	2.4	11.2	11.3
(1)冬小麦	16.4	16.4	2.2	2.3	9.4	9.3
(2)春小麦	0.6	0.6	0.1	0.1	1.8	2.0
3.玉米	25.0	25.8	5.2	5.3	20.1	20.0
4.谷子	0.4	0.5	0.0	0.0	0.7	0.8
5.高粱	0.4	0.4	0.1	0.0	0.4	0.4
6.其他谷物	0.6	0.6	0.5	0.5	2.3	2.3
其中：大麦	0.3	0.3	0.3	0.3	0.3	0.3
(二)豆类	6.0	5.7	3.0	3.0	5.0	4.9
其中：大豆	5.0	4.8	2.1	2.1	2.2	2.1
绿豆	0.4	0.4	0.1	0.1	0.3	0.3
红小豆	0.1	0.1	0.0	0.0	0.1	0.1
(三)薯类	3.6	3.5	7.1	7.2	9.8	9.6
其中：马铃薯	2.0	2.0	1.7	1.7	7.5	7.3
二、油料作物	9.5	9.4	6.1	6.1	6.5	6.4
其中：花生	3.3	3.3	4.6	4.7	1.0	1.0
油菜籽	5.1	5.1	1.3	1.3	4.0	3.9
芝麻	0.3	0.3	0.1	0.1	0.1	0.1
胡麻籽	0.1	0.1			0.5	0.5
向日葵	0.6	0.7	0.0	0.0	0.7	0.7
三、棉花	1.9	1.6	0.4	0.3	4.9	4.6
四、麻类	0.1	0.1	0.0	0.0	0.0	0.0
其中：黄红麻	0.0	0.0	0.0	0.0	0.0	0.0
苎　麻	0.0	0.0	0.0	0.0	0.0	0.0
大　麻	0.0	0.0			0.0	0.0
亚　麻	0.0	0.0			0.0	0.0
五、糖料	0.1	0.1	2.2	2.0	3.6	3.2
(一)甘蔗	0.1	0.1	2.2	2.0	3.5	3.1
(二)甜菜	0.1	0.1			0.2	0.2
六、烟叶	0.5	0.4	0.9	0.8	2.0	1.7
其中：烤烟	0.4	0.4	0.8	0.8	1.9	1.6
七、药材	0.7	0.7	0.8	0.9	2.6	2.8
八、蔬菜(含菜用瓜)	11.3	11.5	28.6	29.1	13.1	13.6
九、瓜果类	1.5	1.5	2.1	2.2	1.4	1.5
其中：西瓜	1.1	1.1	1.5	1.5	1.0	1.1
甜瓜	0.2	0.3	0.2	0.3	0.3	0.4
草莓	0.1	0.1	0.1	0.1	0.0	0.0
十、其他农作物	2.2	2.2	5.5	5.4	4.8	5.7
其中：青饲料	1.0	0.9	1.2	1.1	2.0	2.1

7-3 续表 4 (以全国为100%) 单位：%

指 标	东部		中部		西部		东北	
	2014年	2015年	2014年	2015年	2014年	2015年	2014年	2015年
全年农作物播种面积	**23.4**	**23.3**	**30.0**	**29.7**	**33.4**	**33.7**	**13.3**	**13.3**
一、粮食	22.3	22.3	29.4	29.4	30.6	30.5	17.7	17.8
其中：夏收粮食	33.6	33.7	37.1	37.2	29.1	29.1	0.2	
(一)谷物	24.1	24.0	31.2	31.1	27.3	27.2	17.4	17.7
1.稻谷	21.2	21.2	41.1	41.5	22.7	22.6	14.9	14.7
(1)早稻	23.2	23.2	60.1	60.4	16.7	16.4		
(2)中稻和一季晚稻	19.2	19.2	28.8	29.4	27.1	26.9	24.9	24.5
(3)双季晚稻	25.2	25.1	59.1	59.3	15.7	15.6		
2.小麦	35.3	35.5	40.0	40.2	24.0	24.0	0.6	0.3
(1)冬小麦	37.6	37.8	42.7	42.9	19.7	19.4		
(2)春小麦	1.2	1.4	0.0	0.0	88.7	93.5	10.1	5.0
3.玉米	19.7	19.6	18.4	18.3	31.0	30.5	30.9	31.6
4.谷子	21.8	20.0	32.7	31.4	32.1	35.2	13.3	13.3
5.高粱	4.2	3.4	8.1	8.3	54.6	54.3	33.1	33.9
6.其他谷物	21.0	20.1	16.7	15.9	61.2	62.9	1.1	1.2
其中：大麦	38.4	38.2	19.4	17.8	42.2	44.0	0.0	0.0
(二)豆类	10.6	10.7	24.2	23.7	31.8	33.2	33.4	32.4
其中：大豆	10.4	10.6	25.6	25.7	21.4	22.7	42.6	41.0
绿豆	5.9	5.3	39.5	36.8	32.2	35.2	22.4	22.7
红小豆	14.1	11.7	16.6	17.5	46.4	42.2	23.0	28.6
(三)薯类	15.3	15.4	16.0	16.0	64.3	64.4	4.5	4.2
其中：马铃薯	6.2	6.7	9.7	9.9	77.5	77.3	6.6	6.2
二、油料作物	17.2	17.0	44.3	44.2	33.7	34.2	4.8	4.6
其中：花生	37.3	36.9	37.6	38.0	14.8	14.9	10.3	10.1
油菜籽	7.6	7.3	52.9	52.8	39.5	39.9	0.0	0.0
芝麻	6.1	6.4	82.4	83.1	10.1	9.4	1.5	1.1
胡麻籽	11.6	11.8	19.7	19.1	68.7	69.2		
向日葵	5.7	5.9	4.5	3.9	77.3	75.1	12.5	15.1
三、棉花	28.0	26.4	23.6	21.7	48.3	51.9	0.0	0.0
四、麻类	1.5	1.3	40.3	38.7	54.4	56.3	3.8	3.7
其中：黄红麻	4.6	4.1	64.3	65.9	31.1	30.0		
苎 麻	0.9	0.7	39.0	36.3	60.2	62.9		
大 麻	0.9	1.1	30.0	35.2	44.0	38.8	25.1	24.9
亚 麻			1.0		54.4	51.9	44.6	48.1
五、糖料	14.0	14.1	2.4	2.7	82.8	83.0	0.7	0.3
(一)甘蔗	14.3	14.2	2.5	2.8	83.2	83.0		
(二)甜菜	11.0	12.5	1.3	0.9	77.5	83.4	10.2	3.2
六、烟叶	8.7	9.0	22.3	23.8	64.6	63.3	4.5	3.8
其中：烤烟	8.9	9.4	22.8	23.2	64.5	64.1	3.8	3.3
七、药材	9.5	10.3	24.8	21.1	61.1	65.1	4.6	3.5
八、蔬菜(含菜用瓜)	35.9	35.6	27.7	27.6	32.0	32.4	4.5	4.3
九、瓜果类	31.3	31.6	34.6	34.3	27.4	28.0	6.7	6.0
其中：西瓜	29.9	30.4	38.3	38.4	27.1	27.2	4.7	4.1
甜瓜	27.5	28.1	25.7	25.8	34.7	35.6	12.0	10.5
草莓	45.1	44.3	26.5	26.0	11.8	13.0	16.6	16.6
十、其他农作物	16.8	15.8	28.9	23.5	52.1	57.5	2.2	3.2
其中：青饲料	10.9	10.7	25.6	21.3	60.8	65.5	2.6	2.4

7-3　续表 5　　　　单位：%

指　　标	粮食主产区		粮食主销区		粮食平衡区	
	2014年	2015年	2014年	2015年	2014年	2015年
全年农作物播种面积	**67.8**	**67.7**	**6.8**	**6.8**	**25.4**	**25.6**
一、粮食	71.9	72.0	5.3	5.3	22.8	22.7
其中：夏收粮食	72.2	72.1	2.7	2.7	25.0	25.2
(一)谷物	74.3	74.5	5.1	5.1	20.5	20.4
1.稻谷	71.0	71.3	13.0	12.9	15.9	15.7
(1)早稻	60.2	60.4	23.2	23.2	16.7	16.4
(2)中稻和一季晚稻	78.7	78.9	5.6	5.5	15.8	15.5
(3)双季晚稻	59.1	59.3	25.2	25.1	15.7	15.6
2.小麦	79.3	79.0	1.1	1.1	19.6	19.9
(1)冬小麦	81.4	81.5	1.1	1.1	17.5	17.4
(2)春小麦	47.9	42.7	0.8	0.8	51.3	56.5
3.玉米	75.7	76.1	1.6	1.6	22.7	22.3
4.谷子	61.2	60.9	0.3	0.4	38.5	38.7
5.高粱	68.5	69.3	1.3	0.6	30.2	30.1
6.其他谷物	41.0	40.6	3.4	2.9	55.6	56.5
其中：大麦	64.4	63.7	7.9	6.7	27.6	29.6
(二)豆类	73.4	72.8	3.6	3.8	22.9	23.5
其中：大豆	83.1	82.4	3.4	3.7	13.5	13.9
绿豆	73.9	73.1	1.3	1.2	24.8	25.7
红小豆	56.6	61.0	2.9	2.4	40.5	36.6
(三)薯类	44.9	44.5	8.9	9.1	46.2	46.4
其中：马铃薯	40.0	39.9	3.3	3.5	56.6	56.6
二、油料作物	75.8	75.8	4.8	4.9	19.3	19.3
其中：花生	79.9	79.5	11.3	11.5	8.8	9.0
油菜籽	76.0	75.9	2.0	1.9	22.0	22.2
芝麻	88.1	88.6	2.3	2.7	9.6	8.8
胡麻籽	32.2	32.4			67.8	67.6
向日葵	68.5	72.4	0.1	0.1	31.4	27.5
三、棉花	50.4	47.2	1.1	0.9	48.4	51.9
四、麻类	79.7	79.6	0.5	0.5	19.8	20.0
其中：黄红麻	70.7	72.2	2.7	2.5	26.5	25.3
苎　麻	88.9	88.6	0.1	0.1	11.0	11.3
大　麻	55.5	62.3			44.5	37.7
亚　麻	45.6	49.3			54.4	50.7
五、糖料	6.8	7.6	13.1	13.0	80.1	79.5
(一)甘蔗	3.4	3.7	14.2	14.1	82.5	82.2
(二)甜菜	49.8	52.2			50.2	47.8
六、烟叶	35.9	37.1	6.5	7.0	57.5	55.9
其中：烤烟	35.1	35.5	6.7	7.2	58.1	57.3
七、药材	40.3	36.9	4.6	4.8	55.1	58.3
八、蔬菜(含菜用瓜)	59.3	58.9	15.0	14.9	25.8	26.2
九、瓜果类	66.8	65.7	9.4	9.5	23.8	24.8
其中：西瓜	67.3	66.8	8.9	9.1	23.8	24.1
甜瓜	63.7	61.3	6.0	6.4	30.3	32.3
草莓	85.2	83.7	7.5	7.7	7.4	8.7
十、其他农作物	48.7	44.6	12.0	11.2	39.3	44.3
其中：青饲料	53.0	49.6	6.4	6.3	40.6	44.1

7-3 续表 6 单位：%

指 标	全国		东部		中部	
	2014年	2015年	2014年	2015年	2014年	2015年
粮食	100.0	100.0	100.0	100.0	100.0	100.0
夏粮	24.5	24.4	36.8	36.9	30.9	30.8
早稻	5.1	5.0	5.3	5.3	10.5	10.4
秋粮	70.4	70.6	57.8	57.9	58.6	58.8
谷物	83.9	84.4	90.7	90.9	89.0	89.4
稻谷	26.9	26.7	25.6	25.3	37.6	37.6
小麦	21.4	21.3	33.8	33.9	29.0	29.1
其中：冬小麦	20.0	20.0	33.8	33.8	29.0	29.1
玉米	32.9	33.6	29.1	29.5	20.6	20.9
豆类	8.1	7.8	3.9	3.7	6.7	6.3
其中：大豆	6.0	5.7	2.8	2.7	5.2	5.0
薯类	7.9	7.8	5.4	5.4	4.3	4.3
其中：马铃薯	4.9	4.9	1.4	1.5	1.6	1.6

指 标	全国		西部		东北	
	2014年	2015年	2014年	2015年	2014年	2015年
粮食	100.0	100.0	100.0	100.0	100.0	100.0
夏粮	24.5	24.4	23.3	23.2	0.3	
早稻	5.1	5.0	2.8	2.7		
秋粮	70.4	70.6	73.9	74.1	99.7	100.0
谷物	83.9	84.4	74.9	75.0	82.6	83.9
稻谷	26.9	26.7	20.0	19.7	22.6	22.1
小麦	21.4	21.3	16.8	16.8	0.8	0.4
其中：冬小麦	20.0	20.0	12.9	12.7		
玉米	32.9	33.6	33.4	33.6	57.5	59.8
豆类	8.1	7.8	8.5	8.5	15.4	14.3
其中：大豆	6.0	5.7	4.2	4.3	14.5	13.3
薯类	7.9	7.8	16.7	16.5	2.0	1.8
其中：马铃薯	4.9	4.9	12.5	12.3	1.8	1.7

指 标	粮食主产区		粮食主销区		粮食平衡区	
	2014年	2015年	2014年	2015年	2014年	2015年
粮食	100.0	100.0	100.0	100.0	100.0	100.0
夏粮	24.6	24.4	12.6	12.7	26.9	27.1
早稻	4.3	4.2	22.4	22.2	3.8	3.6
秋粮	71.1	71.4	65.0	65.1	69.3	69.3
谷物	86.7	87.3	81.2	80.9	75.7	76.0
稻谷	26.6	26.4	65.9	65.5	18.8	18.5
小麦	23.5	23.4	4.4	4.5	18.4	18.6
其中：冬小麦	22.7	22.6	4.2	4.3	15.4	15.3
玉米	34.7	35.5	9.8	10.0	32.9	33.1
豆类	8.3	7.9	5.5	5.6	8.2	8.1
其中：大豆	7.0	6.6	3.9	4.0	3.6	3.5
薯类	4.9	4.8	13.3	13.5	16.1	15.9
其中：马铃薯	2.8	2.7	3.1	3.2	12.3	12.1

7-4 各地区农作物总播种面积

单位：千公顷

地　区	1990年	1995年	2000年	2014年	2015年	2015年为2014年百分比(%)
全国总计	**148361.5**	**149879.4**	**156299.8**	**165446.2**	**166373.8**	**100.6**
北　京	590.3	553.2	457.3	196.1	173.7	88.6
天　津	573.2	572.7	533.1	479.0	469.0	97.9
河　北	8786.7	8720.1	9024.4	8713.1	8739.8	100.3
山　西	4016.3	3895.6	4042.4	3783.4	3767.7	99.6
内蒙古	4722.4	5079.4	5914.4	7356.0	7567.9	102.9
辽　宁	3618.9	3623.7	3622.0	4164.1	4219.9	101.3
吉　林	4039.8	4059.8	4542.2	5615.3	5679.1	101.1
黑龙江	8558.5	8647.4	9329.5	12225.9	12294.0	100.6
上　海	631.1	542.1	520.7	357.0	340.2	95.3
江　苏	8259.2	7909.0	7944.9	7678.6	7745.0	100.9
浙　江	4384.7	3923.0	3554.3	2274.0	2290.5	100.7
安　徽	8313.6	8354.2	9005.8	8945.5	8950.5	100.1
福　建	2745.9	2835.1	2793.3	2305.2	2331.3	101.1
江　西	5758.1	5950.6	5650.8	5570.5	5579.1	100.2
山　东	10882.6	10837.3	11147.3	11037.9	11026.5	99.9
河　南	11889.7	12136.8	13136.9	14378.3	14425.0	100.3
湖　北	7361.1	7413.7	7584.1	8112.3	7952.4	98.0
湖　南	7951.8	7840.4	8002.1	8764.5	8717.0	99.5
广　东	5671.5	5304.3	5156.9	4744.9	4784.7	100.8
广　西	5141.3	5745.7	6260.7	5929.9	6134.7	103.5
海　南	821.3	870.0	906.0	859.6	845.3	98.3
重　庆			3590.8	3540.4	3575.8	101.0
四　川	12475.3	12838.8	9609.1	9668.6	9689.9	100.2
贵　州	3578.3	4203.1	4696.7	5516.5	5542.2	100.5
云　南	4492.1	4958.9	5786.0	7194.4	7185.6	99.9
西　藏	213.5	219.3	231.1	251.0	252.8	100.7
陕　西	4859.8	4496.9	4555.4	4262.1	4284.5	100.5
甘　肃	3611.3	3773.3	3740.2	4197.5	4229.3	100.8
青　海	544.7	568.8	553.7	553.7	558.4	100.8
宁　夏	888.9	956.0	1016.5	1253.2	1264.6	100.9
新　疆	2979.5	3050.2	3391.6	5517.6	5757.3	104.3

7-5 各地区粮食播种面积及增减情况

单位：千公顷

地 区	1990年	1995年	2000年	2014年	2015年	2015年为2014年百分比(%)
全国总计	**113465.9**	**110060.4**	**108462.5**	**112722.6**	**113342.9**	**100.6**
北 京	484.4	434.1	308.3	120.2	104.5	86.9
天 津	457.9	443.3	345.9	345.8	350.0	101.2
河 北	6827.8	6829.5	6918.7	6332.0	6392.5	101.0
山 西	3290.3	3151.5	3186.5	3286.4	3287.2	100.0
内蒙古	3874.5	4143.2	4435.9	5651.0	5726.7	101.3
辽 宁	3121.6	3030.9	2858.6	3235.1	3297.4	101.9
吉 林	3525.9	3576.9	3833.7	5000.7	5078.0	101.5
黑龙江	7420.0	7500.2	7852.5	11696.4	11765.2	100.6
上 海	417.1	343.9	258.8	164.9	161.9	98.2
江 苏	6363.0	5755.2	5304.3	5376.1	5424.6	100.9
浙 江	3266.0	2814.4	2300.3	1266.8	1277.8	100.9
安 徽	6246.1	5852.5	6183.8	6628.9	6632.9	100.1
福 建	2080.6	2017.3	1828.5	1197.7	1193.2	99.6
江 西	3699.3	3509.3	3322.0	3697.3	3705.6	100.2
山 东	8151.9	8131.6	7363.2	7440.0	7492.1	100.7
河 南	9316.1	8810.0	9029.6	10209.8	10267.2	100.6
湖 北	5200.0	4776.7	4156.2	4370.4	4466.0	102.2
湖 南	5365.7	5115.6	5029.9	4975.1	4944.7	99.4
广 东	3996.3	3472.3	3311.1	2507.0	2505.8	100.0
广 西	3639.9	3662.7	3655.9	3067.7	3059.3	99.7
海 南	567.5	574.9	542.0	394.0	375.6	95.3
重 庆			2773.4	2242.5	2234.0	99.6
四 川	9827.7	9933.7	6854.5	6467.4	6453.9	99.8
贵 州	2543.2	2864.5	3151.3	3138.4	3114.9	99.3
云 南	3622.3	3643.0	4238.7	4508.2	4487.3	99.5
西 藏	191.7	188.2	201.4	176.4	178.9	101.4
陕 西	4134.7	3807.7	3821.5	3076.5	3073.5	99.9
甘 肃	2875.1	2928.7	2798.2	2842.5	2849.6	100.3
青 海	400.3	384.3	322.7	280.1	277.1	98.9
宁 夏	723.5	761.8	807.1	771.3	770.4	99.9
新 疆	1835.5	1602.5	1468.2	2255.9	2395.0	106.2

7-6 各地区粮食播种面积

(按季节分) 单位：千公顷

地区	夏收粮食		早稻		秋收粮食	
	2014年	2015年	2014年	2015年	2014年	2015年
全国总计	**27581.6**	**27625.3**	**5795.0**	**5714.8**	**79346.0**	**80002.8**
北京	23.6	20.9			96.6	83.6
天津	110.7	109.2			235.2	240.9
河北	2365.0	2350.7			3967.0	4041.8
山西	685.1	686.3			2601.3	2600.9
内蒙古					5651.0	5726.7
辽宁	63.6				3171.5	3297.4
吉林					5000.7	5078.0
黑龙江					11696.4	11765.2
上海	57.3	56.9			107.6	105.1
江苏	2395.1	2412.2			2981.0	3012.5
浙江	189.6	195.9	116.4	116.6	960.8	965.3
安徽	2474.6	2479.4	225.3	190.0	3929.0	3963.5
福建	91.2	92.9	189.2	180.1	917.3	920.2
江西	63.1	76.2	1394.6	1391.5	2239.6	2237.8
山东	3741.4	3801.3			3698.6	3690.8
河南	5433.3	5452.3			4776.5	4814.8
湖北	1380.9	1389.9	412.4	423.0	2577.1	2653.1
湖南	204.2	189.7	1453.3	1444.9	3317.6	3310.1
广东	230.7	232.2	893.2	889.4	1383.1	1384.2
广西	113.2	110.6	917.6	888.2	2036.9	2060.5
海南	52.8	47.2	143.3	141.5	197.9	187.0
重庆	488.4	477.2			1754.1	1756.7
四川	1795.3	1754.1	0.8		4671.3	4699.8
贵州	1000.9	998.5			2137.5	2116.4
云南	1191.1	1178.3	48.9	49.6	3268.2	3259.4
西藏					176.4	178.9
陕西	1223.1	1224.7			1853.5	1848.8
甘肃	909.4	914.8			1933.1	1934.8
青海					280.1	277.1
宁夏	145.4	122.5			625.9	648.0
新疆	1152.5	1251.4			1103.4	1143.6

7-7 各地区粮食播种面积

(按品种分) 单位：千公顷

地　区	谷　物		#稻　谷		中稻和一季晚稻		双季晚稻	
	2014年	2015年	2014年	2015年	2014年	2015年	2014年	2015年
全国总计	**94603.5**	**95635.9**	**30309.9**	**30215.7**	**18164.2**	**18191.9**	**6350.7**	**6309.0**
北　京	114.0	98.9	0.2	0.2	0.2	0.2		
天　津	336.8	342.8	16.4	15.4	16.4	15.4		
河　北	5912.2	5965.2	84.8	84.8	84.8	84.8		
山　西	2772.9	2779.2	0.9	0.7	0.9	0.7		
内蒙古	4455.5	4523.9	78.1	78.9	78.1	78.9		
辽　宁	3032.4	3100.2	562.1	544.9	562.1	544.9		
吉　林	4595.0	4722.1	747.1	761.7	747.1	761.7		
黑龙江	8833.4	9074.5	3205.5	3147.8	3205.5	3147.8		
上　海	158.5	157.1	98.4	97.8	98.4	97.8		
江　苏	5014.7	5066.5	2271.7	2291.6	2271.7	2291.6		
浙　江	1008.1	1010.3	824.2	822.5	587.7	584.2	120.1	121.7
安　徽	5543.3	5599.0	2217.3	2234.9	1753.5	1828.1	238.5	216.9
福　建	861.0	849.3	804.5	789.0	306.6	304.6	308.7	304.3
江　西	3389.6	3393.2	3339.5	3342.4	394.5	399.9	1550.4	1551.0
山　东	7014.4	7112.7	122.4	116.3	122.4	116.3		
河　南	9408.5	9499.1	649.7	656.0	649.7	656.0		
湖　北	3887.9	4000.6	2144.0	2188.5	1258.6	1283.0	472.9	482.4
湖　南	4520.3	4515.4	4120.7	4114.1	1173.7	1178.5	1493.8	1490.7
广　东	2078.1	2073.9	1893.3	1887.3			1000.1	997.9
广　西	2631.2	2632.6	2026.2	1983.9	148.9	147.8	959.7	947.9
海　南	312.3	299.6	312.2	299.3			168.9	157.8
重　庆	1276.9	1262.2	689.7	688.3	689.7	688.3		
四　川	4720.4	4685.4	1991.8	1990.8	1991.0	1990.8		
贵　州	1869.7	1841.7	682.0	675.1	682.0	675.1		
云　南	3274.4	3266.0	1144.7	1134.8	1058.2	1046.8	37.6	38.4
西　藏	169.7	172.8	1.0	0.9	1.0	0.9		
陕　西	2554.8	2553.5	123.4	122.8	123.4	122.8		
甘　肃	1983.9	2012.7	5.1	4.5	5.1	4.5		
青　海	160.2	160.1						
宁　夏	565.6	571.8	78.1	74.3	78.1	74.3		
新　疆	2147.8	2293.9	75.1	66.2	75.1	66.2		

7-7 续表 1 单位：千公顷

地区	#小麦		冬小麦		春小麦		#玉米	
	2014年	2015年	2014年	2015年	2014年	2015年	2014年	2015年
全国总计	**24069.4**	**24141.4**	**22563.6**	**22616.7**	**1505.8**	**1524.6**	**37123.4**	**38119.3**
北京	23.6	20.8	23.6	20.7	0.0	0.1	88.6	76.3
天津	110.7	109.2	99.1	97.6	11.6	11.6	202.8	214.7
河北	2342.7	2318.9	2336.7	2308.7	6.0	10.2	3170.9	3248.1
山西	673.9	675.1	673.5	674.8	0.4	0.3	1676.5	1676.9
内蒙古	563.5	564.1			563.5	564.1	3372.2	3407.2
辽宁	5.8	5.6			5.8	5.6	2330.1	2416.8
吉林	0.4	0.3			0.4	0.3	3696.6	3800.0
黑龙江	145.7	71.1			145.7	71.1	5440.2	5821.1
上海	43.9	45.5	43.9	45.5			4.0	3.4
江苏	2159.9	2178.8	2159.9	2178.8			436.1	451.7
浙江	82.1	89.8	82.1	89.8			66.5	69.5
安徽	2434.5	2457.0	2434.5	2457.0			852.4	881.6
福建	2.3	2.1	2.3	2.1			49.5	51.5
江西	12.0	12.2	12.0	12.2			29.9	30.3
山东	3740.2	3799.8	3740.2	3799.8			3126.5	3173.8
河南	5406.7	5425.7	5406.7	5425.7			3283.9	3343.9
湖北	1074.3	1093.4	1074.3	1093.4			642.4	687.8
湖南	30.6	29.4	30.6	29.4			345.7	348.4
广东	0.9	0.9	0.9	0.9			177.2	179.0
广西	1.4	5.1	1.4	5.1			584.0	622.6
海南								
重庆	87.0	69.7	87.0	69.7			467.9	470.8
四川	1170.7	1119.0	1170.7	1119.0			1381.2	1402.0
贵州	251.5	248.7	251.5	248.7			787.5	763.2
云南	434.4	432.7	434.4	432.7			1525.7	1517.3
西藏	36.9	36.3	27.5	26.5	9.4	9.8	4.2	4.5
陕西	1082.9	1085.6	1082.9	1085.6			1153.7	1151.7
甘肃	792.5	794.8	576.6	566.4	215.9	228.4	1000.9	1014.2
青海	88.6	88.2			88.6	88.2	27.0	27.5
宁夏	127.5	122.5	67.7	65.5	59.8	56.9	288.8	301.8
新疆	1142.4	1239.3	743.5	761.2	398.8	478.1	910.8	961.9

7-7 续表 2　　单位：千公顷

地　区	#谷子		#高粱		#其他谷物		大麦	
	2014年	2015年	2014年	2015年	2014年	2015年	2014年	2015年
全国总计	**771.8**	**839.4**	**619.2**	**574.0**	**1709.8**	**1746.1**	**468.8**	**446.6**
北　京	1.3	1.4	0.2	0.2	0.1	0.1		
天　津	0.5	1.1	6.4	2.2	0.1	0.2		
河　北	147.2	148.3	12.8	11.5	153.7	153.7	0.1	0.4
山　西	216.3	227.1	30.4	23.0	174.9	176.5		
内蒙古	167.0	197.6	104.3	86.8	170.3	189.2	31.6	29.4
辽　宁	61.9	61.0	55.6	53.4	16.9	18.5		
吉　林	34.1	44.5	115.9	114.5	1.0	1.2		0.0
黑龙江	6.9	6.4	33.6	26.6	1.6	1.6	0.0	
上　海					12.2	10.4	12.2	10.4
江　苏	0.1	0.1	0.4	0.4	146.5	143.9	142.1	139.6
浙　江					35.3	28.5	24.5	19.2
安　徽	0.0	0.1	0.5	0.2	38.6	25.2	37.7	22.4
福　建	0.1	0.1	1.2	1.0	3.3	5.6	0.6	0.4
江　西	0.6	0.6	5.2	5.2	2.5	2.5	0.3	0.3
山　东	18.8	16.9	4.7	4.3	1.8	1.6	0.6	0.7
河　南	35.7	35.7	5.9	11.3	26.7	26.7	26.7	26.7
湖　北	0.0	0.0	1.7	1.6	25.5	29.3	25.0	28.8
湖　南			6.8	6.7	16.6	16.8	1.2	1.2
广　东	0.4	0.3	0.0	0.1	6.3	6.3		
广　西	1.9	2.2	3.4	3.3	14.2	15.4		
海　南			0.0	0.0	0.1	0.2		
重　庆			25.2	25.7	7.2	7.7	1.2	1.1
四　川			76.7	75.5	100.0	98.1	36.7	35.1
贵　州	1.6	8.6	88.3	87.7	58.9	58.3	3.7	3.1
云　南	0.3	0.4	3.0	3.1	166.3	177.7	80.6	82.2
西　藏					127.6	131.0	0.1	0.1
陕　西	58.1	59.8	15.1	14.2	121.6	119.4	3.7	3.3
甘　肃	11.6	13.1	11.6	10.3	162.2	175.8	30.1	30.2
青　海					44.6	44.4		
宁　夏	7.3	8.3	0.9	0.9	63.1	64.1	0.1	0.1
新　疆	0.0	5.7	9.5	4.4	10.1	16.4	10.1	12.1

7-7 续表 3 单位：千公顷

地区	燕麦		荞麦		豆类		#大豆	
	2014年	2015年	2014年	2015年	2014年	2015年	2014年	2015年
全国总计	**177.8**	**189.9**	**265.7**	**280.1**	**9178.8**	**8868.3**	**6799.9**	**6506.1**
北　京				0.0	4.8	4.1	4.1	3.5
天　津					8.2	6.3	7.9	6.0
河　北	63.1	64.1	1.2	0.7	162.3	153.7	122.3	115.9
山　西	58.3	60.0	16.9	17.5	323.2	318.8	191.8	189.4
内蒙古	45.8	55.3	61.5	63.6	653.4	689.5	503.7	530.0
辽　宁			0.6	0.6	117.0	114.5	106.4	107.1
吉　林			0.4	0.5	331.6	284.6	213.6	161.4
黑龙江	0.8	0.0	0.1		2621.7	2476.1	2576.7	2400.6
上　海					5.4	3.9		2.2
江　苏			0.4	0.4	306.2	305.2	203.4	201.5
浙　江					141.1	144.7	89.4	91.2
安　徽	0.1			0.0	934.8	893.6	851.6	820.9
福　建					85.2	87.6	66.5	68.4
江　西			1.1	1.1	162.2	165.4	101.4	103.5
山　东					168.7	152.4	149.5	137.2
河　南					453.7	413.7	399.7	366.0
湖　北	0.1	0.1	0.3	0.3	173.6	147.8	98.9	100.3
湖　南			2.2	2.3	170.2	160.9	95.6	90.8
广　东					79.7	80.7	62.6	63.6
广　西				14.8	162.8	152.7	99.6	96.0
海　南					8.4	6.5	3.2	2.7
重　庆	0.2	0.1	5.8	6.4	237.5	240.7	103.4	104.4
四　川					484.2	494.8	224.8	226.5
贵　州	0.7	0.7	7.7	7.7	324.1	329.1	130.6	135.1
云　南	5.3	5.4	6.8	7.0	559.9	549.6	124.1	121.7
西　藏			1.2	1.1	5.7	5.1	0.1	0.1
陕　西			75.2	73.5	189.4	187.8	112.5	111.1
甘　肃	0.2	1.0	51.6	46.1	176.0	172.1	88.2	82.3
青　海		1.2			27.0	26.8		
宁　夏	3.3	1.9	32.8	36.6	28.4	28.1	10.5	9.6
新　疆					72.4	71.7	57.9	57.3

7-7 续表 4 单位：千公顷

地 区	#绿豆		#红小豆		薯 类		#马铃薯	
	2014年	2015年	2014年	2015年	2014年	2015年	2014年	2015年
全国总计	**540.1**	**565.3**	**151.7**	**172.5**	**8940.3**	**8838.8**	**5573.3**	**5518.2**
北 京	0.2	0.1	0.5	0.4	1.3	1.4		
天 津	0.1	0.1	0.1	0.1	0.9	1.0		
河 北	13.4	12.5	7.3	6.8	257.5	273.6	160.0	178.3
山 西	61.4	64.8	12.3	12.1	190.3	189.2	168.1	167.1
内蒙古	85.8	102.4	19.4	19.8	542.1	513.3	540.7	512.2
辽 宁	3.8	3.2	3.0	3.0	85.7	82.7	60.9	58.6
吉 林	104.1	113.5	12.6	9.7	74.1	71.2	66.8	66.9
黑龙江	12.9	11.8	19.3	36.6	241.3	214.6	240.4	214.0
上 海					1.0	0.9		
江 苏	3.9	4.0	8.2	8.1	55.1	53.0		
浙 江					117.6	122.9	61.0	63.3
安 徽	65.4	60.3	6.6	12.4	150.8	140.3	8.9	7.2
福 建	3.2	3.2	1.5	1.5	251.6	256.3	80.6	82.5
江 西	9.7	9.8	0.3	0.3	145.5	147.0	11.2	11.9
山 东	7.3	6.6	1.5	1.2	256.9	227.0		
河 南	48.7	43.9	3.2	2.8	347.7	354.4		
湖 北	9.0	9.2	2.0	1.9	308.8	317.6	239.5	253.3
湖 南	19.4	20.2	0.8	0.8	284.6	268.4	112.4	104.6
广 东	2.9	2.9	1.5	1.5	349.2	351.2	44.8	46.4
广 西	16.4	17.0	0.3	0.5	273.8	274.1	77.6	73.1
海 南	0.7	0.3	0.8	0.6	73.3	69.5	0.1	0.1
重 庆	21.7	21.9	3.2	3.0	728.1	731.1	358.3	363.7
四 川	15.8	16.1	1.8	1.9	1262.8	1273.7	789.1	797.2
贵 州	5.7	8.6	3.6	2.8	944.5	944.1	704.3	709.2
云 南	8.4	8.7	9.3	9.5	673.9	671.7	564.0	558.1
西 藏					1.0	1.0	1.0	1.0
陕 西	19.5	19.1	28.6	28.2	332.4	332.2	297.2	296.8
甘 肃	0.7	0.8	4.3	2.2	682.6	664.9	682.6	664.9
青 海					92.9	90.1	92.9	90.1
宁 夏	0.0				177.4	170.5	177.4	170.5
新 疆		4.3		5.0	35.7	29.5	33.6	27.3

7-8 各地区油料播种面积

单位：千公顷

地 区	油料合计		#花 生		#油菜籽	
	2014年	2015年	2014年	2015年	2014年	2015年
全国总计	**14042.7**	**14034.6**	**4603.9**	**4615.7**	**7587.9**	**7534.4**
北 京	2.6	2.1	2.2	1.8		
天 津	1.7	1.3	1.2	1.0	0.0	0.0
河 北	466.3	461.6	352.5	342.9	19.9	17.6
山 西	129.7	121.2	7.2	6.6	3.7	4.3
内蒙古	862.3	913.4	21.3	16.7	313.4	315.6
辽 宁	314.0	285.3	305.6	277.8	1.1	1.3
吉 林	266.3	269.2	150.4	173.4		
黑龙江	87.3	94.6	17.7	16.9	0.0	
上 海	5.7	5.1	0.8	0.7	4.8	4.2
江 苏	499.2	475.5	91.6	90.6	398.1	375.7
浙 江	145.0	146.1	14.2	18.2	126.4	122.3
安 徽	788.4	772.1	190.4	191.1	551.0	532.4
福 建	117.1	119.0	103.3	104.8	12.4	12.7
江 西	741.5	739.9	162.6	164.2	547.9	545.0
山 东	773.2	758.3	755.3	740.4	9.6	9.4
河 南	1598.2	1600.8	1058.3	1074.6	361.6	348.2
湖 北	1542.5	1524.2	198.5	199.1	1248.7	1232.1
湖 南	1424.7	1445.1	114.5	118.2	1298.2	1314.6
广 东	366.8	375.6	357.4	365.9	6.6	6.7
广 西	237.1	248.4	204.3	214.3	24.2	24.8
海 南	40.4	40.1	39.2	39.0		
重 庆	300.0	309.3	56.6	56.9	232.6	242.5
四 川	1285.3	1298.3	261.1	263.0	1016.7	1027.4
贵 州	582.1	591.0	48.9	51.3	521.6	528.1
云 南	359.5	356.0	50.2	49.4	296.2	293.2
西 藏	24.5	23.8	0.1	0.1	24.4	23.7
陕 西	300.8	298.8	33.9	32.6	203.6	204.3
甘 肃	329.0	320.2	1.2	1.3	167.8	161.6
青 海	150.9	144.9			148.2	142.1
宁 夏	80.2	75.4			0.8	0.8
新 疆	220.5	218.3	3.4	2.9	48.5	43.7

7-8　续表　　　　单位：千公顷

地　区	#芝　麻		#胡麻籽		#向日葵籽	
	2014年	2015年	2014年	2015年	2014年	2015年
全国总计	**429.1**	**421.7**	**306.1**	**292.3**	**948.5**	**1036.3**
北　京					0.4	0.3
天　津	0.1	0.1			0.5	0.2
河　北	6.1	6.2	35.5	34.5	51.6	59.3
山　西	2.8	2.3	60.3	55.7	30.9	28.5
内蒙古	1.4	1.5	63.1	60.2	462.6	518.2
辽　宁	0.2	0.2			5.7	4.5
吉　林	5.1	3.9			96.6	84.8
黑龙江	1.0	0.4			16.6	66.8
上　海	0.1	0.1				
江　苏	9.4	9.1			0.1	0.1
浙　江	4.4	5.5				
安　徽	46.7	48.2			0.1	0.0
福　建	1.3	1.4			0.1	0.1
江　西	31.0	30.7				
山　东	0.5	0.6			1.5	1.6
河　南	172.6	172.0			5.7	6.0
湖　北	89.9	86.4			5.4	5.5
湖　南	10.5	10.9			0.7	0.7
广　东	2.8	3.0				
广　西	5.2	5.3			3.4	3.9
海　南	1.2	1.2				
重　庆	7.0	6.6			3.8	3.3
四　川	3.6	3.4			2.9	2.7
贵　州	0.4	0.4			9.8	10.2
云　南	0.2	0.2			4.9	4.9
西　藏						
陕　西	14.6	10.3	3.5	1.8	27.4	17.1
甘　肃		0.2	88.2	87.8	45.7	44.2
青　海			2.7	2.8		
宁　夏		0.1	44.7	42.9	29.2	25.9
新　疆	10.9	11.4	8.1	6.6	143.3	147.3

7-9 各地区棉花和麻类播种面积

单位：千公顷

地　区	棉　花		麻　类		#黄红麻	
	2014年	2015年	2014年	2015年	2014年	2015年
全国总计	**4222.3**	**3796.7**	**86.4**	**81.3**	**14.4**	**13.4**
北　京	0.1	0.1				
天　津	30.2	18.8				
河　北	410.9	359.3	0.3	0.2	0.3	0.2
山　西	18.7	10.6	0.1	0.0		
内蒙古	1.0	0.1		0.1		
辽　宁	0.1	0.1				
吉　林	0.5		0.0	0.00		
黑龙江			3.3	3.0		
上　海	0.8	0.4				
江　苏	131.8	94.3	0.5	0.4		
浙　江	17.3	13.8	0.1	0.1	0.1	0.1
安　徽	265.2	232.5	7.7	7.3	4.2	4.3
福　建	0.1	0.1	0.1	0.1	0.1	0.1
江　西	84.9	81.1	4.7	4.0	0.1	0.1
山　东	592.9	515.5	0.05	0.04	0.0	
河　南	153.3	120.0	4.7	4.6	4.7	4.2
湖　北	344.8	264.7	10.1	8.8	0.1	0.1
湖　南	130.1	113.7	7.5	6.7	0.2	0.2
广　东			0.2	0.1	0.2	0.1
广　西	2.3	2.3	4.3	3.9	3.7	3.3
海　南			0.1	0.1	0.1	0.1
重　庆			5.7	5.3	0.1	0.1
四　川	13.2	10.1	30.0	29.5	0.7	0.6
贵　州	1.6	1.6	0.7	0.6	0.0	0.0
云　南	0.1	0.1	1.2	0.4	0.0	
西　藏						
陕　西	31.0	27.4	0.5	0.5	0.0	0.0
甘　肃	38.1	25.7	2.1	2.0		
青　海						
宁　夏						
新　疆	1953.3	1904.3	2.6	3.4		

7-10 各地区糖料播种面积

单位：千公顷

地 区	糖料合计		1.甘蔗		2.甜菜	
	2014年	2015年	2014年	2015年	2014年	2015年
全国总计	**1899.2**	**1736.5**	**1760.4**	**1599.6**	**138.8**	**136.9**
北 京						
天 津						
河 北	15.3	17.1			15.3	17.1
山 西	1.8	1.2			1.8	1.2
内蒙古	39.5	49.9			39.5	49.9
辽 宁	2.1	1.8			2.1	1.8
吉 林	1.9	0.6			1.9	0.6
黑龙江	10.2	2.1			10.2	2.1
上 海	0.1	0.1	0.1	0.1		
江 苏	1.6	1.6	1.6	1.5	0.0	0.0
浙 江	10.1	10.0	10.1	10.0		
安 徽	5.0	5.1	5.0	5.1		
福 建	8.6	7.5	8.6	7.5		
江 西	14.3	14.5	14.3	14.5		
山 东	0.0				0.0	
河 南	3.9	3.5	3.9	3.5		
湖 北	7.6	8.5	7.6	8.5	0.0	0.0
湖 南	13.4	13.3	13.4	13.3		
广 东	168.5	162.4	168.5	162.4		
广 西	1081.5	973.7	1081.5	973.7		
海 南	61.9	45.5	61.9	45.5		
重 庆	2.7	2.4	2.7	2.4		
四 川	13.8	13.5	13.7	13.4	0.1	0.1
贵 州	27.9	26.8	27.8	26.8	0.0	0.0
云 南	339.7	311.5	339.7	311.5	0.0	0.0
西 藏						
陕 西	0.1	0.1	0.0	0.04	0.0	0.1
甘 肃	5.0	2.9			5.0	2.9
青 海	0.0	0.0			0.0	0.0
宁 夏						
新 疆	62.9	61.2			62.9	61.2

7-11 各地区烟叶和药材播种面积

单位：千公顷

地区	烟叶合计		#烤烟		药材	
	2014年	2015年	2014年	2015年	2014年	2015年
全国总计	**1463.1**	**1314.0**	**1378.7**	**1221.5**	**1984.8**	**2043.8**
北　京					2.7	2.3
天　津					0.4	1.6
河　北	3.0	2.9	2.4	2.4	47.6	62.1
山　西	3.3	2.8	3.3	2.8	34.5	33.4
内蒙古	3.1	3.3	2.5	2.7	46.8	60.4
辽　宁	11.6	9.8	10.8	9.1	30.0	23.0
吉　林	20.6	15.6	10.6	8.3	31.8	26.8
黑龙江	33.2	25.0	30.9	23.3	29.9	21.5
上　海					0.4	0.4
江　苏					16.6	16.6
浙　江	0.7	0.7			36.6	38.6
安　徽	17.4	16.2	17.2	16.0	87.5	90.8
福　建	72.0	68.0	71.5	67.4	22.9	24.0
江　西	27.9	27.6	27.0	26.9	20.4	20.5
山　东	27.9	24.4	27.9	24.4	32.1	33.1
河　南	123.8	114.3	123.8	93.9	118.8	113.6
湖　北	46.1	47.6	39.2	42.8	151.3	173.3
湖　南	108.2	104.1	104.2	100.5	79.4	
广　东	22.7	22.5	21.2	20.5	20.4	22.4
广　西	21.0	16.0	17.7	12.9	83.8	91.0
海　南	0.2	0.1	0.2		8.1	9.2
重　庆	46.0	45.8	39.9	40.1	113.6	113.3
四　川	103.3	97.2	88.0	82.7	108.0	112.2
贵　州	228.5	194.2	216.4	182.1	146.6	155.8
云　南	506.1	440.4	488.5	427.9	139.1	169.7
西　藏					0.5	0.1
陕　西	33.0	31.1	32.7	30.9	191.1	201.1
甘　肃	3.2	3.9	2.5	3.4	255.8	268.7
青　海					24.0	32.1
宁　夏	0.4	0.5	0.4	0.5	59.0	59.0
新　疆					45.4	67.4

7-12 各地区蔬菜、瓜果类和青饲料播种面积

单位：千公顷

地区	蔬菜		瓜果类		青饲料	
	2014年	2015年	2014年	2015年	2014年	2015年
全国总计	**21404.8**	**21999.7**	**2491.3**	**2549.5**	**2019.5**	**1996.5**
北京	57.5	54.3	6.5	5.2	3.1	1.9
天津	90.1	86.1	6.2	6.1	0.4	0.7
河北	1237.5	1242.1	114.2	114.7	58.6	55.8
山西	257.1	256.7	26.7	26.6	19.2	21.8
内蒙古	281.7	277.3	68.8	57.9	236.1	264.3
辽宁	473.7	500.0	58.5	62.0	18.8	20.9
吉林	211.1	200.5	51.2	46.8	2.1	2.0
黑龙江	268.9	245.3	56.7	45.0	31.8	25.3
上海	127.4	114.3	10.7	9.2	3.7	3.9
江苏	1372.4	1431.4	149.9	162.9	29.8	29.3
浙江	606.0	618.1	95.7	100.2	7.2	6.3
安徽	862.1	899.8	181.2	191.6	39.4	40.4
福建	723.9	755.8	37.4	38.0	54.8	54.2
江西	572.3	585.4	77.7	79.0	76.0	76.3
山东	1862.4	1888.6	282.0	286.8	3.2	1.9
河南	1725.6	1751.7	326.4	325.5	4.0	3.2
湖北	1173.5	1212.9	103.6	101.0	174.2	72.1
湖南	1330.0	1372.9	145.8	151.7	204.6	212.2
广东	1350.4	1382.0	43.9	48.3	59.7	59.3
广西	1162.5	1221.0	122.8	131.6	34.8	36.2
海南	248.8	264.0	33.1	35.3	0.4	0.4
重庆	708.1	731.7	21.0	22.2	66.6	77.7
四川	1315.5	1349.6	48.6	49.2	190.9	185.9
贵州	924.3	980.2	30.0	33.4	166.3	172.2
云南	947.5	1004.0	26.3	30.4	167.8	175.0
西藏	23.9	23.1	0.1	0.1	25.6	26.8
陕西	502.6	521.4	84.7	88.4	21.5	21.3
甘肃	506.9	527.2	50.1	50.3	96.5	103.5
青海	48.1	49.7	0.4	1.4	42.9	46.4
宁夏	123.4	129.3	86.8	86.0	78.5	81.2
新疆	310.1	323.7	144.4	163.0	101.1	118.1

7-13 各地区主要农作物播种面积构成

(以农作物总播种面积为100) 单位：%

地区	粮食	棉花	油料	糖料	烟叶	蔬菜	瓜果类
全国总计	**68.1**	**2.3**	**8.4**	**1.0**	**0.8**	**13.2**	**1.5**
北京	60.1	0.1	1.2		0.0	31.2	3.0
天津	74.6	4.0	0.3			18.4	1.3
河北	73.1	4.1	5.3	0.2	0.03	14.2	1.3
山西	87.2	0.3	3.2	0.0	0.1	6.8	0.7
内蒙古	75.7	0.00	12.1	0.7	0.0	3.7	0.8
辽宁	78.1	0.00	6.8	0.0	0.2	11.8	1.5
吉林	89.4		4.7	0.01	0.3	3.5	0.8
黑龙江	95.7		0.8	0.0	0.2	2.0	0.4
上海	47.6	0.1	1.5	0.03		33.6	2.7
江苏	70.0	1.2	6.1	0.02	0.00	18.5	2.1
浙江	55.8	0.6	6.4	0.4	0.0	27.0	4.4
安徽	74.1	2.6	8.6	0.1	0.2	10.1	2.1
福建	51.2	0.0	5.1	0.3	2.9	32.4	1.6
江西	66.4	1.5	13.3	0.3	0.5	10.5	1.4
山东	67.9	4.7	6.9		0.2	17.1	2.6
河南	71.2	0.8	11.1	0.02	0.8	12.1	2.3
湖北	56.2	3.3	19.2	0.1	0.6	15.3	1.3
湖南	56.7	1.3	16.6	0.2	1.2	15.7	1.7
广东	52.4		7.8	3.4	0.5	28.9	1.0
广西	49.9	0.04	4.0	15.9	0.3	19.9	2.1
海南	44.4		4.7	5.4	0.01	31.2	4.2
重庆	62.5		8.7	0.1	1.3	20.5	0.6
四川	66.6	0.1	13.4	0.1	1.0	13.9	0.5
贵州	56.2	0.03	10.7	0.5	3.5	17.7	0.6
云南	62.4	0.00	5.0	4.3	6.1	14.0	0.4
西藏	70.8		9.4			9.1	0.0
陕西	71.7	0.6	7.0	0.0	0.7	12.2	2.1
甘肃	67.4	0.6	7.6	0.1	0.1	12.5	1.2
青海	49.6		25.9	0.0		8.9	0.3
宁夏	60.9		6.0		0.04	10.2	6.8
新疆	41.6	33.1	3.8	1.1		5.6	2.8

7-14 主要农作物产品产量

单位：万吨

年 份	粮食总产量	#稻 谷	#小 麦	#玉 米	#大 豆	#薯 类
1949	11318	4865	1381	1242	509	985
1952	16392	6843	1813	1685	952	1633
1957	19505	8678	2364	2144	1005	2192
1962	15441	6299	1667	1626	651	2345
1965	19453	8772	2522	2366	614	1986
1970	23996	10999	2919	3303	871	2668
1975	28452	12556	4531	4722	724	2857
1978	30477	13693	5384	5595	757	3174
1979	33212	14375	6273	6004	746	2846
1980	32056	13991	5521	6260	794	2873
1981	32502	14396	5964	5921	933	2597
1982	35450	16160	6847	6056	903	2705
1983	38728	16887	8139	6821	976	2925
1984	40731	17826	8782	7341	970	2848
1985	37911	16857	8581	6383	1050	2604
1986	39151	17222	9004	7086	1161	2534
1987	40298	17426	8590	7924	1247	2821
1988	39408	16911	8543	7735	1165	2697
1989	40755	18013	9081	7893	1023	2730
1990	44624	18933	9823	9682	1100	2743
1991	43529	18381	9595	9877	971	2716
1992	44266	18622	10159	9538	1030	2844
1993	45649	17751	10639	10270	1531	3181
1994	44510	17593	9930	9928	1600	3025
1995	46662	18523	10221	11199	1350	3263
1996	50454	19510	11057	12747	1322	3536
1997	49417	20073	12329	10431	1473	3192
1998	51230	19871	10973	13295	1515	3604
1999	50839	19849	11388	12809	1425	3641
2000	46218	18791	9964	10600	1541	3685
2001	45264	17758	9387	11409	1541	3563
2002	45706	17454	9029	12131	1651	3666
2003	43070	16066	8649	11583	1539	3513
2004	46947	17909	9195	13029	1740	3558
2005	48402	18059	9745	13937	1635	3469
2006	49804	18172	10847	15160	1508	2701
2007	50160	18603	10930	15230	1273	2808
2008	52871	19190	11246	16591	1554	2980
2009	53082	19510	11512	16397	1498	2995
2010	54648	19576	11518	17725	1508	3114
2011	57121	20100	11740	19278	1449	3273
2012	58958	20424	12102	20561	1305	3293
2013	60194	20361	12193	21849	1195	3329
2014	60703	20651	12621	21565	1215	3336
2015	62144	20823	13019	22463	1179	3326

7-15 主要农作物产品产量

单位：万吨

指　　标	1990年	1995年	2000年	2014年	2015年	2015年为2014年百分比(%)
一、粮食作物	44624.3	46661.8	46217.5	60702.6	62143.9	102.4
1.谷物		41611.6	40522.4	55740.7	57228.1	102.7
稻谷	18933.1	18522.6	18790.8	20650.7	20822.5	100.8
小麦	9822.9	10220.7	9963.6	12620.8	13018.5	103.2
玉米	9681.9	11198.6	10600.0	21564.6	22463.2	104.2
谷子	457.5	301.9	212.5	180.9	196.6	108.7
高粱	567.5	475.6	258.2	288.5	275.2	95.4
其他谷物		892.3	697.3	435.1	452.0	103.9
2.豆类		1787.5	2010.0	1625.5	1589.8	97.8
#大豆	1100.0	1350.2	1540.9	1215.4	1178.5	97.0
杂豆		437.3	469.1	410.1	411.3	100.3
3.薯类	2743.3	3262.6	3685.2	3336.4	3326.1	99.7
#马铃薯	648.4	914.4	1325.5	1910.3	1897.2	99.3
二、油料作物	1613.2	2250.3	2954.8	3507.4	3537.0	100.8
#花生	636.8	1023.5	1443.7	1648.2	1644.0	99.7
油菜籽	695.8	977.7	1138.1	1477.2	1493.1	101.1
芝麻	46.9	58.3	81.1	63.0	64.0	101.7
胡麻籽	53.5	36.4	34.4	38.7	40.0	103.4
向日葵	133.9	126.9	195.4	249.2	269.8	108.3
三、棉花	450.8	476.8	441.7	617.8	560.3	90.7
四、麻类	109.7	89.7	52.9	23.1	21.1	91.3
#黄红麻	72.6	37.1	12.6	5.6	5.3	94.6
苎　麻	8.9	14.7	16.1	11.6	10.8	93.7
大　麻	3.2	2.2	1.7	3.2	2.7	83.6
亚　麻	24.2	35.2	21.4	2.3	1.2	53.2
五、糖料	7214.5	7940.1	7635.3	13361.2	12500.0	93.6
甘蔗	5762.0	6541.7	6828.0	12561.1	11696.8	93.1
甜菜	1452.5	1398.4	807.3	800.0	803.2	100.4
六、烟叶	262.7	231.4	255.2	299.4	283.2	94.6
#烤烟	225.9	207.2	223.8	279.5	260.6	93.3
七、蔬菜				76005.5	78526.1	103.3
八、瓜果类				9554.1	9895.5	103.6

7-15 续表 1

单位：万吨

指　　标	全国		东部		中部	
	2014年	2015年	2014年	2015年	2014年	2015年
一、粮食	60702.6	62143.9	14768.2	14949.8	18247.8	18719.7
其中：夏收粮食	13659.6	14088.1	5291.6	5403.7	5577.5	5781.8
(一)谷物	55740.7	57228.1	13830.6	14024.1	17461.0	17935.4
1.稻谷	20650.7	20822.5	4497.8	4502.5	8312.4	8474.1
(1)早稻	3401.2	3368.7	789.6	781.1	2041.8	2032.3
(2)中稻和一季晚稻	13453.6	13681.1	2801.7	2824.0	3923.4	4097.5
(3)双季晚稻	3795.9	3772.7	906.6	897.5	2347.2	2344.3
2.小麦	12620.8	13018.5	4975.5	5082.6	5416.2	5616.3
(1)冬小麦	12008.0	12374.7	4967.4	5071.9	5416.0	5616.2
(2)春小麦	612.8	643.8	8.2	10.6	0.2	0.2
3.玉米	21564.6	22463.2	4179.3	4262.7	3630.2	3747.2
4.谷子	180.9	196.6	54.3	54.5	43.5	40.1
5.高粱	288.5	275.2	8.6	6.9	12.1	10.8
6.其他谷物	435.1	452.0	115.0	114.9	46.7	46.9
其中：大麦	181.2	186.8	88.2	87.3	25.5	24.7
(二)豆类	1625.5	1589.8	231.7	227.3	317.3	314.5
其中：大豆	1215.4	1178.5	169.1	166.8	259.0	263.0
绿豆	68.9	70.5	6.1	5.6	21.2	21.2
红小豆	24.2	23.6	4.3	4.0	2.8	3.1
(三)薯类	3336.4	3326.1	705.9	698.4	469.6	469.8
其中：马铃薯	1910.3	1897.2	134.0	140.5	153.3	156.3
二、油料作物	3507.4	3537.0	812.7	804.5	1527.7	1549.4
其中：花生	1648.2	1644.0	644.1	637.0	711.5	725.7
油菜籽	1477.2	1493.1	145.3	140.6	746.9	753.0
芝麻	63.0	64.0	4.1	4.4	52.5	54.2
胡麻籽	38.7	40.0	2.8	3.3	7.0	6.3
向日葵	249.2	269.8	14.6	17.4	6.7	6.1
三、棉花	617.8	560.3	132.0	107.3	105.6	93.2
四、麻类	23.1	21.1	0.4	0.3	10.3	9.9
其中：黄红麻	5.6	5.3	0.2	0.2	4.3	4.1
苎　麻	11.6	10.8	0.1	0.1	5.0	4.4
大　麻	3.2	2.7	0.0	0.0	0.7	0.9
亚　麻	2.3	1.2			0.0	
五、糖料	13361.2	12500.0	2131.7	1922.6	215.8	213.9
(一)甘蔗	12561.1	11696.8	2056.0	1833.4	207.7	208.4
(二)甜菜	800.0	803.2	75.6	89.2	8.0	5.5
六、烟叶	299.4	283.2	29.3	27.1	73.4	70.8
其中：烤烟	279.5	260.6	28.2	26.0	70.4	63.4
七、药材						
八、蔬菜(含菜用瓜)	76005.5	78526.1	31996.2	32844.9	19842.3	20680.8
九、瓜果类	9554.1	9895.5	3303.4	3429.2	3395.6	3565.6
其中：西瓜	7484.3	7714.0	2493.4	2577.7	2945.9	3103.4
甜瓜	1475.8	1527.1	469.8	501.5	353.5	349.7
草莓	311.3	347.9	160.5	176.3	63.2	72.8

7-15 续表 2 单位：万吨

指标	西部		东北	
	2014年	2015年	2014年	2015年
一、粮食	16157.6	16500.9	11528.9	11973.5
其中：夏收粮食	2757.8	2902.6	32.6	
(一)谷物	13688.0	14016.0	10761.1	11252.5
1.稻谷	4550.4	4548.4	3290.2	3297.5
(1)早稻	569.8	555.4		
(2)中稻和一季晚稻	3438.4	3462.1	3290.2	3297.5
(3)双季晚稻	542.2	530.9		
2.小麦	2179.6	2295.1	49.5	24.6
(1)冬小麦	1624.7	1686.6		
(2)春小麦	554.9	608.4	49.5	24.6
3.玉米	6507.7	6699.9	7247.4	7753.4
4.谷子	48.4	61.4	34.7	40.6
5.高粱	133.8	126.1	134.0	131.4
6.其他谷物	268.1	285.1	5.3	5.1
其中：大麦	67.5	74.9		
(二)豆类	525.9	534.9	550.7	513.2
其中：大豆	267.2	267.3	520.1	481.4
绿豆	22.5	23.9	19.2	19.8
红小豆	10.0	9.0	7.1	7.5
(三)薯类	1943.8	1950.0	217.1	207.8
其中：马铃薯	1420.5	1410.4	202.4	190.0
二、油料作物	1000.5	1042.2	166.5	140.9
其中：花生	170.8	175.4	121.8	105.9
油菜籽	584.8	599.3	0.2	0.2
芝麻	5.5	4.7	0.9	0.7
胡麻籽	28.9	30.4		
向日葵	199.5	218.0	28.4	28.2
三、棉花	380.2	359.8	0.1	0.0
四、麻类	10.0	8.9	2.5	2.0
其中：黄红麻	1.1	1.0		
苎　麻	6.4	6.3		
大　麻	0.7	0.4	1.8	1.4
亚　麻	1.6	0.7	0.7	0.6
五、糖料	10956.1	10349.7	57.6	13.8
(一)甘蔗	10297.3	9655.0		
(二)甜菜	658.8	694.7	57.6	13.8
六、烟叶	179.6	171.3	17.2	13.9
其中：烤烟	167.0	160.4	13.9	10.9
七、药材				
八、蔬菜(含菜用瓜)	19215.3	20250.2	4951.6	4750.2
九、瓜果类	2204.6	2302.9	650.4	597.7
其中：西瓜	1658.0	1683.9	387.0	349.0
甜瓜	484.2	523.8	168.2	152.0
草莓	22.8	28.3	64.8	70.5

7-15 续表 3

单位：万吨

指　　标	粮食主产区		粮食主销区		粮食平衡区	
	2014年	2015年	2014年	2015年	2014年	2015年
一、粮食	46021.3	47341.3	3320.8	3311.9	11360.5	11490.7
其中：夏收粮食	10903.6	11179.9	328.4	334.5	2427.5	2573.7
(一)谷物	43211.8	44584.7	2857.9	2838.7	9671.0	9804.7
1.稻谷	15248.0	15478.9	2430.6	2400.4	2972.2	2943.1
(1)早稻	2042.2	2032.3	789.6	781.1	569.4	555.4
(2)中稻和一季晚稻	10858.6	11102.4	734.5	721.9	1860.5	1856.8
(3)双季晚稻	2347.2	2344.3	906.6	897.5	542.2	530.9
2.小麦	10637.8	10909.7	121.4	126.9	1861.6	1981.9
(1)冬小麦	10431.5	10721.9	116.1	121.2	1460.4	1531.6
(2)春小麦	206.3	187.8	5.3	5.7	401.2	450.3
3.玉米	16775.4	17627.7	281.3	289.3	4507.9	4546.2
4.谷子	126.9	142.9	0.5	0.7	53.5	53.1
5.高粱	228.4	221.7	2.5	1.4	57.6	52.1
6.其他谷物	195.2	203.7	21.5	19.9	218.3	228.4
其中：大麦	121.3	124.4	14.6	12.4	45.3	50.1
(二)豆类	1178.2	1141.7	84.8	85.6	362.5	362.5
其中：大豆	1001.2	971.4	60.0	61.1	154.1	146.0
绿豆	51.5	52.2	1.6	1.5	15.8	16.8
红小豆	14.9	15.1	1.0	0.9	8.3	7.6
(三)薯类	1631.3	1614.9	378.1	387.7	1327.0	1323.5
其中：马铃薯	831.2	828.7	79.6	82.2	999.5	986.3
二、油料作物	2780.7	2794.8	180.0	185.8	546.7	556.4
其中：花生	1398.6	1384.4	148.7	155.1	100.9	104.5
油菜籽	1135.0	1144.6	29.6	28.8	312.7	319.7
芝麻	56.3	57.9	1.5	1.7	5.2	4.4
胡麻籽	6.9	8.5			31.7	31.5
向日葵	166.6	189.7	0.2	0.1	82.4	80.0
三、棉花	230.3	195.5	6.4	4.6	381.1	360.2
四、麻类	18.4	17.4	0.2	0.1	4.5	3.6
其中：黄红麻	4.5	4.3	0.1	0.1	1.0	0.9
苎　麻	10.4	9.7			1.1	1.1
大　麻	2.5	2.3			0.7	0.4
亚　麻	0.7	0.6			1.6	0.7
五、糖料	567.0	605.2	2045.9	1823.9	10748.2	10070.9
(一)甘蔗	273.5	271.9	2045.9	1823.9	10241.7	9601.0
(二)甜菜	293.5	333.3			506.5	469.9
六、烟叶	121.0	114.1	21.3	20.2	157.1	148.9
其中：烤烟	110.1	99.1	20.5	19.3	148.9	142.2
七、药材						
八、蔬菜(含菜用瓜)	52580.9	53927.2	8479.9	8732.6	14944.7	15866.3
九、瓜果类	6962.8	7173.7	681.0	690.3	1910.3	2031.5
其中：西瓜	5533.1	5719.1	504.7	507.2	1446.5	1487.7
甜瓜	990.9	988.3	66.9	72.6	418.0	466.2
草莓	278.5	307.7	18.3	21.2	14.5	19.0

7-15 续表 4

单位: %

指　标	东部		中部		西部		东北	
	2014年	2015年	2014年	2015年	2014年	2015年	2014年	2015年
一、粮食	24.3	24.1	30.1	30.1	26.6	26.6	19.0	19.3
其中: 夏收粮食	38.7	38.4	40.8	41.0	20.2	20.6	0.2	
(一)谷物	24.8	24.5	31.3	31.3	24.6	24.5	19.3	19.7
1.稻谷	21.8	21.6	40.3	40.7	22.0	21.8	15.9	15.8
(1)早稻	23.2	23.2	60.0	60.3	16.8	16.5		
(2)中稻和一季晚稻	20.8	20.6	29.2	30.0	25.6	25.3	24.5	24.1
(3)双季晚稻	23.9	23.8	61.8	62.1	14.3	14.1		
2.小麦	39.4	39.0	42.9	43.1	17.3	17.6	0.4	0.2
(1)冬小麦	41.4	41.0	45.1	45.4	13.5	13.6		
(2)春小麦	1.3	1.7	0.0	0.0	90.6	94.5	8.1	3.8
3.玉米	19.4	19.0	16.8	16.7	30.2	29.8	33.6	34.5
4.谷子	30.0	27.7	24.0	20.4	26.8	31.2	19.2	20.7
5.高粱	3.0	2.5	4.2	3.9	46.4	45.8	46.5	47.7
6.其他谷物	26.4	25.4	10.7	10.4	61.6	63.1	1.2	1.1
其中: 大麦	48.7	46.7	14.1	13.2	37.3	40.1		
(二)豆类	14.3	14.3	19.5	19.8	32.4	33.6	33.9	32.3
其中: 大豆	13.9	14.2	21.3	22.3	22.0	22.7	42.8	40.8
绿豆	8.8	8.0	30.8	30.1	32.6	33.8	27.8	28.1
红小豆	17.7	17.1	11.7	13.1	41.4	38.2	29.2	31.6
(三)薯类	21.2	21.0	14.1	14.1	58.3	58.6	6.5	6.2
其中: 马铃薯	7.0	7.4	8.0	8.2	74.4	74.3	10.6	10.0
二、油料作物	23.2	22.7	43.6	43.8	28.5	29.5	4.7	4.0
其中: 花生	39.1	38.7	43.2	44.1	10.4	10.7	7.4	6.4
油菜籽	9.8	9.4	50.6	50.4	39.6	40.1		
芝麻	6.5	6.9	83.4	84.6	8.7	7.4	1.4	1.1
胡麻籽	7.2	8.2	18.1	15.7	74.7	76.1		
向日葵	5.9	6.5	2.7	2.3	80.1	80.8	11.4	10.4
三、棉花	21.4	19.2	17.1	16.6	61.5	64.2		
四、麻类	1.6	1.5	44.5	47.0	43.2	42.2	10.8	9.4
其中: 黄红麻	3.7	3.5	76.2	77.6	20.1	18.9		
苎　麻	1.1	0.9	43.2	41.0	55.7	58.1		
大　麻	0.9	0.9	22.3	31.9	21.8	15.0	55.1	52.2
亚　麻			0.3		70.0	54.5	29.7	45.5
五、糖料	16.0	15.4	1.6	1.7	82.0	82.8	0.4	0.1
(一)甘蔗	16.4	15.7	1.7	1.8	82.0	82.5		
(二)甜菜	9.5	11.1	1.0	0.7	82.3	86.5	7.2	1.7
六、烟叶	9.8	9.6	24.5	25.0	60.0	60.5	5.7	4.9
其中: 烤烟	10.1	10.0	25.2	24.3	59.7	61.5	5.0	4.2
七、药材								
八、蔬菜(含菜用瓜)	42.1	41.8	26.1	26.3	25.3	25.8	6.5	6.0
九、瓜果类	34.6	34.7	35.5	36.0	23.1	23.3	6.8	6.0
其中: 西瓜	33.3	33.4	39.4	40.2	22.2	21.8	5.2	4.5
甜瓜	31.8	32.8	24.0	22.9	32.8	34.3	11.4	10.0
草莓	51.6	50.7	20.3	20.9	7.3	8.1	20.8	20.3

7-15　续表 5　　单位：%

指　　标	粮食主产区		粮食主销区		粮食平衡区	
	2014年	2015年	2014年	2015年	2014年	2015年
一、粮食	75.8	76.2	5.5	5.3	18.7	18.5
其中：夏收粮食	79.8	79.4	2.4	2.4	17.8	18.3
(一)谷物	77.5	77.9	5.1	5.0	17.4	17.1
1.稻谷	73.8	74.3	11.8	11.5	14.4	14.1
(1)早稻	60.0	60.3	23.2	23.2	16.7	16.5
(2)中稻和一季晚稻	80.7	81.2	5.5	5.3	13.8	13.6
(3)双季晚稻	61.8	62.1	23.9	23.8	14.3	14.1
2.小麦	84.3	83.8	1.0	1.0	14.8	15.2
(1)冬小麦	86.9	86.6	1.0	1.0	12.2	12.4
(2)春小麦	33.7	29.2	0.9	0.9	65.5	70.0
3.玉米	77.8	78.5	1.3	1.3	20.9	20.2
4.谷子	70.2	72.6	0.3	0.4	29.6	27.0
5.高粱	79.2	80.6	0.9	0.5	20.0	18.9
6.其他谷物	44.9	45.1	4.9	4.4	50.2	50.5
其中：大麦	66.9	66.6	8.1	6.6	25.0	26.8
(二)豆类	72.5	71.8	5.2	5.4	22.3	22.8
其中：大豆	82.4	82.4	4.9	5.2	12.7	12.4
绿豆	74.7	74.1	2.3	2.1	23.0	23.8
红小豆	61.7	64.0	4.0	4.0	34.3	32.1
(三)薯类	48.9	48.6	11.3	11.7	39.8	39.8
其中：马铃薯	43.5	43.7	4.2	4.3	52.3	52.0
二、油料作物	79.3	79.0	5.1	5.3	15.6	15.7
其中：花生	84.9	84.2	9.0	9.4	6.1	6.4
油菜籽	76.8	76.7	2.0	1.9	21.2	21.4
芝麻	89.4	90.5	2.4	2.7	8.2	6.8
胡麻籽	18.0	21.2			82.0	78.8
向日葵	66.9	70.3	0.1	0.0	33.1	29.6
三、棉花	37.3	34.9	1.0	0.8	61.7	64.3
四、麻类	79.7	82.4	0.7	0.7	19.6	16.9
其中：黄红麻	79.7	80.9	2.6	2.6	17.7	16.5
苎　麻	90.0	89.7	0.1	0.1	9.9	10.2
大　麻	78.2	85.2			21.8	14.8
亚　麻	30.0	45.5			70.0	54.5
五、糖料	4.2	4.8	15.3	14.6	80.4	80.6
(一)甘蔗	2.2	2.3	16.3	15.6	81.5	82.1
(二)甜菜	36.7	41.5			63.3	58.5
六、烟叶	40.4	40.3	7.1	7.1	52.5	52.6
其中：烤烟	39.4	38.0	7.3	7.4	53.3	54.6
七、药材						
八、蔬菜(含菜用瓜)	69.2	68.7	11.2	11.1	19.7	20.2
九、瓜果类	72.9	72.5	7.1	7.0	20.0	20.5
其中：西瓜	73.9	74.1	6.7	6.6	19.3	19.3
甜瓜	67.1	64.7	4.5	4.8	28.3	30.5
草莓	89.5	88.5	5.9	6.1	4.7	5.5

7-15 续表 6　　单位：%

指　　标	全国		东部		中部	
	2014年	2015年	2014年	2015年	2014年	2015年
粮食	100.0	100.0	100.0	100.0	100.0	100.0
夏粮	22.5	22.7	35.8	36.1	30.6	30.9
早稻	5.6	5.4	5.3	5.2	11.2	10.9
秋粮	71.9	71.9	58.8	58.6	58.2	58.3
谷物	91.8	92.1	93.7	93.8	95.7	95.8
稻谷	34.0	33.5	30.5	30.1	45.6	45.3
小麦	20.8	20.9	33.7	34.0	29.7	30.0
其中：冬小麦	19.8	19.9	33.6	33.9	29.7	30.0
玉米	35.5	36.1	28.3	28.5	19.9	20.0
豆类	2.7	2.6	1.6	1.5	1.7	1.7
其中：大豆	2.0	1.9	1.1	1.1	1.4	1.4
薯类	5.5	5.4	4.8	4.7	2.6	2.5
其中：马铃薯	3.1	3.1	0.9	0.9	0.8	0.8

指　　标	全国		西部		东北	
	2014年	2015年	2014年	2015年	2014年	2015年
粮食	100.0	100.0	100.0	100.0	100.0	100.0
夏粮	22.5	22.7	17.1	17.6	0.3	
早稻	5.6	5.4	3.5	3.4		
秋粮	71.9	71.9	79.4	79.0	99.7	100.0
谷物	91.8	92.1	84.7	84.9	93.3	94.0
稻谷	34.0	33.5	28.2	27.6	28.5	27.5
小麦	20.8	20.9	13.5	13.9	0.4	0.2
其中：冬小麦	19.8	19.9	10.1	10.2		
玉米	35.5	36.1	40.3	40.6	62.9	64.8
豆类	2.7	2.6	3.3	3.2	4.8	4.3
其中：大豆	2.0	1.9	1.7	1.6	4.5	4.0
薯类	5.5	5.4	12.0	11.8	1.9	1.7
其中：马铃薯	3.1	3.1	8.8	8.5	1.8	1.6

指　　标	粮食主产区		粮食主销区		粮食平衡区	
	2014年	2015年	2014年	2015年	2014年	2015年
粮食	100.0	100.0	100.0	100.0	100.0	100.0
夏粮	23.7	23.6	9.9	10.1	21.4	22.4
早稻	4.4	4.3	23.8	23.6	5.0	4.8
秋粮	71.9	72.1	66.3	66.3	73.6	72.8
谷物	93.9	94.2	86.1	85.7	85.1	85.3
稻谷	33.1	32.7	73.2	72.5	26.2	25.6
小麦	23.1	23.0	3.7	3.8	16.4	17.2
其中：冬小麦	22.7	22.6	3.5	3.7	12.9	13.3
玉米	36.5	37.2	8.5	8.7	39.7	39.6
豆类	2.6	2.4	2.6	2.6	3.2	3.2
其中：大豆	2.2	2.1	1.8	1.8	1.4	1.3
薯类	3.5	3.4	11.4	11.7	11.7	11.5
其中：马铃薯	1.8	1.8	2.4	2.5	8.8	8.6

7-16 各地区粮食总产量

单位：万吨

地区	1990年	1995年	2000年	2014年	2015年	2015年为2014年百分比(%)
全国总计	**44624.3**	**46661.8**	**46217.5**	**60702.6**	**62143.9**	**102.4**
北京	264.6	259.8	144.2	63.9	62.6	98.0
天津	188.9	207.5	124.1	176.0	181.7	103.3
河北	2276.9	2739.2	2551.1	3360.2	3363.8	100.1
山西	969.0	917.1	853.4	1330.8	1259.6	94.6
内蒙古	973.0	1055.4	1241.9	2753.0	2827.0	102.7
辽宁	1494.7	1423.5	1140.0	1753.9	2002.5	114.2
吉林	2046.5	1992.4	1638.0	3532.8	3647.0	103.2
黑龙江	2312.5	2552.1	2545.5	6242.2	6324.0	101.3
上海	239.5	210.4	174.0	112.5	112.1	99.6
江苏	3230.8	3286.3	3106.6	3490.6	3561.3	102.0
浙江	1586.1	1430.9	1217.7	757.4	752.2	99.3
安徽	2457.2	2580.7	2472.1	3415.8	3538.1	103.6
福建	879.6	919.7	854.7	667.0	661.1	99.1
江西	1658.2	1607.4	1614.6	2143.5	2148.7	100.2
山东	3354.9	4246.4	3837.7	4596.6	4712.7	102.5
河南	3303.7	3466.5	4101.5	5772.3	6067.1	105.1
湖北	2475.0	2463.8	2218.5	2584.2	2703.3	104.6
湖南	2651.4	2691.6	2767.9	3001.3	3002.9	100.1
广东	1896.9	1734.8	1760.1	1357.3	1358.1	100.1
广西	1363.1	1508.2	1528.5	1534.4	1524.8	99.4
海南	169.6	201.8	199.6	186.6	184.0	98.6
重庆			1106.9	1144.5	1154.9	100.9
四川	4266.8	4365.0	3372.0	3374.9	3442.8	102.0
贵州	721.0	948.9	1161.3	1138.5	1180.0	103.6
云南	1057.2	1188.9	1467.8	1860.7	1876.4	100.8
西藏	55.5	70.0	96.2	98.0	100.6	102.7
陕西	1070.7	913.4	1089.1	1197.8	1226.8	102.4
甘肃	690.7	644.2	713.5	1158.7	1171.1	101.1
青海	114.0	114.2	82.7	104.8	102.7	98.0
宁夏	190.1	203.2	252.7	377.9	372.6	98.6
新疆	666.2	718.5	783.7	1414.5	1521.3	107.6

7-17 各地区分季粮食作物产量

单位：万吨

地区	夏收粮食		早稻		秋收粮食	
	2014年	2015年	2014年	2015年	2014年	2015年
全国总计	**13659.6**	**14088.1**	**3401.2**	**3368.7**	**43641.9**	**44687.1**
北京	12.2	11.1			51.7	51.5
天津	58.6	59.8			117.3	121.9
河北	1444.0	1450.2			1916.2	1913.6
山西	260.3	272.8			1070.5	986.8
内蒙古					2753.0	2827.0
辽宁	32.6				1721.3	2002.5
吉林					3532.8	3647.0
黑龙江					6242.2	6324.0
上海	24.0	24.7			88.5	87.4
江苏	1254.7	1271.7			2235.9	2289.7
浙江	67.9	72.3	71.5	67.7	618.0	612.3
安徽	1400.0	1414.7	128.3	109.2	1887.6	2014.2
福建	36.5	37.9	113.9	109.1	516.6	514.1
江西	9.8	17.2	820.1	811.9	1313.6	1319.7
山东	2264.5	2347.3			2332.1	2365.4
河南	3338.8	3511.8			2433.5	2555.3
湖北	505.6	504.4	238.7	252.3	1839.9	1946.5
湖南	63.1	60.9	854.8	858.9	2083.4	2083.1
广东	108.7	109.6	523.2	525.0	725.4	723.5
广西	36.9	37.0	543.3	528.8	954.2	959.0
海南	20.4	19.1	81.0	79.3	85.3	85.7
重庆	146.4	148.4			998.1	1006.4
四川	590.6	601.7	0.4		2783.9	2841.1
贵州	264.7	269.5			873.8	910.6
云南	267.9	286.5	26.1	26.6	1566.7	1563.3
西藏					98.0	100.6
陕西	451.3	491.7			746.5	735.1
甘肃	310.1	321.7			848.6	849.4
青海					104.8	102.7
宁夏	42.7	41.9			335.2	330.7
新疆	647.2	704.3			767.3	817.0

7-18 各地区分品种粮食作物产量

单位：万吨

地区	谷物		#稻谷		中稻和一季晚稻		双季晚稻	
	2014年	2015年	2014年	2015年	2014年	2015年	2014年	2015年
全国总计	**55740.7**	**57228.1**	**20650.7**	**20822.5**	**13453.6**	**13681.1**	**3795.9**	**3772.7**
北京	62.6	61.1	0.1	0.1	0.1	0.1		
天津	174.3	179.8	12.1	11.3	12.1	11.3		
河北	3224.9	3230.4	54.2	54.5	54.2	54.5		
山西	1260.3	1192.3	0.6	0.5	0.6	0.5		
内蒙古	2493.1	2577.0	52.4	53.2	52.4	53.2		
辽宁	1674.8	1927.3	451.5	467.7	451.5	467.7		
吉林	3420.8	3538.9	587.6	630.1	587.6	630.1		
黑龙江	5665.5	5786.3	2251.0	2199.7	2251.0	2199.7		
上海	110.5	110.6	84.1	84.1	84.1	84.1		
江苏	3386.3	3454.9	1912.0	1952.5	1912.0	1952.5		
浙江	664.2	655.6	590.1	578.1	444.0	435.9	74.6	74.5
安徽	3260.2	3371.3	1394.6	1459.3	1137.3	1234.9	129.0	115.3
福建	519.7	509.4	497.1	485.0	194.1	190.4	189.0	185.5
江西	2041.5	2044.3	2025.2	2027.2	272.5	279.1	932.6	936.2
山东	4361.5	4500.1	101.0	95.1	101.0	95.1		
河南	5604.6	5902.6	528.6	531.5	528.6	531.5		
湖北	2454.5	2575.1	1729.5	1810.7	1167.9	1228.9	322.9	329.5
湖南	2839.8	2849.8	2634.0	2644.8	816.5	822.7	962.7	963.2
广东	1171.0	1168.8	1091.6	1088.4			568.5	563.5
广西	1435.7	1422.4	1166.1	1137.8	97.5	95.9	525.3	513.1
海南	155.5	153.4	155.4	153.3			74.5	74.0
重庆	796.8	800.2	503.2	506.4	503.2	506.4		
四川	2784.2	2826.6	1526.5	1552.6	1526.1	1552.6		
贵州	816.0	841.8	403.2	417.5	403.2	417.5		
云南	1534.9	1545.8	666.1	659.7	623.1	615.3	16.9	17.8
西藏	95.2	98.0	0.5	0.5	0.5	0.5		
陕西	1079.8	1119.8	90.9	91.9	90.9	91.9		
甘肃	887.6	909.6	3.5	3.1	3.5	3.1		
青海	63.2	62.4						
宁夏	332.4	332.0	61.8	60.8	61.8	60.8		
新疆	1369.1	1480.5	76.2	65.1	76.2	65.1		

7-18 续表 1

单位：万吨

地 区	#小 麦		冬小麦		春小麦		#玉 米	
	2014年	2015年	2014年	2015年	2014年	2015年	2014年	2015年
全国总计	**12620.8**	**13018.5**	**12008.0**	**12374.7**	**612.8**	**643.8**	**21564.6**	**22463.2**
北 京	12.2	11.1	12.2	11.1			50.0	49.4
天 津	58.6	59.8	53.4	54.2	5.3	5.7	101.4	107.3
河 北	1429.9	1435.0	1427.0	1430.1	2.9	4.9	1670.7	1670.4
山 西	259.1	271.4	258.9	271.3	0.2	0.2	938.1	862.7
内蒙古	153.9	158.3			153.9	158.3	2186.1	2250.8
辽 宁	2.8	2.7			2.8	2.7	1170.5	1403.5
吉 林	0.1	0.1			0.1	0.1	2733.5	2805.7
黑龙江	46.6	21.8			46.6	21.8	3343.4	3544.1
上 海	18.6	19.9	18.6	19.9			2.6	2.1
江 苏	1160.4	1174.0	1160.4	1174.0			239.0	252.2
浙 江	31.0	35.1	31.0	35.1			30.1	31.1
安 徽	1393.6	1411.0	1393.6	1411.0			465.5	496.3
福 建	0.7	0.6	0.7	0.6			20.3	21.5
江 西	2.6	2.6	2.6	2.6			12.3	12.8
山 东	2263.8	2346.6	2263.8	2346.6			1988.3	2050.9
河 南	3329.0	3501.0	3329.0	3501.0			1732.1	1853.7
湖 北	421.6	420.9	421.6	420.9			293.7	332.9
湖 南	10.3	9.4	10.3	9.4			188.6	188.8
广 东	0.3	0.3	0.3	0.3			76.9	77.9
广 西	0.2	0.9	0.2	0.9			266.4	280.7
海 南								
重 庆	27.0	22.9	27.0	22.9			256.0	259.7
四 川	423.2	426.3	423.2	426.3			751.9	765.7
贵 州	61.5	61.7	61.5	61.7			313.8	324.1
云 南	83.6	90.6	83.6	90.6			743.3	747.3
西 藏	23.7	23.4	18.6	16.8	5.2	6.6	2.4	0.8
陕 西	417.2	458.1	417.2	458.1			539.6	543.1
甘 肃	271.6	281.0	167.3	172.2	104.3	108.8	564.5	577.2
青 海	34.9	34.1			34.9	34.1	18.7	18.6
宁 夏	40.6	39.6	11.6	14.9	28.9	24.8	224.1	226.9
新 疆	642.3	698.3	414.5	422.4	227.8	275.8	641.1	705.1

7-18 续表 2　　　　单位：万吨

地区	#谷子		#高粱		#其他谷物		大麦	
	2014年	2015年	2014年	2015年	2014年	2015年	2014年	2015年
全国总计	**180.9**	**196.6**	**288.5**	**275.2**	**435.1**	**452.0**	**181.2**	**186.8**
北京	0.2	0.3	0.03	0.1	0.01	0.01	50.0	
天津	0.2	0.3	2.0	0.9	0.03	0.05	101.4	
河北	47.8	48.4	4.3	3.7	18.0	18.5	1670.7	0.2
山西	38.9	35.4	7.5	5.7	16.0	16.5	938.1	
内蒙古	33.9	43.8	42.8	39.6	24.1	31.5	2186.1	12.4
辽宁	17.4	19.0	28.0	29.9	4.7	4.5	1170.5	
吉林	14.6	19.2	84.8	83.8	0.1		2733.5	
黑龙江	2.6	2.5	21.3	17.7	0.5	0.5	3343.4	
上海					5.1	4.5	2.6	4.5
江苏	0.02	0.02	0.3	0.3	74.7	75.9	239.0	74.4
浙江					13.0	11.3	30.1	7.7
安徽	0.02	0.05	0.1	0.2	6.5	4.5	465.5	3.7
福建	0.05	0.05	0.5	0.4	1.2	1.9	20.3	0.1
江西	0.2	0.2	0.7	0.8	0.7	0.7	12.3	0.1
山东	6.0	5.3	1.6	1.5	0.8	0.7	1988.3	0.4
河南	4.4	4.5	0.6	1.1	10.0	10.8	1732.1	10.8
湖北	0.01	0.01	0.7	0.6	9.1	10.0	293.7	9.8
湖南			2.4	2.4	4.5	4.4	188.6	0.3
广东	0.1	0.1	0.02	0.02	2.1	2.1	76.9	
广西	0.5	0.5	1.0	1.0	1.5	1.6	266.4	
海南						0.1		
重庆			9.3	9.7	1.4	1.5	256.0	0.3
四川			40.9	40.2	41.7	41.8	751.9	12.4
贵州	0.3	1.8	24.1	23.9	13.1	12.9	313.8	0.6
云南	0.1	0.1	0.9	1.0	40.9	47.1	743.3	23.4
西藏					68.6	73.3	2.4	0.1
陕西	10.3	8.8	5.0	3.7	16.8	14.3	539.6	1.4
甘肃	2.4	2.7	5.0	4.4	40.6	41.2	564.5	18.3
青海					9.7	9.6	18.7	
宁夏	1.0	0.8	0.1	0.04	4.8	3.9	224.1	
新疆		2.9	4.7	2.8	5.0	6.5	641.1	6.04

7-18 续表 3

单位：万吨

地区	燕麦		荞麦		豆类		#大豆	
	2014年	2015年	2014年	2015年	2014年	2015年	2014年	2015年
全国总计	**18.9**	**19.6**	**30.0**	**29.4**	**1625.5**	**1589.8**	**1215.4**	**1178.5**
北京					0.7	0.7	0.6	0.7
天津					1.1	1.2	1.0	1.2
河北	7.7	7.9	0.2	0.1	34.8	29.5	25.0	22.6
山西	4.6	4.6	1.2	1.7	31.4	30.6	20.7	20.2
内蒙古	4.2	4.9	5.6	6.4	98.5	103.0	81.9	88.8
辽宁			0.1	0.1	25.7	27.2	22.3	24.0
吉林			0.1	0.1	55.5	48.6	37.4	29.0
黑龙江	0.3		0.01		469.6	437.3	460.4	428.4
上海					1.3	0.8		0.6
江苏			0.2	0.2	70.4	73.5	47.3	48.3
浙江					35.8	35.8	24.2	23.4
安徽				0.01	122.2	134.0	115.0	126.8
福建					22.3	23.3	17.2	17.9
江西			0.3	0.3	31.9	33.1	23.5	24.3
山东					41.7	38.8	36.7	34.8
河南					59.0	53.8	54.6	49.9
湖北	0.02	0.02	0.04	0.04	36.4	28.7	23.9	21.2
湖南			0.7	0.7	36.4	34.3	21.3	20.6
广东					21.1	21.6	16.3	16.7
广西				1.5	24.6	23.9	13.7	14.2
海南					2.5	2.1	0.7	0.7
重庆	0.02	0.02	1.1	1.3	46.6	47.9	20.4	20.8
四川					96.2	99.9	51.9	52.7
贵州	0.1	0.1	1.3	1.4	32.6	34.4	11.8	12.6
云南	1.2	1.2	1.6	1.7	133.1	136.4	33.9	30.9
西藏			0.3	0.3	2.2	2.0	0.0	0.0
陕西			7.8	5.5	28.1	21.2	18.1	12.3
甘肃	0.2	0.3	6.9	6.1	33.2	36.2	16.9	17.0
青海		0.3			5.7	5.6		
宁夏	0.6	0.3	2.7	2.2	3.4	3.4	1.3	1.4
新疆					21.7	20.8	17.3	16.7

7-18 续表 4 单位：万吨

地 区	#绿 豆		#红小豆		薯 类		#马铃薯	
	2014年	2015年	2014年	2015年	2014年	2015年	2014年	2015年
全国总计	**68.9**	**70.5**	**24.2**	**23.6**	**3336.4**	**3326.1**	**1910.3**	**1897.2**
北 京	0.01	0.01	0.03	0.04	0.7	0.8		
天 津	0.02	0.02	0.02	0.02	0.5	0.7		
河 北	1.8	1.7	1.0	0.9	100.5	103.9	54.4	58.3
山 西	5.2	5.1	1.2	1.2	39.1	36.7	31.8	29.8
内蒙古	8.7	8.9	2.6	2.3	161.4	147.0	160.7	146.3
辽 宁	0.9	0.8	0.6	0.6	53.5	48.0	40.1	34.2
吉 林	16.0	17.9	2.1	1.7	56.5	59.5	55.7	55.9
黑龙江	2.2	1.1	4.4	5.2	107.1	100.3	106.6	99.9
上 海					0.8	0.6		
江 苏	0.9	0.9	2.0	2.0	33.9	32.9		
浙 江					57.4	60.8	24.7	25.6
安 徽	5.6	5.8	1.1	1.4	33.5	32.7	2.0	1.7
福 建	0.7	0.7	0.3	0.3	125.0	128.4	32.0	33.5
江 西	1.2	1.3	0.1	0.1	70.0	71.4	6.9	7.1
山 东	1.7	1.5	0.4	0.3	193.4	173.9		
河 南	4.1	3.6	0.3	0.2	108.7	110.8		
湖 北	1.2	1.2	0.1	0.1	93.2	99.4	72.7	77.2
湖 南	4.0	4.2	0.1	0.1	125.1	118.8	40.0	40.5
广 东	0.7	0.7	0.4	0.4	165.2	167.7	22.9	23.1
广 西	2.6	2.6	0.0	0.1	74.2	78.4	30.5	30.3
海 南	0.1	0.1	0.2	0.2	28.6	28.6		
重 庆	4.1	4.3	0.6	0.5	301.1	306.8	122.4	128.1
四 川	3.1	3.2	0.3	0.3	494.5	516.3	292.0	307.6
贵 州	0.5	0.9	0.4	0.3	289.9	303.8	226.6	237.6
云 南	1.5	1.6	1.7	1.8	192.7	194.2	172.2	170.5
西 藏					0.5	0.7	0.5	0.7
陕 西	1.9	1.0	3.5	1.9	89.8	85.7	77.2	73.8
甘 肃	0.1	0.1	1.0	0.4	237.9	225.3	237.9	225.3
青 海					36.0	34.8	36.0	34.8
宁 夏					42.1	37.2	42.1	37.2
新 疆		1.3		1.5	23.7	20.0	22.5	18.3

7-19 各地区油料产量

单位：吨

地 区	油料合计		#花 生		#油 菜 籽	
	2014年	2015年	2014年	2015年	2014年	2015年
全国总计	**35074262**	**35369790**	**16481688**	**16439656**	**14772248**	**14930677**
北 京	6730	5658	6085	5167		
天 津	5215	4221	3860	3485		52
河 北	1502033	1515428	1292406	1274146	32052	29693
山 西	173246	153043	16121	11950	5772	6674
内蒙古	1703134	1935840	49211	42223	396034	417468
辽 宁	636881	461225	620365	447730	1856	2168
吉 林	857014	764235	546131	558983		
黑龙江	171457	183376	51647	52086	630	
上 海	12752	11849	2103	2048	10474	9645
江 苏	1465989	1431133	348232	350656	1100550	1063384
浙 江	306622	313470	40103	52997	258959	251190
安 徽	2288047	2278518	943537	944278	1277548	1262860
福 建	298234	306732	278042	285966	18238	18825
江 西	1217081	1239636	456514	464130	723497	739408
山 东	3358878	3241016	3312957	3194038	24494	24432
河 南	5843341	5997381	4712882	4853100	863900	860982
湖 北	3417344	3396035	690551	679067	2571600	2551881
湖 南	2337699	2428932	295002	304910	2026471	2108109
广 东	1054773	1103355	1043096	1090407	7927	8459
广 西	613036	646795	575721	606960	25005	26239
海 南	115713	112579	113985	110922		
重 庆	569359	598721	116441	119448	439652	467256
四 川	3007862	3075502	666452	678353	2331233	2385250
贵 州	980471	1013366	97105	104977	866922	890296
云 南	646829	659199	81486	81999	549324	560698
西 藏	63770	64047	338	324	63433	63722
陕 西	622994	626640	101304	97451	415629	431857
甘 肃	724226	715654	4408	4620	345336	339746
青 海	315093	304825			310385	300573
宁 夏	165170	152549			2264	1876
新 疆	593269	628830	15603	17234	103063	107934

7-20 各地区棉花和麻类产量

单位：吨

地区	棉花		麻类合计		#黄红麻	
	2014年	2015年	2014年	2015年	2014年	2015年
全国总计	**6178318**	**5603415**	**230883**	**210806**	**56044**	**53033**
北京	107	101				
天津	38168	25568				
河北	431000	373404	612	499	592	480
山西	23565	14489	82	37		
内蒙古	1510	156		10		
辽宁	100	154				
吉林	794		3	2		
黑龙江			24948	19795		
上海	1220	444				
江苏	159500	116887	1364	1005		
浙江	24825	19927	238	282	195	231
安徽	263300	233663	24360	26319	12585	12986
福建	85	81	352	340	282	273
江西	133682	115221	7229	6654	628	610
山东	665000	536914	97	78	23	
河南	146861	126371	28741	28632	28730	26767
湖北	359513	297600	25254	21879	131	135
湖南	129000	144626	16999	15467	623	650
广东			378	282	377	282
广西	2503	2533	11612	10618	9805	8650
海南			589	579	589	579
重庆			9046	8460	95	92
四川	12422	9818	54447	53409	1377	1278
贵州	1097	1173	1137	1112	6	3
云南	300	147	3589	457	6	
西藏						
陕西	42171	38591	631	641	1	17
甘肃	64446	42549	3346	3411		
青海						
宁夏						
新疆	3677150	3503000	15830	10839		

7-21 各地区糖料产量

单位：吨

地区	糖料合计		1. 甘蔗		2.甜菜	
	2014年	2015年	2014年	2015年	2014年	2015年
全国总计	**133611635**	**124999643**	**125611254**	**116968001**	**8000381**	**8031643**
北京						
天津						
河北	756153	891753			756153	891753
山西	80408	54780			80408	54780
内蒙古	1601806	2301126			1601806	2301126
辽宁	101387	52095			101387	52095
吉林	63565	12986			63565	12986
黑龙江	410571	72930			410571	72930
上海	5968	5704	5968	5704		
江苏	101084	94974	100984	94495	100	479
浙江	626753	621575	626753	621575		
安徽	196701	203206	196701	203206		
福建	531219	435709	531219	435709		
江西	645242	658244	645242	658244		
山东	51				51	
河南	272727	243347	272727	243347		
湖北	304134	319991	304085	319941	49	50
湖南	658640	659560	658640	659560		
广东	15046749	14528542	15046749	14528542		
广西	79525711	75049242	79525711	75049242		
海南	4248792	2647700	4248792	2647700		
重庆	102927	97730	102927	97730		
四川	558401	541540	556608	540165	1793	1375
贵州	1682777	1560953	1682743	1560913	34	40
云南	21103982	19300500	21103979	19300497	3	3
西藏						
陕西	1478	1523	1426	1431	52	92
甘肃	264062	160481			264062	160481
青海	980	300			980	300
宁夏						
新疆	4719367	4483153			4719367	4483153

7-22 各地区烟叶和蔬菜产量

单位：吨

地区	烟叶合计		#烤烟		蔬菜	
	2014年	2015年	2014年	2015年	2014年	2015年
全国总计	**2994471**	**2832385**	**2794687**	**2606375**	**760054810**	**785260977**
北京	5	1			2361635	2051447
天津					4601973	4415399
河北	8871	6400	6568	4202	81256860	82436877
山西	10621	9369	10620	9367	12714008	13022063
内蒙古	10503	11528	9474	10256	14726806	14453344
辽宁	33513	26156	31995	24496	30900797	29328433
吉林	54001	44511	28219	21732	8759511	8599501
黑龙江	84437	68533	78453	62459	9856073	9574374
上海					3931814	3644731
江苏	34	34	34	34	54169713	55956719
浙江	1720	1533			17627941	18069443
安徽	43259	42277	42650	41659	25509729	27141737
福建	155111	144874	153778	143458	18013504	19035719
江西	58889	54590	57501	53402	13124363	13590920
山东	70938	62773	70824	62773	99736978	102728735
河南	299884	288489	296717	233417	72724616	74565212
湖北	88091	86832	72032	76769	36715244	38519555
湖南	233399	226856	224483	219275	37635124	39968522
广东	55773	55704	50702	49796	32747495	34387821
广西	34255	27686	27375	21386	26100784	27863713
海南	335	118	335		5514556	5721863
重庆	84391	86759	70943	73757	16891140	17804742
四川	224526	222212	181893	180732	40693133	42407941
贵州	373934	350036	353385	329288	16256199	17318788
云南	983469	927639	944988	903435	17355395	18738966
西藏					682133	696310
陕西	72502	73065	71967	72088	17246847	18225311
甘肃	9896	12200	7787	10383	17051934	18231360
青海	150				1585846	1664039
宁夏	1965	2210	1965	2210	5408288	5758238
新疆					18154371	19339153

7-23 主要农作物单位面积产量

单位：千克/公顷、%

指　　标	1990年	1995年	2000年	2014年	2015年	2015年为2014年百分比
一、粮食作物	3933	4240	4261	5385.1	5482.8	101.8
1.谷物		4659	4753	5892.0	5984.0	101.6
稻谷	5726	6025	6272	6813.2	6891.3	101.1
小麦	3194	3541	3738	5243.5	5392.6	102.8
玉米	4524	4917	4598	5808.9	5892.9	101.4
谷子	2008	1982	1700	2344.2	2342.8	99.9
高粱	3674	3914	2904	4659.2	4794.1	102.9
其他谷物		2129	2019	2544.7	2588.7	101.7
2.豆类		1591	1588	1770.9	1792.7	101.2
#大豆	1455	1661	1656	1787.3	1811.4	101.3
杂豆		1408	1399	1724.0	1741.0	101.0
3.薯类	3008	3428	3497	3731.9	3763.0	100.8
#马铃薯	2263	2663	2806	3427.6	3438.1	100.3
二、油料作物	1480	1718	1919	2497.7	2520.2	100.9
#花生	2191	2687	2973	3580.0	3561.7	99.5
油菜籽	1264	1415	1519	1946.8	1981.7	101.8
芝麻	702	908	1034	1467.8	1518.8	103.5
胡麻籽	761	586	690	1262.7	1367.1	108.3
向日葵	1878	1562	1590	2626.7	2603.5	99.1
三、棉花	807	879	1093	1463.2	1475.9	100.9
四、麻类	2216	2386	2024	2673.0	2594.1	97.0
#黄红麻	2421	2534	2516	3885.3	3945.5	101.6
苎　麻	1104	1515	1685	1944.4	1946.5	100.1
大　麻	1524	1399	1324	4216.8	4171.4	98.9
亚　麻	2775	3119	2229	7671.0	4257.9	55.5
五、糖料	42965	43630	50426	70350.4	71982.0	102.3
甘蔗	57118	58133	57626	71351.9	73121.0	102.5
甜菜	21668	20132	24518	57647.0	58680.3	101.8
六、烟叶	1650	1574	1776	2046.7	2155.6	105.3
#烤烟	1683	1584	1763	2027.0	2133.7	105.3

7-23 续表 1

单位：公斤/公顷

指　　标	全国		东部		中部	
	2014年	2015年	2014年	2015年	2014年	2015年
一、粮食	5385.1	5482.8	5873.3	5914.1	5501.6	5620.9
其中：夏收粮食	4952.4	5099.7	5716.1	5798.3	5446.1	5627.7
(一)谷物	5892.0	5984.0	6063.4	6103.8	5914.5	6021.3
1.稻谷	6813.2	6891.3	6997.1	7030.7	6664.8	6759.5
(1)早稻	5869.1	5894.8	5883.2	5883.3	5857.8	5891.7
(2)中稻和一季晚稻	7406.7	7520.4	8031.9	8080.6	7500.5	7664.4
(3)双季晚稻	5977.2	5979.8	5673.6	5674.0	6249.9	6266.3
2.小麦	5243.5	5392.6	5849.2	5933.6	5623.1	5794.4
(1)冬小麦	5321.8	5471.5	5851.7	5936.3	5623.1	5794.4
(2)春小麦	4069.8	4222.7	4625.5	4859.9	5000.0	5454.5
3.玉米	5808.9	5892.9	5707.9	5708.0	5314.5	5377.1
4.谷子	2344.2	2342.8	3224.6	3237.1	1721.5	1522.9
5.高粱	4659.2	4794.1	3350.9	3484.2	2389.9	2258.4
6.其他谷物	2544.7	2588.7	3199.9	3280.6	1640.7	1693.5
其中：大麦	3865.1	4183.7	4896.5	5116.0	2809.0	3105.8
(二)豆类	1770.9	1792.7	2388.2	2405.2	1430.6	1497.3
其中：大豆	1787.3	1811.4	2385.5	2410.3	1489.4	1574.1
绿豆	1276.3	1247.6	1916.4	1902.1	993.9	1018.5
红小豆	1595.0	1370.7	2010.9	2006.3	1125.2	1021.3
(三)薯类	3731.9	3763.0	5173.9	5146.6	3289.2	3315.8
其中：马铃薯	3427.6	3438.1	3870.2	3792.1	2838.6	2872.1
二、油料作物	2497.7	2520.2	3361.0	3373.9	2454.1	2497.6
其中：花生	3580.0	3561.7	3750.0	3735.2	4108.8	4138.1
油菜籽	1946.8	1981.7	2514.1	2561.7	1862.0	1893.5
芝麻	1467.8	1518.8	1582.3	1621.8	1485.9	1546.2
胡麻籽	1262.7	1367.1	789.9	945.0	1158.7	1129.9
向日葵	2626.7	2603.5	2708.9	2836.3	1562.2	1504.9
三、棉花	1463.2	1475.9	1114.8	1070.9	1059.1	1132.9
四、麻类	2673.0	2594.1	2898.3	2964.8	2950.0	3150.7
其中：黄红麻	3885.3	3945.5	3106.4	3336.9	4605.4	4645.8
苎　麻	1944.4	1946.5	2446.3	2412.8	2158.1	2194.3
大　麻	4216.8	4171.4	4142.9	3371.4	3133.0	3779.1
亚　麻	7671.0	4257.9			2266.7	
五、糖料	70350.4	71982.0	80096.1	78755.5	47058.5	46453.4
(一)甘蔗	71351.9	73121.0	81953.9	80783.7	47130.0	46493.4
(二)甜菜	57647.0	58680.3	49556.7	51952.5	45284.5	45733.2
六、烟叶	2046.7	2155.6	2312.7	2287.5	2247.9	2266.4
其中：烤烟	2027.0	2133.7	2290.8	2266.9	2237.5	2240.2
七、药材						
八、蔬菜(含菜用瓜)	35508.6	35694.2	41681.6	41912.9	33514.6	34017.6
九、瓜果类	38350.3	38813.5	42378.5	42513.0	39415.6	40737.2
其中：西瓜	40406.2	41457.0	45077.3	45559.3	41565.0	43488.8
甜瓜	33624.3	33132.5	38893.8	38723.6	31305.7	29359.3
草莓	27469.4	26910.4	31376.3	30792.7	21022.8	21623.5

7-23 续表 2　　　　单位：公斤/公顷

指　标	西部		东北	
	2014年	2015年	2014年	2015年
一、粮食	4686.4	4766.2	5784.1	5945.0
其中：夏收粮食	3439.0	3613.8	5125.8	
(一)谷物	5303.4	5395.7	6537.4	6659.5
1.稻谷	6599.4	6668.7	7287.8	7402.6
(1)早稻	5890.6	5922.2		
(2)中稻和一季晚稻	6973.7	7070.6	7287.8	7402.6
(3)双季晚稻	5436.6	5383.1		
2.小麦	3771.5	3952.9	3262.8	3195.8
(1)冬小麦	3656.5	3850.4		
(2)春小麦	4153.9	4268.0	3262.8	3195.8
3.玉米	5657.0	5753.6	6320.3	6440.8
4.谷子	1954.9	2077.4	3368.8	3630.5
5.高粱	3958.2	4043.7	6536.6	6753.9
6.其他谷物	2562.5	2597.5	2710.9	2398.3
其中：大麦	3411.5	3810.4		
(二)豆类	1800.5	1814.4	1793.6	1784.8
其中：大豆	1836.1	1813.3	1795.3	1803.7
绿豆	1290.5	1200.3	1587.6	1540.8
红小豆	1423.9	1241.4	2025.1	1516.4
(三)薯类	3382.2	3423.3	5413.2	5638.6
其中：马铃薯	3289.2	3307.6	5499.3	5597.9
二、油料作物	2114.3	2172.3	2494.5	2170.6
其中：花生	2508.2	2546.8	2571.3	2262.2
油菜籽	1950.8	1992.5	2251.8	1723.4
芝麻	1263.7	1196.5	1387.5	1590.9
胡麻籽	1372.2	1504.4		
向日葵	2721.8	2803.2	2386.3	1804.6
三、棉花	1862.9	1824.8	1565.7	1621.1
四、麻类	2119.1	1942.9	7554.0	6540.1
其中：黄红麻	2513.7	2490.5		
苎　麻	1798.8	1798.1		
大　麻	2083.3	1616.6	9266.8	8736.4
亚　麻	9859.1	4471.7	5118.1	4027.7
五、糖料	69647.5	71772.5	40675.9	31653.9
(一)甘蔗	70265.5	72710.4		
(二)甜菜	61230.4	60861.0	40675.9	31653.9
六、烟叶	1900.9	2058.6	2632.8	2758.9
其中：烤烟	1879.1	2047.8	2653.4	2670.5
七、药材				
八、蔬菜(含菜用瓜)	28033.8	28369.4	51924.5	50228.5
九、瓜果类	32238.1	32262.6	39082.6	38866.9
其中：西瓜	32971.8	33298.7	44214.1	46148.4
甜瓜	31792.6	31955.7	31813.6	31441.0
草莓	17078.8	16778.2	34522.0	32787.4

7-23 续表 3　　单位：公斤/公顷

指　　标	粮食主产区		粮食主销区		粮食平衡区	
	2014年	2015年	2014年	2015年	2014年	2015年
一、粮食	5676.0	5798.3	5538.0	5548.6	4429.8	4466.4
其中：夏收粮食	5474.7	5616.4	4344.6	4429.3	3513.5	3695.6
(一)谷物	6144.4	6256.8	5869.8	5875.0	4983.3	5016.1
1.稻谷	7080.7	7181.9	6154.8	6136.9	6158.5	6194.0
(1)早稻	5857.6	5891.7	5883.2	5883.3	5891.4	5922.2
(2)中稻和一季晚稻	7597.3	7730.2	7277.8	7203.6	6500.2	6567.1
(3)双季晚稻	6249.9	6266.3	5673.6	5674.0	5436.6	5383.1
2.小麦	5573.3	5719.3	4606.6	4731.4	3945.0	4130.8
(1)冬小麦	5679.9	5819.5	4610.0	4724.5	3700.9	3891.1
(2)春小麦	2860.5	2883.4	4534.2	4883.0	5191.6	5225.6
3.玉米	5968.2	6075.9	4779.7	4866.5	5349.3	5340.7
4.谷子	2687.1	2794.4	2156.4	2500.7	1800.2	1631.4
5.高粱	5385.8	5572.9	3178.3	3943.3	3075.4	3016.2
6.其他谷物	2782.1	2876.7	3756.1	3893.7	2296.4	2314.3
其中：大麦	4014.8	4372.0	3921.2	4122.1	3500.1	3792.0
(二)豆类	1748.1	1769.5	2548.1	2563.0	1721.1	1740.9
其中：大豆	1772.8	1811.9	2568.3	2571.7	1677.7	1609.7
绿豆	1290.2	1263.7	2249.4	2231.2	1183.3	1156.5
红小豆	1738.5	1437.7	2233.1	2282.8	1349.4	1199.9
(三)薯类	4065.1	4102.0	4757.2	4825.7	3211.1	3229.2
其中：马铃薯	3727.3	3759.8	4272.4	4274.8	3166.1	3159.4
二、油料作物	2611.2	2627.2	2649.7	2695.3	2014.4	2055.1
其中：花生	3800.7	3773.3	2870.4	2918.5	2484.9	2515.7
油菜籽	1968.4	2001.2	1968.0	1973.5	1870.6	1915.5
芝麻	1490.1	1551.4	1496.3	1558.0	1256.1	1176.9
胡麻籽	704.7	896.4			1527.6	1592.5
向日葵	2565.4	2528.6	2245.9	1912.9	2761.3	2802.0
三、棉花	1081.7	1091.2	1329.8	1388.3	1863.5	1826.7
四、麻类	2673.8	2687.3	3426.0	3804.6	2649.9	2193.5
其中：黄红麻	4380.4	4423.8	3657.8	4063.6	2589.4	2572.2
苎　麻	1968.5	1970.4	1900.4	2173.8	1750.5	1756.8
大　麻	5939.9	5704.0			2064.1	1640.4
亚　麻	5056.7	3935.6			9859.1	4571.0
五、糖料	44142.8	46076.5	82084.7	80916.4	70640.8	72988.4
(一)甘蔗	46041.2	45457.6	82084.7	80916.4	70544.9	73043.0
(二)甜菜	42509.8	46607.1			72637.8	71888.6
六、烟叶	2301.2	2338.5	2225.3	2213.8	1867.3	2026.9
其中：烤烟	2272.1	2288.7	2206.3	2196.3	1858.1	2030.0
七、药材						
八、蔬菜(含菜用瓜)	41446.4	41619.3	26466.0	26668.6	27101.9	27507.9
九、瓜果类	41828.3	42854.5	29167.1	28486.2	32204.6	32082.5
其中：西瓜	44383.5	46027.0	30497.8	29855.7	32865.8	33186.5
甜瓜	35442.1	34987.4	25266.9	24667.7	31464.1	31287.4
草莓	28857.7	28454.7	21583.0	21410.5	17400.2	16889.7

7-24 各地区分季粮食作物单位面积产量

单位：千克/公顷

地 区	夏收粮食		早 稻		秋收粮食	
	2014年	2015年	2014年	2015年	2014年	2015年
全国总计	**4952.4**	**5099.7**	**5869.1**	**5894.8**	**5500.2**	**5585.7**
北 京	5174.5	5343.1			5356.0	6159.7
天 津	5297.2	5479.7			4989.4	5061.8
河 北	6105.7	6169.2			4830.3	4734.6
山 西	3799.1	3974.4			4115.3	3794.1
内蒙古					4871.7	4936.6
辽 宁	5125.8				5427.3	6072.9
吉 林					7064.7	7182.1
黑龙江					5336.8	5375.1
上 海	4191.1	4335.6			8230.7	8319.5
江 苏	5238.6	5271.9			7500.6	7600.6
浙 江	3581.0	3688.0	6143.7	5806.2	6432.1	6342.6
安 徽	5657.3	5705.8	5692.5	5747.3	4804.3	5081.9
福 建	4005.2	4079.4	6020.5	6059.6	5631.5	5586.4
江 西	1552.2	2251.4	5880.5	5834.6	5865.3	5897.0
山 东	6052.5	6175.0			6305.3	6408.9
河 南	6145.1	6440.9			5094.7	5307.2
湖 北	3661.5	3629.3	5787.3	5964.3	7139.5	7336.8
湖 南	3089.5	3210.7	5881.5	5944.5	6279.8	6293.3
广 东	4713.5	4720.8	5857.5	5902.5	5244.8	5227.0
广 西	3260.7	3344.8	5920.9	5953.5	4684.6	4653.9
海 南	3859.8	4040.8	5650.5	5602.1	4307.8	4582.1
重 庆	2998.1	3110.7			5690.1	5729.0
四 川	3289.7	3430.2	5000.0		5959.6	6045.2
贵 州	2644.6	2698.5			4088.0	4302.3
云 南	2249.2	2431.1	5337.4	5362.9	4793.8	4796.3
西 藏					5553.9	5625.2
陕 西	3689.8	4014.8			4027.5	3976.0
甘 肃	3409.8	3516.7			4389.7	4390.2
青 海					3741.9	3707.5
宁 夏	2936.1	3422.6			5355.5	5103.5
新 疆	5615.9	5627.9			6953.7	7143.9

7-25 各地区分品种粮食作物单位面积产量

单位：千克/公顷

地 区	谷 物		#稻 谷		#小 麦		#玉 米	
	2014年	2015年	2014年	2015年	2014年	2015年	2014年	2015年
全国总计	**5892.0**	**5984.0**	**6813.2**	**6891.3**	**5243.5**	**5392.6**	**5808.9**	**5892.9**
北 京	5489.7	6174.4	6943.1	6971.4	5176.7	5352.9	5646.5	6481.7
天 津	5176.5	5244.8	7414.5	7378.3	5297.3	5479.7	5000.0	4998.4
河 北	5454.7	5415.5	6382.6	6430.8	6103.5	6188.4	5268.9	5142.6
山 西	4545.1	4290.1	6888.9	6714.3	3845.1	4020.6	5595.5	5145.0
内蒙古	5595.5	5696.5	6704.3	6736.5	2731.2	2805.6	6482.7	6605.9
辽 宁	5523.0	6216.6	8032.4	8582.7	4827.6	4828.8	5023.5	5807.3
吉 林	7444.6	7494.3	7865.7	8272.2	4005.0	4030.2	7394.6	7383.6
黑龙江	6413.7	6376.4	7022.5	6987.9	3198.6	3065.2	6145.8	6088.4
上 海	6972.5	7042.1	8544.3	8598.0	4244.3	4380.6	6632.9	6117.8
江 苏	6752.8	6819.1	8416.6	8520.2	5372.4	5388.4	5479.7	5583.1
浙 江	6588.5	6489.2	7159.7	7028.9	3768.9	3912.0	4523.5	4470.0
安 徽	5881.4	6021.4	6289.3	6529.7	5724.2	5742.8	5461.1	5629.5
福 建	6036.8	5998.3	6178.6	6147.7	2930.6	2919.2	4103.2	4169.6
江 西	6022.9	6024.6	6064.3	6065.1	2133.3	2147.5	4101.1	4227.2
山 东	6217.9	6326.8	8252.5	8178.5	6052.7	6175.5	6359.7	6462.0
河 南	5957.0	6213.8	8136.4	8102.4	6157.2	6452.7	5274.4	5543.4
湖 北	6313.2	6436.8	8066.7	8273.9	3924.3	3849.6	4571.3	4839.6
湖 南	6282.3	6311.4	6392.1	6428.6	3375.8	3184.8	5456.4	5420.5
广 东	5635.0	5635.8	5765.9	5767.1	3225.8	3296.7	4338.0	4350.1
广 西	5456.5	5403.3	5755.1	5735.3	1398.6	1728.9	4561.6	4508.2
海 南	4978.7	5120.3	4979.3	5121.3				
重 庆	6240.5	6339.3	7296.0	7356.5	3099.1	3279.1	5471.0	5516.2
四 川	5898.2	6032.8	7663.9	7798.9	3614.9	3809.7	5443.8	5461.5
贵 州	4364.3	4570.7	5913.0	6184.5	2445.3	2479.9	3985.0	4246.2
云 南	4687.6	4733.0	5819.0	5813.4	1924.5	2093.8	4871.9	4925.2
西 藏	5611.7	5669.3	4747.5	4787.2	6427.4	6438.2	5745.2	1854.3
陕 西	4226.7	4385.6	7362.7	7479.6	3853.1	4219.8	4676.7	4715.5
甘 肃	4474.0	4519.5	6887.2	6979.9	3427.1	3535.5	5639.7	5691.0
青 海	3944.6	3893.5			3935.4	3868.0	6907.4	6774.5
宁 夏	5876.1	5806.3	7923.1	8171.9	3181.1	3237.2	7760.3	7518.3
新 疆	6374.5	6454.0	10147.9	9835.3	5622.4	5634.1	7038.8	7330.0

7-25 续表 单位：千克/公顷

地 区	豆 类		# 大 豆		薯 类		# 马铃薯	
	2014年	2015年	2014年	2015年	2014年	2015年	2014年	2015年
全国总计	**1770.9**	**1792.7**	**1787.3**	**1811.4**	**3731.9**	**3763.0**	**3427.6**	**3438.1**
北 京	1362.3	1764.3	1457.6	1877.2	5220.6	5952.6		
天 津	1321.4	1992.4	1306.0	2007.5	6176.5	7153.8		
河 北	2140.7	1917.1	2045.0	1949.5	3903.0	3798.3	3401.9	3271.6
山 西	970.3	958.7	1079.8	1065.0	2056.0	1940.4	1889.7	1784.7
内蒙古	1507.6	1493.8	1626.1	1674.8	2977.7	2863.3	2972.9	2856.5
辽 宁	2192.3	2376.2	2095.9	2240.2	6234.4	5802.5	6584.9	5837.2
吉 林	1672.2	1708.7	1748.9	1799.1	7633.8	8355.0	8341.8	8355.0
黑龙江	1791.1	1766.2	1786.8	1784.5	4439.5	4674.6	4434.4	4670.5
上 海	2365.0	2124.6		2605.8	7596.2	6587.5		
江 苏	2298.6	2410.0	2327.8	2397.1	6151.3	6211.0		
浙 江	2540.4	2475.6	2706.9	2565.0	4878.1	4949.2	4048.9	4040.5
安 徽	1306.7	1500.0	1350.4	1545.0	2218.2	2332.5	2191.0	2333.3
福 建	2616.8	2657.2	2585.6	2619.5	4968.6	5009.0	3973.7	4054.3
江 西	1968.6	1998.8	2314.3	2348.6	4812.6	4856.2	6178.6	5932.8
山 东	2473.8	2542.3	2456.7	2539.6	7527.5	7659.0		
河 南	1300.5	1299.3	1365.8	1363.2	3126.4	3126.6		
湖 北	2097.7	1944.1	2419.6	2113.5	3018.7	3130.1	3035.9	3048.1
湖 南	2138.5	2133.0	2229.0	2269.9	4394.6	4425.5	3555.7	3872.3
广 东	2652.4	2675.9	2597.8	2620.7	4730.1	4775.4	5113.9	4988.1
广 西	1510.2	1566.9	1370.8	1482.6	2708.6	2859.7	3924.5	4147.7
海 南	2986.1	3154.0	2306.7	2556.9	3901.8	4105.9	4207.4	3706.1
重 庆	1962.2	1991.8	1970.0	1989.6	4135.2	4196.5	3416.0	3521.3
四 川	1986.8	2019.0	2308.7	2326.7	3915.9	4053.5	3700.4	3858.5
贵 州	1005.5	1044.9	901.9	932.6	3069.5	3218.2	3217.6	3350.6
云 南	2377.2	2481.8	2731.7	2539.0	2859.5	2890.6	3053.2	3054.3
西 藏	3870.4	3972.3	3636.4	3750.0	5346.5	6346.2	5247.5	6346.2
陕 西	1485.7	1130.8	1610.5	1104.9	2702.5	2580.0	2596.3	2487.4
甘 肃	1884.1	2105.2	1917.5	2060.5	3485.3	3388.2	3485.3	3388.2
青 海	2101.4	2093.3			3869.8	3857.1	3869.8	3857.1
宁 夏	1209.0	1210.0	1244.0	1464.4	2374.4	2181.3	2374.4	2181.3
新 疆	2994.7	2906.8	2995.3	2906.0	6636.7	6774.3	6673.6	6711.6

7-26 各地区油料作物单位面积产量

单位：千克/公顷

地 区	油料合计		#花 生		#油 菜 籽	
	2014年	2015年	2014年	2015年	2014年	2015年
全国总计	**2497.7**	**2520.2**	**3580.0**	**3561.7**	**1946.8**	**1981.7**
北 京	2598.3	2674.3	2765.8	2904.5		
天 津	3099.0	3213.6	3340.4	3511.7		
河 北	3221.0	3283.1	3666.8	3716.1	1610.7	1683.1
山 西	1335.7	1262.8	2234.9	1818.6	1551.0	1563.1
内蒙古	1975.1	2119.4	2315.3	2526.6	1263.8	1322.7
辽 宁	2028.0	1616.7	2030.2	1611.9	1712.2	1723.4
吉 林	3218.2	2839.3	3630.2	3223.3		
黑龙江	1965.1	1938.4	2911.3	3090.1		
上 海	2225.9	2331.7	2725.9	2753.1	2182.1	2276.7
江 苏	2936.7	3010.1	3800.0	3870.8	2764.6	2830.7
浙 江	2114.6	2145.8	2822.8	2905.5	2049.2	2053.4
安 徽	2902.0	2951.1	4954.7	4940.9	2318.7	2371.8
福 建	2546.7	2577.6	2692.9	2728.4	1467.4	1478.9
江 西	1641.4	1675.4	2808.3	2827.4	1320.5	1356.7
山 东	4344.2	4274.3	4386.3	4313.7	2540.6	2595.6
河 南	3656.2	3746.5	4453.2	4516.2	2389.0	2472.9
湖 北	2215.5	2228.1	3478.5	3410.3	2059.4	2071.1
湖 南	1640.8	1680.9	2575.8	2579.0	1561.0	1603.6
广 东	2875.7	2937.8	2918.9	2980.0	1201.1	1263.2
广 西	2585.6	2604.3	2817.8	2832.3	1034.0	1058.7
海 南	2861.3	2805.4	2908.1	2847.5		
重 庆	1898.1	1935.6	2057.2	2098.5	1890.3	1927.2
四 川	2340.3	2368.9	2552.6	2579.1	2293.0	2321.5
贵 州	1684.3	1714.8	1985.8	2046.2	1662.0	1685.8
云 南	1799.2	1851.4	1624.8	1658.8	1854.7	1912.3
西 藏	2605.0	2689.9	2812.5	2703.9	2604.0	2689.8
陕 西	2070.9	2097.5	2986.6	2992.0	2041.0	2113.8
甘 肃	2201.4	2235.1	3613.1	3666.7	2058.4	2102.0
青 海	2088.4	2104.1			2095.1	2115.5
宁 夏	2060.7	2023.9			2695.2	2494.7
新 疆	2690.3	2880.2	4564.2	5952.7	2124.2	2471.2

7-27 各地区棉花和麻类作物单位面积产量

单位：千克/公顷

地区	棉花		麻类合计		#黄红麻	
	2014年	2015年	2014年	2015年	2014年	2015年
全国总计	**1463.2**	**1475.9**	**2673.0**	**2594.1**	**3885.3**	**3945.5**
北京	1071.0	1044.7				
天津	1265.4	1357.1				
河北	1048.9	1039.3	2266.7	2160.2	2276.9	2212.0
山西	1258.9	1364.7	858.0	2209.6		
内蒙古	1462.5	1493.3		178.6		
辽宁	1111.1	1621.1				
吉林	1650.7		1000.0	2000.0		
黑龙江			7560.0	6541.6		
上海	1524.9	1088.4				
江苏	1210.2	1239.6	2841.7	2716.2		
浙江	1438.0	1446.4	2644.4	3863.0	2980.4	4353.8
安徽	992.8	1005.0	3170.2	3597.0	2961.9	3047.6
福建	797.4	803.6	2920.4	2839.6	3274.0	3181.8
江西	1574.3	1420.7	1530.9	1661.8	5607.1	5754.7
山东	1121.6	1041.6	2020.8	1814.0	2875.0	
河南	958.0	1053.1	6141.2	6278.9	6165.2	6342.9
湖北	1042.7	1124.1	2500.4	2475.0	2620.0	2250.0
湖南	991.5	1272.0	2260.5	2315.4	3113.0	3095.2
广东			2448.2	2585.6	2457.6	2585.6
广西	1083.1	1108.5	2730.3	2737.3	2618.2	2600.7
海南			6578.6	6580.9	6578.6	6580.9
重庆			1599.1	1584.2	1549.0	1575.4
四川	944.3	970.0	1813.1	1808.8	2076.9	2044.8
贵州	673.0	714.4	1674.5	1718.7	666.7	1500.0
云南	2340.6	1441.2	2953.7	1117.4	1966.7	
西藏						
陕西	1358.6	1406.9	1314.6	1308.2	100.0	850.0
甘肃	1691.9	1655.6	1570.9	1680.3		
青海						
宁夏						
新疆	1882.5	1839.5	6145.8	3181.8		

7-28 各地区糖料作物单位面积产量

单位：千克/公顷

地 区	糖料合计		1. 甘 蔗		2.甜 菜	
	2014年	2015年	2014年	2015年	2014年	2015年
全国总计	**70350**	**71982**	**71352**	**73121**	**57647**	**58680**
北 京						
天 津						
河 北	49584	52015			49584	52015
山 西	45772	46467			45772	46467
内 蒙 古	40508	46147			40508	46147
辽 宁	49457	29701			49457	29701
吉 林	34175	23440			34175	23440
黑 龙 江	40099	35541			40099	35541
上 海	48481	51996	48481	51996		
江 苏	61637	60493	61953	61360		
浙 江	62049	62432	62049	62432		
安 徽	39506	39689	39506	39689		
福 建	61892	58090	61892	58090		
江 西	45125	45553	45125	45553		
山 东	36429				36429	
河 南	70655	68742	70655	68742		
湖 北	39965	37646	40064	37818		
湖 南	49336	49741	49336	49741		
广 东	89291	89484	89291	89484		
广 西	73530	77073	73530	77073		
海 南	68610	58214	68610	58214		
重 庆	38713	40962	38713	40962		
四 川	40534	40019	40643	40182	22136	15449
贵 州	60423	58236	60441	58258	3778	3636
云 南	62122	61965	62123	61966	1000	1000
西 藏						
陕 西	18475	16922	35650	35775	1300	1840
甘 肃	52918	55723			52918	55723
青 海	24500	30000			24500	30000
宁 夏						
新 疆	75042	73218			75042	73218

7-29 茶叶、水果产量

单位：万吨

年 份	茶叶产量	水果产量	苹 果	柑 桔	梨	葡 萄	香 蕉
1952	8.2	244.3	11.8	20.7	39.4	4.8	11.0
1957	11.2	324.7	22.2	32.2	50.4	8.5	7.3
1962	7.4	271.2	22.5	20.6	44.3	8.4	3.5
1965	10.1	323.9	31.8	25.4	51.1	10.0	14.5
1970	13.6	374.5	79.8	24.2	65.4	8.5	16.6
1975	21.1	538.1	158.3	33.6	108.7	12.3	16.5
1978	26.8	657.0	227.5	38.3	151.7	10.4	8.5
1979	27.7	701.5	286.9	58.2	143.8	12.6	7.4
1980	30.4	679.3	236.3	71.3	146.6	11.0	6.1
1981	34.3	780.1	300.6	79.8	159.3	14.8	12.6
1982	39.7	771.3	243.0	93.9	175.5	18.6	20.1
1983	40.1	948.7	354.1	129.6	179.5	24.7	20.7
1984	41.4	984.5	294.1	149.9	210.0	29.4	30.0
1985	43.2	1163.9	361.4	180.8	213.7	36.1	63.1
1986	46.1	1347.7	333.7	254.8	234.8	44.2	125.1
1987	50.8	1667.9	426.4	322.4	248.9	64.1	202.9
1988	54.5	1666.1	434.4	256.0	272.1	79.2	183.0
1989	53.5	1831.9	449.9	456.1	256.5	87.4	140.4
1990	54.0	1874.4	431.9	485.5	235.3	85.9	145.6
1991	54.2	2176.1	454.0	633.3	249.8	91.6	198.1
1992	56.0	2440.1	655.6	516.0	284.6	112.5	245.1
1993	60.0	3011.2	907.0	656.1	321.7	135.5	270.1
1994	58.8	3499.8	1112.9	680.5	404.2	152.2	289.8
1995	58.8	4214.6	1400.8	822.5	494.2	174.2	312.5
1996	59.3	4652.8	1704.7	845.7	580.7	188.3	253.6
1997	61.3	5089.3	1721.9	1010.2	641.5	203.2	289.2
1998	66.5	5452.9	1948.1	859.0	727.5	235.8	351.8
1999	67.6	6237.6	2080.2	1078.7	774.2	270.8	419.4
2000	68.3	6225.1	2043.1	878.3	841.2	328.2	494.1
2001	70.2	6658.0	2001.5	1160.7	879.6	368.0	527.2
2002	74.5	6952.0	1924.1	1199.0	930.9	447.9	555.7
2003	76.8	14517.4	2110.2	1345.4	979.8	517.6	590.3
2004	83.5	15340.9	2367.5	1495.8	1064.2	567.5	605.6
2005	93.5	16120.1	2401.1	1591.9	1132.4	579.4	651.8
2006	102.8	17102.0	2605.9	1789.8	1198.6	627.1	690.1
2007	116.5	18136.3	2786.0	2058.3	1289.5	669.7	779.7
2008	125.8	19220.2	2984.7	2331.3	1353.8	715.1	783.5
2009	135.9	20395.5	3168.1	2521.1	1426.3	794.1	883.4
2010	147.5	21401.5	3326.4	2645.2	1505.3	854.9	956.1
2011	162.3	22768.2	3598.5	2944.0	1579.5	906.7	1040.0
2012	179.0	24056.8	3849.1	3167.8	1707.3	1054.3	1155.8
2013	192.4	25093.0	3968.3	3320.9	1730.1	1155.0	1207.5
2014	209.6	26142.2	4092.3	3492.7	1796.4	1254.6	1179.2
2015	224.9	27375.0	4261.3	3660.1	1869.9	1366.9	1246.6

注： 2003年起，水果产量包括种植业中的瓜果类产量(后同)。

7-30 茶叶、水果主要品种面积和产量及增减情况

指　　标	单　位	1990年	1995年	2000年	2014年	2015年	2015年为2014年百分比(%)
一、茶叶生产情况							
年末实有茶园面积	千公顷	1061.3	1115.3	1089.0	2649.8	2791.4	105.3
茶叶产量	吨	540070	588553	683324	2095717	2248999	107.3
绿茶	吨	332502	413784	498057	1416238	1494644	105.5
青茶	吨	33411	55372	67608	249605	270283	108.3
红茶	吨	109680	52003	47294	180180	203221	112.8
黑茶	吨	25026	17476	22558	112885	126323	111.9
黄茶	吨				234	580	248.3
白茶	吨				17287	20390	118.0
其他茶	吨	39451	49918	47807	119288	133558	112.0
二、水果生产情况							
年末果园面积	千公顷	5178.7	8097.6	8931.6	13127.2	12816.7	97.6
#香蕉园	千公顷	108.8	190.2	249.2	395.5	409.1	103.4
苹果园	千公顷	1633.1	2953.1	2254.1	2307.2	2328.3	100.9
柑桔园	千公顷	1061.2	1214.1	1271.8	2521.3	2513.0	99.7
梨　园	千公顷	480.7	859.4	1014.6	1113.3	1124.0	101.0
葡萄园	千公顷	122.6	152.5	283.0	767.2	799.2	104.2
园林水果产量	万吨	1874.4	4214.6	6225.1	16588.2	17479.6	105.4
#香蕉	万吨	145.6	312.5	494.1	1179.2	1246.6	105.7
苹果	万吨	431.9	1400.8	2043.1	4092.3	4261.3	104.1
柑桔	万吨	485.5	822.5	878.3	3492.7	3660.1	104.8
梨	万吨	235.3	494.2	841.2	1796.4	1869.9	104.1
葡萄	万吨	85.9	174.2	328.2	1254.6	1366.9	109.0
菠萝	万吨	46.3	53.9	85.7	143.3	149.5	104.4
红枣	万吨	42.3	78.2	130.6	734.5	807.6	109.9
柿子	万吨	62.5	96.9	159.2	373.1	379.1	101.6

7-31 各地区茶园面积和茶叶产量

单位：千公顷、吨

地区	年末实有茶园面积		本年采摘面积		茶叶产量		绿茶	
	2014年	2015年	2014年	2015年	2014年	2015年	2014年	2015年
全国总计	**2649.8**	**2791.4**	**1989.4**	**2115.8**	**2095717**	**2248999**	**1416238**	**1494644**
北京								
天津								
河北								
山西					8	7		
内蒙古								
辽宁								
吉林								
黑龙江								
上海								
江苏	34.3	33.8	28.5	30.3	14592	14469	12334	12033
浙江	195.6	194.5	175.3	177.9	165385	172530	159607	166502
安徽	166.6	167.9	144.6	143.7	111196	112915	103741	104755
福建	242.9	250.1	216.3	226.9	372087	402328	114859	121239
江西	77.8	85.1	58.3	63.8	47123	51868	37390	42045
山东	23.9	25.5	17.0	18.1	17647	18909	17647	18909
河南	105.5	114.0	88.5	93.0	61119	64855	53910	59026
湖北	303.8	324.1	218.9	231.3	250316	268774	186451	194472
湖南	127.5	131.2	98.4	103.3	161813	175704	71994	73258
广东	48.2	49.4	42.5	40.5	73925	79344	29281	30344
广西	67.1	68.9	53.8	56.0	58752	63593	39694	42592
海南	1.3	1.3	1.1	1.1	1025	864	421	364
重庆	37.7	39.9	28.4	28.6	33753	35173	28124	30190
四川	305.7	321.7	216.4	229.8	233970	248414	194690	207434
贵州	369.3	418.9	174.8	217.9	107145	118031	88655	98287
云南	409.4	424.8	346.0	364.0	335495	365841	227120	237902
西藏	0.5	0.6	0.1	0.1	54	92	7	3
陕西	121.4	127.5	75.1	83.2	49128	53987	49128	53987
甘肃	11.4	12.2	5.6	6.3	1185	1302	1185	1302
青海								
宁夏								
新疆								

7-31 续表 1 单位：吨

地区	青茶		红茶		黑茶	
	2014年	2015年	2014年	2015年	2014年	2015年
全国总计	**249605**	**270283**	**180180**	**203221**	**112885**	**126323**
北京						
天津						
河北						
山西						
内蒙古						
辽宁						
吉林						
黑龙江						
上海						
江苏			2250	2426		
浙江			1296	1352	2989	3118
安徽	20	20	5660	6406		
福建	197461	215756	43359	47419		
江西	1017	683	5723	5497	32	30
山东						
河南			7209	5828		
湖北	3817	3606	27467	30863	28695	34759
湖南	3330	3234	17342	19668	61169	71349
广东	34632	37206	3410	4738		
广西	366	324	12122	13780	1085	1567
海南			572	358		
重庆	41	45	3679	3676		
四川	3895	4120	3788	4159	15245	11203
贵州	659	629	4863	4965	3670	4297
云南	4367	4660	41441	52084		
西藏				1		
陕西						
甘肃						
青海						
宁夏						
新疆						

7-31 续表 2

单位：吨

地 区	黄茶		白茶		其他茶	
	2014年	2015年	2014年	2015年	2014年	2015年
全国总计	**234**	**580**	**17287**	**20390**	**119288**	**133558**
北 京						
天 津						
河 北						
山 西					8	7
内蒙古						
辽 宁						
吉 林						
黑龙江						
上 海			5			
江 苏				4	3	6
浙 江			91		1494	1558
安 徽			14626	82	1684	1652
福 建	14		622	16637	1782	1277
江 西		20		764	2325	2829
山 东						
河 南			980			
湖 北	26	325	3	1489	2906	3260
湖 南	9	37		5	7949	8153
广 东		10			6593	7046
广 西					5485	5330
海 南					32	141
重 庆	146		392	11	1909	1251
四 川	37	146	565	614	15814	20738
贵 州	2	42	3	781	8696	9030
云 南				3	62562	71191
西 藏					47	88
陕 西						
甘 肃						
青 海						
宁 夏						
新 疆						

7-32 各地区果园面积

单位：千公顷

地区	年末实有果园面积		#香蕉园		#苹果园	
	2014年	2015年	2014年	2015年	2014年	2015年
全国总计	**13127.2**	**12816.7**	**395.5**	**409.1**	**2307.2**	**2328.3**
北京	57.5	57.1			6.9	6.9
天津	33.0	33.3			4.8	4.3
河北	1119.0	1094.2			240.9	242.6
山西	360.3	362.8			158.6	155.5
内蒙古	71.2	75.8			17.2	25.7
辽宁	403.0	405.5			158.0	161.0
吉林	52.9	48.0			13.8	12.1
黑龙江	34.7	33.9			12.2	12.4
上海	20.3	19.0				
江苏	214.3	209.4			32.0	32.1
浙江	330.1	332.5				
安徽	124.2	128.1			15.3	13.8
福建	541.9	545.7	26.7	27.5		
江西	414.4	414.7				
山东	643.3	652.6			304.6	299.7
河南	458.4	455.6			172.0	170.2
湖北	423.3	413.4			1.3	1.2
湖南	583.9	533.1				
广东	1121.8	1136.6	127.9	131.1		
广西	1088.5	1165.5	97.7	105.8		
海南	165.4	162.2	44.6	39.0		
重庆	315.4	295.5	0.1		0.7	0.7
四川	627.9	646.1	1.3	1.4	34.0	37.1
贵州	262.1	300.5	3.7	1.8	10.1	12.1
云南	431.7	472.3	93.6	102.3	45.4	46.9
西藏	3.2	3.2			1.7	1.6
陕西	1224.5	1243.5			681.8	695.1
甘肃	456.9	458.7			294.6	294.8
青海	7.7	8.2			1.6	0.8
宁夏	139.4	137.8			41.5	38.0
新疆	1397.2	971.8			58.3	63.6

7-32 续表 单位：千公顷

地区	#柑桔园		#梨园		#葡萄园	
	2014年	2015年	2014年	2015年	2014年	2015年
全国总计	**2521.3**	**2513.0**	**1113.3**	**1124.0**	**767.2**	**799.2**
北京			8.2	8.2	3.2	3.3
天津			4.9	4.7	5.2	5.3
河北			199.4	203.3	83.8	86.5
山西			36.0	36.5	11.6	12.0
内蒙古			6.3	6.5	8.4	10.1
辽宁			111.1	110.3	37.7	38.4
吉林			13.2	12.3	13.0	12.6
黑龙江			3.8	3.9	4.9	4.6
上海	6.1	5.3	1.8	1.9	5.4	5.2
江苏	2.9	2.7	39.4	39.9	37.6	38.0
浙江	102.8	101.2	24.6	22.8	30.0	31.5
安徽	3.7	3.7	37.3	38.3	17.1	19.1
福建	187.8	191.8	22.1	22.1	8.5	9.1
江西	336.8	333.1	24.2	26.2	6.4	6.6
山东			46.2	45.8	41.0	43.3
河南	11.8	11.6	53.0	54.7	33.9	36.3
湖北	245.6	240.0	41.7	38.8	12.7	11.9
湖南	421.1	382.3	34.8	35.9	23.5	25.1
广东	302.2	304.8	8.4	8.7		
广西	289.5	332.9	22.6	22.8	29.7	33.0
海南	5.4	6.2				
重庆	192.5	178.0	35.8	35.0	8.6	10.2
四川	273.2	278.4	79.2	78.7	29.0	29.8
贵州	59.5	58.4	52.6	54.4	23.7	28.7
云南	42.0	44.7	52.6	54.6	35.6	38.8
西藏	0.2	0.2	0.3	0.2	0.3	0.3
陕西	38.2	37.8	48.6	48.7	46.6	49.2
甘肃	0.2	0.2	36.4	36.3	26.7	27.7
青海			0.8	0.4	0.1	0.1
宁夏			2.0	2.1	34.0	32.4
新疆			65.9	70.3	149.1	150.2

7-33 各地区水果产量

单位：吨

地　区	水果产量		#香蕉		#苹果	
	2014年	2015年	2014年	2015年	2014年	2015年
全国总计	**261422437**	**273750332**	**11791933**	**12466346**	**40923175**	**42613392**
北　京	964530	879424		1	75015	80357
天　津	626993	626896			50368	42792
河　北	20189819	21171897			3457299	3665784
山　西	7707721	8425664			4172543	4312091
内蒙古	3223234	2967416			189034	199631
辽　宁	8705630	8820178			2476011	2484103
吉　林	2297482	2089712			157361	142609
黑龙江	2587443	2134648			148900	176181
上　海	861587	615357			7	11
江　苏	8616229	9147753			597652	599532
浙　江	7148391	7408632				
安　徽	9652834	10297965			392285	375103
福　建	7908467	8370485	917118	950147	240	13
江　西	6270731	6634181				
山　东	31340489	32186088			9297020	9584325
河　南	25601880	26650951			4417391	4496472
湖　北	9723373	9662583			9927	13138
湖　南	9200479	9810441				
广　东	15607194	16485319	4263172	4516748		
广　西	15606017	17200203	2592310	2955728		
海　南	4129957	4059272	1600406	1400951		
重　庆	3476148	3759483	1371	1269	4638	4785
四　川	8845458	9341886	42123	44645	583323	612919
贵　州	1963830	2248955	5826	8507	43894	52677
云　南	6690167	7265377	2369608	2588349	387399	413755
西　藏	14359	14914			5546	6317
陕　西	18499182	19308973			9880128	10372974
甘　肃	6365771	6789867			2970762	3285884
青　海	25749	36166			4765	6446
宁　夏	2902409	2989405			539020	534191
新　疆	14668886	16350240			1062647	1151301

7-33 续表 1

单位：吨

地 区	#柑桔		#梨		#葡萄	
	2014年	2015年	2014年	2015年	2014年	2015年
全国总计	**34926632**	**36600838**	**17964354**	**18698559**	**12545788**	**13669273**
北 京			132822	126637	34360	32697
天 津			40028	46069.025	103784	110976
河 北			4735278	5059899	1549564	1659871
山 西			592607	733428	225807	266301
内蒙古			64970	64014.74	124322	129703
辽 宁			1370947	1404692.59	826598	851883
吉 林			137556	130723	156751	164032
黑龙江			33830	34490	118016	100042
上 海	234238	114387	37137	28659	97313	98367
江 苏	48211	43158	831093	779758	586912	632375
浙 江	2009251	2077934	406432	384346	721228	760956
安 徽	35935	37933	1081369	1117467	396392	462073
福 建	3460049	3662541	224720	233874	153314	168715
江 西	3824562	4101245	152573	154257	63838	64980
山 东			1341529	1354230	1185780	1211922
河 南	46654	49405	1129059	1148306	583926	637805
湖 北	4371196	4266586	546349	509154	271481	270728
湖 南	4385165	4571275	171443	177455.9	158731	175981
广 东	4723403	4927966	96039	112710		
广 西	4721776	5192761	296884	316550	398797	449285
海 南	59340	61542				
重 庆	2072409	2249450	374512	384131	94818	101952
四 川	3604121	3796344	967123	976686	307378	334599
贵 州	289067	320114	273110	292421	182811	211154
云 南	535869	594949	481393	508784	805462	851622
西 藏	530	663	1461	1486	565	418
陕 西	503630	531257	1015019	1041292.644	595144	630944
甘 肃	1227	1327	362898	414038	294013	317950
青 海			4041	4097	205	206
宁 夏			17266	19081	192363	215755
新 疆			1044868	1139823	2316114	2755981

7-33 续表 2 单位：吨

地区	#菠萝		#红枣		#柿子	
	2014年	2015年	2014年	2015年	2014年	2015年
全国总计	**1432736**	**1495422**	**7345266**	**8075784**	**3730794**	**3791360**
北京			10156	10148	41613	35541
天津			38154	34812	9398	9111
河北			1312732	1385688	523230	522629
山西			614198	815791	168149	166234
内蒙古			1739	1311		
辽宁			214220	218157		
吉林						
黑龙江						
上海			969	981	865	851
江苏			11273	10984	149434	138791
浙江					49118	49626
安徽			14592	16448	142460	138968
福建	39257	40750	25		210808	217964
江西					21525	19420
山东			1189341	1072540	150284	145843
河南			356367	324165	543306	519801
湖北			36184	39967	67833	66412
湖南			29324	30484	20509	20504
广东	917597	968580			148946	155661
广西	34290	34340	25546	26752	903189	975276
海南	373075	374680				
重庆			6421	10655	14648	15534
四川			16108	16835	48734	50504
贵州			2490	2857	14996	14945
云南	68517	77072	22641	23342	84669	89757
西藏						
陕西			644592	725849	395570	415250
甘肃			144648	168128	21509	22739
青海						
宁夏			78931	85620		
新疆			2574616	3054270		

7-33 续表 3 单位：吨

地　区	#瓜果类		#西瓜		#甜瓜	
	2014年	2015年	2014年	2015年	2014年	2015年
全国总计	**95540746**	**98954622**	**74842996**	**77139599**	**14757901**	**15270696**
北　京	251633	205155	229326	186788	10039	4869
天　津	313769	299773	260123	245768	24418	34103
河　北	5983887	6085775	4353852	4332893	1058767	1206360
山　西	882523	869199	686095	667845	184041	173182
内蒙古	2576815	2307088	1717227	1528602	828729	732614
辽　宁	2784942	2805630	1421104	1412039	673153	588942
吉　林	1708491	1555665	1209643	1093490	447683	439703
黑龙江	2011053	1616085	1239625	984631	561637	491089
上　海	403086	287787	328874	215944	54350	48598
江　苏	5554563	6147458	4147585	4640779	725991	796565
浙　江	2711838	2808471	2144128	2160217	286457	335861
安　徽	6807255	7303558	5720640	6083721	542799	601363
福　建	891284	922592	729044	756997	101133	107286
江　西	2062966	2130991	1754473	1805495	160066	165388
山　东	14685661	15156109	11385490	11731154	2244690	2286451
河　南	16642298	17493309	14675374	15656164	1824192	1656734
湖　北	3580908	3504197	3078876	2991615	434023	436507
湖　南	3980070	4354624	3543826	3828993	389962	464092
广　东	1222281	1286422	844903	966905	121917	122234
广　西	3273016	3502565	2996928	3190933	269660	303463
海　南	1016476	1092472	510359	539185	70600	72909
重　庆	444951	484723	422858	460555	11426	9993
四　川	1248907	1276678	1083732	1101037	17481	17523
贵　州	704066	772459	589579	635496	27311	31322
云　南	637416	702139	512227	605929	14485	19349
西　藏	1806	1386	1413	1067		
陕　西	2959352	3002818	2233324	2133466	588102	696655
甘　肃	2113434	2171829	1523582	1539721	521584	306299
青　海	12500	21155	10424	7921		
宁　夏	1990671	2050750	1776308	1817571	213725	232447
新　疆	6082829	6735761	3712055	3816679	2349481	2888796

7-34 主要林产品产量

单位：万吨

年　份	橡胶	生漆	油桐籽	油茶籽	乌桕籽	松脂
1952			43.5	24.9	11.8	
1957		0.2	51.8	49.4	12.5	
1962	0.5	0.1	18.3	20.1	8.1	
1965	1.7	0.2	13.0	33.2		
1970	4.6	0.1	22.4	35.0		
1975	6.9	0.2	37.0	42.5	7.7	30.3
1978	10.2	0.2	39.1	47.9	8.5	33.8
1979	10.8	0.3	32.5	61.7	8.1	40.4
1980	11.3	0.2	30.3	49.0	9.3	42.1
1981	12.8	0.3	36.0	65.4	9.5	56.2
1982	15.3	0.3	33.9	49.4	8.5	47.0
1983	17.2	0.3	36.8	43.5	8.5	30.4
1984	18.9	0.2	36.2	53.6	8.1	36.9
1985	18.8	0.2	37.9	61.9	7.1	34.4
1986	20.9	0.3	34.6	43.8	7.0	41.6
1987	23.8	0.3	34.2	51.8	6.8	52.3
1988	24.0	0.3	35.9	46.3	6.3	46.1
1989	24.3	0.3	33.5	66.7	5.6	48.7
1990	26.4	0.3	35.1	52.3	5.2	43.5
1991	29.6	0.3	32.8	62.1	4.5	44.0
1992	30.9	0.3	43.7	62.9	4.3	46.9
1993	32.6	0.3	42.1	48.8	4.1	58.1
1994	37.4	0.2	43.5	63.1	3.7	56.9
1995	42.4	0.3	40.5	62.3	3.9	54.8
1996	40.2	0.4	40.8	69.7	4.2	58.1
1997	45.2	0.4	45.4	85.7	4.1	70.1
1998	46.2	0.5	43.9	72.3	4.1	54.3
1999	49.0	0.5	44.8	79.3	3.5	57.1
2000	48.0	0.5	45.3	82.3	3.6	55.1
2001	47.7	0.5	40.7	82.5	2.9	56.4
2002	52.7	0.6	38.9	85.5	3.2	56.3
2003	56.5	0.9	37.3	77.9	2.8	62.6
2004	57.5	1.0	38.1	87.5	2.3	67.3
2005	51.4	1.4	36.9	87.5	3.0	76.7
2006	53.8	2.1	38.3	92.0	2.7	90.9
2007	58.8	1.3	36.1	93.9	2.6	96.6
2008	54.8	1.6	37.1	99.0	3.2	84.9
2009	61.9	2.0	36.7	116.9	3.3	104.7
2010	69.1	2.0	43.4	109.2	3.4	111.6
2011	75.1	1.9	43.8	148.0	3.6	115.7
2012	80.2	2.6	42.7	172.8	3.9	121.5
2013	86.5	2.5	41.9	177.7	3.7	130.8
2014	84.0	2.2	41.6	202.3	3.6	131.0
2015	81.6	2.3	41.2	216.3	3.2	132.6

7-35 营林面积和主要林产品产量及增减情况

指　　标	单　位	1990年	1995年	2000年	2014年	2015年	2015年为2014年百分比(%)
一、营林情况							
1.人工造林面积	千公顷	4353.4	4405.4	4345.0	4052.9	4362.6	107.6
2.飞播造林面积		855.1	561.8	760.1	109.7	128.4	117.1
3.当年新封山(沙)育林面积	千公顷	5208.5	4967.2	5105.1	1853.8	2152.9	116.1
4.退化林修复面积	千公顷					739.3	
5.人工更新面积	千公顷	671.5	729.7	919.8	292.5	300.5	102.8
6.森林抚育面积	千公顷				9019.6	7817.9	86.7
7.年末实有封山(沙)育林面积	千公顷				24719	27616	111.7
8.四旁(零星)植树	万　株	337596.3	326377.6	300504.0	205721	212716.3	103.4
9.育苗面积	千公顷	213.5	206.0	278.6	1412.3	1367.0	96.8
二、主要林产品产量							
板　栗	吨				2278175	2342054	102.8
竹笋干	吨	83551	174588	339084	653240	771623	118.1
油茶籽	吨	523313	623128	823224	2023445	2163492	106.9
核　桃	吨				2713741	3331703	122.8
生　漆	吨	2683	2976	5279	22290	22806	102.3
油桐籽	吨	350770	404929	453461	416065	412042	99.0
乌桕籽	吨	51947	38834	35775	35921	32179	89.6
五倍子	吨	5783	10084	8678	23746	25081	105.6
棕　片	吨	39860	52955	61082	58482	59145	101.1
松　脂	吨	435244	548133	551057	1309520	1326292	101.3
紫胶(原胶)	吨	1421	3486	1419	4661	3595	77.1
三、木竹采伐							
木材(商品材)	万立方米				8233	7200	87.5
竹材	万根				222439.93	235466	105.9

注：自2015年起，根据国家林业局提供的数据，林业面积指标有较大的调整。

7-36 各地区造林面积

单位：千公顷

地　区	当年造林面积		飞播造林面积		当年新封山(沙)育林面积	
	2014年	2015年	2014年	2015年	2014年	2015年
全国总计	**4052.9**	**4362.6**	**109.7**	**128.4**	**1853.8**	**2152.9**
北　京	22.9	8.1				7.8
天　津	7.1	8.0				
河　北	274.6	284.1			65.8	58.8
山　西	233.2	220.9	3.3		71.5	60.0
内蒙古	320.3	360.9	57.4	79.4	181.6	227.7
辽　宁	126.4	102.6			100.6	100.3
吉　林	108.5	112.0				4.7
黑龙江	49.3	41.1			80.1	67.0
上　海	0.9	3.2				
江　苏	59.2	42.6			0.3	0.4
浙　江	26.7	21.0			16.5	31.7
安　徽	150.9	146.0			17.9	80.0
福　建	44.3	33.9			135.7	139.4
江　西	130.8	141.7			33.5	59.4
山　东	223.6	206.6			1.4	1.3
河　南	201.3	154.7	13.3	13.3	45.4	31.9
湖　北	168.9	186.0			83.4	98.2
湖　南	229.6	215.7			216.3	188.6
广　东	133.2	118.5			52.9	124.9
广　西	118.0	100.8			34.8	48.0
海　南	8.8	11.0				
重　庆	138.8	150.9			74.7	88.9
四　川	67.8	264.6			30.4	59.5
贵　州	233.4	329.5			86.6	153.7
云　南	334.6	350.5			169.0	151.6
西　藏	32.1	29.4			50.5	53.4
陕　西	251.1	222.6	32.0	34.7	60.7	69.8
甘　肃	152.5	254.3			65.5	62.3
青　海	28.4	53.0			103.6	59.6
宁　夏	49.7	37.9			34.5	36.7
新　疆	112.8	149.6			40.6	87.2
大兴安岭		0.9				
军事管理区	13.3					

7-36 续表 1

单位：千公顷

地区	退化林修复面积		人工更新面积		森林抚育面积	
	2014年	2015年	2014年	2015年	2014年	2015年
全国总计		**739.3**	**292.5**	**300.5**	**9019.6**	**7817.9**
北京		4.3	1.3	0.1	66.8	69.4
天津					58.0	64.6
河北		18.3	4.0	5.3	402.7	444.5
山西		5.0			69.1	65.1
内蒙古		26.8	11.2	9.3	636.6	537.9
辽宁		0.8	10.7	11.6	60.5	100.0
吉林		59.6	13.0	23.5	224.0	223.6
黑龙江		24.8		2.1	617.1	608.7
上海					15.9	19.3
江苏		0.3	1.7	1.9	209.9	152.1
浙江		6.9	14.3	11.9	232.0	235.7
安徽		8.0		3.0	512.5	560.7
福建		26.3	23.3	54.2	211.3	335.9
江西		27.1	13.1	5.5	178.1	379.2
山东		10.4	5.4	2.9	415.7	358.3
河南		16.8			349.1	217.1
湖北			3.6	3.9	442.5	116.0
湖南		134.7	18.4	20.8	405.8	362.8
广东		76.8	67.8	81.1	478.9	577.5
广西		7.2	86.6	41.7	614.5	498.0
海南		1.5	13.4	10.9	222.5	26.7
重庆		6.9	1.8		125.0	133.4
四川		82.3	0.6	2.6	135.3	160.9
贵州					287.6	307.3
云南		74.9		5.6	141.4	180.7
西藏						24.5
陕西		52.1	0.4		161.4	152.9
甘肃		2.8			155.9	169.5
青海					23.5	24.2
宁夏		6.7			271.8	146.8
新疆		39.1	1.9	2.7	1090.4	333.9
大兴安岭		18.8			203.9	230.6
军事管理区						

7-36 续表 2

单位：千公顷

地　区	年末实有封山育林面积		零四旁(零星)植树(万株)		育苗面积	
	2014年	2015年	2014年	2015年	2014年	2015年
全国总计	**24719.5**	**27616.3**	**205721.0**	**212716.3**	**1412.3**	**1367.0**
北　京	115.3	81.5	242.0	99.8	13.7	14.6
天　津	26.0	26.0	459.3	464.4	8.5	9.7
河　北	927.5	892.1	11430.6	10786.1	138.1	76.8
山　西	843.5	719.7	10062.4	10023.2	73.2	73.0
内蒙古	3706.5	3975.4	2620.9	2327.0	47.4	49.1
辽　宁	1310.6	1780.6	5979.1	5149.3	35.6	35.5
吉　林	576.3	622.9	933.8	1859.4	8.5	10.0
黑龙江	855.1	888.7	977.4	559.4	10.2	10.1
上　海			36.4	28.4	13.0	12.9
江　苏	23.2	7.7	9217.2	7179.9	160.1	148.3
浙　江	986.1	1209.3	2602.9	2254.4	138.7	139.0
安　徽	536.9	1116.9	13320.9	14965.4	82.4	97.4
福　建	695.9	530.4	3543.5	3820.8	1.0	2.6
江　西	1108.2	1064.0	5198.6	4795.5	78.7	115.7
山　东	105.6	101.6	17325.4	17088.8	195.6	194.2
河　南	388.3	425.8	20768.1	18921.5	68.1	62.1
湖　北	1184.9	1179.8	13786.1	14449.1	49.9	50.2
湖　南	968.2	1330.5	14255.4	20667.3	1.8	1.1
广　东	597.7	802.7	7537.8	8066.2	16.4	15.2
广　西	1965.8	1802.3	5891.8	7099.4	18.5	9.8
海　南	216.2	323.1	1314.6	678.2	3.5	1.1
重　庆	346.1	331.3	6739.6	11306.1	34.4	24.5
四　川	691.9	447.1	19281.4	18524.2	40.4	40.5
贵　州	520.9	529.0	2036.3	1913.4	4.1	4.1
云　南	1406.1	1202.1	9884.5	9614.0	3.8	2.7
西　藏	50.5	1328.1			5.1	0.6
陕　西	959.3	935.1	10226.0	9325.3	28.4	32.8
甘　肃	936.7	952.1	5110.0	5537.1	43.0	48.3
青　海	970.8	1152.9	1386.3	1354.5	9.9	8.0
宁　夏	320.3	377.5	890.6	780.6	38.7	35.6
新　疆	1378.8	1480.0	2662.0	3077.3	41.2	41.4
大兴安岭					0.2	0.1
军事管理区						

7-37 各地区主要林产品产量

单位：吨

地区	生漆		油桐籽		油茶籽	
	2014年	2015年	2014年	2015年	2014年	2015年
全国总计	**22290**	**22806**	**416065**	**412042**	**2023445**	**2163492**
北京						
天津						
河北						
山西						
内蒙古						
辽宁						
吉林						
黑龙江						
上海						
江苏					299	
浙江	10		107	152	58444	64353
安徽	453	199	2653	2507	71425	78327
福建	662	324	20756	24299	112637	138338
江西	8	58	8640	18267	434640	425108
山东						
河南	2103	2111	84397	79182	18438	24324
湖北	6298	4092	24895	24081	127419	141857
湖南	1030	826	32871	32985	823517	824341
广东		705	7720	7500	85341	149374
广西	35	43	82517	83214	177915	191670
海南					124	1971
重庆	1126	1194	12878	6450	4842	5302
四川	477	489	16363	17934	13718	20708
贵州	6955	8600	73095	68312	69438	71790
云南	235	685	20008	19343	16764	16944
西藏						
陕西	2864	3445	29114	27764	8484	9085
甘肃	34	35	51	52		
青海						
宁夏						
新疆						

7-37 续表 1

单位：吨

地区	乌桕籽		五倍籽	
	2014年	2015年	2014年	2015年
全国总计	**35921**	**32179**	**23746**	**25081**
北京				
天津				
河北				
山西				
内蒙古				
辽宁				
吉林				
黑龙江				
上海				
江苏	3			
浙江				
安徽	118	118	88	118
福建	187	874	248	874
江西	220	214	13	214
山东				
河南	9765	8235	4163	8235
湖北	18503	14136	3241	14136
湖南	1206	1133	1345	1133
广东	697	900		900
广西	86	52	117	52
海南				
重庆	586	538	2000	538
四川	1210	1199	449	1199
贵州	2666	2653	7207	2653
云南	32	2	96	2
西藏				
陕西	642	2125	4590	2125
甘肃			189	
青海				
宁夏				
新疆				

7-37 续表 2 单位：吨

地区	松脂		竹笋干	
	2014年	2015年	2014年	2015年
全国总计	**1309520**	**1326292**	**653240**	**771623**
北京				
天津				
河北				
山西				
内蒙古				
辽宁				
吉林				
黑龙江				
上海			208	184
江苏			7178	721
浙江	895	616	159644	160779
安徽	13105	12480	28291	31272
福建	96444	104230	113472	175462
江西	108391	110432	33601	45588
山东				
河南	2714	14	1047	1101
湖北	44994	46174	12299	18237
湖南	39365	39364	51771	38251
广东	210552	235109	41602	39805
广西	608771	607547	31855	35871
海南	6753	15083	524	365
重庆	145	30	30994	27539
四川	997	1282	109554	138195
贵州	15992	17869	17741	
云南	159476	134474	9554	23052
西藏				
陕西	926	1588	3895	35191
甘肃			10	10
青海				
宁夏				
新疆				

注：竹笋干即为竹笋片。

7-37 续表 3

单位：吨

地　　区	棕　片		紫　胶	
	2014年	2015年	2014年	2015年
全国总计	**58482**	**59145**	**4661**	**3595**
北　　京				
天　　津				
河　　北				
山　　西				
内 蒙 古				
辽　　宁				
吉　　林				
黑 龙 江				
上　　海				
江　　苏				
浙　　江	409	452		
安　　徽	3982	3906		
福　　建	14973	16178		251
江　　西	1931	2098		
山　　东				
河　　南				
湖　　北	3714	2183		
湖　　南	6770	6713		
广　　东	2579	3463	2816	1135
广　　西	4045	3585		
海　　南		176		
重　　庆	527	438		
四　　川	1523	1683	50	
贵　　州	5166	5341	15	167
云　　南	9376	9953	1720	1889
西　　藏				
陕　　西	3473	2962	60	153
甘　　肃	14	14		
青　　海				
宁　　夏				
新　　疆				

7-38 主要牲畜出栏量和畜产品产量及增长情况

指 标	单 位	1999年	2000年	2014年	2015年	2015年为2014年百分比(%)
一、牲畜出栏量						
1.大牲畜出栏						
牛	万头	3766.2	3806.9	4929.2	5003.4	101.5
马	万头	136.1	146.1	154.3	157.7	102.2
驴	万头	194.3	201.7	226.6	217.0	95.8
骡	万头	59.2	65.3	47.9	44.2	92.3
骆驼	万头	6.7	6.7	8.5	9.4	110.4
2.猪	万头	51977.2	51862.3	73510.4	70825.0	96.3
3.羊	万只	18820.4	19653.4	28741.6	29472.7	102.5
4.家禽	亿只	74.3	82.6	115.4	119.9	103.9
5.兔	万只	22103.0	25878.2	51679.1	52356.9	101.3
二、肉类总产量	万吨	5949.0	6013.9	8706.7	8625.0	99.1
#猪牛羊肉产量	万吨	4762.3	4743.2	6788.8	6627.5	97.6
猪肉产量	万吨	4005.6	3966.0	5671.4	5486.5	96.7
平均每头产肉量	千克/头	77.1	76.5	77.2	77.5	100.4
牛肉产量	万吨	505.4	513.1	689.2	700.1	101.6
平均每头产肉量	千克/头	134.2	134.8	139.8	139.9	100.1
羊肉产量	万吨	251.3	264.1	428.2	440.8	102.9
平均每只产肉量	千克/只	13.5	13.4	14.9	15.0	100.4
禽肉产量	万吨	1115.5	1191.1	1750.7	1826.3	104.3
兔肉产量	万吨	31.0	37.0	82.9	84.3	101.6
三、其他畜产品产量						
奶类产量	万吨	806.9	919.1	3841.2	3870.3	100.8
#牛奶产量	万吨	717.6	827.4	3724.6	3754.7	100.8
山羊粗毛产量	吨	31849	33266	40046	36956	92.3
绵羊毛产量	吨	283152	292502	419518	427464	101.9
#细羊毛	吨	114103	117386	124915	134954	108.0
半细羊毛	吨	73700	84921	142253	143371	100.8
山羊绒产量	吨	10180	11057	19278	19247	99.8
蜂蜜产量	万吨	23.0	24.6	46.8	47.7	101.9
禽蛋产量	万吨	2134.7	2182.0	2893.9	2999.2	103.6
蚕茧产量	吨	484702	547613	894676	900892	100.7
#桑蚕茧	吨	447261	500640	819054	824004	100.6
柞蚕茧	吨	37234	46782	75622	76889	101.7

注：1.本年鉴中2000-2006年畜牧业数据根据农业普查结果进行了修订。
2.2011年新疆生猪存栏、出栏、肉产量数据调整，下同。

7-39 各地区主要牲畜出栏量

单位：万头、万只

地　区	当年出栏猪	当年出栏牛	当年出栏羊	当年出栏家禽
全国总计	**70825.0**	**5003.4**	**29472.7**	**1198720.6**
北　京	284.4	8.4	71.0	6688.4
天　津	378.0	19.6	68.6	8019.3
河　北	3551.1	325.4	2255.0	58435.0
山　西	783.7	40.2	484.4	8780.9
内蒙古	898.5	326.4	5596.3	10439.1
辽　宁	2675.7	266.3	753.6	86493.5
吉　林	1664.3	303.2	388.5	39098.6
黑龙江	1863.4	269.7	751.9	20579.8
上　海	204.4	0.1	39.5	1943.9
江　苏	2978.3	17.4	730.2	73536.8
浙　江	1315.6	8.3	111.7	15202.3
安　徽	2979.2	112.5	1133.5	75286.0
福　建	1707.8	29.2	170.3	52882.5
江　西	3242.5	139.1	75.1	47656.1
山　东	4836.1	447.5	3195.8	176896.0
河　南	6171.2	548.6	2126.0	91550.0
湖　北	4363.2	159.9	550.6	51222.7
湖　南	6077.2	168.5	699.9	41474.7
广　东	3663.4	58.3	50.6	97423.4
广　西	3416.8	149.3	205.3	80825.0
海　南	555.7	26.7	77.4	14686.0
重　庆	2119.9	67.7	274.3	24206.6
四　川	7236.5	295.5	1698.0	66154.9
贵　州	1795.3	133.3	246.1	9618.2
云　南	3451.0	292.8	854.7	21080.9
西　藏	18.1	128.4	469.2	168.2
陕　西	1205.6	54.6	494.1	5312.9
甘　肃	696.0	179.4	1220.9	3816.6
青　海	137.5	115.6	656.5	429.7
宁　夏	91.5	64.4	579.7	1019.0
新　疆	463.1	247.3	3444.1	7793.6

7-40 各地区肉类总产量

单位：万吨

地　区	肉类总产量	#猪牛羊肉				禽　肉
			猪肉	牛肉	羊肉	
全国总计	**8625.0**	**6627.5**	**5486.5**	**700.1**	**440.8**	**1826.3**
北　京	36.4	25.2	22.5	1.5	1.2	11.1
天　津	45.8	34.2	29.2	3.4	1.6	11.5
河　北	462.5	359.9	275.0	53.2	31.7	87.0
山　西	85.6	73.0	60.3	5.9	6.9	11.3
内蒙古	245.7	216.3	70.8	52.9	92.6	20.5
辽　宁	429.4	275.8	227.1	40.3	8.5	147.3
吉　林	261.1	187.4	136.0	46.6	4.8	68.4
黑龙江	228.7	192.3	138.4	41.6	12.3	34.4
上　海	20.3	16.7	16.1	0.1	0.6	3.0
江　苏	369.4	237.2	225.8	3.2	8.1	122.0
浙　江	131.1	106.3	103.3	1.2	1.8	23.7
安　徽	419.4	291.9	259.1	16.2	16.6	126.0
福　建	216.6	140.0	134.5	3.1	2.4	73.2
江　西	336.5	268.3	253.5	13.6	1.2	66.3
山　东	774.0	502.4	397.4	67.9	37.1	259.6
河　南	711.1	576.5	468.0	82.6	25.9	120.0
湖　北	433.3	363.3	331.5	23.0	8.8	68.6
湖　南	540.1	479.5	448.0	19.9	11.6	58.0
广　东	424.2	282.0	274.2	7.0	0.9	134.8
广　西	417.3	276.4	258.8	14.4	3.2	132.5
海　南	78.0	49.4	45.8	2.6	1.0	25.4
重　庆	213.8	168.8	156.2	8.8	3.8	37.6
四　川	706.8	574.1	512.4	35.4	26.3	99.7
贵　州	201.9	181.7	160.7	16.8	4.2	16.3
云　南	378.3	337.8	288.6	34.3	15.0	37.6
西　藏	28.0	26.3	1.5	16.5	8.2	0.2
陕　西	116.2	106.1	90.4	7.9	7.8	8.6
甘　肃	96.3	89.2	50.8	18.8	19.6	4.7
青　海	34.7	33.4	10.3	11.5	11.6	0.8
宁　夏	29.2	26.9	7.1	9.7	10.1	1.9
新　疆	153.2	129.0	33.1	40.4	55.4	14.3

7-41　各地区其他畜产品产量

单位：万吨

地　区	奶　类		#牛　奶		蜂　蜜		禽　蛋	
	2014年	2015年	2014年	2015年	2014年	2015年	2014年	2015年
全国总计	**3841.2**	**3870.3**	**3724.6**	**3754.7**	**46.8**	**47.7**	**2893.9**	**2999.2**
北　京	59.5	57.2	59.5	57.2	0.2	0.2	19.7	19.6
天　津	68.9	68.0	68.9	68.0	0.0	0.0	19.4	20.2
河　北	496.1	480.9	487.8	473.1	1.3	1.3	362.7	373.6
山　西	97.2	92.7	96.2	91.9	0.5	0.5	83.7	87.2
内蒙古	797.1	812.2	788.0	803.2	0.2	0.4	53.5	56.4
辽　宁	134.5	142.6	131.2	140.3	0.1	0.1	279.3	276.5
吉　林	49.8	52.8	49.3	52.3	1.5	1.5	98.5	107.3
黑龙江	560.1	574.4	556.6	570.5	1.9	2.0	98.2	99.9
上　海	27.1	27.7	27.1	27.7	0.1	0.1	5.2	4.9
江　苏	60.7	59.6	60.7	59.6	0.5	0.5	194.6	196.2
浙　江	15.9	16.5	15.9	16.5	8.8	8.8	39.0	33.3
安　徽	27.9	30.6	27.9	30.6	1.9	1.7	122.5	134.7
福　建	15.4	15.4	15.0	15.0	1.2	1.4	25.4	25.5
江　西	12.9	13.0	12.9	13.0	1.6	1.6	47.8	49.3
山　东	289.6	284.9	279.6	275.4	0.6	0.6	388.0	423.9
河　南	342.4	352.3	332.0	342.2	9.5	9.4	404.0	410.0
湖　北	16.4	16.9	16.1	16.9	2.7	2.7	155.1	165.3
湖　南	9.3	9.7	9.3	9.7	1.3	1.3	97.9	101.5
广　东	13.8	12.9	13.5	12.9	1.9	2.0	33.0	33.8
广　西	9.7	10.1	9.7	10.1	1.3	1.4	22.2	22.9
海　南	0.2	0.2	0.2	0.2	0.1	0.1	3.8	4.4
重　庆	5.7	5.4	5.7	5.4	1.8	1.9	43.2	45.4
四　川	71.3	67.5	70.8	67.5	4.7	4.8	145.3	146.7
贵　州	5.7	6.2	5.7	6.2	0.3	0.3	16.2	17.3
云　南	64.6	62.5	58.2	55.0	1.0	1.0	24.3	26.0
西　藏	34.3	35.0	29.0	30.0	0.0		0.5	0.5
陕　西	192.3	189.9	144.7	141.2	0.6	0.7	54.5	58.1
甘　肃	40.3	39.9	39.6	39.3	0.1	0.2	15.5	15.3
青　海	31.3	32.7	30.5	31.5	0.2	0.2	2.2	2.3
宁　夏	135.7	136.5	135.7	136.5	0.1	0.1	8.3	8.8
新　疆	155.6	163.8	147.5	155.8	1.0	1.1	30.5	32.6

7-42 牲畜年末存栏头数及增减情况

指　　标	单 位	1999年	2000年	2014年	2015年	2015年为2014年百分比(%)
一、大牲畜头数	万头	15024.8	14638.1	12022.9	12195.7	101.4
#役畜	万头	7403.8	7446.2	2038.1	1937.2	95.0
1.牛	万头	12698.3	12353.2	10578.0	10817.3	102.3
#黄牛	万头	9436.6	9271.4			
#水牛	万头	2258.7	2185.0			
#肉牛	万头			7040.9	7372.9	104.7
#奶牛	万头	442.8	469.4	1499.1	1507.2	100.5
2.马	万头	891.4	876.6	604.3	590.8	97.8
3.驴	万头	934.8	922.7	582.6	542.1	93.0
4.骡	万头	467.3	453.0	224.6	210.0	93.5
5.骆驼	万头	33.0	32.6	33.4	35.6	106.6
二、猪	万头	43144.2	41633.6	46582.7	45112.5	96.8
三、羊	万只	27925.8	27948.2	30314.9	31099.7	102.6
山羊	万只	14816.3	14945.6	14465.9	14893.4	103.0
绵羊	万只	13109.5	13002.6	15849.0	16206.2	102.3
四、家禽	亿只	45.5	46.4	57.8	58.7	101.5
五、兔	万只	15789.3	17781.7	22274.6	21603.4	97.0

注：从2008年起牛的品种修正为肉牛、奶牛和役用牛。

7-43 各地区牲畜年末存栏情况

单位：万头

地区	大牲畜	牛	肉牛	奶牛
全国总计	**12195.7**	**10817.3**	**7372.9**	**1507.2**
北京	18.1	17.5	5.1	12.4
天津	30.0	29.3	14.3	14.9
河北	493.2	412.5	166.9	196.3
山西	122.0	101.1	43.7	34.6
内蒙古	884.6	671.0	423.2	237.2
辽宁	499.7	384.6	344.2	33.6
吉林	501.0	450.7	420.8	26.2
黑龙江	543.5	510.7	313.0	193.4
上海	5.9	5.9		5.8
江苏	34.2	30.7	9.1	20.0
浙江	15.0	15.0	9.5	4.4
安徽	165.0	164.6	140.4	13.0
福建	67.3	67.3	33.8	5.0
江西	313.3	313.3	260.9	7.2
山东	518.4	503.6	330.4	133.4
河南	955.3	934.0	650.4	107.8
湖北	362.2	361.3	242.0	6.9
湖南	478.0	471.7	358.1	15.5
广东	242.3	242.3	132.2	5.3
广西	479.6	445.9	98.3	5.2
海南	84.2	84.2	50.9	0.1
重庆	151.4	148.6	108.7	1.8
四川	1082.8	985.3	561.8	17.8
贵州	609.2	536.0	349.6	6.1
云南	922.4	756.8	688.2	17.1
西藏	654.2	616.1	471.3	37.6
陕西	163.9	146.8	102.1	43.5
甘肃	614.1	450.7	420.1	30.0
青海	485.5	455.3	429.6	25.6
宁夏	114.4	107.6	72.1	35.4
新疆	584.9	396.9	121.9	214.0

7-43 续表 1 单位：万头

地区	马	驴	骡
全国总计	**590.8**	**542.1**	**210.0**
北京	0.2	0.3	0.1
天津	0.1	0.6	0.1
河北	16.0	47.3	17.4
山西	1.1	12.7	7.0
内蒙古	87.7	88.5	22.5
辽宁	17.0	86.3	11.8
吉林	25.6	17.3	7.4
黑龙江	22.6	7.3	2.9
上海			
江苏	0.3	2.4	0.8
浙江			
安徽	0.1	0.2	0.0
福建	0.0		
江西			
山东	2.4	11.2	1.2
河南	8.1	10.5	2.7
湖北	0.5	0.3	0.1
湖南	5.4	0.8	0.2
广东	0.0		
广西	29.6	0.1	4.1
海南			
重庆	1.7	0.3	0.8
四川	79.4	7.9	10.1
贵州	70.9	0.2	2.1
云南	66.7	35.8	63.1
西藏	30.2	6.5	1.4
陕西	0.7	12.9	3.6
甘肃	15.1	102.7	43.2
青海	19.5	4.4	5.2
宁夏	0.1	5.2	1.5
新疆	89.9	80.3	0.8

7-43 续表 2

单位：万头、万只

地 区	猪	羊		
			山羊	绵羊
全国总计	**45112.5**	**31099.7**	**14893.4**	**16206.2**
北 京	165.6	69.4	19.0	50.4
天 津	196.9	48.0	5.7	42.3
河 北	1865.7	1450.1	475.8	974.3
山 西	485.9	1001.5	436.2	565.2
内 蒙 古	645.3	5777.8	1603.5	4174.3
辽 宁	1457.5	908.7	483.4	425.3
吉 林	972.4	452.9	54.6	398.3
黑 龙 江	1314.1	895.7	196.2	699.5
上 海	143.9	30.5	29.1	1.5
江 苏	1780.3	417.5	407.6	9.9
浙 江	730.2	113.4	40.1	73.2
安 徽	1539.4	688.3	687.2	1.1
福 建	1066.2	127.7	127.7	
江 西	1693.3	58.2	58.2	
山 东	2849.6	2235.7	1639.6	596.1
河 南	4376.0	1926.0	1844.0	82.0
湖 北	2497.1	465.7	465.6	0.2
湖 南	4079.4	546.1	546.1	
广 东	2135.9	41.5	41.5	
广 西	2303.7	202.6	202.6	
海 南	401.1	66.7	66.7	
重 庆	1450.4	225.6	225.4	0.2
四 川	4815.6	1782.3	1566.6	215.7
贵 州	1559.0	354.7	335.2	19.5
云 南	2625.3	1057.4	979.3	78.1
西 藏	38.6	1496.0	533.8	962.2
陕 西	846.0	701.9	573.2	128.7
甘 肃	600.0	1939.5	421.1	1518.4
青 海	118.4	1435.0	191.5	1243.6
宁 夏	65.5	587.8	113.3	474.5
新 疆	294.5	3995.7	523.6	3472.0

7-44 水产品产量和养殖面积

年 份	水产品总产量(万吨)	内陆水产品(万吨)	#人工养殖	海水产品(万吨)	#人工养殖	水产品养殖面积(千公顷) 内陆养殖	海水养殖
1952	166.6	60.6	14.0	106.0	6.0		
1957	311.6	117.9	57.0	193.7	12.0	1054.7	60.0
1962	228.3	78.5	31.0	149.8	9.0	1600.0	50.0
1965	298.4	97.0	51.0	201.4	10.0	1979.3	83.3
1970	318.5	90.4	58.0	228.1	18.0	2721.3	83.3
1975	441.2	106.5	75.0	334.7	28.0	3244.0	112.0
1978	465.3	105.9	76.2	359.5	45.0	2722.8	100.6
1979	430.5	111.6	81.3	318.9	41.6	2737.8	116.5
1980	449.7	124.0	90.1	325.7	44.4	2864.1	133.6
1981	460.6	137.3	101.4	323.2	45.8	2880.3	138.5
1982	515.5	156.2	120.7	359.3	49.5	3050.6	162.5
1983	545.8	184.1	142.8	361.7	54.5	3082.6	186.7
1984	619.3	225.0	181.1	394.4	63.9	3259.5	242.6
1985	705.2	285.4	237.8	419.7	71.2	3687.5	277.0
1986	823.6	348.2	294.4	475.4	85.8	3787.9	325.2
1987	955.3	407.2	347.2	548.2	110.1	3859.3	369.3
1988	1060.9	455.2	389.8	605.7	142.4	3894.9	409.5
1989	1151.7	490.5	417.0	661.2	157.6	3812.3	423.1
1990	1237.0	523.7	445.4	713.3	162.4	3829.8	428.9
1991	1350.8	550.7	459.2	800.1	190.5	3827.5	449.3
1992	1557.1	623.5	533.4	933.7	242.4	3975.7	499.1
1993	1823.0	747.0	644.1	1076.0	308.7	4132.6	586.3
1994	2143.2	901.7	785.0	1241.5	345.7	4429.9	653.5
1995	2517.2	1078.0	940.8	1439.1	412.3	4669.4	715.9
1996	3288.1	1275.2	1099.0	2012.9	763.9	4832.3	822.1
1997	3118.6	1230.5	1067.0	1888.1	691.7	4962.9	937.9
1998	3382.7	1338.1	1140.6	2044.5	752.0	5064.2	1004.4
1999	3570.1	1424.9	1226.9	2145.3	851.9	5182.1	1095.0
2000	3706.2	1502.3	1308.9	2203.9	928.0	5264.8	1243.2
2001	3795.9	1562.4	1376.2	2233.5	989.4	5399.4	1286.9
2002	3954.9	1656.4	1461.7	2298.5	1060.5	5509.7	1344.7
2003	4077.0	1744.2	1530.9	2332.8	1095.9	5609.4	1532.2
2004	4246.6	1842.1	1632.5	2404.5	1151.3	5723.3	1623.8
2005	4419.9	1954.0	1733.0	2465.9	1210.8	5863.7	1694.5
2006	4583.6	2074.0	1853.6	2509.6	1264.2	4253.8	1271.7
2007	4747.5	2196.6	1971.0	2550.9	1307.3	4413.6	1331.5
2008	4895.6	2297.3	2072.5	2598.3	1340.3	4971.0	1578.9
2009	5116.4	2434.8	2216.5	2681.6	1405.2	5423.8	1859.3
2010	5373.0	2575.5	2346.5	2797.5	1482.3	5564.3	2080.9
2011	5603.2	2695.2	2471.9	2908.0	1551.3	5728.6	2106.4
2012	5907.7	2874.3	2644.5	3033.3	1643.8	5907.5	2180.9
2013	6172.0	3033.2	2802.4	3138.8	1739.2	6006.1	2315.6
2014	6461.5	3165.3	2935.8	3296.2	1812.6	6080.9	2305.5
2015	6699.6	3290.0	3062.3	3409.6	1875.6	6147.2	2317.8

注：1997-2006年全国水产品总产量、海洋、内陆水产品产量、捕捞、养殖水产品产量根据农业普查结果进行了修订，各地区数据以及全国其他细项数据未作修订。

7-45 水产品产量和养殖面积及增减情况

指　标	单位	1990年	1995年	2000年	2014年	2015年	2015年为2014年百分比(%)
一、水产品总产量	**吨**	**12370203**	**25171794**	**37062295**	**64615174**	**66996488**	**103.7**
1.按海水、内陆分							
海水产品产量	吨	7132915	14391297	22039081	32962170	34096088	103.4
内陆水产品产量	吨	5237288	10780497	15023215	31653004	32900400	103.9
2.按生产性质分							
捕捞产量	吨	6291908	11641237	14693895	17131102	17617476	102.8
养殖产量	吨	6078295	13530557	22368401	47484072	49379012	104.0
3.按品种分							
鱼类	吨	9280816	17767539	26060480	39727993	41386393	104.2
甲壳类	吨	1165054	2121365	3853954	6716859	6864442	102.2
贝类	吨	1549061	4127896	10849816	14231615	14656095	103.0
藻类	吨	275186	749140	1221988	2037684	2124255	104.2
其他类	吨	100086	405854	798607	1901023	1965303	103.4
二、水产养殖面积	**千公顷**	**4258.7**	**5385.3**	**6508.1**	**8386.4**	**8465.0**	**100.9**
1.海水养殖面积	千公顷	428.9	715.9	1243.2	2305.5	2317.8	100.5
浅海养殖	千公顷		131.8	326.0	1347.0	1355.4	100.6
滩涂养殖	千公顷		424.6	686.5	674.6	653.8	96.9
陆基养殖	千公顷		159.5	230.8	283.8	308.5	108.7
2.内陆养殖面积	千公顷	3829.8	4669.4	5264.8	6080.9	6147.2	101.1
池塘养殖	千公顷		1857.9	2212.6	2661.9	2701.2	101.5
湖泊养殖	千公顷		824.2	879.1	1015.3	1022.4	100.7
河沟养殖	千公顷		347.4	379.8	275.0	277.1	100.8
水库养殖	千公顷		1515.7	1620.0	1994.8	2012.4	100.9
其他养殖	千公顷		124.2	173.3	133.9	134.2	100.2
三、稻田养殖面积	**千公顷**				**1489.5**	**1501.6**	**100.8**

注：2008年以来海水养殖面积中的陆基养殖面积为其他养殖面积。

7-46 海水产品和内陆水产品产量

单位：吨

指标	1990年	1995年	2000年	2014年	2015年	2015年为2014年百分比(%)
海水产品产量	**7132915**	**14391297**	**22039081**	**32962170**	**34096088**	**103.4**
一、海洋捕捞产量	**5508862**	**10268373**	**12759487**	**14835689**	**15339811**	**103.4**
鱼类		7436501	9902931	10835219	11245722	103.8
甲壳类		1732445	2626967	2395699	2427918	45.3
贝类		823691	1779621	551607	555970	100.8
藻类		10637	20429	24299	25811	106.2
其他类		265099	444576	1028865	1084390	105.4
二、海水养殖产量	**1624053**	**4122924**	**9279594**	**18126481**	**18756277**	**103.5**
鱼类		144937	426957	1189667	1307628	109.9
甲壳类		115901	343940	1433763	1434917	100.1
贝类		3099099	8607050	13165511	13583816	103.2
藻类		738503	1201559	2004576	2089153	104.2
其他类		24484	33359	332964	340763	102.3
内陆水产品产量	**5237288**	**10780497**	**15023215**	**31653004**	**32900400**	**103.9**
一、内陆捕捞产量	**783046**	**1372864**	**1934408**	**2295413**	**2277665**	**99.2**
鱼类		1080666	1703586	1673452	1682968	100.6
甲壳类		137195	254844	327704	310986	94.9
贝类		125496	256281	263297	254084	96.5
其他类		29507	48941	30960	29627	95.7
二、内陆养殖产量	**4454242**	**9407633**	**13088807**	**29357591**	**30622735**	**104.3**
鱼类		9105435	14027006.4	26029655	27150075	104.3
甲壳类		135824	628203	2559693	2690621	105.1
贝类		79610	206864	251200	2690621	1071.1
其他类		86764	271731	517043	519814	100.5

7-47 各地区水产品产量

(按来源分)

单位：吨

地区	水产品总产量		捕捞产量		养殖产量	
	2014年	2015年	2014年	2015年	2014年	2015年
全国总计	**64615174**	**66996488**	**17131102**	**17617476**	**47484072**	**49379012**
北京	68184	66147	17313	21104	50871	45043
天津	408244	400965	77306	77410	330938	323555
河北	1263941	1297077	341275	357168	922666	939909
山西	51248	52427	1060	1074	50188	51353
内蒙古	147949	153525	29918	29364	118031	124161
辽宁	5256719	5312765	1461988	1433810	3794731	3878955
吉林	190125	195200	20657	19654	169468	175546
黑龙江	513534	542368	54138	57169	459396	485199
上海	330460	324369	172992	173080	157468	151289
江苏	5187503	5210467	893637	913725	4293866	4296742
浙江	5741734	5978341	3866342	4025395	1875392	1952946
安徽	2236864	2304261	328456	316388	1908408	1987873
福建	6958361	7338969	2326974	2409521	4631387	4929448
江西	2536613	2642490	259832	264044	2276781	2378446
山东	9037382	9312693	2774219	2853967	6263163	6458726
河南	917640	1023730	49310	51130	868330	972600
湖北	4333008	4558863	208068	191002	4124940	4367861
湖南	2481620	2593776	107744	108939	2373876	2484837
广东	8363406	8582223	1687851	1684408	6675555	6897815
广西	3323956	3459249	787988	793402	2535968	2665847
海南	1974357	2048912	1242164	1384011	732193	664901
重庆	443409	480863	20333	20358	423076	460505
四川	1326349	1386850	60160	59648	1266189	1327202
贵州	209940	249762	13900	13902	196040	235860
云南	582013	697098	46881	58138	535132	638960
西藏	340	340	279	279	61	61
陕西	139320	155160	6000	7200	133320	147960
甘肃	14476	14932			14476	14932
青海	9037	10578			9037	10578
宁夏	162588	169727	344	392	162244	169335
新疆	144007	151361	13126	10794	130881	140567
中农发集团	260847	281000	260847	281000		

7-48 各地区水产品产量

(按类别分)

单位：吨

地　区	水产品总产量	鱼类	甲壳类	贝类	藻类	其他类
全国总计	**66996488**	**41386393**	**6864442**	**14656095**	**2124255**	**1965303**
北　京	66147	66065	36			46
天　津	400965	343496	52374	3058		2037
河　北	1297077	653219	108700	485995		49163
山　西	52427	51850	130			447
内蒙古	153525	150467	1070		1842	146
辽　宁	5312765	1879749	340669	2450751	348495	293101
吉　林	195200	192398	2352	450		
黑龙江	542368	537152	4808	357		51
上　海	324369	265391	58166	5		807
江　苏	5210467	3147420	1131678	815748	30654	84967
浙　江	5978341	3609165	1172781	800315	51603	344477
安　徽	2304261	1842231	326959	88344		46727
福　建	7338969	2924602	606861	2720273	897702	189531
江　西	2642490	2337111	156681	78181	3438	67079
山　东	9312693	3701617	483306	4067977	667387	392406
河　南	1023730	990287	25112	1070	189	7072
湖　北	4558863	3778834	696614	36804		46611
湖　南	2593776	2483578	47223	25334		37641
广　东	8582223	5228418	1033843	2080787	82996	156179
广　西	3459249	2011100	396782	916819	81	134467
海　南	2048912	1641049	196106	76825	39379	95553
重　庆	480863	475224	3413	456		1770
四　川	1386850	1367549	8003	4169		7129
贵　州	249762	245735	2759	327		941
云　南	697098	689085	4722	2000	488	803
西　藏	340	277				63
陕　西	155160	148869	377	5	1	5908
甘　肃	14932	14869	44			19
青　海	10578	10438	140			
宁　夏	169727	168378	1329			20
新　疆	151361	149770	1404	45		142
中农发集团	281000	281000				

7-49 各地区海水产品产量

(按来源分) 单位：吨

地区	海水产品产量		海洋捕捞产量		海水养殖产量	
	2014年	2015年	2014年	2015年	2014年	2015年
全国总计	**32962170**	**34096088**	**14835689**	**15339811**	**18126481**	**18756277**
北　京	13222	17000	13222	17000		
天　津	77221	75637	65594	65094	11627	10543
河　北	731594	760931	239595	254447	491999	506484
山　西						
内蒙古						
辽　宁	4296825	4319822	1406300	1377857	2890525	2941965
吉　林						
黑龙江						
上　海	169594	169997	169594	169997		
江　苏	1503806	1481838	567859	588314	935947	893524
浙　江	4673330	4870397	3775390	3936966	897940	933431
安　徽						
福　建	6033847	6363218	2239549	2321917	3794298	4041301
江　西						
山　东	7461343	7746994	2662236	2751340	4799107	4995654
河　南						
湖　北						
湖　南						
广　东	4506007	4592303	1562026	1560126	2943981	3032177
广　西	1744361	1797194	653386	655028	1090975	1142166
海　南	1490173	1619757	1220091	1360725	270082	259032
重　庆						
四　川						
贵　州						
云　南						
西　藏						
陕　西						
甘　肃						
青　海						
宁　夏						
新　疆						
中农发集团	260847	281000	260847	281000		

7-50 各地区海水产品产量

(按类别分) 单位：吨

地　区	海水产品产量	鱼类	甲壳类	贝类	藻类	其他类
全国总计	**34096088**	**12553350**	**3862835**	**14139786**	**2114964**	**1425153**
北　京	17000	17000				
天　津	75637	63828	8719	2500		590
河　北	760931	157972	77740	482177		43042
山　西						
内蒙古						
辽　宁	4319822	998286	241184	2450291	348495	281566
吉　林						
黑龙江						
上　海	169997	161269	8459	5		264
江　苏	1481838	422725	275339	704257	29272	50245
浙　江	4870397	2828964	1039405	769971	51463	180594
安　徽						
福　建	6363218	2112835	523292	2661333	896791	168967
江　西						
山　东	7746994	2240035	393606	4061479	667387	384487
河　南						
湖　北						
湖　南						
广　东	4592303	1633615	720369	2032901	82977	122441
广　西	1797194	413573	381211	899880		102530
海　南	1619757	1222248	193511	74992	38579	90427
重　庆						
四　川						
贵　州						
云　南						
西　藏						
陕　西						
甘　肃						
青　海						
宁　夏						
新　疆						
中农发集团	281000	281000				

7-51 各地区内陆水产品产量

(按来源分)　　单位：吨

地区	内陆水产品产量		内陆捕捞产量		内陆养殖产量	
	2014年	2015年	2014年	2015年	2014年	2015年
全国总计	**31653004**	**32900400**	**2295413**	**2277665**	**29357591**	**30622735**
北京	54962	49147	4091	4104	50871	45043
天津	331023	325328	11712	12316	319311	313012
河北	532347	536146	101680	102721	430667	433425
山西	51248	52427	1060	1074	50188	51353
内蒙古	147949	153525	29918	29364	118031	124161
辽宁	959894	992943	55688	55953	904206	936990
吉林	190125	195200	20657	19654	169468	175546
黑龙江	513534	542368	54138	57169	459396	485199
上海	160866	154372	3398	3083	157468	151289
江苏	3683697	3728629	325778	325411	3357919	3403218
浙江	1068404	1107944	90952	88429	977452	1019515
安徽	2236864	2304261	328456	316388	1908408	1987873
福建	924514	975751	87425	87604	837089	888147
江西	2536613	2642490	259832	264044	2276781	2378446
山东	1576039	1565699	111983	102627	1464056	1463072
河南	917640	1023730	49310	51130	868330	972600
湖北	4333008	4558863	208068	191002	4124940	4367861
湖南	2481620	2593776	107744	108939	2373876	2484837
广东	3857399	3989920	125825	124282	3731574	3865638
广西	1579595	1662055	134602	138374	1444993	1523681
海南	484184	429155	22073	23286	462111	405869
重庆	443409	480863	20333	20358	423076	460505
四川	1326349	1386850	60160	59648	1266189	1327202
贵州	209940	249762	13900	13902	196040	235860
云南	582013	697098	46881	58138	535132	638960
西藏	340	340	279	279	61	61
陕西	139320	155160	6000	7200	133320	147960
甘肃	14476	14932			14476	14932
青海	9037	10578			9037	10578
宁夏	162588	169727	344	392	162244	169335
新疆	144007	151361	13126	10794	130881	140567

7-52 各地区内陆水产品产量

(按类别分)

单位：吨

地区	内陆水产品产量	鱼类	甲壳类	贝类	其他类
全国总计	**32900400**	**28833043**	**3001607**	**516309**	**549441**
北京	49147	49065	36		46
天津	325328	279668	43655	558	1447
河北	536146	495247	30960	3818	6121
山西	52427	51850	130		447
内蒙古	153525	150467	1070		1988
辽宁	992943	881463	99485	460	11535
吉林	195200	192398	2352	450	
黑龙江	542368	537152	4808	357	51
上海	154372	104122	49707		543
江苏	3728629	2724695	856339	111491	36104
浙江	1107944	780201	133376	30344	164023
安徽	2304261	1842231	326959	88344	46727
福建	975751	811767	83569	58940	21475
江西	2642490	2337111	156681	78181	70517
山东	1565699	1461582	89700	6498	7919
河南	1023730	990287	25112	1070	7261
湖北	4558863	3778834	696614	36804	46611
湖南	2593776	2483578	47223	25334	37641
广东	3989920	3594803	313474	47886	33757
广西	1662055	1597527	15571	16939	32018
海南	429155	418801	2595	1833	5926
重庆	480863	475224	3413	456	1770
四川	1386850	1367549	8003	4169	7129
贵州	249762	245735	2759	327	941
云南	697098	689085	4722	2000	1291
西藏	340	277			63
陕西	155160	148869	377	5	5909
甘肃	14932	14869	44		19
青海	10578	10438	140		
宁夏	169727	168378	1329		20
新疆	151361	149770	1404	45	142

7-53 各地区水产养殖面积

单位：千公顷

地　区	水产品养殖面积		内陆养殖面积		海水养殖面积	
	2014年	2015年	2014年	2015年	2014年	2015年
全国总计	**8386.4**	**8465.0**	**6080.9**	**6147.2**	**2305.5**	**2317.8**
北　京	3.9	3.6	3.9	3.6		
天　津	40.6	39.9	37.4	36.7	3.2	3.2
河　北	201.0	194.0	78.6	76.4	122.4	117.5
山　西	15.8	15.7	15.8	15.7		
内蒙古	118.6	119.6	118.6	119.6		
辽　宁	1145.4	1152.2	216.9	219.1	928.5	933.1
吉　林	313.1	316.9	313.1	316.9		
黑龙江	376.2	388.8	376.2	388.8		
上　海	20.5	19.4	20.5	19.4		
江　苏	761.0	753.4	572.4	571.6	188.7	181.8
浙　江	298.1	298.9	209.9	213.1	88.2	85.9
安　徽	575.9	580.2	575.9	580.2		
福　建	261.9	267.9	100.5	101.9	161.4	166.1
江　西	435.3	437.5	435.3	437.5		
山　东	835.1	846.2	286.6	283.0	548.5	563.2
河　南	269.7	276.6	269.7	276.6		
湖　北	688.0	688.7	688.0	688.7		
湖　南	454.3	467.7	454.3	467.7		
广　东	565.0	565.7	371.3	370.8	193.7	194.9
广　西	236.2	239.2	181.9	184.1	54.2	55.0
海　南	53.9	54.7	37.2	37.6	16.7	17.1
重　庆	93.6	96.7	93.6	96.7		
四　川	199.4	211.5	199.4	211.5		
贵　州	58.9	59.9	58.9	59.9		
云　南	138.5	142.2	138.5	142.2		
西　藏		0.0		0.0		
陕　西	50.5	50.6	50.5	50.6		
甘　肃	14.4	15.5	14.4	15.5		
青　海	42.4	42.4	42.4	42.4		
宁　夏	46.7	46.8	46.7	46.8		
新　疆	72.4	72.7	72.4	72.7		

农村市场与物价

8-1 农村主要物价总指数

(上年=100)

年 份	农村居民消费价格指数	农业生产资料价格指数	农产品生产价格总指数
1952			101.7
1957			105.0
1962			99.4
1965			99.2
1970			100.1
1975			102.1
1978		99.9	103.9
1979		100.4	122.1
1980		101.0	107.1
1981		101.7	105.9
1982		101.9	102.2
1983		103.0	104.4
1984		108.9	104.0
1985	107.6	104.8	108.6
1986	106.1	101.1	106.4
1987	106.2	107.0	112.0
1988	117.5	116.2	123.0
1989	119.3	118.9	115.0
1990	104.5	105.5	97.4
1991	102.3	102.9	98.0
1992	104.7	103.7	103.4
1993	113.7	114.1	113.4
1994	123.4	121.6	139.9
1995	117.5	127.4	119.9
1996	107.9	108.4	104.2
1997	102.5	99.5	95.5
1998	99.0	94.5	92.0
1999	98.5	95.8	87.8
2000	99.9	99.1	96.4
2001	100.8	99.1	103.1
2002	99.6	100.5	99.7
2003	101.6	101.4	104.4
2004	104.8	110.6	113.1
2005	102.2	108.3	101.4
2006	101.5	101.5	101.2
2007	105.4	107.7	118.5
2008	106.5	120.3	114.1
2009	99.7	97.5	97.6
2010	103.6	102.9	110.9
2011	105.8	111.3	116.5
2012	102.5	105.6	102.7
2013	102.8	101.4	103.2
2014	101.8	99.1	99.8
2015	101.3	100.4	101.7

注：农产品生产价格总指数2000年以前为农副产品收购价格指数。

8-2 各地区农村商品零售价格分类指数

(上年价格=100)

地　区	总 指 数	一、食品	1.粮食	2.淀粉	3.干豆类及豆制品	4.油脂
全国平均	**100.3**	**102.4**	**101.7**	**100.7**	**102.7**	**97.6**
北　京						
天　津						
河　北	100.0	100.6	100.2	100.1	101.9	97.5
山　西	99.7	100.2	101.0	99.7	102.3	95.0
内 蒙 古	100.2	100.4	102.2	101.9	100.5	99.2
辽　宁	100.4	102.5	101.6	101.4	101.3	97.2
吉　林	100.0	102.1	100.8	98.0	103.0	100.4
黑 龙 江	100.2	101.1	101.4	96.6	104.7	93.4
上　海						
江　苏	100.6	103.4	103.1	102.0	101.7	93.9
浙　江	100.2	103.7	102.5	99.9	101.5	93.3
安　徽	99.9	103.4	101.9	100.1	99.8	98.6
福　建	100.0	102.3	101.4	102.2	103.1	96.3
江　西	100.6	103.4	102.4	101.6	106.5	96.8
山　东	100.2	101.0	100.4	98.0	101.5	97.4
河　南	100.0	101.3	103.3	103.3	101.4	94.6
湖　北	100.7	102.6	101.7	101.3	102.9	96.9
湖　南	100.0	102.7	101.2	107.3	106.8	102.6
广　东	100.2	103.5	101.0	99.6	104.0	99.0
广　西	100.1	102.7	101.2	99.9	102.3	97.9
海　南	98.6	101.6	99.8	100.2	100.0	98.5
重　庆						
四　川	101.0	104.4	102.2	100.1	101.9	100.3
贵　州	100.3	102.6	103.1	103.5	100.3	98.1
云　南	100.6	102.4	101.9	97.1	100.1	96.2
西　藏	101.3	103.0	100.5	98.3	101.2	99.9
陕　西	100.0	101.1	101.2	102.0	103.4	96.3
甘　肃	101.5	102.1	101.1	103.5	103.8	96.7
青　海	101.5	102.9	102.3	107.6	102.4	98.8
宁　夏	99.9	100.9	102.1	99.9	102.5	99.3
新　疆	99.8	99.4	101.6	99.1	101.8	96.2

8-2 续表 1

地　区	5.肉禽及其制品	6.蛋	7.水产品	8.菜	9.调味品	10.糖
全国平均	**105.4**	**93.1**	**101.9**	**106.3**	**103.0**	**100.9**
北　京						
天　津						
河　北	104.6	87.1	101.5	107.7	105.7	99.2
山　西	104.6	85.0	100.1	105.0	99.9	99.4
内蒙古	99.1	92.4	101.6	99.5	101.9	100.3
辽　宁	104.7	91.4	103.2	107.4	101.4	99.8
吉　林	103.3	90.9	102.8	106.4	117.4	102.2
黑龙江	104.9	92.6	102.5	106.1	102.6	100.3
上　海						
江　苏	107.3	94.6	102.1	111.1	107.3	100.5
浙　江	107.9	100.5	103.0	108.8	100.6	101.1
安　徽	106.7	91.8	99.9	111.8	104.1	101.0
福　建	104.7	95.4	102.2	107.5	100.7	99.0
江　西	106.4	97.4	100.3	106.6	100.5	100.2
山　东	104.2	91.7	104.6	109.0	102.4	101.3
河　南	104.3	86.2	103.1	106.9	102.4	101.6
湖　北	104.4	98.4	98.6	107.9	102.0	100.8
湖　南	106.7	98.4	96.9	102.2	100.2	101.9
广　东	106.3	98.9	103.8	104.8	101.8	103.7
广　西	105.4	99.7	100.2	104.3	101.6	99.2
海　南	103.4	96.9	100.1	102.2	101.5	99.5
重　庆						
四　川	108.2	96.8	103.1	103.8	109.4	98.9
贵　州	106.7	104.5	101.4	99.1	103.4	98.0
云　南	104.6	104.2	102.2	100.0	103.8	100.7
西　藏	103.7	101.1	106.7	105.0	103.1	101.5
陕　西	102.7	92.8	102.1	104.2	102.2	100.5
甘　肃	102.6	96.8	98.5	108.2	100.6	99.1
青　海	99.8	95.2	101.6	109.9	103.0	98.3
宁　夏	99.0	89.5	100.2	108.2	103.2	98.7
新　疆	94.2	92.8	98.3	100.8	101.6	100.5

8-2 续表 2

地 区	11.干鲜瓜果	12.糕点饼干面 包	13.液体乳及乳制品	14.在外用膳食 品	15.其他食品	二、饮料、烟酒
全国平均	**98.6**	**101.2**	**99.5**	**102.3**	**100.7**	**101.9**
北 京						
天 津						
河 北	92.6	101.2	97.5	101.4	100.0	101.9
山 西	90.5	102.4	96.0	102.0	100.0	102.7
内 蒙 古	102.0	102.0	99.7	101.6	99.9	102.5
辽 宁	103.1	100.3	99.9	101.9	102.1	102.4
吉 林	99.6	103.9	100.3	102.0	101.5	102.7
黑 龙 江	95.1	102.3	99.2	103.0	101.1	101.8
上 海						
江 苏	97.0	102.9	100.6	102.4	99.1	102.8
浙 江	97.6	101.0	102.2	104.0	98.4	102.2
安 徽	94.3	102.6	99.6	103.6	100.0	100.0
福 建	98.7	100.8	100.1	100.7	101.3	102.0
江 西	103.3	101.1	100.2	103.8	100.4	102.0
山 东	91.5	100.9	97.5	101.7	102.2	101.7
河 南	93.1	100.9	99.5	103.1	101.4	100.9
湖 北	102.6	100.4	101.2	103.2	100.9	102.3
湖 南	104.5	101.5	101.1	100.3	101.1	102.8
广 东	104.3	100.3	100.3	101.1	100.6	101.6
广 西	98.5	101.0	98.9	103.5	99.5	101.4
海 南	99.7	101.7	97.1	102.3	97.0	102.2
重 庆						
四 川	102.5	100.5	99.4	103.0	100.5	100.1
贵 州	98.7	104.4	101.0	102.7	103.5	103.7
云 南	100.9	100.4	103.0	103.5	103.0	102.4
西 藏	102.1	100.2	101.8	105.5	100.2	103.1
陕 西	95.5	102.5	99.2	102.3	103.9	102.5
甘 肃	97.3	104.5	104.4	103.1	101.5	103.0
青 海	105.5	102.8	98.5	104.5	101.8	102.3
宁 夏	96.8	100.2	96.7	102.5	101.6	102.1
新 疆	108.8	102.8	99.1	102.5	100.6	102.2

8-2 续表 3

地　　区	1.茶及饮料	2.烟草	3.酒	三、服装、鞋帽	1.服装	2.鞋袜帽
全国平均	**101.5**	**104.5**	**99.1**	**102.3**	**102.6**	**101.8**
北　京						
天　津						
河　北	100.8	105.4	99.0	101.1	101.8	99.4
山　西	100.2	104.7	98.5	102.6	102.8	102.4
内蒙古	101.4	104.6	101.0	103.1	103.3	103.0
辽　宁	100.0	104.9	100.6	100.9	100.9	101.0
吉　林	101.7	105.1	101.2	104.9	105.2	104.0
黑龙江	100.1	105.8	100.0	103.0	101.5	105.6
上　海						
江　苏	103.5	104.5	99.5	102.7	102.8	102.4
浙　江	101.0	104.5	98.1	102.5	102.8	101.9
安　徽	102.2	104.3	95.2	100.3	101.9	96.2
福　建	101.2	104.6	99.9	103.0	103.5	101.8
江　西	101.0	105.2	99.1	103.7	105.0	101.6
山　东	101.1	104.6	99.5	103.7	104.0	103.4
河　南	100.6	104.3	99.0	102.4	102.9	101.5
湖　北	101.6	105.9	97.8	101.1	101.0	101.6
湖　南	100.2	104.9	100.2	101.8	102.1	101.0
广　东	101.3	102.7	100.6	102.1	102.2	102.3
广　西	101.0	103.0	99.8	103.8	103.8	104.5
海　南	99.7	105.0	99.6	99.6	98.9	102.0
重　庆						
四　川	100.4	104.0	93.5	102.1	102.6	101.0
贵　州	100.8	105.5	101.0	100.1	99.8	100.8
云　南	101.1	104.8	99.9	102.0	102.7	100.5
西　藏	100.4	106.0	100.5	100.6	99.9	102.1
陕　西	101.2	105.3	100.0	100.7	100.6	100.7
甘　肃	102.4	105.3	99.4	104.1	103.3	106.9
青　海	103.0	103.2	101.2	104.3	104.2	104.8
宁　夏	100.1	104.5	99.7	102.9	103.0	102.8
新　疆	101.4	105.7	99.6	103.9	104.6	102.5

8-2 续表 4

地　区	3.其他	四、纺织品	1.衣着材料	2.床上用品	五、家用电器及音像器材	1.家庭设备
全国平均	**100.6**	**100.8**	**101.6**	**100.3**	**99.6**	**100.0**
北　京						
天　津						
河　北	101.2	100.7	100.3	100.8	99.8	100.0
山　西	100.7	99.9	101.3	99.3	98.7	98.5
内蒙古	100.3	101.2	102.1	100.1	98.6	99.7
辽　宁	101.2	100.2	101.1	99.2	98.9	99.0
吉　林	106.1	100.9	100.8	101.0	100.4	100.1
黑龙江	102.2	101.9	103.7	100.2	99.0	99.0
上　海						
江　苏	102.2	101.8	103.1	100.8	100.5	101.1
浙　江	100.7	99.3	101.8	97.7	100.6	100.8
安　徽	99.4	100.8	100.7	100.9	99.6	100.0
福　建	99.5	99.7	101.1	99.0	98.6	98.9
江　西	100.6	101.2	103.8	99.1	98.0	98.3
山　东	100.3	101.6	101.7	101.6	102.9	104.1
河　南	100.4	101.6	102.1	101.5	99.3	99.2
湖　北	100.4	100.4	101.4	99.5	99.0	99.2
湖　南	100.8	103.2	107.3	102.2	96.7	97.7
广　东	100.0	100.6	100.7	100.6	99.0	99.6
广　西	100.1	101.3	103.0	100.0	98.2	98.7
海　南	100.0	99.2	98.8	99.4	97.9	97.3
重　庆						
四　川	99.4	99.7	99.3	99.9	98.9	98.7
贵　州	100.1	93.9	99.6	88.6	98.4	98.5
云　南	102.7	100.5	100.6	100.4	101.0	100.8
西　藏	100.0	100.1	100.3	100.0	99.9	100.1
陕　西	101.5	100.0	101.6	98.5	98.0	99.0
甘　肃	97.7	101.6	101.9	101.5	99.5	99.9
青　海	99.7	101.7	103.0	100.0	100.0	100.9
宁　夏	99.8	100.0	101.6	99.3	97.7	99.1
新　疆	103.0	101.0	100.9	101.0	99.7	99.3

8-2 续表 5

地　　区	2.文娱用耐用消费品	3.专业音像器材	六、文化办公用品	七、日用品	1.日用百货	2.日用杂品
全国平均	**98.9**	**99.8**	**100.2**	**100.6**	**100.5**	**100.8**
北　京						
天　津						
河　北	99.5	101.0	99.6	100.7	100.8	100.4
山　西	99.0		101.0	100.4	98.3	100.7
内蒙古	97.0	99.1	100.1	100.8	100.8	100.9
辽　宁	98.6	100.0	100.1	100.0	100.1	100.7
吉　林	100.9	100.0	100.0	100.0	100.7	100.2
黑龙江	98.9	100.0	104.9	101.7	101.8	104.5
上　海						
江　苏	98.7	99.7	101.3	101.4	101.4	103.3
浙　江	100.1	100.5	100.7	100.5	100.3	100.9
安　徽	98.7	100.9	99.4	100.2	99.5	101.7
福　建	97.8	99.7	99.7	100.0	100.2	100.4
江　西	97.6	98.7	99.9	100.6	100.3	99.5
山　东	101.9	100.0	100.3	100.8	100.6	101.1
河　南	99.9	97.4	99.0	100.6	100.8	100.9
湖　北	98.5	99.3	100.4	100.1	100.1	100.5
湖　南	95.2	99.0	99.9	100.1	100.2	100.0
广　东	98.3	99.6	99.7	100.4	100.6	100.7
广　西	97.6	100.8	99.8	99.7	99.7	98.7
海　南	98.7	99.5	101.1	101.4	101.3	102.8
重　庆						
四　川	99.5	97.8	99.1	99.9	99.6	100.2
贵　州	98.2	100.2	100.1	102.4	100.8	110.4
云　南	98.7	104.3	101.5	100.8	100.5	100.1
西　藏	100.0	78.7	100.2	101.0	101.5	100.3
陕　西	96.5	100.1	100.1	101.3	101.3	101.5
甘　肃	99.1	99.4	102.3	103.0	103.3	102.0
青　海	98.9	99.8	101.3	101.3	100.2	101.0
宁　夏	96.0	98.6	99.9	100.3	99.1	100.0
新　疆	100.3	99.3	100.3	100.1	100.2	99.5

8-2 续表 6

地　　区	3.洗涤用品	4.其他日用品	八、体育娱乐用　　品	1.体育用品	2.娱乐用品	九、交通、通信用品
全国平均	**100.4**	**100.7**	**101.0**	**101.2**	**100.7**	**98.9**
北　京						
天　津						
河　北	100.5	100.9	101.0	101.1	100.9	99.7
山　西	101.1	101.7	100.2	100.6	99.9	98.7
内蒙古	100.7	100.5	101.6	103.2	100.0	97.4
辽　宁	99.5	100.1	100.7	100.8	100.6	99.2
吉　林	98.4	100.9	100.7	100.8	100.6	98.6
黑龙江	100.8	101.4	99.7	99.8	99.6	99.4
上　海						
江　苏	100.9	101.6	100.9	101.6	100.5	99.0
浙　江	100.8	100.3	100.8	100.7	100.8	99.0
安　徽	100.8	99.4	101.5	101.8	101.2	97.5
福　建	99.9	99.4	99.9	100.3	99.5	99.5
江　西	102.0	100.3	100.7	100.1	101.1	98.2
山　东	100.3	101.6	102.2	102.4	101.8	100.6
河　南	100.1	100.8	101.2	100.7	101.6	95.6
湖　北	100.1	99.8	100.3	100.5	100.0	98.2
湖　南	99.8	100.3	99.7	99.4	99.9	99.4
广　东	100.1	100.2	100.3	100.4	100.0	98.2
广　西	100.1	100.2	102.0	103.8	100.2	98.2
海　南	100.6	101.0	105.4	108.6	99.7	95.1
重　庆						
四　川	100.3	100.1	101.0	99.5	101.8	98.6
贵　州	100.1	99.9	101.0	101.8	100.3	99.9
云　南	101.2	101.3	100.4	100.4	100.4	99.6
西　藏	101.0	101.0	100.5	99.7	102.1	99.3
陕　西	100.2	102.5	103.0	101.6	104.5	97.4
甘　肃	107.1	102.1	101.1	99.5	102.7	100.5
青　海	103.1	100.0	100.3	99.3	101.4	102.5
宁　夏	100.5	102.0	101.6	101.1	102.6	100.0
新　疆	100.9	99.6	100.5	100.6	100.4	99.8

8-2 续表 7

地　区	1.交通运输机　械	2.通信器材	十、家具	十一、化妆品	十二、金银珠宝	十三、中西药品及医疗保健用品
全国平均	**98.9**	**98.9**	**101.2**	**100.7**	**95.0**	**102.4**
北　京						
天　津						
河　北	99.6	99.9	100.7	100.2	94.4	105.8
山　西	99.9	95.1	103.4	99.7	94.4	102.7
内蒙古	99.3	95.5	100.8	99.7	97.7	101.4
辽　宁	100.1	98.1	100.9	100.1	94.9	102.3
吉　林	99.3	97.6	100.2	101.1	95.1	103.6
黑龙江	99.7	99.2	100.4	100.8	94.4	102.6
上　海						
江　苏	98.8	100.0	101.3	101.8	94.2	100.7
浙　江	98.8	99.9	100.5	100.4	92.8	103.4
安　徽	97.4	97.5	101.4	100.5	92.0	104.3
福　建	99.5	99.6	101.4	100.6	95.0	99.8
江　西	99.2	96.9	100.9	101.9	95.8	101.6
山　东	98.9	102.6	102.2	101.0	97.7	100.4
河　南	95.5	95.8	101.3	100.4	95.6	103.8
湖　北	97.6	98.8	100.2	100.4	94.8	103.3
湖　南	100.0	97.8	99.6	100.1	96.8	102.7
广　东	99.3	96.9	102.1	100.7	91.9	102.0
广　西	99.1	96.4	100.8	101.0	93.3	102.7
海　南	96.9	88.3	98.4	100.7	92.2	106.3
重　庆						
四　川	98.7	98.4	100.2	100.4	95.3	102.5
贵　州	99.3	100.9	100.7	100.5	94.7	100.3
云　南	100.0	99.2	100.9	100.5	96.3	102.2
西　藏	100.0	99.2	101.0	100.8	101.4	100.7
陕　西	100.1	95.3	100.7	100.6	95.0	102.6
甘　肃	103.9	99.4	100.8	102.6	95.9	100.7
青　海	99.9	103.0	100.8	101.0	95.8	103.1
宁　夏	101.3	97.6	98.9	101.0	95.5	101.3
新　疆	99.6	100.0	101.5	100.6	95.1	102.1

8-2 续表 8

地 区	1.医疗器具及用品	2.中药材及中成药	3.西药	4.保健器具及用品	十四、书报杂志及电子出版物	1.教材及参考书	2.书报杂志
全国平均	**100.6**	**101.8**	**102.8**	**103.7**	**102.1**	**101.5**	**103.2**
北 京							
天 津							
河 北	102.4	105.1	106.4	106.1	101.1	100.4	102.5
山 西	102.1	101.7	103.2	101.5	103.4	100.2	108.4
内蒙古	100.1	101.7	101.4	100.0	100.9	100.6	101.4
辽 宁	101.1	102.4	102.6	100.4	101.0	100.9	101.1
吉 林	103.0	103.4	103.9	103.4	100.8	100.5	102.4
黑龙江	103.1	101.5	103.7	101.5	100.0	99.9	100.0
上 海							
江 苏	100.3	100.6	100.2	102.3	104.2	101.2	105.5
浙 江	99.9	100.7	102.7	110.6	101.8	98.9	104.0
安 徽	98.6	104.2	103.7	109.2	99.7	99.5	100.1
福 建	99.6	100.4	99.3	100.8	101.6	100.4	103.2
江 西	98.5	102.7	101.3	100.4	100.9	100.5	101.8
山 东	100.4	99.7	100.8	100.6	101.6	101.4	102.7
河 南	100.1	101.4	105.0	102.8	102.9	101.0	102.7
湖 北	104.6	103.5	103.3	101.7	102.3	101.7	102.6
湖 南	99.1	100.8	104.1	104.8	102.4	105.3	100.0
广 东	100.4	100.9	103.8	101.1	104.1	100.1	110.6
广 西	100.1	104.0	101.6	103.3	99.0	94.8	104.0
海 南	100.4	100.1	110.0	109.8	101.5	104.3	98.6
重 庆							
四 川	100.4	104.7	100.9	100.0	106.2	107.5	104.4
贵 州	96.0	100.0	100.8	99.9	100.7	101.3	100.0
云 南	101.1	101.0	103.8	101.2	100.5	100.9	100.2
西 藏	100.0	101.2	100.5	100.0	102.3	104.2	100.9
陕 西	100.7	102.5	103.3	100.4	101.7	101.8	102.0
甘 肃	105.3	100.5	100.8	101.1	100.9	101.2	100.5
青 海	100.0	102.0	104.7	102.2	104.4	102.7	107.8
宁 夏	100.1	99.0	102.5	106.2	106.3	106.6	107.2
新 疆	100.4	102.3	102.4	100.3	100.6	100.3	101.2

8-2 续表 9

地　区	3.电子音像制品	十五、燃料	1.煤炭及制品	2.石油及制品	十六、建筑材料及五金电料	1.建筑装潢材料	2.五金电料
全国平均	**101.0**	**87.1**	**96.1**	**84.0**	**98.8**	**98.3**	**100.4**
北　京							
天　津							
河　北	99.9	87.8	90.6	85.5	99.4	99.3	100.0
山　西	99.8	89.0	93.0	87.1	97.4	96.9	99.7
内蒙古	100.7	91.5	97.1	87.8	98.3	97.7	99.9
辽　宁	101.1	90.4	95.1	88.3	99.8	99.7	100.1
吉　林	99.2	86.0	91.6	84.1	100.2	100.1	100.3
黑龙江	100.3	89.5	94.1	86.0	99.8	99.6	100.4
上　海							
江　苏	100.4	84.7	98.4	83.9	98.7	97.8	101.2
浙　江	100.7	85.9	100.4	82.9	99.8	99.0	101.1
安　徽	99.5	85.7	99.0	81.2	97.0	96.4	99.9
福　建	99.9	87.7	99.8	86.0	96.7	96.0	98.9
江　西	99.7	88.0	100.3	79.4	96.8	96.1	100.3
山　东	100.2	87.0	91.1	84.2	99.1	98.6	100.3
河　南	108.4	89.1	97.1	84.7	99.2	98.8	101.0
湖　北	103.3	89.9	98.3	87.3	99.6	99.4	100.0
湖　南	100.0	84.1	94.0	82.9	99.7	99.7	99.8
广　东	100.0	83.9	100.6	81.5	98.9	98.7	100.0
广　西	99.7	84.0	100.7	82.3	97.0	96.3	99.5
海　南	100.0	82.5	100.0	82.0	94.9	93.2	102.4
重　庆							
四　川	100.1	91.0	98.1	86.4	96.5	95.8	99.8
贵　州	99.2	92.8	99.6	87.7	98.9	98.8	99.3
云　南	100.1	91.0	100.5	83.5	98.2	97.9	99.0
西　藏	100.3	95.5	108.7	90.2	103.3	104.0	100.6
陕　西	101.0	92.0	98.6	89.4	101.4	98.1	109.5
甘　肃	100.0	94.3	95.5	92.4	101.3	101.3	102.1
青　海	99.6	92.8	99.8	88.2	99.3	98.3	103.9
宁　夏	100.0	91.0	98.0	82.1	96.2	94.4	100.2
新　疆	100.4	92.2	97.3	88.1	99.9	99.5	100.8

8-3 各地区农村居民消费价格分类指数

(以上年价格为100)

地　区	居民消费价格指数	一、食品	1.粮食	2.淀粉及制　品	3.干豆类及豆 制 品	4.油脂
全国平均	**101.3**	**102.4**	**101.7**	**100.9**	**102.1**	**97.3**
北　京						
天　津						
河　北	100.5	100.4	100.6	100.8	101.7	97.1
山　西	100.7	100.5	101.4	99.9	102.4	95.2
内 蒙 古	101.1	101.5	101.2	102.6	100.8	99.3
辽　宁	101.4	102.3	101.5	101.2	101.4	97.7
吉　林	101.6	102.4	100.8	98.7	102.5	100.1
黑 龙 江	101.1	100.7	101.7	96.3	104.6	93.5
上　海						
江　苏	101.5	103.5	103.2	102.3	101.5	94.2
浙　江	101.4	103.7	102.5	99.9	101.9	92.9
安　徽	101.3	103.1	101.8	100.1	100.0	98.9
福　建	101.7	102.6	101.6	101.8	103.4	96.0
江　西	101.5	103.6	102.4	102.2	106.6	97.2
山　东	100.9	101.0	100.5	98.5	101.2	98.0
河　南	101.2	101.6	102.8	102.5	101.4	94.9
湖　北	101.7	102.6	101.6	101.2	102.9	96.9
湖　南	101.1	102.8	101.2	106.8	106.2	102.7
广　东	101.3	103.5	100.9	100.3	104.0	98.8
广　西	101.5	102.7	101.2	99.4	102.6	98.5
海　南	100.5	101.8	99.3	100.5	99.8	98.3
重　庆						
四　川	101.6	104.1	102.0	99.7	102.0	99.7
贵　州	101.5	102.4	102.9	103.2	99.1	95.6
云　南	101.3	102.7	101.6	97.4	100.2	96.4
西　藏	101.8	103.1	100.1	98.6	101.4	99.9
陕　西	101.1	101.2	101.3	101.8	102.8	96.2
甘　肃	101.8	102.3	101.3	104.7	102.4	97.7
青　海	102.2	102.2	102.4	105.5	101.8	98.4
宁　夏	101.0	101.1	102.3	100.2	102.8	98.9
新　疆	100.6	99.5	102.1	99.1	100.5	96.2

8-3 续表 1

地 区	5.肉 禽及其制品	(1)食用畜肉及副产品	(2)禽	(3)加工肉禽	6.蛋	7.水产品
全国平均	**105.5**	**106.7**	**104.2**	**101.7**	**92.9**	**102.2**
北 京						
天 津						
河 北	104.8	105.7	102.9	100.7	88.1	101.2
山 西	104.3	105.6	100.8	101.5	84.7	100.8
内蒙古	103.2	103.5	102.5	100.3	92.0	102.4
辽 宁	104.7	105.6	103.6	101.5	91.5	103.2
吉 林	104.3	105.5	100.3	101.9	90.0	103.2
黑龙江	105.1	106.4	100.5	103.1	93.3	103.5
上 海						
江 苏	107.1	108.5	107.3	101.7	93.2	102.3
浙 江	108.3	109.8	106.9	103.5	99.8	103.4
安 徽	106.7	108.9	101.4	101.6	91.7	99.9
福 建	105.4	105.5	105.5	103.9	95.9	102.6
江 西	106.7	107.7	106.3	102.4	98.1	99.5
山 东	104.5	107.3	98.9	100.6	91.2	103.7
河 南	104.5	105.9	99.6	101.6	86.1	103.6
湖 北	104.4	105.4	103.8	101.4	97.7	98.6
湖 南	107.0	109.2	101.9	100.7	98.3	96.8
广 东	106.1	105.9	108.3	103.3	98.5	104.4
广 西	105.7	107.4	103.7	101.2	99.1	100.5
海 南	103.3	104.0	101.4	103.4	96.2	100.3
重 庆						
四 川	107.9	110.2	104.7	101.2	97.3	103.3
贵 州	106.8	108.2	105.2	102.4	102.1	101.5
云 南	105.7	106.4	105.9	101.5	104.4	102.4
西 藏	103.9	104.7	102.8	99.1	101.4	109.1
陕 西	102.9	103.9	101.6	100.3	93.3	102.0
甘 肃	102.3	100.4	108.2	101.8	96.7	100.0
青 海	98.1	97.2	103.1	106.1	94.6	101.2
宁 夏	99.0	98.3	102.2	101.0	89.6	100.5
新 疆	93.4	91.0	99.7	101.4	93.3	98.3

8-3 续表 2

地　　区	(1)鱼	(2)其他水产品	8.菜	9.调味品	10.糖	11.茶及饮料
全国平均	**102.2**	**102.1**	**106.4**	**103.3**	**100.6**	**101.2**
北　　京						
天　　津						
河　　北	101.4	100.7	107.5	104.9	99.9	100.7
山　　西	100.6	102.3	105.2	100.2	99.8	99.6
内 蒙 古	102.4	102.8	100.8	102.5	99.7	101.7
辽　　宁	104.4	100.3	107.0	101.4	100.2	99.9
吉　　林	102.3	106.1	107.4	112.7	101.4	102.4
黑 龙 江	103.7	101.6	106.3	102.6	100.6	100.1
上　　海						
江　　苏	102.5	102.0	110.9	107.4	100.3	103.8
浙　　江	105.1	101.5	108.6	100.5	101.1	100.6
安　　徽	99.7	100.7	111.8	104.1	101.0	102.4
福　　建	102.4	102.9	107.5	100.7	98.9	101.4
江　　西	99.1	102.6	107.0	100.5	100.1	100.5
山　　东	103.7	103.6	109.3	102.2	100.9	100.3
河　　南	103.4	105.2	107.0	102.3	102.4	100.3
湖　　北	97.2	103.1	107.8	102.2	100.9	101.6
湖　　南	96.2	102.7	102.2	100.2	101.6	100.2
广　　东	105.2	102.3	104.6	101.9	103.4	101.3
广　　西	100.3	101.4	104.2	101.6	99.2	101.1
海　　南	98.4	106.9	103.0	101.2	99.3	99.7
重　　庆						
四　　川	103.6	100.7	103.7	108.7	99.6	100.6
贵　　州	101.5	101.4	99.6	104.1	97.4	100.4
云　　南	102.5	101.3	100.7	102.9	100.8	101.4
西　　藏	111.3	100.7	105.6	104.1	100.9	100.8
陕　　西	101.4	104.1	104.8	101.9	100.7	101.4
甘　　肃	99.3	102.9	109.0	100.6	98.9	101.7
青　　海	100.1	104.0	110.7	103.4	99.0	102.4
宁　　夏	100.3	101.2	108.8	103.9	98.1	100.2
新　　疆	96.9	101.9	101.0	102.5	100.0	101.2

8-3 续表 3

地　区	(1)茶叶	(2)饮料	12.干鲜瓜果	13.糕点饼干面　包	14.液体乳及乳制品	15.在　外用膳食品
全国平均	**101.6**	**100.9**	**98.1**	**101.4**	**99.6**	**102.5**
北　京						
天　津						
河　北	100.1	100.9	92.5	101.1	97.5	101.3
山　西	100.2	99.4	92.3	103.0	95.3	102.4
内 蒙 古	101.1	102.0	101.9	102.0	99.7	101.5
辽　宁	99.7	99.9	103.4	100.4	100.2	102.4
吉　林	103.2	102.0	99.8	103.5	99.0	101.9
黑 龙 江	100.1	100.1	93.8	102.1	99.1	103.0
上　海						
江　苏	103.3	104.0	97.2	102.9	100.5	102.6
浙　江	100.6	100.7	97.2	101.0	101.8	103.9
安　徽	104.1	100.2	94.4	102.8	99.6	103.3
福　建	101.0	101.8	99.2	100.7	101.0	100.6
江　西	103.3	99.9	103.2	101.1	100.2	103.7
山　东	100.3	100.2	91.7	101.0	97.9	101.8
河　南	101.2	100.1	93.0	101.0	99.4	103.0
湖　北	102.1	101.3	102.6	100.3	101.2	103.3
湖　南	100.2	100.2	104.5	101.5	101.1	100.3
广　东	102.3	100.6	104.2	100.3	100.3	100.9
广　西	100.7	101.2	98.0	100.8	98.8	103.2
海　南	100.0	99.6	100.1	101.5	98.0	102.3
重　庆						
四　川	101.0	100.3	102.4	100.6	99.5	102.8
贵　州	100.5	100.4	98.2	103.2	101.3	103.1
云　南	101.5	101.3	101.2	100.4	102.6	103.3
西　藏	100.8	100.8	103.8	100.2	101.6	105.9
陕　西	102.0	101.0	95.3	102.3	99.3	102.4
甘　肃	99.9	103.2	97.7	103.9	103.4	103.8
青　海	104.2	101.1	104.1	103.0	98.0	105.4
宁　夏	99.8	100.6	96.2	100.5	97.9	102.8
新　疆	100.2	101.9	110.3	102.2	99.5	102.7

8-3 续表 4

地　区	16.其他食品	二、烟酒及用品	1.烟草	2.酒	三、衣着
全国平均	**100.9**	**102.3**	**104.8**	**99.0**	**102.3**
北　京					
天　津					
河　北	100.3	102.5	105.7	99.4	101.2
山　西	100.1	102.7	105.0	98.7	102.5
内蒙古	99.8	102.8	104.8	100.7	103.2
辽　宁	102.5	103.8	106.6	100.4	101.0
吉　林	101.1	103.6	105.2	101.3	104.3
黑龙江	100.8	103.2	106.1	100.0	103.0
上　海					
江　苏	99.0	102.4	104.3	99.6	102.7
浙　江	98.2	103.1	104.6	98.2	102.6
安　徽	100.1	100.9	104.3	95.2	100.3
福　建	101.2	102.1	104.5	99.6	103.1
江　西	100.4	102.9	105.1	99.2	104.0
山　东	101.6	101.9	104.5	99.5	104.1
河　南	101.9	101.0	105.1	98.8	102.3
湖　北	100.8	102.9	105.8	97.9	101.3
湖　南	101.1	103.5	105.0	100.1	102.1
广　东	100.6	101.8	102.8	100.6	102.1
广　西	98.8	101.3	103.0	99.7	104.3
海　南	97.5	102.8	104.5	99.7	99.7
重　庆					
四　川	101.2	100.6	103.8	95.0	101.8
贵　州	103.2	103.9	106.7	100.0	101.2
云　南	103.8	103.9	105.1	100.0	101.9
西　藏	100.4	103.6	105.9	100.7	100.9
陕　西	103.0	103.1	105.2	99.9	100.6
甘　肃	102.1	103.3	105.6	99.4	104.1
青　海	101.8	101.7	102.5	101.0	104.8
宁　夏	101.7	102.7	103.8	100.2	102.7
新　疆	101.2	102.6	105.7	99.9	103.5

8-3 续表 5

地　区	1.服装	(1)男式服装	(2)女式服装	(3)儿童服装	2.衣着材料	3.鞋袜帽
全国平均	**102.5**	**102.3**	**102.4**	**103.3**	**102.2**	**101.7**
北　京						
天　津						
河　北	101.5	101.4	101.9	100.3	100.5	100.3
山　西	102.4	102.1	101.3	105.1	102.6	102.6
内蒙古	103.3	103.7	103.5	102.1	102.6	103.0
辽　宁	100.9	101.0	101.0	100.6	100.9	100.9
吉　林	104.7	103.3	104.2	108.3	100.7	103.4
黑龙江	101.7	101.5	101.3	103.6	103.3	105.3
上　海						
江　苏	102.8	103.3	102.2	103.3	102.6	102.2
浙　江	102.8	101.1	103.8	104.9	101.8	101.7
安　徽	101.8	102.4	101.4	101.7	100.7	96.1
福　建	103.5	103.4	102.9	105.2	101.2	101.8
江　西	104.7	104.0	105.0	105.7	102.7	101.8
山　东	104.2	103.8	104.5	104.0	103.8	103.9
河　南	102.6	102.8	102.5	102.6	101.2	101.6
湖　北	101.0	100.9	100.8	101.7	101.5	101.6
湖　南	102.1	101.9	101.8	103.8	106.8	101.0
广　东	102.2	101.9	102.7	101.7	101.3	102.2
广　西	104.1	103.9	104.2	104.6	102.0	104.8
海　南	99.1	99.1	99.1	99.0	99.0	101.6
重　庆						
四　川	102.5	102.1	102.0	103.8	99.6	100.5
贵　州	99.6	100.4	96.4	103.3	102.3	100.7
云　南	102.5	102.7	102.0	103.0	100.3	100.6
西　藏	99.9	100.1	99.8	99.7	100.2	102.0
陕　西	100.6	100.5	100.3	101.5	101.2	100.3
甘　肃	103.6	103.0	103.4	104.2	102.1	105.8
青　海	104.8	104.5	104.5	105.6	102.2	104.7
宁　夏	102.6	102.7	102.1	104.2	101.5	103.2
新　疆	104.2	103.4	104.3	105.0	101.2	102.4

8-3 续表 6

地　区	(1)鞋	(2)袜子	(3)帽子	4.衣着加工服务	四、家庭设备用品及维修服务	1.耐用消费品
全国平均	**101.7**	**101.6**	**101.9**	**105.2**	**100.9**	**100.4**
北　京						
天　津						
河　北	100.2	101.3	99.9	105.4	100.6	100.1
山　西	102.9	101.9	100.7	106.4	101.4	100.5
内蒙古	103.3	101.8	101.9	102.0	100.6	99.9
辽　宁	100.8	101.6	100.4	104.8	100.3	99.8
吉　林	103.8	100.3	108.6	105.5	100.9	100.1
黑龙江	106.9	102.8	100.7	115.0	101.0	98.7
上　海						
江　苏	102.0	103.2	103.4	107.7	102.1	101.4
浙　江	101.8	101.3	102.2	102.3	101.0	100.4
安　徽	95.7	101.7	100.5	102.1	101.0	100.3
福　建	102.3	99.3	100.9	105.3	100.0	99.6
江　西	101.9	101.5	101.4	106.5	99.9	99.1
山　东	104.1	103.6	102.4	104.5	102.9	104.4
河　南	101.7	100.5	102.5	106.9	100.6	100.0
湖　北	101.7	101.3	100.8	105.7	100.4	99.4
湖　南	100.9	100.8	103.1	102.8	99.8	98.9
广　东	102.3	102.0	100.8	100.7	101.5	100.6
广　西	105.3	101.5	102.5	108.8	100.2	99.5
海　南	101.7	99.7	100.0	100.8	100.9	98.0
重　庆						
四　川	100.3	101.6	101.5	103.3	100.0	99.8
贵　州	100.9	99.4	101.7	126.7	101.5	99.5
云　南	100.4	101.9	100.5	101.9	100.5	100.4
西　藏	100.5	106.4	103.1	104.1	100.7	100.4
陕　西	100.0	102.3	100.8	102.7	100.3	99.8
甘　肃	106.1	102.3	103.6	102.6	101.9	100.5
青　海	104.9	102.4	106.8	114.4	101.9	100.9
宁　夏	103.5	100.5	103.5	106.0	100.4	99.3
新　疆	102.8	100.6	103.9	104.1	100.5	100.0

8-3 续表 7

地　区	(1)家具	(2)家庭设备	2.室内装饰品	3.床上用品	4.家　庭日用杂品	5.家庭服务及加工维修服务
全国平均	**100.9**	**100.1**	**101.2**	**100.2**	**100.8**	**105.2**
北　京						
天　津						
河　北	100.0	100.1	100.2	100.9	100.3	107.2
山　西	102.4	98.7	100.1	100.2	101.0	111.3
内 蒙 古	100.9	99.4	100.7	100.3	101.2	102.3
辽　宁	100.7	99.3	99.5	99.4	100.5	105.5
吉　林	100.4	100.0	101.7	101.0	101.5	104.2
黑 龙 江	100.4	98.2	99.6	100.2	102.2	119.5
上　海						
江　苏	101.8	101.2	102.9	101.8	102.2	106.7
浙　江	100.3	100.4	101.1	97.8	100.6	105.7
安　徽	101.4	100.0	100.4	100.6	100.9	105.0
福　建	100.4	99.2	99.9	99.5	100.2	103.3
江　西	100.6	98.2	100.4	99.5	100.5	104.0
山　东	103.2	105.0	103.1	101.5	100.6	101.4
河　南	101.2	99.1	101.1	100.7	100.9	107.6
湖　北	100.0	99.2	100.6	99.7	100.3	106.5
湖　南	99.6	97.7	101.5	102.2	99.4	102.8
广　东	102.1	99.5	100.0	100.6	100.7	106.1
广　西	101.0	98.7	100.1	99.9	100.2	104.4
海　南	98.7	97.7	102.5	100.9	101.9	115.4
重　庆						
四　川	100.4	99.3	99.5	99.2	100.2	102.8
贵　州	100.3	99.0	109.3	94.0	102.9	107.6
云　南	100.3	100.5	100.0	100.5	100.6	101.2
西　藏	100.7	100.0	101.5	100.0	100.3	103.6
陕　西	101.1	98.9	99.8	98.7	100.8	103.6
甘　肃	101.2	99.8	101.7	102.0	101.5	105.3
青　海	100.7	101.0	100.6	104.7	101.7	107.3
宁　夏	99.3	99.4	101.5	98.3	100.8	107.6
新　疆	100.7	99.5	101.4	100.4	99.9	102.8

8-3 续表 8

地　　区	五、医疗保健和个人用品	1.医疗保健	(1)医疗器具及用品	(2)中药材及中成药	(3)西药	(4)保健器具及用品
全国平均	**102.3**	**102.8**	**100.8**	**102.1**	**102.7**	**104.2**
北　　京						
天　　津						
河　　北	102.9	103.1	102.3	103.9	105.8	106.5
山　　西	103.1	103.3	101.0	101.5	102.9	100.9
内 蒙 古	104.6	103.8	100.1	101.3	100.9	100.0
辽　　宁	102.6	103.3	101.0	101.9	102.5	100.4
吉　　林	102.7	103.6	107.8	103.7	103.2	102.8
黑 龙 江	103.0	103.2	103.5	101.6	103.6	101.5
上　　海						
江　　苏	101.7	102.0	100.6	100.9	100.2	102.8
浙　　江	102.4	103.1	100.4	102.3	102.9	110.2
安　　徽	104.3	105.1	98.6	104.3	103.6	110.0
福　　建	106.3	108.8	99.4	100.7	99.2	100.9
江　　西	101.1	101.7	98.0	102.6	101.6	100.3
山　　东	101.2	101.0	100.6	99.0	101.0	100.9
河　　南	103.0	103.5	100.3	101.5	104.8	102.1
湖　　北	102.0	102.6	104.3	103.4	102.8	102.0
湖　　南	102.4	103.0	99.1	100.8	104.2	104.6
广　　东	101.5	102.0	100.4	101.0	104.3	101.1
广　　西	102.3	102.7	100.1	104.5	101.0	103.4
海　　南	105.0	106.9	101.2	104.3	109.0	109.9
重　　庆						
四　　川	101.4	101.5	100.7	104.6	100.5	100.1
贵　　州	100.6	100.7	102.8	100.2	101.8	100.0
云　　南	101.6	101.7	100.7	101.5	102.9	102.4
西　　藏	100.5	100.5	100.0	101.0	100.8	100.0
陕　　西	102.0	102.5	100.5	103.2	103.7	100.4
甘　　肃	101.6	101.2	101.1	101.4	100.6	101.5
青　　海	102.3	102.6	101.7	102.2	105.7	103.6
宁　　夏	101.4	101.4	100.4	100.3	102.3	106.8
新　　疆	101.3	101.5	100.3	102.2	102.2	100.4

8-3 续表 9

地区	(5)医疗保健服务	2.个人用品及服务	(1)化妆美容用品	(2)清洁类化妆品	(3)个人饰品	(4)个人服务
全国平均	**103.1**	**101.3**	**100.6**	**100.7**	**97.4**	**104.8**
北京						
天津						
河北	101.2	102.3	100.0	100.4	98.6	107.7
山西	104.3	102.3	100.3	100.2	97.6	107.0
内蒙古	106.0	107.0	100.5	99.2	98.2	112.9
辽宁	105.3	101.0	100.4	100.1	97.2	104.5
吉林	104.2	100.5	100.8	99.4	97.5	102.7
黑龙江	103.5	102.5	103.1	100.8	97.8	108.0
上海						
江苏	103.1	101.1	101.1	102.1	95.5	103.7
浙江	100.2	100.3	100.4	100.4	93.7	105.5
安徽	106.7	101.8	99.6	101.7	95.7	105.7
福建	121.9	100.7	100.7	100.0	96.5	104.3
江西	101.4	99.8	101.8	100.0	98.3	100.7
山东	102.4	101.7	100.9	101.0	99.5	104.1
河南	103.2	101.9	100.2	100.2	98.0	106.0
湖北	101.5	101.0	100.2	100.5	97.3	104.2
湖南	103.3	100.3	100.1	100.4	98.0	101.4
广东	101.0	100.5	100.6	100.5	95.3	103.7
广西	103.3	101.5	100.7	101.7	97.7	104.9
海南	106.9	100.0	100.1	101.1	94.1	103.0
重庆						
四川	100.7	101.1	100.3	100.5	97.9	103.9
贵州	99.8	100.5	100.5	100.4	98.1	102.8
云南	100.6	101.0	100.1	100.8	98.4	103.6
西藏	100.0	100.4	100.3	100.7	99.8	101.0
陕西	100.5	101.0	101.2	100.7	98.9	102.4
甘肃	101.3	103.6	101.4	103.0	100.5	110.4
青海	100.7	101.3	100.9	100.5	96.9	106.5
宁夏	100.5	101.5	101.2	100.3	98.4	104.3
新疆	100.0	101.1	100.9	100.2	98.7	104.1

8-3 续表 10

地　区	六、交通和通信	1.交通	(1)交通工具	(2)车用燃料及零配件	(3)车辆使用及维修	(4)市区公共交通费
全国平均	**98.1**	**97.2**	**99.2**	**84.6**	**102.3**	**102.3**
北　京						
天　津						
河　北	98.0	96.7	99.8	82.8	104.3	103.5
山　西	96.4	94.2	96.2	82.3	102.4	100.0
内蒙古	96.6	95.6	97.2	88.0	100.6	100.0
辽　宁	98.9	98.3	99.9	86.3	100.3	101.0
吉　林	99.2	99.1	100.8	88.9	102.8	100.0
黑龙江	98.4	97.7	99.9	84.8	101.2	100.8
上　海						
江　苏	97.1	95.5	98.0	83.7	102.9	99.9
浙　江	96.6	95.5	98.1	82.8	101.5	102.1
安　徽	98.3	98.3	98.5	85.2	103.4	100.7
福　建	97.8	96.1	100.0	83.2	101.0	100.4
江　西	98.5	98.1	99.2	84.3	104.7	102.1
山　东	99.0	97.8	99.8	85.0	100.5	102.8
河　南	98.1	97.8	99.1	84.2	103.1	113.0
湖　北	99.5	99.1	100.1	86.3	103.2	103.4
湖　南	97.3	95.6	99.4	84.4	101.2	102.4
广　东	98.6	98.0	99.2	85.9	101.7	107.2
广　西	97.4	96.1	100.0	83.6	101.9	101.6
海　南	97.4	95.8	99.3	84.3	102.1	100.0
重　庆						
四　川	98.6	98.3	98.9	84.6	102.7	101.8
贵　州	99.0	98.2	100.0	87.5	99.5	104.8
云　南	97.5	95.9	100.1	83.4	103.5	101.8
西　藏	98.6	97.5	100.1	89.4	102.4	100.5
陕　西	99.5	100.2	101.1	89.9	103.0	103.2
甘　肃	98.0	96.6	101.3	87.5	102.5	101.4
青　海	99.6	99.3	100.0	86.5	105.3	102.7
宁　夏	97.5	96.1	97.5	84.9	103.4	100.4
新　疆	99.5	99.5	99.9	87.2	103.8	100.7

8-3 续表 11

地　区	(5)城市间交通费	2.通信	(1)通信工具	(2)通信服务	七、娱乐教育文化用品及服务	1.文娱用耐用消费品及服务
全国平均	**100.5**	**99.6**	**97.9**	**99.9**	**101.4**	**99.2**
北　京						
天　津						
河　北	101.0	100.0	99.2	100.1	101.3	99.3
山　西	100.8	99.3	93.1	100.0	101.4	99.3
内蒙古	99.9	98.4	96.2	99.6	102.9	98.3
辽　宁	100.3	99.6	97.3	100.0	102.0	98.9
吉　林	100.2	99.5	96.8	100.4	100.4	100.5
黑龙江	101.0	99.6	98.4	100.0	102.5	108.7
上　海						
江　苏	99.5	99.9	100.2	99.9	100.6	99.7
浙　江	99.5	99.7	99.3	99.7	100.9	99.8
安　徽	100.1	98.2	97.0	98.6	101.2	98.3
福　建	101.6	99.8	99.6	99.8	100.9	98.6
江　西	102.3	99.3	94.9	100.1	101.4	98.3
山　东	101.9	100.8	103.9	100.0	101.4	102.1
河　南	102.2	98.6	94.2	99.8	102.7	99.2
湖　北	99.4	99.9	98.5	100.3	102.2	99.3
湖　南	96.8	99.9	97.9	100.2	100.7	96.8
广　东	102.6	99.3	95.4	100.0	101.3	98.4
广　西	96.8	99.1	94.9	100.0	101.4	98.7
海　南	97.7	100.3	90.7	101.0	102.0	100.9
重　庆						
四　川	101.3	99.6	97.7	100.0	101.3	99.0
贵　州	101.6	100.3	99.4	100.5	101.8	98.5
云　南	100.4	99.8	98.3	100.1	101.0	98.9
西　藏	99.4	100.1	99.4	100.4	103.0	100.2
陕　西	100.7	98.7	94.1	100.0	102.3	97.4
甘　肃	98.8	99.8	100.5	99.6	101.1	99.5
青　海	101.6	100.0	102.6	99.5	102.9	100.0
宁　夏	100.7	99.8	97.9	100.3	104.7	97.3
新　疆	104.8	99.5	97.6	99.9	101.1	98.8

8-3 续表 12

地　区	2.教育	(1)教材及参考书	(2)教育服务	3.文化娱乐	(1)文化娱乐用　品	(2)书报杂志
全国平均	**102.0**	**101.2**	**102.1**	**101.4**	**100.8**	**103.4**
北　京						
天　津						
河　北	101.9	100.4	102.0	100.4	100.2	102.3
山　西	101.0	100.1	101.1	104.1	102.1	109.4
内 蒙 古	107.1	100.8	109.0	101.7	100.9	103.5
辽　宁	102.8	101.0	102.9	100.7	100.7	101.1
吉　林	100.4	100.6	100.3	100.4	99.9	102.9
黑 龙 江	102.1	100.0	102.2	100.1	101.6	100.0
上　海						
江　苏	100.6	101.0	100.6	101.4	101.0	105.3
浙　江	101.6	98.3	101.7	101.0	100.5	103.7
安　徽	102.6	99.7	103.3	100.7	100.7	100.0
福　建	102.4	100.4	102.7	100.9	99.9	102.1
江　西	102.0	100.8	102.1	101.3	100.5	102.0
山　东	101.3	100.4	101.4	101.4	100.9	103.3
河　南	103.8	101.3	103.9	101.0	100.9	102.6
湖　北	102.8	101.8	103.0	100.8	99.8	102.7
湖　南	101.6	105.2	101.4	100.8	100.5	100.0
广　东	101.5	100.2	101.9	103.4	100.4	110.8
广　西	101.5	98.1	101.9	101.4	100.0	103.8
海　南	101.0	103.9	100.3	101.4	103.0	98.7
重　庆						
四　川	101.7	108.5	100.9	101.7	100.0	104.4
贵　州	103.8	100.5	104.6	101.8	100.0	100.2
云　南	101.1	101.7	101.0	101.7	103.3	100.2
西　藏	102.0	104.5	100.8	100.4	100.2	100.7
陕　西	103.8	101.2	104.5	101.5	101.4	101.8
甘　肃	101.4	101.0	101.4	100.9	101.2	100.3
青　海	103.5	108.5	102.3	102.8	102.5	107.3
宁　夏	107.7	107.8	107.7	103.7	101.7	107.9
新　疆	101.4	100.3	101.6	100.4	100.0	100.6

8-3 续表 13

地　　区	(3)文娱费	4.旅游	八、居住	1.建房及装修材料	2.住房租金	3.自有住房	4.水电燃料
全国平均	**100.9**	**101.0**	**99.7**	**99.5**	**101.7**	**101.4**	**96.8**
北　　京							
天　　津							
河　　北	100.1	101.2	100.0	101.2	101.2	101.8	96.4
山　　西	101.3	100.8	99.9	97.4	103.6	101.9	97.4
内 蒙 古	100.7	98.4	98.8	97.8	99.6	100.0	98.5
辽　　宁	100.3	100.8	100.1	100.1	99.6	100.4	98.4
吉　　林	100.3	101.0	99.7	100.5	100.6	101.6	97.2
黑 龙 江	98.8	86.5	100.2	100.1	102.2	102.0	94.0
上　　海							
江　　苏	100.7	100.5	100.0	99.3	101.6	101.6	96.7
浙　　江	100.6	99.0	99.6	100.9	100.9	101.1	94.7
安　　徽	101.4	98.3	98.9	99.1	99.9	100.7	94.5
福　　建	101.1	98.2	100.6	99.3	103.1	102.0	97.4
江　　西	101.5	100.5	98.2	96.8	103.9	101.8	95.8
山　　东	100.5	101.1	99.4	99.3	102.2	101.5	95.9
河　　南	100.6	103.9	100.8	99.5	104.3	102.7	98.7
湖　　北	100.6	105.9	101.0	100.9	105.5	102.5	98.3
湖　　南	102.3	101.4	99.2	99.5	100.2	100.1	96.9
广　　东	100.9	102.2	98.0	99.7	101.5	100.9	92.7
广　　西	100.9	104.8	100.1	98.6	103.2	103.4	94.9
海　　南	100.7	109.3	96.5	95.1	101.2	106.7	93.7
重　　庆							
四　　川	101.3	102.4	99.3	98.4	99.4	99.6	99.8
贵　　州	103.0	95.8	100.1	101.1	100.3	99.1	100.6
云　　南	100.3	102.2	100.1	99.7	99.7	100.6	99.7
西　　藏	100.3	112.9	100.6	105.2	100.0	100.7	100.4
陕　　西	101.5	103.0	100.7	99.4	101.4	101.2	100.6
甘　　肃	100.6	101.3	100.8	102.5	99.9	100.6	98.4
青　　海	101.9	103.1	102.2	98.4	105.9	105.3	99.7
宁　　夏	100.9	100.0	99.7	97.2	108.6	104.9	99.9
新　　疆	100.7	103.7	101.3	99.8	99.6	102.2	99.4

8-4 各地区农业生产资料价格分类指数

(上年价格=100)

地 区	农业生产资料价格指数	一、农用手工工具	二、饲料	三、产品畜	四、半机械化农具
全国平均	**100.4**	**101.5**	**98.1**	**108.3**	**100.1**
北 京					
天 津					
河 北	99.8	100.0	99.3	104.4	100.0
山 西	99.6	100.6	98.7	105.9	99.7
内蒙古	98.7	100.0	100.6	97.3	100.9
辽 宁	99.5	100.3	99.7	106.5	99.2
吉 林	100.2	99.6	105.1	114.5	99.9
黑龙江	101.3	102.3	101.2	106.9	98.9
上 海					
江 苏	99.6	100.6	97.0	107.2	100.6
浙 江	100.9	100.6	97.6	118.6	99.9
安 徽	101.6	102.3	97.4	117.2	99.2
福 建	101.4	101.8	100.2	109.8	100.7
江 西	101.4	103.1	99.7	116.1	100.0
山 东	99.3	102.1	94.6	99.4	100.1
河 南	100.3	102.1	96.1	112.3	101.6
湖 北	100.4	102.0	97.3	110.1	100.3
湖 南	104.1	107.9	101.6	111.5	101.7
广 东	101.2	101.5	99.0	112.0	99.8
广 西	100.9	101.4	96.3	110.4	99.6
海 南	101.6	100.3	102.0	102.1	100.9
重 庆					
四 川	101.5	101.4	98.8	110.1	99.7
贵 州	103.1	101.2	98.1	116.7	101.3
云 南	101.1	101.6	101.0	106.1	100.5
西 藏	99.7	100.8	100.0	100.3	100.0
陕 西	100.6	101.2	97.2	113.4	100.0
甘 肃	98.6	101.7	100.8	94.8	100.0
青 海	100.8	103.7	95.9	103.9	101.0
宁 夏	98.7	100.0	95.4	104.6	97.2
新 疆	98.6	102.2	99.3	95.5	99.8

8-4 续表 1

地 区	五、机械化农具	六、化学肥料	七、农药及农药械	1.化学农药	2.农药器械
全国平均	**99.8**	**100.6**	**100.5**	**100.5**	**100.1**
北 京					
天 津					
河 北	100.4	101.4	99.6	99.4	100.5
山 西	98.7	99.5	99.9	99.9	100.0
内 蒙 古	99.5	98.2	99.7	99.5	100.0
辽 宁	99.0	99.4	100.8	100.8	100.1
吉 林	100.2	100.8	99.7	99.7	99.9
黑 龙 江	100.1	103.5	100.7	100.7	100.0
上 海					
江 苏	98.8	99.3	99.3	99.2	100.0
浙 江	99.9	99.7	100.9	100.9	100.7
安 徽	99.9	100.6	100.5	100.6	100.0
福 建	100.1	100.4	99.4	99.5	98.3
江 西	103.7	98.8	100.8	100.7	100.9
山 东	100.7	101.7	100.6	100.7	99.7
河 南	99.3	101.7	100.5	100.4	100.5
湖 北	99.6	99.0	100.7	100.8	99.6
湖 南	97.3	104.6	101.1	101.3	96.9
广 东	99.5	102.0	101.0	100.8	102.0
广 西	99.7	102.2	100.3	100.8	96.8
海 南	96.5	101.1	101.6	101.8	100.0
重 庆					
四 川	99.8	99.6	100.9	101.0	100.2
贵 州	100.0	100.1	101.8	102.2	100.0
云 南	99.8	99.1	101.4	101.5	100.3
西 藏	100.0	99.9	100.0	100.0	100.0
陕 西	98.8	101.4	101.8	101.5	103.0
甘 肃	100.0	97.7	101.0	100.2	102.9
青 海	103.0	98.6	103.3	101.8	121.1
宁 夏	99.9	98.9	101.0	101.2	98.9
新 疆	99.9	96.4	100.0	99.7	101.4

8-4 续表 2

地　　区	八、农用机油	九、其他农业生产资料	1.农用种子	2.其他	十、农业生产服务
全国平均	**87.3**	**100.8**	**101.4**	**99.3**	**102.2**
北　京					
天　津					
河　北	86.4	99.1	100.6	94.4	100.5
山　西	88.9	100.1	100.3	99.8	101.1
内蒙古	87.5	100.7	101.1	100.0	101.3
辽　宁	84.9	100.4	100.5	100.3	101.3
吉　林	82.2	96.2	95.4	99.4	102.7
黑龙江	86.7	101.3	102.5	99.0	98.7
上　海					
江　苏	88.2	101.5	102.1	99.3	101.7
浙　江	89.4	100.8	100.9	100.7	104.1
安　徽	91.0	101.1	102.2	98.9	104.5
福　建	89.7	100.7	100.2	101.3	104.1
江　西	90.2	100.3	101.2	98.6	102.5
山　东	84.2	101.3	102.1	100.0	100.8
河　南	83.8	101.4	101.8	98.8	104.8
湖　北	89.5	100.5	101.0	99.0	101.8
湖　南	87.8	101.8	101.2	102.9	106.3
广　东	88.3	102.6	104.1	99.8	102.8
广　西	89.3	100.6	101.6	98.7	104.1
海　南	88.0	100.0	99.9	100.2	114.3
重　庆					
四　川	88.8	102.7	103.2	99.5	101.9
贵　州	87.9	102.7	104.5	98.9	101.8
云　南	93.5	100.8	102.1	98.5	111.6
西　藏	93.9	100.4	100.7	99.9	104.0
陕　西	90.4	101.6	101.7	101.4	102.1
甘　肃	87.7	100.7	101.1	100.1	104.8
青　海	87.9	106.8	108.4	100.1	111.8
宁　夏	84.0	104.3	107.9	95.7	100.5
新　疆	92.2	100.0	101.1	96.6	103.8

8-5 农产品生产者价格指数

(上年=100)

指　　标	2011年	2012年	2013年	2014年	2015年
农产品生产者价格总指数	**116.5**	**102.7**	**103.2**	**99.8**	**101.7**
种植业产品	**107.8**	**104.8**	**104.3**	**101.8**	**99.2**
谷物	109.7	104.8	103.1	102.7	98.7
小麦	105.2	102.9	106.7	105.1	99.2
稻谷	113.3	104.1	102.2	102.2	101.6
玉米	109.9	106.6	100.2	101.7	96.5
豆类	105.0	103.0	105.7	102.4	98.9
油料	112.1	105.2	102.4	99.9	100.8
棉花	79.5	98.1	103.9	87.1	87.5
糖料	125.5	105.0	98.9	99.7	98.8
蔬菜	103.4	109.9	106.9	98.5	104.6
水果	106.2	103.9	106.2	106.4	99.7
林业产品	**114.9**	**101.2**	**99.1**	**99.4**	**97.9**
牧业产品	**126.2**	**99.7**	**102.4**	**97.1**	**104.2**
猪(毛重)	137.0	95.9	99.3	92.2	108.9
牛(毛重)	108.1	116.8	113.1	104.4	99.1
羊(毛重)	115.7	107.8	109.1	100.8	89.4
家禽(毛重)	112.0	103.8	103.2	104.4	101.3
蛋类	112.6	100.5	105.8	105.7	96.9
奶类	108.1	103.9	111.0	107.9	92.2
渔业产品	**110.0**	**106.2**	**104.3**	**103.1**	**102.5**
海水养殖产品	111.5	101.0	100.7	101.9	101.0
海水捕捞产品	111.2	110.9	107.7	103.1	106.0
淡水养殖产品	109.5	106.8	104.7	103.8	102.1
淡水捕捞产品	103.7	107.2	103.5	101.5	

8-6 各地区农产品生产者价格指数

(上年=100)

地　区	总指数	一.种植业产品	二、林业产品	三、畜牧业产品	四、渔业产品
全　国	**101.7**	**99.2**	**97.9**	**104.2**	**102.5**
北　京	99.8	97.5		101.9	101.0
天　津	100.7	100.8		100.6	100.3
河　北	97.5	97.3	94.5	97.3	105.7
山　西	95.8	94.5	93.8	98.2	95.2
内蒙古	98.0	100.3	98.5	95.5	97.6
辽　宁	99.5	99.8	97.0	99.3	99.8
吉　林	100.6	99.8	100.0	103.1	98.2
黑龙江	98.7	97.4	101.4	105.5	95.8
上　海	102.4	102.4	102.0	103.6	100.9
江　苏	102.3	100.5	99.1	105.7	100.8
浙　江	102.0	99.9	98.8	104.3	104.6
安　徽	99.8	97.8	95.3	105.1	99.6
福　建	101.2	100.8	93.3	108.0	100.5
江　西	103.7	99.1	96.6	112.3	103.9
山　东	100.1	98.3	100.9	103.3	100.3
河　南	100.7	95.9	84.9	109.2	99.4
湖　北	99.5	96.3	99.5	107.6	96.7
湖　南	104.1	101.5	96.3	108.1	101.2
广　东	102.3	103.2	99.9	103.1	101.1
广　西	102.0	98.8	97.7	108.0	99.4
海　南	99.1	102.0	83.8	102.5	99.5
重　庆	102.4	100.6	94.5	104.4	101.2
四　川	103.3	101.7	101.2	105.3	98.6
贵　州	104.6	101.7	100.9	106.3	104.4
云　南	101.3	100.5	92.3	103.2	98.0
西　藏					
陕　西	96.3	94.7	81.8	100.1	102.4
甘　肃	99.8	100.9		97.5	100.6
青　海	96.1	92.7		101.4	100.2
宁　夏	98.4	104.9		91.3	100.7
新　疆	90.4	90.0	100.5	92.1	104.4

8-7 各地区主要农产品分品种生产者价格指数

(上年=100)

地区	一、种植业产品	谷物	小麦	稻谷	玉米	豆类
全国	**99.2**	**98.7**	**99.2**	**101.6**	**96.5**	**98.9**
北京	97.5	92.4	102.2		89.6	
天津	100.8	90.9	102.4		86.0	
河北	97.3	97.3	100.0		95.2	99.7
山西	94.5	95.0	99.6		94.4	103.5
内蒙古	100.3	98.3	106.3	104.6	97.5	94.2
辽宁	99.8	99.4		101.0	98.6	99.4
吉林	99.8	98.8		105.9	97.0	102.5
黑龙江	97.4	97.9	94.0	98.8	97.2	95.6
上海	102.4	99.8	103.6	99.0		
江苏	100.5	101.5	101.8	101.3	95.1	97.6
浙江	99.9	100.6		100.7	98.8	101.4
安徽	97.8	98.3	97.9	99.3	92.5	95.6
福建	100.8	106.3		106.3		
江西	99.1	98.4		98.4		94.9
山东	98.3	94.6	97.6	99.2	92.2	95.7
河南	95.9	94.3	98.3	98.0	86.5	84.9
湖北	96.3	97.9	97.8	99.0	89.6	96.4
湖南	101.5	102.2		102.3	100.1	101.1
广东	103.2	106.3		106.4	104.7	100.6
广西	98.8	99.6		100.8	96.0	99.8
海南	102.0	100.3		100.5	98.5	108.9
重庆	100.6	102.6		103.7	100.4	102.4
四川	101.7	100.6	101.8	100.6	99.1	101.5
贵州	101.7	102.2	105.7	103.8	99.8	100.0
云南	100.5	99.7	93.9	103.1	98.6	99.8
西藏						
陕西	94.7	93.7	98.1	108.2	91.4	104.3
甘肃	100.9	98.2	97.9		97.5	100.6
青海	92.7	100.6	93.4		91.8	104.0
宁夏	104.9	100.8	103.8	107.5	95.2	
新疆	90.0	97.9	98.8	107.6	94.7	100.0

8-7 续表 1

地　区							
		薯类	油料			棉花	糖料
	大豆			花生	油菜籽		
全　国	**99.0**	**99.3**	**100.8**	**102.0**	**99.6**	**87.5**	**98.8**
北　京							
天　津						89.2	
河　北	98.6	79.8	109.8	109.8		90.1	
山　西	103.5	93.0	100.0	100.0			
内蒙古	91.9	96.8	98.6		101.7		108.0
辽　宁	99.4	103.4	84.6	84.6			
吉　林	100.0	96.7	101.6	102.4			
黑龙江	95.6	101.7	117.6				
上　海			70.0		70.0		
江　苏	97.6	101.6	95.5	100.8	92.8	92.2	100.0
浙　江	101.5	101.5	101.2	104.0	101.1		
安　徽	95.6	101.2	96.5	102.7	94.8	87.1	124.3
福　建		103.0	101.5	101.5			
江　西	94.6	99.4	99.3	100.0	96.9	92.3	
山　东	95.7	110.1	109.1	109.1		87.1	
河　南	84.9	95.1	98.8	102.0	99.6	96.4	
湖　北	96.4	98.9	88.2	103.9	85.9	88.7	
湖　南	101.1	89.2	102.0	100.0	103.0	90.5	
广　东	100.6	104.0	105.3	105.3	85.7		99.4
广　西	99.8	99.5	98.4	98.4			97.6
海　南	109.8	106.5	103.9	103.9			98.6
重　庆	102.4	100.9	107.7		107.7		
四　川	99.6	109.5	102.2	103.5	101.7		104.7
贵　州	100.0	107.3	107.7	109.1	107.5		103.8
云　南	96.4	105.3	97.2	100.0	96.8		100.0
西　藏							
陕　西	104.9	98.6	100.8	100.5	101.2	94.6	
甘　肃	90.9	93.8	99.4		101.3	103.0	
青　海		97.5	92.1		92.1		
宁　夏		76.6	112.2				
新　疆	100.0	81.2	103.9			71.6	97.7

8-7 续表 2

地 区	麻类	烟叶	蔬菜	水果	茶叶
全 国	**105.1**	**100.6**	**104.6**	**99.7**	**98.7**
北 京			102.4	95.9	
天 津			109.4	93.0	
河 北			107.5	85.9	
山 西			100.7	86.4	
内 蒙 古			100.4	115.0	
辽 宁		101.8	106.6	92.8	
吉 林		93.4	109.0	103.9	
黑 龙 江			103.1	96.5	
上 海			107.6	98.7	
江 苏	100.0	100.0	101.1	102.9	92.5
浙 江			101.4	98.3	94.5
安 徽	127.4	99.9	100.0	108.2	96.0
福 建		103.0	105.3	94.8	96.8
江 西	106.9	102.4	102.9	98.8	94.1
山 东		102.7	110.0	98.6	103.5
河 南		105.2	100.9	95.8	105.7
湖 北	78.9	108.8	103.5	103.6	101.0
湖 南		103.1	101.6	111.3	104.0
广 东		103.3	103.8	103.9	102.7
广 西	120.0	104.0	103.3	93.9	101.7
海 南			97.8	103.9	
重 庆	104.1	105.3	98.0	108.2	101.1
四 川	105.0	101.2	103.6	96.0	101.1
贵 州		103.8	101.7	100.8	105.4
云 南		106.5	97.7	83.3	93.2
西 藏					
陕 西		108.6	108.6	87.3	101.9
甘 肃			105.1	103.9	
青 海			104.5		
宁 夏			122.3	114.7	
新 疆	103.4		104.9	95.6	

8-7 续表 3

地　区	二、林产品	三、畜产品	#猪	#家禽	#蛋类	#奶类
全　国	**97.9**	**104.2**	**108.9**	**101.3**	**96.9**	**92.2**
北　京		101.9	111.2	100.4	99.3	90.7
天　津		100.6	111.5	91.8	92.3	91.6
河　北	94.5	97.3	111.7	94.2	90.2	94.8
山　西	93.8	98.2	108.2	97.1	96.4	88.6
内蒙古	98.5	95.5	104.1	99.9	98.0	96.1
辽　宁	97.0	99.3	106.4	93.4	94.0	100.2
吉　林	100.0	103.1	110.8	97.4	94.2	98.8
黑龙江	101.4	105.5	112.2	94.3	89.6	97.4
上　海	102.0	103.6	112.7	97.6	89.4	88.3
江　苏	99.1	105.7	108.5	100.8	97.6	93.2
浙　江	98.8	104.3	105.8	105.2	101.1	97.8
安　徽	95.3	105.1	112.4	101.4	94.2	
福　建	93.3	108.0	111.2	103.3	96.8	
江　西	96.6	112.3	115.8	101.5	97.5	
山　东	100.9	103.3	110.0	102.1	93.8	93.1
河　南	84.9	109.2	113.9	93.6	94.2	91.1
湖　北	99.5	107.6	110.8	100.3	97.3	88.2
湖　南	96.3	108.1	110.8	103.7	101.8	
广　东	99.9	103.1	107.4	100.3	98.1	103.0
广　西	97.7	108.0	112.5	103.6	98.5	
海　南	83.8	102.5	103.9	100.5	95.5	
重　庆	94.5	104.4	105.3	102.3	105.4	
四　川	101.2	105.3	109.0	103.2	100.9	90.0
贵　州	100.9	106.3	106.7	103.3	104.9	
云　南	92.3	103.2	104.1	102.6	103.4	84.9
西　藏						
陕　西	81.8	100.1	108.9	102.9	95.3	85.5
甘　肃		97.5	104.0	100.8	98.1	99.2
青　海		101.4	105.4	99.3	92.4	94.3
宁　夏		91.3	111.5	95.2	85.7	82.4
新　疆	100.5	92.1	104.7	102.1	96.9	93.2

8-7 续表 4

地 区	四、渔业产品	海水养殖产品	海水捕捞产品	淡水养殖产品
全 国	**102.5**	**101.0**	**106.0**	**102.1**
北 京	101.0			101.0
天 津	100.3	91.2		102.3
河 北	105.7			105.7
山 西	95.2			95.2
内蒙古	97.6			97.6
辽 宁	99.8	100.0		99.6
吉 林	98.2			98.2
黑龙江	95.8			95.8
上 海	100.9		109.3	97.0
江 苏	100.8	99.1	102.4	100.4
浙 江	104.6	105.6	106.1	101.1
安 徽	99.6			99.6
福 建	100.5	100.1	100.9	97.4
江 西	103.9			103.9
山 东	100.3	97.2	106.1	101.0
河 南	99.4			99.4
湖 北	96.7			96.7
湖 南	101.2			101.2
广 东	101.1	103.0	103.5	98.4
广 西	99.4	102.6	102.3	95.6
海 南	99.5	100.3	104.3	85.8
重 庆	101.2			101.2
四 川	98.6			98.6
贵 州	104.4			104.4
云 南	98.0			98.0
西 藏				
陕 西	102.4			102.4
甘 肃	100.6			100.6
青 海	100.2			100.0
宁 夏	100.7			100.7
新 疆	104.4			104.4

8-8 主要农产品集贸市场价格指数

(以上年为100)

品　种	2001年	2010年	2014年	2015年
籼　稻	104.70	109.85	101.85	101.45
粳　稻	102.89	119.53	102.26	101.58
小　麦	107.09	107.86	102.80	98.05
玉　米	122.78	117.80	102.92	96.76
大　豆	96.36	107.17	101.12	98.25
棉花(籽棉)	106.65	138.16	97.31	85.07
花生仁		127.90	89.71	108.28
油菜籽		102.93	100.19	97.38
活　猪	105.31	101.86	90.05	113.43
仔　猪	106.81	92.84	86.74	117.04
猪　肉	105.27	101.97	92.14	110.15
牛　肉	102.62	103.50	106.75	100.73
羊　肉	100.14	108.94	104.87	94.77
活　鸡		105.51	107.14	102.92
鸡　蛋	104.27	110.14	110.85	91.23
草　鱼	99.83	105.54	100.69	95.46
鲤　鱼	97.31	105.18	102.47	104.68
带　鱼		116.18	105.31	101.81
大白菜		132.77	86.97	114.54
黄　瓜		110.95	97.38	106.42
西红柿		114.33	99.26	103.35
红富士苹果		116.18	115.92	102.67
香　蕉		109.39	127.85	81.90

农产品进出口

9-1 海关出口主要农产品数量

单位：万头、万吨

年 份	活猪	大米	棉花(原棉)	蔬菜	水果	水产品
1980	316	109	1.0	34	24	11
1981	318	59		47	20	12
1982	324	47		51	21	10
1983	321	58	6.0	54	20	11
1984	308	116	19.0	52	17	12
1985	296	101	35.0	51	21	12
1986	310	95	56.0	64	22	17
1987	302	102	75.0	64	24	22
1988	303	70	47.0	77	30	29
1989	297	32	27.0	82	25	29
1990	300	33	17.0	98	23	36
1991	285	69	20.0	104	16	38
1992	290	95	14.0	138	15	44
1993	272	143	15.0	137	32	48
1994	270	152	11.0	154	39	57
1995	253	5	2.0	158	40	61
1996	240	26	0.4	167	56	64
1997	227	94	0.1	167	68	72
1998	219	375	4.5	201	66	79
1999	196	271	23.6	225	73	109
2000	203	295	29.2	245	82	120
2001	196	186	5.2	298	81	154
2002	188	199	15.0	360	113	163
2003	188	262	11.2	432	146	158
2004	197	91	0.9	470	175	177
2005	176	69	0.5	520	200	176
2006	172	124	1.3	568	198	194
2007	161	134	2.1	622	240	183
2008	164	97	1.6	624	285	175
2009	169	79	0.8	636	330	209
2010	172	62	0.6	655	300	243
2011	156	52	2.6	772	289	288
2012	164	28	1.8	741	304	368
2013	168	48	0.7	778	298	384
2014	173	42	1.3	803	272	403
2015	169	29	2.9	833	287	391

注：1. 水果1996年及以后为干、鲜水果及坚果数据。
2. 9-1至9-6数据来源于海关统计。

9-2 海关进口主要农产品数量

单位：万吨

年 份	小麦	玉米	大豆	棉花(原棉)	食用植物油
1980	1057	163.8	57	89	9
1981	1300	67.6	57	80	4
1982	1380	156.9	36	47	6
1983	1111	211.0	…	23	4
1984	987	5.5	…	4	1
1985	541	9.1	0	…	4
1986	611	58.8	29	…	20
1987	1320	154.2	27	1	51
1988	1455	10.9	15	3	21
1989	1488	6.8	0	52	106
1990	1253	36.9	0	42	112
1991	1237	0.1	0	37	61
1992	1058	…	12	28	42
1993	642	…	10	1	24
1994	730	0.1	5	50	163
1995	1159	518.1	29	74	213
1996	825	44.1	111	65	263
1997	186	…	280	75	275
1998	149	25.1	320	20	206
1999	45	7.0	432	5	208
2000	88	…	1042	5	179
2001	69	…	1394	6	165
2002	63	1.0	1131	18	319
2003	45	…	2074	87	541
2004	726	…	2023	191	676
2005	354	…	2659	257	621
2006	61	7	2824	364	669
2007	10	4	3082	246	838
2008	4.3	5	3744	211	816
2009	90.4	8	4255	153	816
2010	123	157	5480	284	687
2011	125.8	175.3	5264	336	657
2012	370	520.8	5838	513	845
2013	554	326.6	6338	415	810
2014	300	260	7140	244	650
2015	301	473	8169	147	676

9-3 海关出口农副产品及加工品数量

指　标	单位	1995年	2000年	2014年	2015年	2015年为2014年百分比(%)
活猪	万头	253	203	173	169	97.5
活家禽	万只	5263	4890	493	433	87.7
鲜、冻牛肉	万吨	2	2	0.6	0.5	72.4
鲜、冻猪肉	万吨	15	5	9.2	7.1	78.1
冻鸡	万吨	24.9	35.7	11.7	13.1	111.6
鲜、冻兔肉	吨	20187	22563			
鲜蛋	百万个	358	757	1141	1207	105.7
水产品	万吨	61	120	403	391	97.0
谷物及谷物粉	万吨	64	1378	71	48	67.4
其中：大米	万吨	5	295	41.9	28.7	68.5
小麦	万吨	1159	88			
玉米	万吨	11	1047	2	1.1	55.4
棉花(原棉)	万吨	2.2	29.2	1.3	2.9	214.7
蔬菜	万吨	158	245	803	833	103.7
鲜、干水果及坚果	万吨	49	82	272	287	105.5
其中：橘、橙	万吨	13.2	19.1	83.7	75.1	89.8
鲜苹果	万吨	10.9	29.8	86.5	83.3	96.3
食糖	万吨	48	41.4	4.6	7.5	162.2
天然蜂蜜	万吨	8.7	10.3	13	14.5	111.5
茶叶	万吨	16.7	22.8	30.1	32.5	107.8
辣椒干	万吨	3.6	5.4	3.8	5.1	133.6
猪肉罐头	万吨	6.4	3.8	5	4.2	83.9
蘑菇罐头	万吨	19.0	20.4	26.5	23.7	89.2
烤烟	万吨	5.7	9.4	8.8	10.1	114.7
生丝	万吨	1.3	1.3	0.6	0.7	105.3
山羊绒	吨	1829	3123	2374	2596	109.3
兔毛	吨	4395	4990			
猪鬃	吨	10511	12398			
肠衣	吨	44971	52316	90534	94249	104.1
填充用羽毛羽绒	吨	23345	36882	41407	39275	94.9
药材	万吨	13.7	17.6	20.3	18.4	90.8
食用油籽	万吨	121	76	56	54	97.8
其中：大豆	万吨	38	21	21	13	64.5
花生和花生仁	万吨	39	40	14	13	92.4
食用植物油	万吨	51	11.2	13.3	13.5	101.1

注：1. 1995年鲜、干水果及坚果仅包括鲜、干水果。
　　2. 本表数据来源于《海关统计月刊》。

9-4 海关出口农副产品及加工品金额

单位：万美元

指　　标	2014年	2015年
活猪	45635	48165
活家禽	1851	1566
鲜、冻牛肉	5928	4451
鲜、冻猪肉	42269	32021
冻鸡	28204	27087
鲜冻兔肉		
鲜蛋	12263	12056
水产品	2086475	1952163
谷物及谷物粉	55566	39485
其中：大米	37840	26789
玉米	769	490
棉花(原棉)	3008	
蔬菜	979908	1067773
鲜、干水果及坚果	401336	489825
#橘、橙	102771	107139
鲜苹果	102758	103233
食糖	3786	4653
天然蜂蜜	26030	28789
茶叶	127287	137931
辣椒干	9803	11129
猪肉罐头	15347	12972
烤烟	42040	44623
生丝	34017	31716
山羊绒	23025	20996
兔毛		
猪鬃		
肠衣	102942	101078
填充用羽毛羽绒	99655	51269
药材	152751	130010
食用油籽	79646	81442
其中：大豆	19918	12449
花生和花生仁	20077	21383
食用植物油	20033	18373

注：鲜、干水果及坚果1995年为水果数据。

9-5 海关进口农副产品及加工品数量

指　　标	单位	1990年	1995年	2000年	2014年	2015年	2015年为2014年百分比(%)
冻鱼	万吨			89	210	189	89.8
鲜、干水果及坚果	万吨				384	430	111.9
其中：香蕉	万吨			59	113	107	95.3
谷物及谷物粉	万吨			315	1951	3270	167.6
其中：玉米	万吨				260	473	182.0
小麦	万吨	1253	1159	88	300	301	100.1
#小麦粉	万吨				3	3	103.3
大麦	万吨	65	127	197	541	1073	198.3
稻谷和大米	万吨			24	258	338	130.9
大豆	万吨	…	29	1042	7140	8169	114.4
食用植物油	万吨	112	213	179	650	676	104.1
#豆油	万吨				114	82	72.0
棕榈油	万吨				397	431	108.6
菜子油和芥子油	万吨				81	82	100.6
其他植物油	万吨	119	160	23			
食糖	万吨	113	295	64	349	485	139.0
饲料用鱼粉	万吨				104	103	98.8
豆饼、豆粕	吨				22596	59684	264.1
配制的动物饲料	吨						
纸烟	万条				6974	7484	105.9
天然橡胶(包括胶乳)	万吨				261	274	104.8
合成橡胶(包括胶乳)	万吨				148	198	133.7
原木	万立方米				5119	4457	87.1
锯材	万立方米				2565	2658	103.6
纸浆	万吨				1796	1984	110.4
羊毛(包括羊毛条)	万吨	3	28	30	33	35	106.3
棉花(原棉)	万吨	42	74	5	244	147	60.5
肥料	万吨	1626	1991	1189	959	1116	116.5
化肥	万吨				955	1114	116.7
尿素	吨				5867	7640	120.2
氮磷钾复合肥料	万吨				111	146	132.1
磷酸氢二胺	万吨				23	8	33.7
氯化钾	万吨				803	942	117.4
硫酸钾	万吨				5	5	84.8
农药	吨				92555	89975	90.6

9-6 海关进口农副产品及加工品金额

单位：万美元

指　　标	2014年	2015年
冻鱼	360140	653428
鲜、干水果及坚果	502334	582811
其中：香蕉	81183	76955
谷物及谷物粉	621715	934119
其中：玉米	72969	109299
小麦	97855	89626
#小麦粉	1607	1518
大麦	157391	284274
稻谷和大米	125419	149692
大豆	4028504	3463290
食用植物油	593178	499624
#豆油	109248	64481
棕榈油	329354	275665
菜子油和芥子油	81787	65455
其他植物油		
食糖	149424	176732
饲料用鱼粉	155883	178618
豆饼、豆粕	1757	4134
配制的动物饲料		
纸烟	48287	54104
天然橡胶(包括胶乳)	495143	390807
合成橡胶(包括胶乳)	397856	388813
原木	1178065	801916
锯材	808251	747540
纸浆	1206507	1271298
羊毛(包括羊毛条)	242709	246395
棉花(原棉)	499141	255464
肥料	336779	392895
化肥	334752	391731
尿素	305	370
氮磷钾复合肥料	64000	82380
磷酸氢二胺	9985	4190
氯化钾	252182	296931
硫酸钾	3035	2547
农药	77061	74440

9-7 各地区出口农产品数量

单位：吨

地区	大米产品	小麦产品	玉米产品	大豆	棉花(原棉)	食用植物油	食糖
全国合计	**287238**	**121819**	**11110**	**133893**	**28834**	**137023**	**74979**
北京	1295		6	138	647	225	7
天津	38	3301	136	219		17	1120
河北		10	7	2979	223	1516	
山西				612			2
内蒙古	7680			1445		24	
辽宁	13023	12331	3760	37850	1	77970	2723
吉林	37058	913	6206	38788		9223	120
黑龙江	196833		31	48887		16	
上海			664	4	3104	1154	
江苏	1785			1221	2168	516	
浙江	29			22		20	14
安徽	10158	1741	24	61		3815	
福建	99			109		133	10
江西	60						
山东		2399		928	22248	11139	
河南		960			5	205	
湖北	1642		18	69		330	34
湖南	4479		5	2			
广东	4360	100064		491	2	17852	69328
广西	2097		248			12513	947
海南							
	435						
重庆							
四川	5333		5			38	
贵州							
云南				23			650
西藏				30			24
陕西	68	80		6		22	
甘肃							
青海							
宁夏							
新疆	765	21		7	436	293	

9-8 各地区进口农产品数量

单位：吨

地　区	大米产品	小麦产品	玉米产品	大豆	棉花(原棉)	食用植物油	食糖
全国总计	**3376877**	**3007003**	**4730011**	**81694086**	**1472504**	**8390694**	**4845871**
北　京	243842	493445	1326	327443	65861	57893	166640
天　津	32501	32806	21130	4779102	5312	1108744	157955
河　北	500	30077	7	4951522	8655	64614	95784
山　西		1000		259649	398	26	1890
内蒙古		2061	361364	65765		14667	102685
辽　宁	9505	19735	78396	5551978	3712	57733	1061573
吉　林	850	5464	156713	1676171	908	2394	
黑龙江	34366	11606	90526	438381		13920	5355
上　海	29364	86839	149192	903057	144707	613484	71524
江　苏	92164	36037	270667	15390508	363156	3096210	250694
浙　江	207019	181737	95300	2363084	24102	292207	20499
安　徽	51437	10199	287294	376012	5265	33598	3178
福　建	134042	139452	244034	4755217	6345	328160	309043
江　西	117018		177993	209835	14076		650
山　东	9394	106120	584068	17317198	649880	515132	1418794
河　南	42407	68061		1876023	49923	1622	2038
湖　北	51544	4937	81368	616200	24777	22	4802
湖　南	120998	1580	78559	7779	2149	39317	3790
广　东	1973244	1654906	1572515	10366058	61461	1914089	872631
广　西	76361	834	165701	7622645	6495	177494	281941
海　南	42962	5920	60172			29	
	26298	2865	23637	672856	2678	24770	
重　庆							
四　川	4225		34476	586797	2208	199	1000
贵　州	15987						
云　南	60851		173052			1	10662
西　藏			22498				
陕　西		715		524307	7422	11	
甘　肃		71000				6500	
青　海							
宁　夏		11300					
新　疆		28306	22	56497	23015	27858	2743

10

农产品成本与收益

10-1 全国种植业产品成本与收益

指　　标	单位	三种粮食平均		稻谷	
		2015年	2014年	2015年	2014年
每亩					
主产品产量	千克	467.41	470.93	492.64	484.98
产值合计	元	1109.59	1193.35	1377.52	1381.38
主产品产值	元	1086.99	1171.46	1359.88	1364.10
副产品产值	元	22.60	21.89	17.64	17.28
总成本	元	1090.04	1068.57	1202.12	1176.55
生产成本	元	872.28	864.63	987.28	970.47
物质与服务费用	元	425.07	417.88	478.69	469.80
人工成本	元	447.21	446.75	508.59	500.67
家庭用工折价	元	415.74	414.18	447.72	442.31
雇工费用	元	31.47	32.57	60.87	58.36
土地成本	元	217.76	203.94	214.84	206.08
流转地租金	元	36.41	32.46	53.82	52.23
自营地折租	元	181.35	171.48	161.02	153.85
净利润	元	19.55	124.78	175.40	204.83
现金成本	元	492.95	482.91	593.38	580.39
现金收益	元	616.64	710.44	784.14	800.99
成本利润率	%	1.79	11.68	14.59	17.41
每50公斤主产品					
平均出售价格	元	116.28	124.38	138.02	140.63
总成本	元	114.23	111.37	120.45	119.78
生产成本	元	91.41	90.12	98.92	98.80
净利润	元	2.05	13.01	17.57	20.85
现金成本	元	51.66	50.33	59.45	59.09
现金收益	元	64.62	74.05	78.57	81.54
附:					
每亩用工数量	日	5.61	5.87	6.23	6.43
每亩主产品出售数量	千克	346.51	344.17	361.26	348.38
每亩主产品出售产值	元	800.61	849.68	989.05	972.86
商品率	%	90.04	89.08	82.69	81.04
每亩成本外支出	元	0.63	0.70	0.64	0.69

10-1　续表 1

指　　标	单位	小麦		玉米	
		2015年	2014年	2015年	2014年
每亩					
主产品产量	千克	420.79	428.01	488.81	499.79
产值合计	元	1001.71	1052.96	949.54	1145.71
主产品产值	元	979.83	1032.26	921.25	1118.01
副产品产值	元	21.88	20.70	28.29	27.70
总成本	元	984.30	965.13	1083.72	1063.89
生产成本	元	784.62	783.80	844.94	839.48
物质与服务费用	元	420.23	419.03	376.22	364.80
人工成本	元	364.39	364.77	468.72	474.68
家庭用工折价	元	352.40	353.70	447.17	446.40
雇工费用	元	11.99	11.07	21.55	28.28
土地成本	元	199.68	181.33	238.78	224.41
流转地租金	元	26.60	21.10	28.82	24.04
自营地折租	元	173.08	160.23	209.96	200.37
净利润	元	17.41	87.83	-134.18	81.82
现金成本	元	458.82	451.20	426.59	417.12
现金收益	元	542.89	601.76	522.95	728.59
成本利润率	%	1.77	9.10	-12.38	7.69
每50公斤主产品					
平均出售价格	元	116.43	120.59	94.23	111.85
总成本	元	114.41	110.53	107.55	103.86
生产成本	元	91.20	89.76	83.85	81.95
净利润	元	2.02	10.06	-13.32	7.99
现金成本	元	53.33	51.67	42.33	40.72
现金收益	元	63.10	68.92	51.90	71.13
附:					
每亩用工数量	日	4.65	4.87	5.95	6.30
每亩主产品出售数量	千克	337.63	334.30	340.65	349.82
每亩主产品出售产值	元	780.81	798.29	631.97	777.89
商品率	%	89.18	88.15	98.26	98.06
每亩成本外支出	元	0.92	1.06	0.33	0.36

10-1 续表 2

指　　标	单位	大豆		两种油料平均	
		2015年	2014年	2015年	2014年
每亩					
主产品产量	千克	138.35	143.60	188.61	183.58
产值合计	元	559.62	641.61	1070.72	1098.59
主产品产值	元	548.21	630.14	1055.01	1083.43
副产品产值	元	11.41	11.47	15.71	15.16
总成本	元	674.71	667.34	1152.39	1107.57
生产成本	元	416.97	419.64	965.51	934.89
物质与服务费用	元	201.81	202.91	334.57	322.21
人工成本	元	215.16	216.73	630.94	612.68
家庭用工折价	元	195.86	197.01	619.32	602.27
雇工费用	元	19.30	19.72	11.62	10.41
土地成本	元	257.74	247.70	186.88	172.68
流转地租金	元	73.44	64.99	18.24	14.41
自营地折租	元	184.30	182.71	168.64	158.27
净利润	元	-115.09	-25.73	-81.67	-8.98
现金成本	元	294.55	287.62	364.43	347.03
现金收益	元	265.07	353.99	706.29	751.56
成本利润率	%	-17.06	-3.86	-7.09	-0.81
每50公斤主产品					
平均出售价格	元	198.12	219.41	279.68	295.08
总成本	元	238.86	228.21	301.01	297.49
生产成本	元	147.62	143.50	252.20	251.11
净利润	元	-40.74	-8.80	-21.33	-2.41
现金成本	元	104.28	98.36	95.19	93.21
现金收益	元	93.84	121.05	184.49	201.87
附:					
每亩用工数量	日	2.68	2.85	8.07	8.21
每亩主产品出售数量	千克	108.38	92.88	139.01	133.11
每亩主产品出售产值	元	423.58	413.62	762.96	783.57
商品率	%	97.83	97.60	86.21	85.72
每亩成本外支出	元	0.65	0.56	0.27	0.26

10-1 续表 3

指　　标	单位	花生		油菜籽	
		2015年	2014年	2015年	2014年
每亩					
主产品产量	千克	238.26	233.15	138.96	134.00
产值合计	元	1493.54	1487.17	647.89	710.01
主产品产值	元	1472.11	1466.73	637.91	700.13
副产品产值	元	21.43	20.44	9.98	9.88
总成本	元	1396.83	1343.39	907.54	871.75
生产成本	元	1139.97	1106.93	790.65	762.86
物质与服务费用	元	446.33	428.86	222.71	215.44
人工成本	元	693.64	678.07	567.94	547.42
家庭用工折价	元	681.64	668.48	556.69	536.20
雇工费用	元	12.00	9.59	11.25	11.22
土地成本	元	256.86	236.46	116.89	108.89
流转地租金	元	22.75	19.05	13.73	9.77
自营地折租	元	234.11	217.41	103.16	99.12
净利润	元	96.71	143.78	-259.65	-161.74
现金成本	元	481.08	457.50	247.69	236.43
现金收益	元	1012.46	1029.67	400.20	473.58
成本利润率	%	6.92	10.70	-28.61	-18.55
每50公斤主产品					
平均出售价格	元	308.93	314.55	229.53	261.24
总成本	元	288.93	284.14	321.52	320.75
生产成本	元	235.80	234.13	280.11	280.69
净利润	元	20.00	30.41	-91.99	-59.51
现金成本	元	99.51	96.77	87.75	86.99
现金收益	元	209.42	217.78	141.78	174.25
附:					
每亩用工数量	日	8.89	9.09	7.25	7.32
每亩主产品出售数量	千克	166.77	159.64	111.24	106.58
每亩主产品出售产值	元	1021.24	1016.10	504.67	551.04
商品率	%	87.68	87.66	84.73	83.77
每亩成本外支出	元			0.53	0.51

10-1 续表 4

指 标	单位	棉花		烤烟	
		2015年	2014年	2015年	2014年
每亩					
主产品产量	千克	92.82	98.08	144.03	133.65
产值合计	元	1366.89	1592.12	3857.14	3401.03
主产品产值	元	1104.83	1307.19	3851.37	3395.00
副产品产值	元	262.06	284.93	5.77	6.03
总成本	元	2288.44	2278.56	3578.57	3547.11
生产成本	元	2008.15	2003.67	3262.63	3244.16
物质与服务费用	元	620.40	595.28	1034.26	1041.34
人工成本	元	1387.75	1408.39	2228.37	2202.82
家庭用工折价	元	1182.09	1203.79	1876.29	1867.74
雇工费用	元	205.66	204.60	352.08	335.08
土地成本	元	280.29	274.89	315.94	302.95
流转地租金	元	46.89	45.00	40.34	41.31
自营地折租	元	233.40	229.89	275.60	261.64
净利润	元	-921.55	-686.44	278.57	-146.08
现金成本	元	872.95	844.88	1426.68	1417.73
现金收益	元	493.94	747.24	2430.46	1983.30
成本利润率	%	-40.27	-30.13	7.78	-4.12
每50公斤主产品					
平均出售价格	元	595.15	666.39	1337.00	1270.11
总成本	元	996.40	953.70	1240.44	1324.66
生产成本	元	874.36	838.65	1130.93	1211.53
净利润	元	-401.25	-287.31	96.56	-54.55
现金成本	元	380.09	353.63	494.53	529.45
现金收益	元	215.06	312.76	842.47	740.66
附:					
每亩用工数量	日	17.05	18.23	28.22	29.36
每亩主产品出售数量	千克	84.97	88.09	144.01	133.59
每亩主产品出售产值	元	1005.43	1166.22	3851.31	3394.41
商品率	%	99.81	99.68	100.00	100.00
每亩成本外支出	元	0.42	3.49		

10-1 续表 5

指　标	单位	甘蔗		甜菜	
		2015年	2014年	2015年	2014年
每亩					
主产品产量	千克	5176.71	4798.11	3739.57	3567.25
产值合计	元	2321.37	1965.71	1848.50	1813.80
主产品产值	元	2296.29	1942.82	1833.13	1798.88
副产品产值	元	25.08	22.89	15.37	14.92
总成本	元	2203.57	2115.75	1619.83	1508.94
生产成本	元	1947.28	1881.39	1318.89	1223.01
物质与服务费用	元	778.07	747.69	609.25	573.61
人工成本	元	1169.21	1133.70	709.64	649.40
家庭用工折价	元	660.27	618.04	533.60	468.79
雇工费用	元	508.94	515.66	176.04	180.61
土地成本	元	256.29	234.36	300.94	285.93
流转地租金	元	18.36	19.03	46.02	46.06
自营地折租	元	237.93	215.33	254.92	239.87
净利润	元	117.80	-150.04	228.67	304.86
现金成本	元	1305.37	1282.38	831.31	800.28
现金收益	元	1016.00	683.33	1017.19	1013.52
成本利润率	%	5.35	-7.09	14.12	20.20
每50公斤主产品					
平均出售价格	元	22.18	20.25	24.51	25.21
总成本	元	21.05	21.80	21.48	20.97
生产成本	元	18.61	19.38	17.49	17.00
净利润	元	1.13	-1.55	3.03	4.24
现金成本	元	12.47	13.21	11.02	11.12
现金收益	元	9.71	7.04	13.49	14.09
附:					
每亩用工数量	日	14.10	14.16	8.36	7.86
每亩主产品出售数量	千克	5176.71	4790.83	3739.57	3567.25
每亩主产品出售产值	元	2295.90	1940.21	1833.13	1798.88
商品率	%	100.00	100.00	100.00	100.00
每亩成本外支出	元	0.32	0.25	0.22	0.29

10-1 续表 6

指　标	单位	桑蚕茧		苹果	
		2015年	2014年	2015年	2014年
每亩					
主产品产量	千克	103.30	105.77	2078.95	1876.44
产值合计	元	3477.57	3808.24	7490.40	8912.32
主产品产值	元	3431.27	3760.59	7486.64	8908.53
副产品产值	元	46.30	47.65	3.76	3.79
总成本	元	4488.48	4423.13	5362.06	5431.47
生产成本	元	4264.30	4202.65	5021.56	5072.64
物质与服务费用	元	703.37	727.77	1767.76	1885.81
人工成本	元	3560.93	3474.88	3253.80	3186.83
家庭用工折价	元	3467.49	3385.20	1939.47	2080.52
雇工费用	元	93.44	89.68	1314.33	1106.31
土地成本	元	224.18	220.48	340.50	358.83
流转地租金	元	35.64	32.60	69.13	75.44
自营地折租	元	188.54	187.88	271.37	283.39
净利润	元	-1010.91	-614.89	2128.34	3480.85
现金成本	元	832.45	850.05	3151.22	3067.56
现金收益	元	2645.12	2958.19	4339.18	5844.76
成本利润率	%	-22.52	-13.90	39.69	64.09
每50公斤主产品					
平均出售价格	元	1660.83	1777.72	180.06	237.38
总成本	元	2143.62	2064.76	128.90	144.67
生产成本	元	2036.56	1961.83	120.71	135.11
净利润	元	-482.79	-287.04	51.16	92.71
现金成本	元	397.56	396.81	75.75	81.70
现金收益	元	1263.27	1380.91	104.31	155.68
附:					
每亩用工数量	日	45.43	46.56	37.39	40.10
每亩主产品出售数量	千克	103.27	105.76	1716.05	1775.21
每亩主产品出售产值	元	3430.38	3760.20	5814.60	8442.11
商品率	%	99.98	99.99	99.20	99.08
每亩成本外支出	元	1.65	1.69	2.91	4.64

10-2 全国饲养业产品成本与收益

项目	单位	生猪平均		规模养猪平均		农户散养生猪	
		2015年	2014年	2015年	2014年	2015年	2014年
每头(百只、亩)							
主产品产量	千克	116.92	116.27	117.70	116.44	116.13	116.09
产值合计	元	1824.69	1589.97	1822.19	1577.96	1827.19	1601.96
主产品产值	元	1809.93	1574.87	1809.22	1564.88	1810.64	1584.85
副产品产值	元	14.76	15.10	12.97	13.08	16.55	17.11
总成本	元	1720.35	1718.23	1605.15	1592.14	1835.35	1844.00
生产成本	元	1718.84	1716.71	1602.35	1589.47	1835.14	1843.63
物质与服务费用	元	1376.13	1383.24	1427.84	1421.01	1324.32	1345.37
人工成本	元	342.71	333.47	174.51	168.46	510.82	498.26
家庭用工折价	元	317.85	309.50	124.80	120.53	510.82	498.26
雇工费用	元	24.86	23.97	49.71	47.93		
土地成本	元	1.51	1.52	2.80	2.67	0.21	0.37
净利润	元	104.34	-128.26	217.04	-14.18	-8.16	-242.04
成本利润率	%	6.07	-7.46	13.52	-0.89	-0.44	-13.13
每50公斤主产品							
平均出售价格	元	774.00	677.25	768.57	671.97	779.57	682.60
总成本	元	729.74	731.88	677.03	678.01	783.05	785.73
生产成本	元	729.10	731.24	675.85	676.87	782.96	785.58
净利润	元	44.26	-54.63	91.54	-6.04	-3.48	-103.13
附:							
每核算单位用工数量	日	4.36	4.45	2.16	2.20	6.55	6.70
平均饲养天数	日	152.29	154.78	145.30	145.77	159.27	163.79

10-2 续表 1

项　　目	单位	规模养殖蛋鸡平均		规模养殖肉鸡平均	
		2015年	2014年	2015年	2014年
每头(百只、亩)					
主产品产量	千克	1749.24	1742.01	230.91	229.92
产值合计	元	15960.03	18069.46	2671.64	2819.85
主产品产值	元	13863.66	15969.32	2642.43	2792.97
副产品产值	元	2096.37	2100.14	29.21	26.88
总成本	元	15129.47	16407.30	2589.52	2641.42
生产成本	元	15109.53	16384.53	2583.36	2634.36
物质与服务费用	元	13875.48	15171.93	2318.73	2380.95
人工成本	元	1234.05	1212.60	264.63	253.41
家庭用工折价	元	876.95	819.66	214.27	202.37
雇工费用	元	357.10	392.94	50.36	51.04
土地成本	元	19.94	22.77	6.16	7.06
净利润	元	830.56	1662.16	82.12	178.43
成本利润率	%	5.49	10.13	3.17	6.76
每50公斤主产品					
平均出售价格	元	396.28	458.36	572.18	607.38
总成本	元	375.66	416.20	554.59	568.95
生产成本	元	375.16	415.62	553.27	567.43
净利润	元	20.62	42.16	17.59	38.43
附:					
每核算单位用工数量	日	15.07	15.52	3.25	3.28
平均饲养天数	日	356.29	354.54	69.06	67.99

10-2 续表 2

项 目	单位	奶牛平均		规模奶牛平均		农户散养奶牛	
		2015年	2014年	2015年	2014年	2015年	2014年
每头(百只、亩)							
主产品产量	千克	5612.41	5584.34	6091.00	5931.03	5133.81	5237.65
产值合计	元	23559.63	24517.43	25781.53	26778.81	21337.73	22256.04
主产品产值	元	21355.52	22334.47	23387.43	24420.01	19323.61	20248.92
副产品产值	元	2204.11	2182.96	2394.10	2358.80	2014.12	2007.12
总成本	元	18445.62	18967.36	20559.86	20787.08	16331.15	17147.34
生产成本	元	18393.18	18914.62	20493.52	20715.95	16292.62	17113.00
物质与服务费用	元	15044.74	15642.59	17492.15	17832.47	12597.27	13452.64
人工成本	元	3348.44	3272.03	3001.37	2883.48	3695.35	3660.36
家庭用工折价	元	2256.15	2226.42	882.96	896.52	3629.18	3556.10
雇工费用	元	1092.29	1045.61	2118.41	1986.96	66.17	104.26
土地成本	元	52.44	52.74	66.34	71.13	38.53	34.34
净利润	元	5114.01	5550.07	5221.67	5991.73	5006.58	5108.70
成本利润率	%	27.72	29.26	25.40	28.82	30.66	29.79
每50公斤主产品							
平均出售价格	元	190.25	199.97	191.98	205.87	188.20	193.30
总成本	元	148.95	154.70	153.10	159.81	144.04	148.93
生产成本	元	148.53	154.27	152.60	159.26	143.70	148.63
净利润	元	41.30	45.27	38.88	46.06	44.16	44.37
附:							
每核算单位用工数量	日	39.82	40.99	32.44	33.05	47.20	48.92
平均饲养天数	日	365.00	365.00	365.00	365.00	365.00	365.00

11

收入与消费

11-1 农村居民可支配收入及构成

指　　标	2013年	2014年	2015年
可支配收入(元/人)	**9429.6**	**10488.9**	**11421.7**
一、工资性收入	3652.5	4152.2	4600.3
二、经营净收入	3934.8	4237.4	4503.6
(一)第一产业净收入	2839.8	2998.6	3153.8
1.农业	2160.0	2306.8	2412.2
2.林业	162.0	177.3	170.6
3.牧业	460.1	443.0	488.7
4.渔业	57.6	71.4	82.3
(二)第二产业经营净收入	252.5	259.1	276.1
(三)第三产业经营净收入	842.5	979.6	1073.7
三、财产净收入	194.7	222.1	251.5
四、转移净收入	1647.5	1877.2	2066.3
可支配收入构成(%)	**100.0**	**100.0**	**100.0**
一、工资性收入	38.7	39.6	40.3
二、经营净收入	41.7	40.4	39.4
(一)第一产业净收入	30.1	28.6	27.6
1.农业	22.9	22.0	21.1
2.林业	1.7	1.7	1.5
3.牧业	4.9	4.2	4.3
4.渔业	0.6	0.7	0.7
(二)第二产业经营净收入	2.7	2.5	2.4
(三)第三产业经营净收入	8.9	9.3	9.4
三、财产净收入	2.1	2.1	2.2
四、转移净收入	17.5	17.9	18.1

注：从2013年起,国家统计局开展了“城乡一体化住户收支与生活状况调查”,表11-1到11-26数据来源于来源于此调查,与2013年前的分城镇和农村住户调查的调查范围、调查方法、指标口径有所不同。

11-2 农村居民消费支出及构成

指　　标	2013年	2014年	2015年
消费支出(元/人)	**7485.1**	**8382.6**	**9222.6**
(一)食品烟酒	2554.4	2814.0	3048.0
(二)衣着	453.8	510.4	550.5
(三)居住	1579.8	1762.7	1926.2
(四)生活用品及服务	455.1	506.5	545.6
(五)交通通信	874.9	1012.6	1163.1
(六)教育文化娱乐	754.6	859.5	969.3
(七)医疗保健	668.2	753.9	846.0
(八)其他用品及服务	144.2	163.0	174.0
消费支出构成(%)	**100.0**	**100.0**	**100.0**
(一)食品烟酒	34.1	33.6	33.0
(二)衣着	6.1	6.1	6.0
(三)居住	21.1	21.0	20.9
(四)生活用品及服务	6.1	6.0	5.9
(五)交通通信	11.7	12.1	12.6
(六)教育文化娱乐	10.1	10.3	10.5
(七)医疗保健	8.9	9.0	9.2
(八)其他用品及服务	1.9	1.9	1.9

11-3 农村居民现金消费支出及构成

指 标	2013年	2014年	2015年
现金消费支出(元/人)	**5978.7**	**6716.7**	**7392.1**
(一)食品烟酒	2038.8	2301.3	2540.0
(二)衣着	453.1	509.7	549.9
(三)居住	692.4	758.5	779.0
(四)生活用品及服务	451.0	500.1	538.3
(五)交通通信	874.7	1012.5	1162.6
(六)教育文化娱乐	754.4	859.2	969.0
(七)医疗保健	573.2	614.9	681.4
(八)其他用品及服务	141.2	160.5	172.0
现金消费支出构成(%)	**100.0**	**100.0**	**100.0**
(一)食品烟酒	34.1	34.3	34.4
(二)衣着	7.6	7.6	7.4
(三)居住	11.6	11.3	10.5
(四)生活用品及服务	7.5	7.4	7.3
(五)交通通信	14.6	15.1	15.7
(六)教育文化娱乐	12.6	12.8	13.1
(七)医疗保健	9.6	9.2	9.2
(八)其他用品及服务	2.4	2.4	2.3

11-4 农村居民主要食品消费量

单位：公斤/人

指 标	2013年	2014年	2015年
一、粮食	178.5	167.6	159.5
(一)谷物	169.8	159.1	150.2
(二)薯类	2.7	2.4	2.7
(三)豆类	6.0	6.2	6.6
二、食用油	10.3	9.8	10.1
#食用植物油	9.3	9.0	9.2
三、蔬菜及食用菌	90.6	88.9	90.3
#鲜菜	89.2	87.5	88.7
四、肉类	22.4	22.5	23.1
#猪肉	19.1	19.2	19.5
牛肉	0.8	0.8	0.8
羊肉	0.7	0.7	0.9
五、禽类	6.2	6.7	7.1
六、水产品	6.6	6.8	7.2
七、蛋类	7.0	7.2	8.3
八、奶类	5.7	6.4	6.3
九、干鲜瓜果类	29.5	30.3	32.3
#鲜瓜果	27.1	28.0	29.7
坚果类	2.5	1.9	2.1
十、食糖	1.2	1.3	1.3

11-5 农村居民年末主要耐用消费品拥有量

单位：平均每百户

指　　标	单　位	2013年	2014年	2015年
家用汽车	辆	9.9	11.0	13.3
摩托车	辆	61.1	67.6	67.5
电动助力车	台	40.3	45.4	50.1
洗衣机	台	71.2	74.8	78.8
电冰箱(柜)	台	72.9	77.6	82.6
微波炉	台	14.1	14.7	15.0
彩色电视机	台	112.9	115.6	116.9
空调	台	29.8	34.2	38.8
热水器	台	43.6	48.2	52.5
排油烟机	台	12.4	13.9	15.3
移动电话	部	199.5	215.0	226.1
计算机	台	20.0	23.5	25.7
照相机	台	4.4	4.5	4.1

11-6 农村居民第一产业生产经营收支情况

单位：元/人

指　　标	2013年	2014年	2015年
一、生产经营收入	5235.3	5731.6	6077.1
(一)农业	3526.4	3896.6	4057.9
(二)林业	202.5	218.2	204.0
(三)牧业	1392.2	1473.6	1627.7
(四)渔业	114.3	143.1	187.5
二、生产经营现金收入	4188.4	4586.2	4925.0
(一)农业	2710.9	2992.2	3137.0
(二)林业	127.3	141.0	139.6
(三)牧业	1239.0	1313.6	1464.8
(四)渔业	111.2	139.4	183.6
三、生产经营费用支出	2193.0	2506.4	2716.9
(一)农业	1228.6	1439.8	1506.6
(二)林业	38.4	38.7	32.3
(三)牧业	873.1	961.8	1078.0
(四)渔业	52.9	66.0	100.0
四、生产经营现金费用支出	2047.9	2351.7	2547.7
(一)农业	1196.8	1408.8	1472.6
(二)林业	38.3	38.5	32.2
(三)牧业	760.5	838.9	943.3
(四)渔业	52.2	65.5	99.7

11-7 2013年农村居民分地区可支配收入

单位：元/人

地　区	可支配收入	一、工资性收入	二、经营净收入	三、财产净收入	四、转移净收入
全国总计	**9429.6**	**3652.5**	**3934.9**	**194.7**	**1647.5**
北　京	17101.2	12751.7	1730.7	788.4	1830.5
天　津	15352.6	8898.0	4403.9	694.2	1356.5
河　北	9187.7	4453.0	3165.5	166.4	1402.8
山　西	7949.5	4150.2	2190.0	111.3	1497.9
内蒙古	8984.9	1850.7	5402.0	397.4	1334.7
辽　宁	10161.2	3728.4	5628.6	197.7	606.6
吉　林	9780.7	1327.4	7091.0	151.6	1210.6
黑龙江	9369.0	1790.6	6020.8	377.8	1179.8
上　海	19208.3	14903.5	1280.7	535.6	2488.5
江　苏	13521.3	6358.4	4538.4	512.7	2111.8
浙　江	17493.9	10416.1	4934.9	457.2	1685.7
安　徽	8850.0	3240.8	3589.3	100.5	1919.5
福　建	11404.8	5054.2	4684.6	160.0	1506.0
江　西	9088.8	3399.7	3760.2	126.7	1802.2
山　东	10686.9	4189.2	4979.4	242.4	1275.8
河　南	8969.1	2856.2	3927.8	126.4	2058.8
湖　北	9691.8	2920.7	4668.1	98.3	2004.7
湖　南	9028.6	3671.6	3255.5	130.7	1970.7
广　东	11067.8	5671.2	3047.9	392.0	1956.7
广　西	7793.1	2134.6	3794.3	50.9	1813.2
海　南	8801.7	3003.8	4465.6	166.7	1165.7
重　庆	8492.5	2744.1	3173.3	226.8	2348.3
四　川	8380.7	2784.7	3616.8	148.2	1831.0
贵　州	5897.8	2090.1	2451.1	41.9	1314.7
云　南	6723.6	1670.4	3967.3	121.5	964.4
西　藏	6553.4	1346.1	3940.8	104.1	1162.3
陕　西	7092.2	2887.2	2529.6	90.3	1585.1
甘　肃	5588.8	1478.1	2492.2	64.8	1553.7
青　海	6461.6	1774.2	2788.5	133.1	1765.7
宁　夏	7598.7	3030.9	3481.0	111.9	974.8
新　疆	7846.6	1242.8	5200.5	205.3	1197.9

11-8　2013年农村居民分地区可支配收入构成

单位：%

地　　区	可支配收入	一、工资性收入	二、经营净收入	三、财产净收入	四、转移净收入
全国总计	**100.0**	**38.7**	**41.7**	**2.1**	**17.5**
北　　京	100.0	74.6	10.1	4.6	10.7
天　　津	100.0	58.0	28.7	4.5	8.8
河　　北	100.0	48.5	34.5	1.8	15.3
山　　西	100.0	52.2	27.5	1.4	18.8
内 蒙 古	100.0	20.6	60.1	4.4	14.9
辽　　宁	100.0	36.7	55.4	1.9	6.0
吉　　林	100.0	13.6	72.5	1.5	12.4
黑 龙 江	100.0	19.1	64.3	4.0	12.6
上　　海	100.0	77.6	6.7	2.8	13.0
江　　苏	100.0	47.0	33.6	3.8	15.6
浙　　江	100.0	59.5	28.2	2.6	9.6
安　　徽	100.0	36.6	40.6	1.1	21.7
福　　建	100.0	44.3	41.1	1.4	13.2
江　　西	100.0	37.4	41.4	1.4	19.8
山　　东	100.0	39.2	46.6	2.3	11.9
河　　南	100.0	31.8	43.8	1.4	23.0
湖　　北	100.0	30.1	48.2	1.0	20.7
湖　　南	100.0	40.7	36.1	1.4	21.8
广　　东	100.0	51.2	27.5	3.5	17.7
广　　西	100.0	27.4	48.7	0.7	23.3
海　　南	100.0	34.1	50.7	1.9	13.2
重　　庆	100.0	32.3	37.4	2.7	27.7
四　　川	100.0	33.2	43.2	1.8	21.8
贵　　州	100.0	35.4	41.6	0.7	22.3
云　　南	100.0	24.8	59.0	1.8	14.3
西　　藏	100.0	20.5	60.2	1.6	17.7
陕　　西	100.0	40.7	35.7	1.3	22.4
甘　　肃	100.0	26.4	44.6	1.2	27.8
青　　海	100.0	27.5	43.2	2.1	27.3
宁　　夏	100.0	39.9	45.8	1.5	12.8
新　　疆	100.0	15.8	66.3	2.6	15.3

11-9 2013年农村居民分地区消费支出

单位：元/人

地　区	消费支出	一、食品烟酒支出	二、衣着支出	三、居住支出
全国总计	**7485.2**	**2554.4**	**453.8**	**1579.8**
北　京	13563.9	3786.3	879.7	4346.6
天　津	12491.1	3859.0	950.7	2784.3
河　北	7377.1	2205.2	521.6	1628.3
山　西	6457.7	1838.8	497.9	1419.8
内蒙古	9079.6	2803.1	661.7	1647.8
辽　宁	7032.1	2143.3	512.6	1375.9
吉　林	7523.4	2225.9	498.9	1517.0
黑龙江	7191.7	2141.7	525.6	1469.0
上　海	13016.2	4611.6	831.3	2984.6
江　苏	10759.0	3209.0	680.6	2282.3
浙　江	12803.3	4076.1	806.0	2829.1
安　徽	7200.3	2642.0	433.0	1538.0
福　建	9986.2	3884.9	528.0	2331.0
江　西	6807.4	2530.7	339.5	1709.2
山　东	6877.3	2190.3	420.8	1319.4
河　南	6358.7	1942.9	506.4	1414.7
湖　北	7849.5	2566.9	418.4	1854.6
湖　南	7832.6	2708.9	403.1	1764.6
广　东	8937.8	3761.2	280.2	1892.3
广　西	6035.3	2215.0	194.8	1368.8
海　南	6376.2	2831.6	197.7	1139.0
重　庆	6970.7	2657.3	437.1	1242.9
四　川	7364.8	2947.8	498.9	1338.6
贵　州	5291.1	2115.4	281.9	991.1
云　南	5246.6	2050.7	232.1	1002.1
西　藏	4101.6	1953.9	399.4	666.5
陕　西	6487.6	1771.9	418.0	1432.0
甘　肃	5653.9	1949.1	375.4	971.0
青　海	7505.9	2494.2	557.0	1240.9
宁　夏	6739.8	2027.0	496.5	1172.2
新　疆	7103.1	2469.3	597.2	1412.2

11-9 续表

单位：元/人

地　区	四、生活用品及服务支出	五、交通通信支出	六、教育文化娱乐支出	七、医疗保健支出	八、其他用品及服务支出
全国总计	**455.1**	**874.9**	**754.6**	**668.2**	**144.2**
北　京	883.9	1460.8	922.7	1103.0	180.9
天　津	767.3	2084.4	833.0	952.8	259.6
河　北	470.5	931.9	648.7	795.3	175.6
山　西	339.6	701.6	842.7	647.0	170.4
内蒙古	393.9	1280.7	1162.9	942.2	187.4
辽　宁	298.2	887.0	934.6	739.7	140.9
吉　林	298.8	930.7	951.0	937.2	163.9
黑龙江	322.2	861.4	894.0	832.5	145.3
上　海	674.1	1670.3	708.6	1204.5	331.2
江　苏	621.8	1597.6	1264.2	818.0	285.4
浙　江	658.0	1998.2	1221.5	967.6	246.9
安　徽	484.7	711.8	640.6	625.0	125.2
福　建	596.4	917.5	937.3	562.9	228.1
江　西	370.7	676.7	591.0	466.1	123.5
山　东	436.8	1003.8	683.8	710.7	111.6
河　南	460.0	676.6	639.1	620.3	98.7
湖　北	519.0	738.7	864.0	729.5	158.5
湖　南	511.6	747.1	798.8	733.8	164.6
广　东	523.0	907.8	791.9	598.2	183.2
广　西	366.7	641.2	624.2	525.9	98.8
海　南	332.9	689.4	704.3	359.5	121.8
重　庆	530.6	642.9	784.2	564.3	111.2
四　川	534.1	763.7	532.0	641.2	108.4
贵　州	319.6	541.6	599.2	351.7	90.5
云　南	290.6	655.1	538.2	413.5	64.3
西　藏	290.0	483.1	99.2	81.3	128.2
陕　西	405.5	659.9	863.2	803.1	134.0
甘　肃	358.6	696.9	666.1	539.6	97.3
青　海	438.0	1232.2	527.8	888.6	127.2
宁　夏	462.5	847.4	735.0	785.5	213.8
新　疆	340.2	929.4	576.6	678.3	100.0

11-10 2013年农村居民分地区消费支出构成

单位：%

地　区	消费支出	一、食品烟酒支出	二、衣着支出	三、居住支出
全国总计	**100.0**	**34.1**	**6.1**	**21.1**
北　京	100.0	27.9	6.5	32.0
天　津	100.0	30.9	7.6	22.3
河　北	100.0	29.9	7.1	22.1
山　西	100.0	28.5	7.7	22.0
内蒙古	100.0	30.9	7.3	18.1
辽　宁	100.0	30.5	7.3	19.6
吉　林	100.0	29.6	6.6	20.2
黑龙江	100.0	29.8	7.3	20.4
上　海	100.0	35.4	6.4	22.9
江　苏	100.0	29.8	6.3	21.2
浙　江	100.0	31.8	6.3	22.1
安　徽	100.0	36.7	6.0	21.4
福　建	100.0	38.9	5.3	23.3
江　西	100.0	37.2	5.0	25.1
山　东	100.0	31.8	6.1	19.2
河　南	100.0	30.6	8.0	22.2
湖　北	100.0	32.7	5.3	23.6
湖　南	100.0	34.6	5.1	22.5
广　东	100.0	42.1	3.1	21.2
广　西	100.0	36.7	3.2	22.7
海　南	100.0	44.4	3.1	17.9
重　庆	100.0	38.1	6.3	17.8
四　川	100.0	40.0	6.8	18.2
贵　州	100.0	40.0	5.3	18.7
云　南	100.0	39.1	4.4	19.1
西　藏	100.0	47.6	9.7	16.3
陕　西	100.0	27.3	6.4	22.1
甘　肃	100.0	34.5	6.6	17.2
青　海	100.0	33.2	7.4	16.5
宁　夏	100.0	30.1	7.4	17.4
新　疆	100.0	34.8	8.4	19.9

11-10　续表

单位：%

地　区	四、生活用品及服务支出	五、交通通信支　出	六、教育文化娱乐支出	七、医疗保健支　出	八、其他用品及服务支出
全国总计	**6.1**	**11.7**	**10.1**	**8.9**	**1.9**
北　京	6.5	10.8	6.8	8.1	1.3
天　津	6.1	16.7	6.7	7.6	2.1
河　北	6.4	12.6	8.8	10.8	2.4
山　西	5.3	10.9	13.0	10.0	2.6
内蒙古	4.3	14.1	12.8	10.4	2.1
辽　宁	4.2	12.6	13.3	10.5	2.0
吉　林	4.0	12.4	12.6	12.5	2.2
黑龙江	4.5	12.0	12.4	11.6	2.0
上　海	5.2	12.8	5.4	9.3	2.5
江　苏	5.8	14.8	11.8	7.6	2.7
浙　江	5.1	15.6	9.5	7.6	1.9
安　徽	6.7	9.9	8.9	8.7	1.7
福　建	6.0	9.2	9.4	5.6	2.3
江　西	5.4	9.9	8.7	6.8	1.8
山　东	6.4	14.6	9.9	10.3	1.6
河　南	7.2	10.6	10.1	9.8	1.6
湖　北	6.6	9.4	11.0	9.3	2.0
湖　南	6.5	9.5	10.2	9.4	2.1
广　东	5.9	10.2	8.9	6.7	2.0
广　西	6.1	10.6	10.3	8.7	1.6
海　南	5.2	10.8	11.0	5.6	1.9
重　庆	7.6	9.2	11.3	8.1	1.6
四　川	7.3	10.4	7.2	8.7	1.5
贵　州	6.0	10.2	11.3	6.6	1.7
云　南	5.5	12.5	10.3	7.9	1.2
西　藏	7.1	11.8	2.4	2.0	3.1
陕　西	6.2	10.2	13.3	12.4	2.1
甘　肃	6.3	12.3	11.8	9.5	1.7
青　海	5.8	16.4	7.0	11.8	1.7
宁　夏	6.9	12.6	10.9	11.7	3.2
新　疆	4.8	13.1	8.1	9.5	1.4

11-11 2013年农村居民分地区现金消费支出

单位：元/人

地　区	现金消费支出	一、食品烟酒支出	二、衣着支出	三、居住支出
全国总计	**5978.8**	**2038.8**	**453.1**	**692.4**
北　京	10771.1	3634.9	878.9	1764.7
天　津	10828.2	3769.2	950.4	1347.1
河　北	6345.0	2018.4	520.8	899.6
山　西	5320.6	1529.7	496.3	718.8
内蒙古	7613.6	2163.1	661.5	875.1
辽　宁	5987.3	1866.8	512.5	735.3
吉　林	6255.7	1950.3	498.9	595.1
黑龙江	6196.7	1920.1	525.4	736.6
上　海	10560.6	4278.7	825.1	1359.9
江　苏	8831.1	2802.1	679.5	950.5
浙　江	10637.0	3814.2	805.6	1101.0
安　徽	5783.7	2260.7	429.5	600.2
福　建	7706.7	3288.5	527.9	768.9
江　西	4875.4	1835.0	339.4	551.3
山　东	5904.7	1967.2	420.1	649.3
河　南	5192.3	1692.8	506.0	632.3
湖　北	5939.8	1786.9	415.8	836.1
湖　南	5969.8	1948.0	402.7	770.6
广　东	7259.6	3188.1	280.1	846.8
广　西	4447.6	1571.4	194.8	546.5
海　南	5244.3	2506.7	197.5	380.7
重　庆	5105.0	1724.2	436.6	356.4
四　川	5343.3	1901.5	498.3	499.2
贵　州	3802.4	1208.9	281.7	456.4
云　南	3828.9	1294.2	232.0	387.5
西　藏	2706.3	1086.0	398.0	179.4
陕　西	5312.3	1486.5	417.9	641.1
甘　肃	4577.3	1357.3	375.1	533.2
青　海	5905.4	1570.8	556.8	746.4
宁　夏	5614.1	1524.6	496.5	779.4
新　疆	5905.8	1923.7	594.9	801.8

11-11 续表 单位：元/人

地 区	四、生活用品及服务支出	五、交通通信支出	六、教育文化娱乐支出	七、医疗保健支出	八、其他用品及服务支出
全国总计	**451.0**	**874.7**	**754.4**	**573.2**	**141.2**
北 京	874.6	1460.0	922.3	1063.7	171.9
天 津	766.9	2083.8	833.0	819.4	258.2
河 北	469.3	931.9	648.5	681.7	174.9
山 西	329.9	701.4	842.3	559.6	142.6
内蒙古	393.9	1280.6	1162.6	890.4	186.3
辽 宁	297.7	887.0	934.5	614.0	139.4
吉 林	296.6	930.2	951.0	870.4	163.3
黑龙江	320.3	861.2	893.9	794.3	144.8
上 海	654.4	1665.5	705.6	746.7	324.6
江 苏	618.1	1597.1	1263.3	637.9	282.6
浙 江	651.2	1996.9	1220.9	802.2	244.9
安 徽	482.2	711.7	640.2	534.9	124.2
福 建	564.5	917.4	937.0	476.6	225.9
江 西	370.0	676.7	590.8	389.1	123.1
山 东	434.1	1003.8	683.7	637.7	108.8
河 南	459.8	676.6	639.2	487.1	98.5
湖 北	518.1	738.4	863.9	622.2	158.4
湖 南	511.4	746.5	798.7	629.3	162.6
广 东	520.6	907.7	791.4	544.4	180.5
广 西	358.3	641.2	623.8	420.1	91.6
海 南	310.5	689.3	704.3	334.7	120.6
重 庆	527.1	642.9	785.1	524.7	107.9
四 川	522.4	763.5	531.7	520.2	106.4
贵 州	318.2	541.5	599.2	313.4	83.2
云 南	289.2	655.1	538.2	370.9	61.8
西 藏	285.9	483.1	99.2	46.6	128.2
陕 西	403.9	659.7	862.0	707.3	133.9
甘 肃	355.3	696.9	666.1	499.4	93.9
青 海	437.5	1232.2	527.7	707.0	127.1
宁 夏	450.9	847.0	734.3	630.6	150.9
新 疆	331.5	929.3	576.4	649.0	99.3

11-12　2013年农村居民分地区现金消费支出构成

单位：%

地　区	现金消费支出	一、食品烟酒支出	二、衣着支出	三、居住支出
全国总计	**100.0**	**34.1**	**7.6**	**11.6**
北　京	100.0	33.7	8.2	16.4
天　津	100.0	34.8	8.8	12.4
河　北	100.0	31.8	8.2	14.2
山　西	100.0	28.8	9.3	13.5
内蒙古	100.0	28.4	8.7	11.5
辽　宁	100.0	31.2	8.6	12.3
吉　林	100.0	31.2	8.0	9.5
黑龙江	100.0	31.0	8.5	11.9
上　海	100.0	40.5	7.8	12.9
江　苏	100.0	31.7	7.7	10.8
浙　江	100.0	35.9	7.6	10.4
安　徽	100.0	39.1	7.4	10.4
福　建	100.0	42.7	6.8	10.0
江　西	100.0	37.6	7.0	11.3
山　东	100.0	33.3	7.1	11.0
河　南	100.0	32.6	9.7	12.2
湖　北	100.0	30.1	7.0	14.1
湖　南	100.0	32.6	6.7	12.9
广　东	100.0	43.9	3.9	11.7
广　西	100.0	35.3	4.4	12.3
海　南	100.0	47.8	3.8	7.3
重　庆	100.0	33.8	8.6	7.0
四　川	100.0	35.6	9.3	9.3
贵　州	100.0	31.8	7.4	12.0
云　南	100.0	33.8	6.1	10.1
西　藏	100.0	40.1	14.7	6.6
陕　西	100.0	28.0	7.9	12.1
甘　肃	100.0	29.7	8.2	11.6
青　海	100.0	26.6	9.4	12.6
宁　夏	100.0	27.2	8.8	13.9
新　疆	100.0	32.6	10.1	13.6

11-12 续表 单位：%

地区	四、生活用品及服务支出	五、交通通信支出	六、教育文化娱乐支出	七、医疗保健支出	八、其他用品及服务支出
全国总计	**7.5**	**14.6**	**12.6**	**9.6**	**2.4**
北京	8.1	13.6	8.6	9.9	1.6
天津	7.1	19.2	7.7	7.6	2.4
河北	7.4	14.7	10.2	10.7	2.8
山西	6.2	13.2	15.8	10.5	2.7
内蒙古	5.2	16.8	15.3	11.7	2.4
辽宁	5.0	14.8	15.6	10.3	2.3
吉林	4.7	14.9	15.2	13.9	2.6
黑龙江	5.2	13.9	14.4	12.8	2.3
上海	6.2	15.8	6.7	7.1	3.1
江苏	7.0	18.1	14.3	7.2	3.2
浙江	6.1	18.8	11.5	7.5	2.3
安徽	8.3	12.3	11.1	9.2	2.1
福建	7.3	11.9	12.2	6.2	2.9
江西	7.6	13.9	12.1	8.0	2.5
山东	7.4	17.0	11.6	10.8	1.8
河南	8.9	13.0	12.3	9.4	1.9
湖北	8.7	12.4	14.5	10.5	2.7
湖南	8.6	12.5	13.4	10.5	2.7
广东	7.2	12.5	10.9	7.5	2.5
广西	8.1	14.4	14.0	9.4	2.1
海南	5.9	13.1	13.4	6.4	2.3
重庆	10.3	12.6	15.4	10.3	2.1
四川	9.8	14.3	10.0	9.7	2.0
贵州	8.4	14.2	15.8	8.2	2.2
云南	7.6	17.1	14.1	9.7	1.6
西藏	10.6	17.9	3.7	1.7	4.7
陕西	7.6	12.4	16.2	13.3	2.5
甘肃	7.8	15.2	14.6	10.9	2.1
青海	7.4	20.9	8.9	12.0	2.2
宁夏	8.0	15.1	13.1	11.2	2.7
新疆	5.6	15.7	9.8	11.0	1.7

11-13　2014年农村居民分地区可支配收入

单位：元/人

地　区	可支配收入	一、工资性收入	二、经营净收入	三、财产净收入	四、转移净收入
全国总计	**10488.9**	**4152.2**	**4237.4**	**222.1**	**1877.2**
北　京	18867.3	14260.2	1854.3	817.8	1935.0
天　津	17014.2	9941.1	4791.4	799.1	1482.6
河　北	10186.1	5133.3	3435.5	204.0	1413.4
山　西	8809.4	4569.6	2482.3	123.2	1634.4
内蒙古	9976.3	2070.8	5872.4	388.7	1644.4
辽　宁	11191.5	4362.3	5252.4	234.7	1342.1
吉　林	10780.1	1937.6	7445.6	181.8	1215.0
黑龙江	10453.2	2188.5	6596.7	512.2	1155.8
上　海	21191.6	16177.0	1440.6	686.1	2887.9
江　苏	14958.4	7170.3	5030.5	472.0	2285.6
浙　江	19373.3	11772.5	5236.7	542.8	1821.2
安　徽	9916.4	3554.9	3985.9	149.1	2226.6
福　建	12650.2	5655.2	5093.6	201.3	1700.1
江　西	10116.6	3937.4	4106.5	153.3	1919.3
山　东	11882.3	4713.1	5431.0	287.2	1450.9
河　南	9966.1	3260.2	4277.6	146.1	2282.1
湖　北	10849.1	3298.6	5009.3	125.4	2415.7
湖　南	10060.2	4088.1	3638.9	165.6	2167.5
广　东	12245.6	6220.3	3272.4	295.5	2457.3
广　西	8683.2	2335.4	4047.8	75.2	2224.9
海　南	9912.6	3596.0	4753.5	176.7	1386.4
重　庆	9489.8	3196.5	3401.9	252.4	2639.1
四　川	9347.7	3156.5	3877.9	184.7	2128.5
贵　州	6671.2	2521.5	2643.1	71.0	1435.7
云　南	7456.1	1975.8	4242.4	134.7	1103.3
西　藏	7359.2	1571.1	4361.8	129.8	1296.5
陕　西	7932.2	3216.8	2750.7	120.1	1844.5
甘　肃	6276.6	1755.8	2761.6	112.3	1646.9
青　海	7282.7	2041.4	3021.4	287.8	1932.1
宁　夏	8410.0	3391.0	3644.6	148.9	1225.4
新　疆	8723.8	1848.0	5179.4	228.7	1467.7

11-14 2014年农村居民分地区可支配收入构成

单位：%

地区	可支配收入	一、工资性收入	二、经营净收入	三、财产净收入	四、转移净收入
全国总计	**100.0**	**39.6**	**40.4**	**2.1**	**17.9**
北京	100.0	75.6	9.8	4.3	10.3
天津	100.0	58.4	28.2	4.7	8.7
河北	100.0	50.4	33.7	2.0	13.9
山西	100.0	51.9	28.2	1.4	18.6
内蒙古	100.0	20.8	58.9	3.9	16.5
辽宁	100.0	39.0	46.9	2.1	12.0
吉林	100.0	18.0	69.1	1.7	11.3
黑龙江	100.0	20.9	63.1	4.9	11.1
上海	100.0	76.3	6.8	3.2	13.6
江苏	100.0	47.9	33.6	3.2	15.3
浙江	100.0	60.8	27.0	2.8	9.4
安徽	100.0	35.8	40.2	1.5	22.5
福建	100.0	44.7	40.3	1.6	13.4
江西	100.0	38.9	40.6	1.5	19.0
山东	100.0	39.7	45.7	2.4	12.2
河南	100.0	32.7	42.9	1.5	22.9
湖北	100.0	30.4	46.2	1.2	22.3
湖南	100.0	40.6	36.2	1.6	21.5
广东	100.0	50.8	26.7	2.4	20.1
广西	100.0	26.9	46.6	0.9	25.6
海南	100.0	36.3	48.0	1.8	14.0
重庆	100.0	33.7	35.8	2.7	27.8
四川	100.0	33.8	41.5	2.0	22.8
贵州	100.0	37.8	39.6	1.1	21.5
云南	100.0	26.5	56.9	1.8	14.8
西藏	100.0	21.3	59.3	1.8	17.6
陕西	100.0	40.6	34.7	1.5	23.3
甘肃	100.0	28.0	44.0	1.8	26.2
青海	100.0	28.0	41.5	4.0	26.5
宁夏	100.0	40.3	43.3	1.8	14.6
新疆	100.0	21.2	59.4	2.6	16.8

11-15　2014年农村居民分地区消费支出

单位：元/人

地　区	消费支出	一、食品烟酒支出	二、衣着支出	三、居住支出
全国总计	**8382.6**	**2814.0**	**510.4**	**1762.7**
北　京	14535.1	4048.0	917.8	4360.7
天　津	13738.6	4314.4	1013.1	3200.4
河　北	8248.0	2421.2	581.6	1858.5
山　西	6991.7	2054.3	539.7	1480.5
内蒙古	9972.2	3039.0	728.1	1675.7
辽　宁	7800.7	2210.9	531.7	1491.7
吉　林	8139.8	2411.2	552.6	1650.9
黑龙江	7830.0	2210.2	597.4	1602.1
上　海	14820.1	5332.7	860.4	3615.7
江　苏	11820.3	3711.9	758.9	2467.0
浙　江	14497.8	4618.5	881.8	3302.1
安　徽	7980.8	2842.3	474.0	1686.0
福　建	11055.9	4222.5	572.4	2607.8
江　西	7548.3	2755.1	380.6	1877.3
山　东	7962.2	2464.5	489.3	1547.1
河　南	7277.2	2153.8	600.7	1542.6
湖　北	8680.9	2724.1	495.7	1944.6
湖　南	9024.8	3095.2	468.0	1982.4
广　东	10043.2	3968.9	328.2	2238.8
广　西	6675.1	2462.9	208.6	1550.8
海　南	7029.0	3037.2	247.9	1328.5
重　庆	7982.6	3229.0	490.5	1294.2
四　川	8301.1	3299.3	548.1	1486.5
贵　州	5970.3	2223.5	341.6	1202.1
云　南	6030.3	2145.9	267.2	1147.8
西　藏	4822.1	2534.9	458.1	688.4
陕　西	7252.4	2112.2	457.3	1627.0
甘　肃	6147.8	2145.7	411.2	1079.8
青　海	8235.1	2626.0	615.5	1416.3
宁　夏	7676.5	2296.0	602.0	1388.1
新　疆	7365.3	2540.2	650.7	1412.8

11-15 续表

单位：元/人

地区	四、生活用品及服务支出	五、交通通信支出	六、教育文化娱乐支出	七、医疗保健支出	八、其他用品及服务支出
全国总计	**506.5**	**1012.6**	**859.5**	**753.9**	**163.0**
北京	994.6	1813.0	1097.3	1088.6	215.1
天津	891.0	1979.4	1041.4	979.7	319.2
河北	508.0	1146.5	758.7	788.7	184.7
山西	343.9	706.5	928.5	770.2	168.2
内蒙古	427.9	1467.5	1318.0	1114.4	201.5
辽宁	331.7	1049.7	1014.5	1026.4	144.2
吉林	355.7	931.2	1042.2	1008.0	188.0
黑龙江	348.0	966.2	984.2	992.1	129.7
上海	689.5	1830.3	782.7	1330.3	378.3
江苏	719.0	1788.5	1215.5	845.3	314.3
浙江	746.6	2256.8	1355.3	1068.3	268.4
安徽	498.7	811.7	735.1	778.8	154.1
福建	642.7	1097.7	940.7	735.9	236.2
江西	406.8	759.4	711.9	525.2	132.0
山东	523.9	1225.8	801.4	776.4	133.8
河南	505.9	859.6	757.8	731.4	125.4
湖北	574.3	816.4	1010.2	907.3	208.3
湖南	541.9	871.9	1112.1	771.4	181.9
广东	599.7	1068.7	918.2	686.9	233.8
广西	394.8	709.7	682.5	553.5	112.4
海南	392.8	661.8	760.3	454.1	146.4
重庆	569.4	780.4	805.1	677.0	137.1
四川	629.8	884.9	599.8	723.7	129.1
贵州	355.1	636.5	746.4	373.0	92.1
云南	359.6	856.8	664.9	514.0	74.1
西藏	252.9	517.0	129.1	91.6	149.9
陕西	444.2	690.5	900.6	883.7	136.8
甘肃	383.4	730.4	753.4	546.2	97.7
青海	487.5	1392.3	610.6	944.5	142.5
宁夏	496.1	961.4	866.6	856.9	209.2
新疆	340.8	1010.4	600.7	717.2	92.4

11-16 2014年农村居民分地区消费支出构成

单位：%

地　区	消费支出	一、食品烟酒支出	二、衣着支出	三、居住支出
全国总计	**100.0**	**33.6**	**6.1**	**21.0**
北　京	100.0	27.8	6.3	30.0
天　津	100.0	31.4	7.4	23.3
河　北	100.0	29.4	7.1	22.5
山　西	100.0	29.4	7.7	21.2
内蒙古	100.0	30.5	7.3	16.8
辽　宁	100.0	28.3	6.8	19.1
吉　林	100.0	29.6	6.8	20.3
黑龙江	100.0	28.2	7.6	20.5
上　海	100.0	36.0	5.8	24.4
江　苏	100.0	31.4	6.4	20.9
浙　江	100.0	31.9	6.1	22.8
安　徽	100.0	35.6	5.9	21.1
福　建	100.0	38.2	5.2	23.6
江　西	100.0	36.5	5.0	24.9
山　东	100.0	31.0	6.1	19.4
河　南	100.0	29.6	8.3	21.2
湖　北	100.0	31.4	5.7	22.4
湖　南	100.0	34.3	5.2	22.0
广　东	100.0	39.5	3.3	22.3
广　西	100.0	36.9	3.1	23.2
海　南	100.0	43.2	3.5	18.9
重　庆	100.0	40.5	6.1	16.2
四　川	100.0	39.7	6.6	17.9
贵　州	100.0	37.2	5.7	20.1
云　南	100.0	35.6	4.4	19.0
西　藏	100.0	52.6	9.5	14.3
陕　西	100.0	29.1	6.3	22.4
甘　肃	100.0	34.9	6.7	17.6
青　海	100.0	31.9	7.5	17.2
宁　夏	100.0	29.9	7.8	18.1
新　疆	100.0	34.5	8.8	19.2

11-16 续表

单位：%

地　区	四、生活用品及服务支出	五、交通通信支　出	六、教育文化娱乐支出	七、医疗保健支　出	八、其他用品及服务支出
全国总计	**6.0**	**12.1**	**10.3**	**9.0**	**1.9**
北　京	6.8	12.5	7.5	7.5	1.5
天　津	6.5	14.4	7.6	7.1	2.3
河　北	6.2	13.9	9.2	9.6	2.2
山　西	4.9	10.1	13.3	11.0	2.4
内 蒙 古	4.3	14.7	13.2	11.2	2.0
辽　宁	4.3	13.5	13.0	13.2	1.8
吉　林	4.4	11.4	12.8	12.4	2.3
黑 龙 江	4.4	12.3	12.6	12.7	1.7
上　海	4.7	12.4	5.3	9.0	2.6
江　苏	6.1	15.1	10.3	7.2	2.7
浙　江	5.1	15.6	9.3	7.4	1.9
安　徽	6.2	10.2	9.2	9.8	1.9
福　建	5.8	9.9	8.5	6.7	2.1
江　西	5.4	10.1	9.4	7.0	1.7
山　东	6.6	15.4	10.1	9.8	1.7
河　南	7.0	11.8	10.4	10.1	1.7
湖　北	6.6	9.4	11.6	10.5	2.4
湖　南	6.0	9.7	12.3	8.5	2.0
广　东	6.0	10.6	9.1	6.8	2.3
广　西	5.9	10.6	10.2	8.3	1.7
海　南	5.6	9.4	10.8	6.5	2.1
重　庆	7.1	9.8	10.1	8.5	1.7
四　川	7.6	10.7	7.2	8.7	1.6
贵　州	5.9	10.7	12.5	6.2	1.5
云　南	6.0	14.2	11.0	8.5	1.2
西　藏	5.2	10.7	2.7	1.9	3.1
陕　西	6.1	9.5	12.4	12.2	1.9
甘　肃	6.2	11.9	12.3	8.9	1.6
青　海	5.9	16.9	7.4	11.5	1.7
宁　夏	6.5	12.5	11.3	11.2	2.7
新　疆	4.6	13.7	8.2	9.7	1.3

11-17　2014年农村居民分地区现金消费支出

单位：元/人

地　　区	现金消费支出	一、食品烟酒支出	二、衣着支出	三、居住支出
全国总计	**6716.7**	**2301.3**	**509.7**	**758.5**
北　　京	11721.9	3894.2	917.4	1893.7
天　　津	11850.0	4176.8	1012.7	1603.6
河　　北	7091.3	2238.1	580.7	1014.7
山　　西	5670.7	1748.4	536.0	699.4
内 蒙 古	8598.0	2476.7	727.1	991.8
辽　　宁	6671.1	1942.2	531.7	763.3
吉　　林	6750.5	2133.9	552.6	673.7
黑 龙 江	6719.9	2095.7	595.0	717.1
上　　海	11741.7	4897.9	860.0	1531.1
江　　苏	9836.4	3285.2	758.3	1081.9
浙　　江	11797.8	4309.8	881.4	1135.4
安　　徽	6380.7	2481.8	471.7	634.5
福　　建	8626.9	3630.5	572.3	892.2
江　　西	5547.8	2082.3	380.0	640.9
山　　东	6822.2	2265.3	488.4	775.3
河　　南	6113.7	1986.0	600.5	675.0
湖　　北	6738.2	2036.1	494.0	874.8
湖　　南	6943.5	2285.3	467.7	855.7
广　　东	7983.1	3262.7	328.0	1008.1
广　　西	4715.1	1645.7	208.4	566.0
海　　南	5721.1	2687.6	247.7	452.8
重　　庆	5974.3	2255.4	490.2	359.3
四　　川	6151.3	2294.5	547.7	511.8
贵　　州	4231.8	1330.8	341.5	458.7
云　　南	4476.5	1435.2	267.2	430.1
西　　藏	2908.4	1176.2	457.0	176.5
陕　　西	5897.9	1798.5	457.1	713.6
甘　　肃	4988.2	1597.1	411.1	570.1
青　　海	6636.4	1788.6	615.5	887.0
宁　　夏	6531.7	1894.4	602.0	886.6
新　　疆	6098.6	1996.7	647.8	856.6

11-17 续表 单位：元/人

地区	四、生活用品及服务支出	五、交通通信支出	六、教育文化娱乐支出	七、医疗保健支出	八、其他用品及服务支出
全国总计	**500.1**	**1012.5**	**859.2**	**614.9**	**160.5**
北京	985.7	1812.7	1096.9	914.6	206.8
天津	888.8	1979.4	1041.1	831.1	316.6
河北	504.9	1146.5	758.4	664.2	183.8
山西	334.2	706.5	927.8	563.6	154.8
内蒙古	427.8	1467.5	1318.0	996.1	192.9
辽宁	324.2	1049.7	1013.7	903.8	142.5
吉林	351.6	930.7	1042.0	878.1	187.9
黑龙江	346.9	966.2	984.2	885.1	129.7
上海	680.6	1825.6	782.7	793.4	370.5
江苏	706.4	1788.1	1215.2	688.8	312.3
浙江	735.0	2256.0	1354.2	860.2	265.7
安徽	496.1	811.7	735.0	597.2	152.8
福建	633.8	1097.6	939.8	625.5	235.1
江西	406.7	759.4	711.9	435.0	131.7
山东	518.5	1225.7	801.3	615.6	132.0
河南	505.7	859.5	757.8	603.7	125.4
湖北	571.5	816.4	1009.8	728.2	207.3
湖南	538.3	871.4	1112.0	634.9	178.2
广东	593.4	1068.4	917.1	573.7	231.7
广西	385.4	709.7	682.5	407.6	109.7
海南	367.1	661.8	759.9	399.2	145.0
重庆	564.5	780.4	805.0	583.7	135.8
四川	615.3	884.8	599.5	572.9	124.9
贵州	327.0	636.4	746.1	301.1	90.1
云南	352.7	856.8	664.9	397.5	72.3
西藏	251.2	517.0	129.1	51.5	149.9
陕西	443.3	690.4	900.5	758.9	135.6
甘肃	381.0	730.2	753.3	450.5	94.8
青海	484.2	1392.3	610.6	717.3	141.0
宁夏	476.5	961.4	866.3	675.2	169.2
新疆	340.0	1010.4	599.0	556.4	91.6

11-18 2014年农村居民分地区现金消费支出构成

单位：%

地　区	现金消费支出	一、食品烟酒支出	二、衣着支出	三、居住支出
全国总计	**100.0**	**34.3**	**7.6**	**11.3**
北　京	100.0	33.2	7.8	16.2
天　津	100.0	35.2	8.5	13.5
河　北	100.0	31.6	8.2	14.3
山　西	100.0	30.8	9.5	12.3
内蒙古	100.0	28.8	8.5	11.5
辽　宁	100.0	29.1	8.0	11.4
吉　林	100.0	31.6	8.2	10.0
黑龙江	100.0	31.2	8.9	10.7
上　海	100.0	41.7	7.3	13.0
江　苏	100.0	33.4	7.7	11.0
浙　江	100.0	36.5	7.5	9.6
安　徽	100.0	38.9	7.4	9.9
福　建	100.0	42.1	6.6	10.3
江　西	100.0	37.5	6.9	11.6
山　东	100.0	33.2	7.2	11.4
河　南	100.0	32.5	9.8	11.0
湖　北	100.0	30.2	7.3	13.0
湖　南	100.0	32.9	6.7	12.3
广　东	100.0	40.9	4.1	12.6
广　西	100.0	34.9	4.4	12.0
海　南	100.0	47.0	4.3	7.9
重　庆	100.0	37.8	8.2	6.0
四　川	100.0	37.3	8.9	8.3
贵　州	100.0	31.4	8.1	10.8
云　南	100.0	32.1	6.0	9.6
西　藏	100.0	40.4	15.7	6.1
陕　西	100.0	30.5	7.7	12.1
甘　肃	100.0	32.0	8.2	11.4
青　海	100.0	27.0	9.3	13.4
宁　夏	100.0	29.0	9.2	13.6
新　疆	100.0	32.7	10.6	14.0

11-18 续表

单位：%

地　区	四、生活用品及服务支出	五、交通通信支　出	六、教育文化娱乐支出	七、医疗保健支　出	八、其他用品及服务支出
全国总计	**7.4**	**15.1**	**12.8**	**9.2**	**2.4**
北　京	8.4	15.5	9.4	7.8	1.8
天　津	7.5	16.7	8.8	7.0	2.7
河　北	7.1	16.2	10.7	9.4	2.6
山　西	5.9	12.5	16.4	9.9	2.7
内蒙古	5.0	17.1	15.3	11.6	2.2
辽　宁	4.9	15.7	15.2	13.5	2.1
吉　林	5.2	13.8	15.4	13.0	2.8
黑龙江	5.2	14.4	14.6	13.2	1.9
上　海	5.8	15.5	6.7	6.8	3.2
江　苏	7.2	18.2	12.4	7.0	3.2
浙　江	6.2	19.1	11.5	7.3	2.3
安　徽	7.8	12.7	11.5	9.4	2.4
福　建	7.3	12.7	10.9	7.3	2.7
江　西	7.3	13.7	12.8	7.8	2.4
山　东	7.6	18.0	11.7	9.0	1.9
河　南	8.3	14.1	12.4	9.9	2.1
湖　北	8.5	12.1	15.0	10.8	3.1
湖　南	7.8	12.6	16.0	9.1	2.6
广　东	7.4	13.4	11.5	7.2	2.9
广　西	8.2	15.1	14.5	8.6	2.3
海　南	6.4	11.6	13.3	7.0	2.5
重　庆	9.4	13.1	13.5	9.8	2.3
四　川	10.0	14.4	9.7	9.3	2.0
贵　州	7.7	15.0	17.6	7.1	2.1
云　南	7.9	19.1	14.9	8.9	1.6
西　藏	8.6	17.8	4.4	1.8	5.2
陕　西	7.5	11.7	15.3	12.9	2.3
甘　肃	7.6	14.6	15.1	9.0	1.9
青　海	7.3	21.0	9.2	10.8	2.1
宁　夏	7.3	14.7	13.3	10.3	2.6
新　疆	5.6	16.6	9.8	9.1	1.5

11-19　2015年农村居民分地区可支配收入

单位：元/人

地　区	可支配收入	一、工资性收入	二、经营净收入	三、财产净收入	四、转移净收入
全国总计	**11421.7**	**4600.3**	**4503.6**	**251.5**	**2066.3**
北　京	20568.7	15491.1	1958.5	1203.8	1915.3
天　津	18481.6	11031.4	4949.4	775.0	1725.8
河　北	11050.5	5811.9	3682.7	235.9	1320.0
山　西	9453.9	4921.8	2624.4	141.8	1766.0
内蒙古	10775.9	2249.7	6185.4	425.3	1915.5
辽　宁	12056.9	4730.1	5573.7	231.7	1521.3
吉　林	11326.2	2097.4	7878.1	198.6	1152.1
黑龙江	11095.2	2247.0	7049.8	524.9	1273.5
上　海	23205.2	17482.5	1462.3	775.2	3485.1
江　苏	16256.7	8014.9	5045.6	545.2	2651.0
浙　江	21125.0	13086.9	5364.3	607.9	2065.9
安　徽	10820.7	3983.1	4214.4	161.8	2461.4
福　建	13792.7	6187.0	5455.6	232.5	1917.7
江　西	11139.1	4393.0	4431.3	184.6	2130.2
山　东	12930.4	5139.5	5856.4	326.3	1608.1
河　南	10852.9	3728.4	4462.2	157.0	2505.3
湖　北	11843.9	3682.9	5281.4	160.8	2718.8
湖　南	10992.5	4515.2	3911.7	174.1	2391.5
广　东	13360.4	6724.0	3590.1	337.0	2709.3
广　西	9466.6	2549.1	4359.4	116.0	2442.1
海　南	10857.6	4251.1	5013.2	194.8	1398.5
重　庆	10504.7	3583.4	3774.7	278.1	2868.6
四　川	10247.4	3463.5	4197.3	223.6	2363.0
贵　州	7386.9	2897.1	2878.7	83.7	1527.3
云　南	8242.1	2315.5	4600.8	147.9	1177.9
西　藏	8243.7	1872.9	4937.7	146.9	1286.3
陕　西	8688.9	3548.3	2908.6	152.4	2079.5
甘　肃	6936.2	1974.9	3025.2	128.0	1808.1
青　海	7933.4	2234.7	3058.5	325.7	2314.6
宁　夏	9118.7	3614.3	3837.0	189.9	1477.5
新　疆	9425.1	2131.4	5397.5	209.5	1686.7

11-20 2015年农村居民分地区可支配收入构成

单位：%

地区	可支配收入	一、工资性收入	二、经营净收入	三、财产净收入	四、转移净收入
全国总计	**100.0**	**40.3**	**39.4**	**2.2**	**18.1**
北京	100.0	75.3	9.5	5.9	9.3
天津	100.0	59.7	26.8	4.2	9.3
河北	100.0	52.6	33.3	2.1	11.9
山西	100.0	52.1	27.8	1.5	18.7
内蒙古	100.0	20.9	57.4	3.9	17.8
辽宁	100.0	39.2	46.2	1.9	12.6
吉林	100.0	18.5	69.6	1.8	10.2
黑龙江	100.0	20.3	63.5	4.7	11.5
上海	100.0	75.3	6.3	3.3	15.0
江苏	100.0	49.3	31.0	3.4	16.3
浙江	100.0	62.0	25.4	2.9	9.8
安徽	100.0	36.8	38.9	1.5	22.7
福建	100.0	44.9	39.6	1.7	13.9
江西	100.0	39.4	39.8	1.7	19.1
山东	100.0	39.7	45.3	2.5	12.4
河南	100.0	34.4	41.1	1.4	23.1
湖北	100.0	31.1	44.6	1.4	23.0
湖南	100.0	41.1	35.6	1.6	21.8
广东	100.0	50.3	26.9	2.5	20.3
广西	100.0	26.9	46.1	1.2	25.8
海南	100.0	39.2	46.2	1.8	12.9
重庆	100.0	34.1	35.9	2.6	27.3
四川	100.0	33.8	41.0	2.2	23.1
贵州	100.0	39.2	39.0	1.1	20.7
云南	100.0	28.1	55.8	1.8	14.3
西藏	100.0	22.7	59.9	1.8	15.6
陕西	100.0	40.8	33.5	1.8	23.9
甘肃	100.0	28.5	43.6	1.8	26.1
青海	100.0	28.2	38.6	4.1	29.2
宁夏	100.0	39.6	42.1	2.1	16.2
新疆	100.0	22.6	57.3	2.2	17.9

11-21　2015年农村居民分地区消费支出

单位：元/人

地　区	消费支出	一、食品烟酒支出	二、衣着支出	三、居住支出
全国总计	**9222.6**	**3048.0**	**550.5**	**1926.2**
北　京	15811.2	4372.1	996.1	4636.0
天　津	14739.4	4346.3	1060.5	3278.8
河　北	9022.8	2578.1	625.3	2014.2
山　西	7421.2	2150.2	558.5	1536.8
内蒙古	10637.4	3123.0	765.1	1817.1
辽　宁	8872.8	2498.8	598.6	1666.4
吉　林	8783.3	2550.8	594.6	1698.3
黑龙江	8391.5	2306.7	639.9	1554.8
上　海	16152.3	5660.0	857.1	4161.3
江　苏	12882.5	4078.3	777.9	2649.9
浙　江	16107.7	5008.4	950.8	3732.3
安　徽	8975.2	3212.0	503.4	1899.8
福　建	11960.8	4493.8	610.6	2907.6
江　西	8485.6	3071.8	431.9	2026.3
山　东	8747.6	2661.6	540.0	1626.6
河　南	7887.4	2301.3	655.2	1643.3
湖　北	9803.1	2952.7	549.1	2150.3
湖　南	9690.6	3188.9	494.5	2191.0
广　东	11103.0	4511.3	367.1	2494.8
广　西	7582.0	2680.6	237.1	1729.9
海　南	8210.3	3506.3	281.7	1470.0
重　庆	8937.7	3571.1	530.2	1481.8
四　川	9250.6	3618.4	580.4	1675.4
贵　州	6644.9	2270.2	355.4	1442.0
云　南	6830.1	2486.7	304.9	1228.6
西　藏	5579.7	2912.0	506.9	701.9
陕　西	7900.7	2199.5	496.3	1785.5
甘　肃	6829.8	2244.1	466.3	1221.1
青　海	8566.5	2564.2	626.9	1461.7
宁　夏	8414.9	2452.7	664.0	1561.2
新　疆	7697.9	2622.5	691.3	1486.5

11-21 续表 单位：元/人

地区	四、生活用品及服务支出	五、交通通信支出	六、教育文化娱乐支出	七、医疗保健支出	八、其他用品及服务支出
全国总计	**545.6**	**1163.1**	**969.3**	**846.0**	**174.0**
北京	992.9	2140.0	1144.9	1336.0	193.2
天津	1153.7	2196.2	1245.3	1159.9	298.7
河北	527.5	1298.5	870.4	920.5	188.4
山西	382.4	820.3	1017.1	794.3	161.5
内蒙古	475.0	1646.8	1457.7	1117.7	235.1
辽宁	396.5	1351.2	1122.0	1064.5	174.8
吉林	353.5	1203.6	1117.7	1058.1	206.8
黑龙江	357.5	1162.2	1097.9	1112.8	159.8
上海	722.5	2046.1	893.3	1464.3	347.6
江苏	754.0	1879.9	1319.9	1088.2	334.5
浙江	804.8	2565.7	1486.4	1246.3	313.0
安徽	498.5	1056.3	834.4	808.2	162.6
福建	620.6	1248.6	1003.9	826.9	248.9
江西	491.5	865.7	882.9	569.7	145.8
山东	553.5	1393.0	912.1	919.2	141.8
河南	560.6	970.3	851.4	769.0	136.4
湖北	599.9	1218.4	1118.1	985.1	229.5
湖南	604.7	920.2	1276.4	844.1	170.7
广东	654.6	1160.4	952.4	723.1	239.1
广西	455.5	821.8	841.7	709.7	105.7
海南	404.6	836.0	904.1	634.5	173.0
重庆	651.7	888.2	923.5	745.9	145.4
四川	659.9	1019.8	699.4	839.8	157.5
贵州	379.8	784.2	872.7	449.5	91.2
云南	383.1	987.0	782.3	577.6	79.9
西藏	290.2	718.5	179.3	136.4	134.5
陕西	491.2	793.2	1036.6	958.2	140.2
甘肃	445.0	811.7	853.7	669.8	118.1
青海	444.6	1278.1	806.6	1190.9	193.6
宁夏	571.8	1070.9	995.4	926.0	172.9
新疆	396.0	1031.6	632.0	731.8	106.1

11-22 2015年农村居民分地区消费支出构成

单位：%

地　区	消费支出	一、食品烟酒支出	二、衣着支出	三、居住支出
全国总计	**100.0**	**33.0**	**6.0**	**20.9**
北　京	100.0	27.7	6.3	29.3
天　津	100.0	29.5	7.2	22.2
河　北	100.0	28.6	6.9	22.3
山　西	100.0	29.0	7.5	20.7
内蒙古	100.0	29.4	7.2	17.1
辽　宁	100.0	28.2	6.7	18.8
吉　林	100.0	29.0	6.8	19.3
黑龙江	100.0	27.5	7.6	18.5
上　海	100.0	35.0	5.3	25.8
江　苏	100.0	31.7	6.0	20.6
浙　江	100.0	31.1	5.9	23.2
安　徽	100.0	35.8	5.6	21.2
福　建	100.0	37.6	5.1	24.3
江　西	100.0	36.2	5.1	23.9
山　东	100.0	30.4	6.2	18.6
河　南	100.0	29.2	8.3	20.8
湖　北	100.0	30.1	5.6	21.9
湖　南	100.0	32.9	5.1	22.6
广　东	100.0	40.6	3.3	22.5
广　西	100.0	35.4	3.1	22.8
海　南	100.0	42.7	3.4	17.9
重　庆	100.0	40.0	5.9	16.6
四　川	100.0	39.1	6.3	18.1
贵　州	100.0	34.2	5.3	21.7
云　南	100.0	36.4	4.5	18.0
西　藏	100.0	52.2	9.1	12.6
陕　西	100.0	27.8	6.3	22.6
甘　肃	100.0	32.9	6.8	17.9
青　海	100.0	29.9	7.3	17.1
宁　夏	100.0	29.1	7.9	18.6
新　疆	100.0	34.1	9.0	19.3

11-22 续表 单位：%

地 区	四、生活用品及服务支出	五、交通通信支 出	六、教育文化娱乐支出	七、医疗保健支 出	八、其他用品及服务支出
全国总计	**5.9**	**12.6**	**10.5**	**9.2**	**1.9**
北 京	6.3	13.5	7.2	8.4	1.2
天 津	7.8	14.9	8.4	7.9	2.0
河 北	5.8	14.4	9.6	10.2	2.1
山 西	5.2	11.1	13.7	10.7	2.2
内 蒙 古	4.5	15.5	13.7	10.5	2.2
辽 宁	4.5	15.2	12.6	12.0	2.0
吉 林	4.0	13.7	12.7	12.0	2.4
黑 龙 江	4.3	13.8	13.1	13.3	1.9
上 海	4.5	12.7	5.5	9.1	2.2
江 苏	5.9	14.6	10.2	8.4	2.6
浙 江	5.0	15.9	9.2	7.7	1.9
安 徽	5.6	11.8	9.3	9.0	1.8
福 建	5.2	10.4	8.4	6.9	2.1
江 西	5.8	10.2	10.4	6.7	1.7
山 东	6.3	15.9	10.4	10.5	1.6
河 南	7.1	12.3	10.8	9.7	1.7
湖 北	6.1	12.4	11.4	10.0	2.3
湖 南	6.2	9.5	13.2	8.7	1.8
广 东	5.9	10.5	8.6	6.5	2.2
广 西	6.0	10.8	11.1	9.4	1.4
海 南	4.9	10.2	11.0	7.7	2.1
重 庆	7.3	9.9	10.3	8.3	1.6
四 川	7.1	11.0	7.6	9.1	1.7
贵 州	5.7	11.8	13.1	6.8	1.4
云 南	5.6	14.5	11.5	8.5	1.2
西 藏	5.2	12.9	3.2	2.4	2.4
陕 西	6.2	10.0	13.1	12.1	1.8
甘 肃	6.5	11.9	12.5	9.8	1.7
青 海	5.2	14.9	9.4	13.9	2.3
宁 夏	6.8	12.7	11.8	11.0	2.1
新 疆	5.1	13.4	8.2	9.5	1.4

11-23　2015年农村居民分地区现金消费支出

单位：元/人

地　区	现金消费支出	一、食品烟酒支出	二、衣着支出	三、居住支出
全国总计	**7392.1**	**2540.0**	**549.9**	**779.0**
北　京	12581.5	4186.8	996.1	1807.7
天　津	12786.2	4225.7	1060.5	1599.6
河　北	7703.8	2415.8	624.0	1024.1
山　西	6106.6	1833.9	558.1	715.1
内蒙古	9198.2	2635.0	765.0	1016.4
辽　宁	7491.8	2192.0	598.4	775.3
吉　林	7292.2	2252.3	594.6	676.8
黑龙江	7331.8	2178.5	639.9	716.3
上　海	12769.6	5341.8	857.0	1680.8
江　苏	10626.0	3693.2	777.3	1016.3
浙　江	13020.6	4672.0	948.9	1276.6
安　徽	7213.5	2833.1	502.1	683.4
福　建	9320.1	3976.1	610.4	920.2
江　西	6359.4	2394.9	431.6	676.1
山　东	7446.4	2477.2	539.0	759.3
河　南	6635.1	2135.6	655.2	701.5
湖　北	7612.8	2276.9	548.4	881.6
湖　南	7492.2	2415.3	493.9	915.4
广　东	8665.6	3830.9	367.0	882.5
广　西	5577.4	1931.5	236.9	634.5
海　南	6681.6	3152.5	280.3	452.3
重　庆	6836.0	2578.2	530.2	473.3
四　川	6795.2	2488.5	580.1	570.4
贵　州	4848.1	1486.4	355.1	533.1
云　南	5111.3	1691.3	304.8	465.7
西　藏	3575.1	1507.0	506.1	149.0
陕　西	6483.0	1956.5	496.0	756.8
甘　肃	5554.0	1726.6	466.1	606.4
青　海	7058.6	1973.9	626.8	808.2
宁　夏	7167.9	2111.0	664.0	957.6
新　疆	6332.4	2029.1	688.4	857.0

11-23 续表

单位：元/人

地　区	四、生活用品及服务支出	五、交通通信支出	六、教育文化娱乐支出	七、医疗保健支出	八、其他用品及服务支出
全国总计	**538.3**	**1162.6**	**969.0**	**681.4**	**172.0**
北　京	988.3	2140.0	1144.8	1132.0	185.9
天　津	1147.8	2190.8	1241.8	1026.9	293.1
河　北	525.0	1297.1	869.7	761.2	187.1
山　西	377.6	819.1	1017.1	629.6	156.2
内蒙古	474.9	1646.8	1456.5	973.4	230.1
辽　宁	387.4	1350.8	1119.8	893.8	174.4
吉　林	349.8	1203.5	1117.7	890.7	206.8
黑龙江	356.8	1162.2	1097.9	1020.3	159.8
上　海	717.8	2044.1	892.9	891.2	344.2
江　苏	740.6	1878.7	1318.6	868.1	333.2
浙　江	789.9	2564.1	1486.0	972.4	310.6
安　徽	494.6	1056.1	834.2	648.6	161.4
福　建	615.0	1247.7	1003.9	698.3	248.7
江　西	491.2	865.7	882.9	471.4	145.6
山　东	541.9	1393.0	911.8	685.7	138.6
河　南	560.4	970.3	851.4	624.3	136.4
湖　北	598.1	1218.2	1118.0	745.3	226.4
湖　南	600.8	920.1	1276.2	703.0	167.5
广　东	648.2	1160.0	952.3	585.8	238.9
广　西	445.9	819.0	841.7	563.4	104.5
海　南	383.9	835.8	903.7	500.5	172.6
重　庆	647.5	888.2	923.4	651.2	144.1
四　川	630.3	1019.4	698.8	653.3	154.4
贵　州	373.5	784.2	872.7	354.5	88.6
云　南	378.4	986.8	782.3	423.6	78.5
西　藏	287.9	718.5	179.3	93.2	134.1
陕　西	489.0	793.1	1036.4	816.4	138.8
甘　肃	433.1	811.7	853.6	543.6	112.9
青　海	442.1	1278.1	806.6	930.5	192.5
宁　夏	554.9	1066.5	995.3	678.2	140.5
新　疆	394.5	1031.6	632.0	594.4	105.3

11-24 2015年农村居民分地区现金消费支出构成

单位：%

地 区	现金消费支出	一、食品烟酒支出	二、衣着支出	三、居住支出
全国总计	**100.0**	**34.4**	**7.4**	**10.5**
北 京	100.0	33.3	7.9	14.4
天 津	100.0	33.0	8.3	12.5
河 北	100.0	31.4	8.1	13.3
山 西	100.0	30.0	9.1	11.7
内蒙古	100.0	28.6	8.3	11.0
辽 宁	100.0	29.3	8.0	10.3
吉 林	100.0	30.9	8.2	9.3
黑龙江	100.0	29.7	8.7	9.8
上 海	100.0	41.8	6.7	13.2
江 苏	100.0	34.8	7.3	9.6
浙 江	100.0	35.9	7.3	9.8
安 徽	100.0	39.3	7.0	9.5
福 建	100.0	42.7	6.5	9.9
江 西	100.0	37.7	6.8	10.6
山 东	100.0	33.3	7.2	10.2
河 南	100.0	32.2	9.9	10.6
湖 北	100.0	29.9	7.2	11.6
湖 南	100.0	32.2	6.6	12.2
广 东	100.0	44.2	4.2	10.2
广 西	100.0	34.6	4.2	11.4
海 南	100.0	47.2	4.2	6.8
重 庆	100.0	37.7	7.8	6.9
四 川	100.0	36.6	8.5	8.4
贵 州	100.0	30.7	7.3	11.0
云 南	100.0	33.1	6.0	9.1
西 藏	100.0	42.2	14.2	4.2
陕 西	100.0	30.2	7.7	11.7
甘 肃	100.0	31.1	8.4	10.9
青 海	100.0	28.0	8.9	11.4
宁 夏	100.0	29.5	9.3	13.4
新 疆	100.0	32.0	10.9	13.5

11-24 续表

单位：%

地区	四、生活用品及服务支出	五、交通通信支出	六、教育文化娱乐支出	七、医疗保健支出	八、其他用品及服务支出
全国总计	**7.3**	**15.7**	**13.1**	**9.2**	**2.3**
北京	7.9	17.0	9.1	9.0	1.5
天津	9.0	17.1	9.7	8.0	2.3
河北	6.8	16.8	11.3	9.9	2.4
山西	6.2	13.4	16.7	10.3	2.6
内蒙古	5.2	17.9	15.8	10.6	2.5
辽宁	5.2	18.0	14.9	11.9	2.3
吉林	4.8	16.5	15.3	12.2	2.8
黑龙江	4.9	15.9	15.0	13.9	2.2
上海	5.6	16.0	7.0	7.0	2.7
江苏	7.0	17.7	12.4	8.2	3.1
浙江	6.1	19.7	11.4	7.5	2.4
安徽	6.9	14.6	11.6	9.0	2.2
福建	6.6	13.4	10.8	7.5	2.7
江西	7.7	13.6	13.9	7.4	2.3
山东	7.3	18.7	12.2	9.2	1.9
河南	8.4	14.6	12.8	9.4	2.1
湖北	7.9	16.0	14.7	9.8	3.0
湖南	8.0	12.3	17.0	9.4	2.2
广东	7.5	13.4	11.0	6.8	2.8
广西	8.0	14.7	15.1	10.1	1.9
海南	5.7	12.5	13.5	7.5	2.6
重庆	9.5	13.0	13.5	9.5	2.1
四川	9.3	15.0	10.3	9.6	2.3
贵州	7.7	16.2	18.0	7.3	1.8
云南	7.4	19.3	15.3	8.3	1.5
西藏	8.1	20.1	5.0	2.6	3.8
陕西	7.5	12.2	16.0	12.6	2.1
甘肃	7.8	14.6	15.4	9.8	2.0
青海	6.3	18.1	11.4	13.2	2.7
宁夏	7.7	14.9	13.9	9.5	2.0
新疆	6.2	16.3	10.0	9.4	1.7

11-25 农村居民按收入五等份分组的人均可支配收入

单位：元/人

年 份	2013年	2014年	2015年
低收入户(20%)	2877.9	2768.1	3085.6
中等偏下户(20%)	5965.6	6604.4	7220.9
中等收入户(20%)	8438.3	9503.9	10310.6
中等偏上户(20%)	11816.0	13449.2	14537.3
高收入户(20%)	21323.7	23947.4	26013.9

11-26 农村居民按东、中、西部及东北地区分组的人均可支配收入

单位：元/人

年 份	2013年	2014年	2015年
东部地区	11856.8	13144.6	14297.4
中部地区	8983.2	10011.1	10919.0
西部地区	7436.6	8295.0	9093.4
东北地区	9761.5	10802.1	11490.1

11-27 现行农村贫困标准下农村贫困状况

年 份	贫困人口 (万人)	贫困发生率 (%)
1978	77039	97.5
1980	76542	96.2
1985	66101	78.3
1990	65849	73.5
1995	55463	60.5
2000	46224	49.8
2005	28662	30.2
2010	16567	17.2
2011	12238	12.7
2012	9899	10.2
2013	8249	8.5
2014	7017	7.2
2015	5575	5.7

注：现行农村贫困标准为每人每年2300元,2010年不变价。

11-28 农村居民人均纯收入和指数

年 份	绝对数(元)	指 数(上年=100)	指 数(1978年=100)
1978	133.6		100.0
1980	191.3	116.6	139.0
1985	397.6	107.8	268.9
1990	686.3	101.8	311.2
1991	708.6	102.0	317.4
1992	784.0	105.9	336.2
1993	921.6	103.2	346.9
1994	1221.0	105.0	364.3
1995	1577.7	105.3	383.6
1996	1926.1	109.0	418.1
1997	2090.1	104.6	437.3
1998	2162.0	104.3	456.1
1999	2210.3	103.8	473.5
2000	2253.4	102.1	483.4
2001	2366.4	104.2	503.7
2002	2475.6	104.8	527.9
2003	2622.2	104.3	550.6
2004	2936.4	106.8	588.0
2005	3254.9	106.2	624.5
2006	3587.0	107.4	670.7
2007	4140.4	109.5	734.4
2008	4760.6	108.0	793.2
2009	5153.2	108.5	860.6
2010	5919.0	110.9	954.4
2011	6977.3	111.4	1063.2
2012	7916.6	110.7	1176.9
2013	8895.9	109.3	1286.4
2014	9892.0	109.2	1404.7
2015	10772.0	107.5	1510.1

注：1. 本表1978-2012年数据来源于原农村住户调查2013-2015年数据是根据城乡一体化住户收支与生活状况调查数据按可比口径推算获得。
2. 本表绝对数按当年价格计算，指数按可比价格计算。

12

农村文化、教育、卫生及社会服务

12-1 农村教育情况

指 标	单位	1995年	2000年	2012年	2013年	2014年	2015年
一、高 中							
学校数	所	3112	2629	718	708	667	668
班 数	万个	2.3	2.9	1.6	1.5	1.5	1.5
毕业生数	万人	33.1	39.2	26.4	26.0	25.2	24.7
招生数	万人	44.7	64.4	29.2	28.1	27.0	27.0
学生数	万人	113.2	157.8	83.4	81.5	78.6	77.0
专任教师	万人	9.4	10.4	5.6	5.5	5.5	5.5
二、初 中							
学校数	所	45626	39313	19408	18485	17707	16991
班 数	万个	50.9	60.1	20.3	17.8	16.6	15.7
毕业生数	万人	684.6	903.8	364.0	313.9	251.1	235.3
招生数	万人	1017.3	1265.9	318.4	274.5	249.7	232.3
学生数	万人	2659.8	3428.5	974.1	814.5	748.5	702.5
专任教师	万人	149.9	168.2	97.4	73.1	68.5	64.5
三、小 学							
学校数	万所	55.9	44.0	15.5	14.0	12.9	11.8
班 数	万个	309.4	274.6	123.6	113.9	109.7	106.9
毕业生数	万人	1328.7	1567.6	624.2	560.3	474.3	440.9
招生数	万人	1791.1	1253.7	657.3	591.8	534.7	539.1
学生数	万人	9306.2	8503.7	3652.5	3217.0	3049.9	2965.9
专任教师	万人	382.7	367.8	216.3	219.9	211.6	203.6

注：1.高中包括完全中学在内。
2.2011年，教育事业统计报表进行了全面改革，实施了国家统计局首次颁布的《统计用城乡划分代码》。新的城乡划分标准，将原来的城市、县镇、农村的三个分类调整为三大类七小类，即城区(含主城区、城乡结合部)、镇区(含镇中心区、镇乡结合区、特殊区域)、乡村(含乡中心区、村庄)。因城乡划分口径发生了变化，故城乡数据不与往年做比较。

12-2 农村乡(镇)卫生院情况

指 标	单位	1995年	2000年	2012年	2013年	2014年	2015年
乡(镇)卫生院	个	51797	49229	37097	37015	36902	36817
卫生人员	人	1051752	1169826	1204996	1233858	1247299	1277697
床 位	张	733064	734807	1099262	1136492	1167245	1196122

12-3 各地区乡(镇)卫生院、床位数和卫生人员数

地　　区	卫生院(个)	卫生人员数(人)	床　位(张)
全国总计	**36817**	**1277697**	**1196122**
北　　京			
天　　津	144	5003	4133
河　　北	1960	55819	64973
山　　西	1249	23564	29162
内 蒙 古	1320	20701	19486
辽　　宁	1008	24773	29568
吉　　林	775	24160	17504
黑 龙 江	990	23524	22151
上　　海			
江　　苏	1033	74704	56396
浙　　江	1194	50111	15666
安　　徽	1382	48790	50973
福　　建	880	33857	30278
江　　西	1585	45388	45861
山　　东	1630	112076	98577
河　　南	2057	103709	97821
湖　　北	1140	76848	68933
湖　　南	2296	82612	92557
广　　东	1196	83179	54450
广　　西	1267	68517	59406
海　　南	297	10381	5496
重　　庆	924	32171	39323
四　　川	4509	100033	119088
贵　　州	1419	38975	38434
云　　南	1372	35572	44398
西　　藏	680	3861	3329
陕　　西	1589	38649	31559
甘　　肃	1371	27927	24010
青　　海	404	4824	4216
宁　　夏	219	4503	2823
新　　疆	927	23466	25551

12-4　各地区农村村卫生室和人员情况

地　　区	村卫生室 (个)	设卫生室的村数占行政村数比重 (%)	乡村医生和卫生员 (人)	平均每千农村人口村卫生室人员 (人)
全国总计	**640536**	**93.3**	**1031525**	**1.50**
北　　京	2768	70.3	3438	6.70
天　　津	2437	66.1	5150	3.78
河　　北	60492	100.0	82362	1.90
山　　西	28099	100.0	38534	2.05
内 蒙 古	13645	100.0	18278	1.53
辽　　宁	19774	100.0	24599	1.41
吉　　林	10229	100.0	17489	1.32
黑 龙 江	11444	100.0	23816	1.40
上　　海	1271	79.8	885	7.63
江　　苏	15391	100.0	34615	1.33
浙　　江	11868	42.5	8170	0.77
安　　徽	15295	100.0	45914	1.39
福　　建	19008	100.0	26922	1.38
江　　西	30697	100.0	46116	1.56
山　　东	53780	72.9	128735	2.35
河　　南	56918	100.0	116512	1.80
湖　　北	24795	98.7	40896	1.53
湖　　南	44822	100.0	47932	1.27
广　　东	27177	100.0	26011	0.87
广　　西	21417	100.0	36112	1.03
海　　南	2681	100.0	3393	1.03
重　　庆	11280	100.0	22294	1.76
四　　川	55869	100.0	70425	1.38
贵　　州	20831	100.0	35997	1.11
云　　南	13351	100.0	35749	1.05
西　　藏	5353	100.0	11434	4.45
陕　　西	25717	100.0	33173	1.63
甘　　肃	16744	100.0	21364	1.66
青　　海	4491	100.0	7022	2.08
宁　　夏	2453	100.0	3632	1.41
新　　疆	10439	100.0	14556	1.12

12-5 各地区农村养老服务和文化机构情况

地　区	机构数（个）	年末收养人数（人）	乡镇文化站（个）
全　国	**15587**	**1151825**	**34239**
北　京	273	17773	182
天　津	37	2068	134
河　北	431	33337	1985
山　西	412	19372	1196
内蒙古	301	15546	871
辽　宁	502	28008	955
吉　林	594	30574	626
黑龙江	161	30927	900
上　海	192	22445	108
江　苏	1285	120866	912
浙　江	753	47201	916
安　徽	661	54635	1288
福　建	94	2263	962
江　西	1058	69681	1632
山　东	996	112321	1238
河　南	548	46040	1902
湖　北	1131	102487	1029
湖　南	1322	63911	2238
广　东	899	23875	1171
广　西	120	2631	1127
海　南	44	419	199
重　庆	305	22941	821
四　川	1955	186929	4318
贵　州	574	27977	1414
云　南	195	14799	1302
西　藏			684
陕　西	338	35075	1321
甘　肃	215	7867	1229
青　海	17	711	359
宁　夏	58	4033	199
新　疆	116	5113	1021

12-6 各地区农村社会救济情况

(2015年) 单位：人、万元

地 区	农村居民最低生活保障人数	农村最低生活保障支出
全 国	**49035544**	**9315287**
北 京	48850	34964
天 津	103701	49006
河 北	2057594	302394
山 西	1224701	259484
内蒙古	1164224	311842
辽 宁	794627	178619
吉 林	822267	159951
黑龙江	1181589	267445
上 海	30867	17394
江 苏	1147947	361095
浙 江	567628	219467
安 徽	1963293	387606
福 建	716811	152879
江 西	1692827	342951
山 东	2374164	515061
河 南	3929062	572695
湖 北	1595368	387189
湖 南	3178693	441395
广 东	1536045	393493
广 西	2921414	440176
海 南	187896	42767
重 庆	502634	97804
四 川	4054741	590045
贵 州	3327023	618067
云 南	4552840	761337
西 藏	320234	40118
陕 西	1616515	385792
甘 肃	3369222	550265
青 海	317797	78029
宁 夏	417384	94964
新 疆	1317586	260993

13

国有农场

13-1 农垦系统国有农场基本情况

指　　标	单位	2003年	2014年	2015年	2015年比2014年增加	
					绝对数	%
一、农 场 数	个	1967.0	1789.0	1785.0	-4.0	-0.2
二、职工人数	万人	353.7	299.2	287.7	-11.5	-3.8
三、耕 地 面 积	千公顷	4690.1	6242.7	6325.4	82.7	1.3
四、农用机械总动力	亿瓦	129.9	272.6	283.8	11.2	4.1
大中型农用拖拉机	万台	7.0	19.3	19.7	0.4	2.1
小型及手扶拖拉机	万台	24.5	32.1	30.9	-1.2	-3.7
农用排灌动力机械	万台	17.7	29.3	28.0	-1.3	-4.4
联合收割机	万台	1.8	5.3	5.7	0.4	7.5
农用化肥施用量(折纯量)	万吨	143.9	273.2	269.87	-3.3	-1.2
农场用电量	亿千瓦小时	64.2	186.3	142.7	-43.7	-23.4
五、农业总产值						
按当年价格计算	亿元	846.3	3415.2	3449.7	34.4	1.0
六、主要农产品产量						
粮食总产量	万吨	1342.6	3538.1	3665.1	127.0	3.6
棉花总产量	万吨	103.4	211.4	175.0	-36.4	-17.2
油料总产量	万吨	71.9	82.6	80.8	-1.8	-2.1
肉类总产量	万吨	108.4	261.5	254.6	-6.9	-2.6

13-2 各地区农垦系统国有农场基本情况

地 区	农 场 数(个)		职工人数(万人)		耕地面积(千公顷)	
	2014年	2015年	2014年	2015年	2014年	2015年
全国总计	**1789**	**1785**	**299.2**	**287.7**	**6242.7**	**6325.4**
北 京	9	9	4.2	3.6	1.4	1.4
天 津	15	15	0.5	0.7	2.6	2.6
河 北	33	33	6.7	6.5	98.0	97.8
山 西	26	26	0.4	0.4	6.8	6.7
内 蒙 古	104	104	9.3	9.0	660.3	663.4
辽 宁	109	109	24.5	23.7	154.8	161.2
吉 林	88	88	3.4	4.1	123.8	125.3
黑 龙 江	113	113	35.3	30.5	2892.3	2902.0
上 海	19	19	9.3	10.0	35.8	35.8
江 苏	19	18	6.1	5.9	71.1	70.8
浙 江	56	56	0.2	0.2	4.0	4.1
安 徽	20	20	2.4	2.4	30.1	29.6
福 建	112	113	2.8	2.6	10.8	10.7
江 西	156	156	35.5	35.7	83.2	83.2
山 东	14	14	0.5	0.4	14.6	14.5
河 南	97	97	3.6	3.5	30.0	29.8
湖 北	53	53	37.3	36.9	135.9	135.0
湖 南	69	69	14.9	14.9	67.1	67.1
广 东	47	48	5.1	5.1	37.9	37.9
广 西	41	41	3.0	2.8	33.8	33.9
海 南	41	41	13.1	11.4	34.8	37.3
重 庆	17	17	0.6	0.7	0.3	0.3
四 川	42	35	0.3	0.2	0.9	0.9
贵 州	37	37	0.5	0.5	1.7	1.8
云 南	43	43	6.2	6.1	12.4	12.8
陕 西	12	12	0.4	0.4	9.2	9.2
甘 肃	20	25	1.7	1.6	65.2	65.5
青 海	19	20	0.7	0.8	25.9	37.8
宁 夏	14	14	1.6	1.4	42.3	43.0
新 疆	344	339	68.8	65.7	1555.6	1604.0

13-2 续表 1

地　区	农业机械总动力(万千瓦)		大中型拖拉机(台)		农用载重汽车(辆)	
	2014年	2015年	2014年	2015年	2014年	2015年
全国总计	**2725.9**	**2838.3**	**192547**	**197213**	**89008**	**83576**
北　京	1.0	1.2	69	67	28	25
天　津	2.2	2.3	68	120	105	94
河　北	110.4	119.4	4188	4749	7804	7649
山　西	2.5	2.7	55	52	185	190
内蒙古	197.0	195.7	12406	13257	4594	5929
辽　宁	118.1	120.1	4489	5051	15237	12910
吉　林	106.6	110.8	5075	5535	4056	4074
黑龙江	931.0	980.4	73028	76502	4809	5802
上　海	18.6	19.9	1290	1403	39	28
江　苏	44.4	49.1	3470	3796	609	620
浙　江	1.2	1.1	44	39	44	35
安　徽	43.7	45.4	2760	2886	1211	1192
福　建	7.8	7.7	85	85	767	662
江　西	52.9	53.4	1784	1828	1725	1750
山　东	6.0	5.7	530	500	193	185
河　南	29.0	29.6	1313	1306	1023	1015
湖　北	183.5	189.4	8090	8481	8897	9278
湖　南	97.5	97.7	3879	3880	2203	2210
广　东	36.8	38.5	555	534	902	936
广　西	27.7	31.8	1300	1425	1154	1195
海　南	32.1	32.3	428	435	1789	1801
重　庆	0.7	0.7	6	7	5	
四　川	0.3	0.3				
贵　州	2.0	2.0	56	56		
云　南	22.6	23.4	791	764	1125	1067
陕　西	4.2	4.3	163	221	685	699
甘　肃	34.8	30.7	5146	6175	1856	1185
青　海	6.5	6.1	354	498	756	904
宁　夏	30.7	31.7	2377	2487	2625	2624
新　疆	574.0	604.7	58748	55074	24582	19512

13-2 续表 2

地区	化肥施用量(万吨)		现价农业总产值(万元)	
	2014年	2015年	2014年	2015年
全国总计	**273.2**	**269.9**	**34152330**	**34496657**
北京	0.0	0.2	874530	717585
天津	0.1	0.1	99408	131532
河北	2.9	3.3	823377	889766
山西	0.4	0.5	28835	26632
内蒙古	14.9	18.7	1586960	1408000
辽宁	10.1	11.6	1926306	1772907
吉林	8.0	4.0	363124	373545
黑龙江	59.3	58.7	9655405	9573789
上海	2.4	2.2	550655	602027
江苏	6.5	7.4	613468	609826
浙江	0.5	0.4	68653	43417
安徽	2.9	3.3	202326	204563
福建	3.8	3.8	231735	230232
江西	7.1	7.0	482881	505055
山东	0.9	0.8	117747	110321
河南	2.7	2.7	197916	234795
湖北	16.1	15.8	1941867	2070136
湖南	12.6	12.6	560473	560640
广东	6.1	6.2	813110	927511
广西	5.5	5.3	787917	865421
海南	8.9	8.7	1270337	1182385
重庆	0.0		86300	97822
四川	0.2	0.1	9405	9116
贵州	0.3	0.3	31487	34655
云南	5.3	6.7	518147	545843
陕西	0.9	1.0	37490	37484
甘肃	4.5	4.7	208347	213161
青海	0.3	0.6	32037	38409
宁夏	3.8	3.7	248383	262094
新疆	86.0	79.4	9783705	10216418

13-3 农垦系统国有农场种植业生产情况

指 标	单位	2000年	2007年	2014年	2015年	2015年比2014年增加	
						绝对数	%
农作物总播种面积	**千公顷**	**4755.8**	**5633.4**	**6907.3**	**6898.3**	**-9.1**	**-0.1**
一、粮食播种面积	千公顷	3163.9	3725.5	4923.6	4997.0	73.4	1.5
每公顷产量	千克	4631.0	5804.0	7186.0	7335.0	149.0	2.1
总产量	万吨	1465.2	2162.3	3538.1	3665.1	127.0	3.6
1.谷物	万吨	1252.1	1969.5	3336.2	3464.5	128.3	3.8
其中：稻 谷	万吨	818.6	1180.9	1816.3	1823.2	6.9	0.4
小 麦	万吨	255.0	234.8	313.6	328.9	15.3	4.9
玉 米	万吨	147.4	479.8	1170.8	1280.8	110.0	9.4
2.豆类	万吨	200.6	154.7	159.5	150.6	-8.9	-5.6
其中：大 豆	万吨	184.8	133.2	149.5	143.2	-6.3	-4.2
3.薯类	万吨	12.6	38.1	42.3	50.4	8.1	19.1
二、棉花播种面积	千公顷	527.3	803.8	905.3	834.2	-71.1	-7.8
每公顷产量	千克	1577.0	1960.0	2335.0	2095.0	-240.0	-10.3
总产量	吨	831595	1575568	2113874	1750354	-363520.5	-17.2
三、油料播种面积	千公顷	461.2	338.9	364.4	352.2	-12.2	-3.3
每公顷产量	千克	1545	1784	2266	2294	28.0	1.2
总产量	吨	712461	604419	825740	808124	-17615.4	-2.1
四、糖料播种面积	千公顷	103.6	121.2	84.3	84.3	0.0	0.0
每公顷产量	千克	56927.0	71327.0	83813.0	85194.0	1381.0	1.6
总产量	吨	5894802	8643443	7068165	7182559	114394.1	1.6
五、麻类播种面积	千公顷	9.4	39.5	3326.6	3285.7	-40.9	-1.2
每公顷产量	千克	3175	3485	4155	4625	470.0	11.3
总产量	吨	29689	137611	13821	15198	1377.4	10.0

13-4 各地区农垦系统国有农场农作物主要产品产量

地　区	粮食(万吨)	棉花(吨)	油料(吨)	糖料(吨)	麻类(吨)
全国总计	**3665.1**	**1750354**	**808124**	**7182559**	**15198**
北　京	0.3		6		
天　津	1.2	111			
河　北	53.2	9410	1324	10079	
山　西	3.4	32	133	450	
内蒙古	211.9		272525	50870	12
辽　宁	141.4		11102	360	
吉　林	85.2		9923		
黑龙江	2206.7		7028	630	2747
上　海	31.9		5204		
江　苏	116.6	64	541		
浙　江	0.9	45	158	44	
安　徽	34.2	888	1977		
福　建	6.1		3947	23966	
江　西	73.0	4253	29666	8058	
山　东	8.4	2112	282		21
河　南	32.1	755	21824		
湖　北	110.0	17838	89667	9542	36
湖　南	63.8	14213	62145	62057	3114
广　东	6.1		8044	1686146	
广　西	1.8		3874	2328308	
海　南	15.0		4409	262606	
重　庆	0.4				
四　川	0.4		27		
贵　州	0.7		782		
云　南	5.9		72	495874	
陕　西	9.4	904	703		
甘　肃	30.6	11324	18782		
青　海	2.6		11872		
宁　夏	36.4		3509		
新　疆	375.8	1688405	238599	2243569	9268

13-5 农垦系统国有农场茶、桑、果、林业生产情况

指　　标	单位	2000年	2010年	2014年	2015年	2015年比2014年增加	
						绝对数	%
一、年末实有茶园面积	千公顷	34.1	31.3	28.5	29.4	0.9	3.0
茶叶总产量	万吨	3.9	4.6	5.0	5.0	0.0	0.8
二、年末实有桑园面积	千公顷	3.9	1.5	2.1	2.2	0.1	6.3
三、年末实有果园面积	千公顷	193.6	371.9	406.9	422.7	15.8	3.9
水果总产量	万吨	118.6	323.4	547.1	649.2	102.1	18.7
其中：苹 果	万吨	24.1	40.6	64.1	68.1	4.0	6.3
梨	万吨	27.1	53.6	52.6	61.9	9.3	17.6
柑 桔	万吨	11.8	22.8	32.7	33.2	0.5	1.6
四、年末实有橡胶园面积	千公顷	382.3	469.4	444.2	443.2	-1.0	-0.2
当年橡胶平均开割面积	千公顷		320.6	317.4	306.0	-11.4	-3.6
每公顷产干胶	千克	1172.0	1023.0	991.3	1013.1	21.8	2.2
全年干胶总产量	万吨	34.7	32.8	31.3	31.0	-0.3	-1.1
五、当年造林面积	千公顷	75.8	88.2	53.6	68.5	14.9	27.9
用 材 林	千公顷	21.4	19.0	11.8	12.1	0.3	2.7
经 济 林	千公顷	6.1	11.6	14.8	19.5	4.7	31.5
防 护 林	千公顷	47.3	56.3	26.4	35.3	8.9	33.7
薪 炭 林	千公顷	0.3	0.3	0.4	0.2	-0.2	-53.3
特种用材林	千公顷	0.7	1.0	0.6	0.3	-0.3	-48.5

13-6 各地区农垦系统国有农场茶、果、干胶、林业生产情况

地 区	茶叶 (吨)	水果 (吨)	苹果 (吨)	梨 (吨)	干胶 (吨)	造林面积 (公顷)
全国总计	**50085**	**6492060**	**681249**	**619365**	**310172**	**68498**
北 京		861	665	26		20
天 津		5485	525	1633		21
河 北		24292	11855	4049		4227
山 西		548	348	105		
内蒙古		10788	4133	4850		3647
辽 宁		174301	119463	18617		3397
吉 林		22867	2106	20183		192
黑龙江		50645		442		1251
上 海	2	1937		260		203
江 苏	4	2346		1857		253
浙 江	4331	12900		236		
安 徽	12804	13597		6215		147
福 建	7045	112562	333	1554		1461
江 西	4346	79678	25	7213		5087
山 东		664	151			
河 南	6	59198	21928	24566		61
湖 北	560	109779	170	17069		4025
湖 南	3156	33602		1812		1541
广 东	617	875421			12971	2448
广 西	770	306677		228	151	529
海 南	437	470885			151337	801
重 庆		5077		8		
四 川	1028	1691	323	26		1
贵 州	4760	12170	42	55		
云 南	10219	249464			145713	367
陕 西		8070	2593	266		
甘 肃		69448	12949	43782		656
青 海						1524
宁 夏		56457	17237	765		287
新 疆		3720652	443688	463547		36341

13-7 农垦系统国有农场畜牧业、渔业生产情况

指　　标	单位	2000年	2010年	2014年	2015年	2015年比2014年增加	
						绝对数	%
一、大牲畜年末头数	万头	214.6	319.2	276.1	282.0	5.9	2.1
#役畜	万头	55.0	18.9	11.9	9.7	-2.2	-18.8
牛	万头	173.1	292.0	246.2	249.8	3.7	1.5
#良种及改良奶牛	万头	51.0	143.1	139.2	146.4	7.2	5.2
马	万匹	25.8	17.4	19.5	22.7	3.1	16.1
驴	万头	9.8	5.7	6.3	5.6	-0.7	-10.4
骡	万头	1.8	1.1	0.4	0.4	0.0	-4.2
骆驼	万头	4.1	3.0	3.7	3.5	-0.2	-6.5
二、猪年末头数	万头	478.1	1134.2	1256.9	1227.3	-29.6	-2.4
三、羊年末只数	万只	1104.7	1298.8	1434.7	1494.8	60.1	4.2
山　羊	万只	216.3	318.9	231.1	245.4	14.3	6.2
绵　羊	万只	888.4	979.9	1203.6	1249.0	45.4	3.8
四、家禽年末只数	万只	4918.2	11811.2	13157.8	16667.6	3509.8	26.7
五、兔年末只数	万只	74.3	72.7	70.2	84.2	14.0	20.0
六、畜产品产量							
肉猪出栏头数	万头	643.5	1943.8	1903.6	1836.2	-67.4	-3.5
猪牛羊肉产量	万吨	68.3	190.4	192.4	185.0	-7.4	-3.9
其中：猪肉产量	万吨	51.1	148.9	151.8	146.4	-5.4	-3.6
牛奶产量	万吨	116.5	366.1	375.1	369.1	-6.0	-1.6
禽蛋产量	万吨	20.4	39.7	46.7	48.3	1.6	3.4
鹿茸产量	吨	41.5	77.5	74.3	79.1	4.8	6.4
羊毛产量	吨	20866	27201.0	31704.0	32796.0	1092.0	3.4
七、水产品产量	万吨	49.1	115.2	153.4	152.5	-0.9	-0.6

13-8 各地区农垦系统国有农场畜牧业、渔业生产情况

地　区	大牲畜年末头数(万头)	牛年末头数(万头)	其中：奶牛	猪年末头数(万头)	羊年末只数(万只)	家禽年末只数(万只)
全国总计	**282.0**	**249.8**	**146.5**	**1227.3**	**1494.8**	**16667.6**
北　京	8.1	8.1	8.1	5.8		445.0
天　津	3.0	2.7	2.7	0.7		6.3
河　北	20.3	19.9	18.5	32.8	12.8	285.8
山　西	1.3	1.2	1.1	0.9	9.0	13.8
内蒙古	37.2	32.9	21.3	17.6	329.9	123.1
辽　宁	8.7	7.2	2.6	105.3	10.3	8336.0
吉　林	4.6	4.2	0.4	19.8	20.1	392.5
黑龙江	19.4	19.3	15.6	80.6	26.6	1127.5
上　海	7.7	7.7	7.7	69.6		84.2
江　苏	0.8	0.8	0.7	6.8	1.1	526.0
浙　江				5.4		3.1
安　徽	0.2	0.2	0.1	4.5	0.9	125.8
福　建	1.2	1.2	0.3	40.0	1.1	217.4
江　西	4.0	4.0	1.5	60.2	1.7	249.9
山　东	0.8	0.8	0.8	1.5	0.9	100.2
河　南	1.2	1.2	0.7	45.2	1.3	48.6
湖　北	3.8	3.8	1.0	155.0	7.0	1329.0
湖　南	5.2	5.2		128.0	3.0	362.0
广　东	3.5	3.5	1.8	65.5	0.4	468.6
广　西	0.9	0.9	0.2	141.4	0.1	327.2
海　南	4.8	4.8	0.0	62.6	8.6	400.9
重　庆	3.0	3.0	3.0	7.6		59.2
四　川	7.4	7.1	0.1	0.3	2.6	0.3
贵　州	2.4	2.4	2.3	0.5	0.9	5.0
云　南	1.0	1.0	0.0	7.4	10.9	176.9
陕　西	0.2	0.2	0.1	1.1	3.7	0.7
甘　肃	1.4	1.3	0.5	1.5	23.1	23.8
青　海	4.7	4.6	3.3	0.6	29.3	0.6
宁　夏	5.1	5.1	4.6	3.8	8.7	35.9
新　疆	120.3	95.6	47.6	155.3	978.5	1392.3

13-8 续表

地　区	肉猪出栏头数 (万头)	肉类总产量 (吨)	奶产量 (吨)
全国总计	**1836.2**	**2545786**	**3690806**
北　京	8.5	183749	371317
天　津	1.3	2302	141055
河　北	49.2	61005	538743
山　西	1.4	3798	31600
内蒙古	23.2	91363	353813
辽　宁	141.7	331774	139924
吉　林	25.9	48801	9484
黑龙江	164.3	229369	374586
上　海	95.1	73160	362190
江　苏	18.5	55087	26239
浙　江	17.4	5901	
安　徽	7.2	15475	2310
福　建	44.3	37345	4298
江　西	89.6	89931	12407
山　东	2.3	10683	40972
河　南	58.5	43629	17735
湖　北	202.0	192153	44920
湖　南	181.0	164451	745
广　东	109.6	119212	69635
广　西	215.9	165315	4641
海　南	90.9	102036	
重　庆	8.0	13978	98090
四　川	0.3	2021	5232
贵　州	0.3	409	47835
云　南	8.1	9741	607
陕　西	1.1	1247	4006
甘　肃	2.0	5324	305
青　海	0.3	3062	254
宁　夏	4.7	6718	194872
新　疆	263.8	476746	792991

西部大开发12省（区、市）农村经济情况

14-1 西部大开发12省(区、市)农业机械拥有量

指　　标	单位	1990年	1995年	2000年	2010年	2014年	2015年
农用机械总动力合计	万千瓦	5906.2	7534.3	10706.6	21318.5	27541.3	28967.1
大中型拖拉机	万混合台	20.3	16.3	30.2	134.0	202.6	218.6
小型拖拉机	万台	152.3	192.8	234.5	296.5	313.0	312.5
大中型拖拉机配套农具	万部	20.0	22.6	30.2	181.0	265.5	291.4
小型拖拉机配套农具	万部	108.9	165.2	253.0	409.7	463.1	486.6
农用排灌柴油机	万台	38.6	48.3	84.5	165.5	190.2	198.6
农用排灌电动机	万台	44.6	54.7	89.8	199.0	256.9	265.0
农用水泵	万台	78.0	97.9	164.9	375.3	453.9	468.0
节水灌溉机械	万套	2.4	2.8	7.1	18.4	35.9	42.6
联合收获机	万台	0.8	1.2	2.5	9.3	16.2	18.3
机动脱粒机	万台	34.7	56.9	115.7	351.3	503.4	532.0
农用运输车	万辆	5.3	13.9	39.1	216.3	232.3	233.5

14-2 西部大开发12省(区、市)农村电力和农田水利建设情况

指　　标	单位	1990年	1995年	2000年	2010年	2014年	2015年
一、乡村办水电站	个	17623	15320	10381	13137	14549	14705
装机容量	万千瓦	138.4	161.7	179.4	2755.4	3810.5	3984.6
发电量	亿千瓦		48.4	63.5	968.0	1290.1	1333.5
二、农村用电量	亿千瓦小时	145.7	237.6	331.5	652.2	822.1	870.0
三、农田水利建设情况							
耕地灌溉面积	千公顷	12685.9	13639.3	15174.6	17747.3	18927.1	19390.8

14-3 西部大开发12省(区、市)农用化肥、农膜、柴油和农药使用量

指　　标	单位	1990年	1995年	2000年	2010年	2014年	2015年
一、化肥施用量							
(按折纯法计算)	万吨	570.8	825.4	1008.6	1526.4	1776.5	1806.5
氮肥	万吨	371.1	472.4	541.0	700.8	779.0	782.7
磷肥	万吨	105.5	161.2	182.6	247.4	288.6	298.0
钾肥	万吨	28.8	54.3	79.6	154.3	189.5	193.7
复合肥	万吨	65.4	137.8	205.4	407.0	519.4	532.1
二、农用塑料薄膜使用量	吨		219243	396198	717557.9	972145	1001725
#地膜使用量	吨		167323	304539	511543.4	709476	727417
地膜覆盖面积	千公顷		2573.7	4983.7	7341.4	9463.5	9746.6
三、农用柴油使用量	万吨		253.2	288.2	445.3	547.4	566.1
四、农药使用量	万吨		15.4	20.5	31.2	37.8	38.1

14-4 西部大开发12省(区、市)自然灾害情况

指　　标	单位	1990年	1995年	2000年	2010年	2014年	2015年
一、受灾面积	千公顷	11692.0	14531.0	15773.0	15532.0	10660.1	8299.3
旱灾	千公顷	7209.3	8552.0	11225.0	9084.8	4166.1	4707.0
水灾	千公顷	2174.0	3182.0	2509.0	3882.6	1618.5	1401.0
风雹灾	千公顷	1560.7	1487.0	1104.0	1101.6	2134.2	1535.7
霜冻灾	千公顷	748.0	964.0	935.0	1375.5	1489.2	493.7
二、成灾面积	千公顷	5484.0	7680.0	9358.0	8463.5	5515.4	4962.4
旱灾	千公顷	3350.7	4573.0	7032.0	6269.9	1932.2	2654.2
水灾	千公顷	1080.0	1793.0	1492.0	1229.4	964.9	866.7
风雹灾	千公顷	652.0	755.0	536.0	413.2	1473.7	1081.9
霜冻灾	千公顷	401.3	496.0	298.0	532.4	665.2	288.4
三、成灾面积占受灾							
面积的比重	%	46.9	52.9	59.3	54.5	51.7	59.8

14-5 西部大开发12省(区、市)农作物播种面积及构成

单位：千公顷

指　　标	1990年	1995年	2000年	2010年	2014年	2015年
农作物总播种面积	**43507.7**	**45890.4**	**49345.9**	**52038.4**	**55240.8**	**56043.0**
一、粮食作物	33668.5	33920.3	34528.8	33796.4	34477.8	34620.6
1.谷物		26225.8	25756.1	24685.0	25810.0	25976.4
稻谷	7823.5	7467.6	7452.3	6870.3	6895.1	6820.6
小麦	9302.8	9019.6	7999.1	6174.2	5779.2	5806.0
玉米	6458.5	6678.5	7542.1	9952.1	11503.8	11644.7
谷子	603.5	400.1	320.8	272.3	247.8	295.7
高粱	318.2	292.6	257.3	287.3	338.0	311.9
2.豆类		3407.1	3617.6	3437.4	2920.8	2947.9
#大豆	1333.0	1593.2	1960.1	1853.0	1455.4	1473.9
杂豆		1813.9	1657.6	1584.3	1465.4	1473.9
3.薯类	3743.9	4287.6	5155.0	5674.0	5747.0	5696.3
#马铃薯	1847.9	2181.3	2920.0	4025.6	4318.6	4264.2
二、油料作物	3300.3	3687.7	4410.4	4443.8	4732.1	4797.7
#花　生	415.1	496.3	652.0	621.1	681.0	688.5
油菜籽	1820.0	2132.3	2520.9	2779.2	2997.9	3007.8
芝　麻	39.9	38.6	61.7	40.2	43.3	39.5
胡麻籽	500.4	443.6	323.0	220.6	210.4	202.1
向日葵籽	312.5	404.1	609.2	684.4	732.8	777.9
三、棉花	682.8	981.1	1154.3	1580.6	2040.7	1971.7
四、麻类	102.1	85.0	55.2	59.3	47.0	45.8
#黄红麻	56.9	34.4	12.7	5.6	4.5	4.0
五、糖料	693.9	932.0	945.4	1518.3	1573.1	1442.0
甘蔗	492.6	673.5	818.8	1400.8	1465.5	1327.9
甜菜	201.3	258.8	126.6	117.5	107.6	114.1
六、烟叶	761.7	942.8	814.4	841.2	944.6	832.3
#烤烟	631.1	856.6	719.6	775.8	888.6	783.1
七、药材	59.4	119.2	256.2	633.1	1213.7	1330.8
八、蔬菜、瓜类	1766.7	2538.1	3929.9	6265.0	7538.2	7851.8
九、其他农作物	2039.4	2684.5	3252.5	2900.7	2673.7	3150.2

14-5 续表 (以农作物总播种面积为100) 单位：%

指 标	1990年	1995年	2000年	2010年	2014年	2015年
农作物总播种面积	**100.0**	**100.0**	**100.0**	**100.0**	**100.0**	**100.0**
一、粮食作物	77.4	73.9	70.0	64.9	62.4	61.8
1.谷物		57.1	52.2	47.4	46.7	46.4
稻谷	18.0	16.3	15.1	13.2	12.5	12.2
小麦	21.4	19.7	16.2	11.9	10.5	10.4
玉米	14.8	14.6	15.3	19.1	20.8	20.8
谷子	1.4	0.9	0.7	0.5	0.4	0.5
高粱	0.7	0.6	0.5	0.6	0.6	0.6
2.豆类		7.4	7.3	6.6	5.3	5.3
#大豆	3.1	3.5	4.0	3.6	2.6	2.6
杂豆		4.0	3.4	3.0	2.7	2.6
3.薯类	8.6	9.3	10.4	10.9	10.4	10.2
#马铃薯	4.2	4.8	5.9	7.7	7.8	7.6
二、油料作物	7.6	8.0	8.9	8.5	8.6	8.6
#花 生	1.0	1.1	1.3	1.2	1.2	1.2
油菜籽	4.2	4.6	5.1	5.3	5.4	5.4
芝 麻	0.1	0.1	0.1	0.1	0.1	0.1
胡麻籽	1.2	1.0	0.7	0.4	0.4	0.4
向日葵籽	0.7	0.9	1.2	1.3	1.3	1.4
三、棉花	1.6	2.1	2.3	3.0	3.7	3.5
四、麻类	0.2	0.2	0.1	0.1	0.1	0.1
#黄红麻	0.1	0.1	0.0	0.0	0.0	0.0
五、糖料	1.6	2.0	1.9	2.9	2.8	2.6
甘蔗	1.1	1.5	1.7	2.7	2.7	2.4
甜菜	0.5	0.6	0.3	0.2	0.2	0.2
六、烟叶	1.8	2.1	1.7	1.6	1.7	1.5
#烤烟	1.5	1.9	1.5	1.5	1.6	1.4
七、药材	0.1	0.3	0.5	1.2	2.2	2.4
八、蔬菜、瓜类	4.1	5.5	8.0	12.0	13.6	14.0
九、其他农作物	4.7	5.8	6.6	5.6	4.8	5.6

14-6 西部大开发12省(区、市)主要农作物产量

单位：万吨

指　标	1990年	1995年	2000年	2010年	2014年	2015年
一、粮食作物	11168.3	11729.9	12896.3	14436.4	16157.6	16500.9
1.谷物		10135.3	10920.3	12179.5	13688.0	14016.0
稻谷	4506.9	4498.0	4735.7	4503.6	4550.4	4548.4
小麦	2512.2	2463.0	2307.1	2120.3	2179.6	2295.1
玉米	2372.9	2589.8	3351.1	5146.9	6507.7	6699.9
谷子	87.3	38.1	34.3	42.8	48.4	61.4
高粱	99.3	82.7	70.0	110.2	133.8	126.1
2.豆类		437.4	460.0	559.4	525.9	534.9
#大豆	166.6	187.2	250.4	339.8	267.2	267.3
杂豆		250.2	209.6	219.6	258.7	267.6
3.薯类	854.4	1157.3	1516.0	1697.5	1943.8	1950.0
#马铃薯	370.2	560.9	811.6	1163.2	1420.5	1410.4
二、油料作物	433.3	508.6	671.3	829.3	1000.5	1042.2
#花　生	64.0	84.8	134.6	142.6	170.8	175.4
油菜籽	239.6	296.4	366.5	466.1	584.8	599.3
芝　麻	2.1	2.4	5.4	4.4	5.5	4.7
胡麻籽	41.3	28.1	27.7	27.1	28.9	30.4
向日葵籽	67.0	83.9	116.5	176.7	199.5	218.0
三、棉花	67.1	117.1	160.5	264.3	380.2	359.8
四、麻类	17.0	12.9	10.5	12.1	10.0	8.9
#黄红麻	10.9	5.7	2.3	1.3	1.1	1.0
五、糖料	3013.1	4528.1	5047.5	9698.4	10956.1	10349.7
甘蔗	2423.7	3818.4	5600.9	9028.1	10297.3	9655.0
甜菜	589.4	709.7	446.6	670.3	658.8	694.7
六、烟叶	117.7	143.3	142.8	183.4	179.6	171.3
#烤烟	99.9	131.5	126.6	169.5	167.0	160.4
七、茶叶	13.8	16.5	19.1	51.9	74.1	88.6
八、水果	462.9	1070.3	1613.4	6084.1	7812.0	8827.3

14-7 西部大开发12省(区、市)主要农作物单位面积产量

指　　标	1990年	1995年	2000年	2010年	2014年	2015年
一、粮食作物	3317.1	3458.1	3734.9	4271.6	4686.4	4766.2
1.谷物		3864.6	4239.9	4934.0	5303.4	5395.7
稻谷	5760.7	6023.4	6354.7	6555.2	6599.4	6668.7
小麦	2700.5	2730.7	2884.2	3434.2	3771.5	3952.9
玉米	3674.1	3877.8	4443.2	5171.6	5657.0	5753.6
谷子	1446.5	952.3	1068.4	1571.2	1954.9	2077.4
高粱	3120.7	2826.4	2719.4	3837.3	3958.2	4043.7
2.豆类		1283.8	1271.7	1627.4	1800.5	1814.4
#大豆	1249.8	1175.0	1277.6	1833.5	1836.1	1813.3
杂豆		1379.3	1264.6	1386.3	1765.1	1815.5
3.薯类	2282.1	2699.2	2940.8	2991.7	3382.2	3423.3
#马铃薯	2003.4	2571.4	2779.4	2889.6	3289.2	3307.6
二、油料作物	1313.0	1379.1	1522.0	1866.3	2114.3	2172.3
#花　生	1543.1	1709.2	2063.7	2295.6	2508.2	2546.8
油菜籽	1316.4	1389.9	1454.0	1677.3	1950.8	1992.5
芝　麻	538.0	615.4	886.3	1083.8	1263.7	1196.5
胡麻籽	825.0	634.1	857.4	1226.7	1372.2	1504.4
向日葵籽	2142.7	2076.9	1912.8	2581.2	2721.8	2803.2
三、棉花	982.6	1193.5	1390.2	1671.9	1862.9	1824.8
四、麻类	1669.7	1520.1	1902.1	2034.3	2119.1	1942.9
#黄红麻	1916.5	1654.3	1840.0	2311.3	2513.7	2490.5
五、糖料	43425.3	48584.8	53392.3	63877.6	69647.5	71772.5
甘蔗	49202.2	56695.1	56192.8	64449.6	70265.5	72710.4
甜菜	29286.2	27422.1	35276.4	57059.3	61230.4	60861.0
六、烟叶	1544.7	1520.0	1753.4	2180.1	1900.9	2058.6
#烤烟	1583.4	1535.1	1759.4	2184.5	1879.1	2047.8

14-8 西部大开发12省(区、市)林业生产情况

指　标	单　位	2014年	2015年	2015年为2014年百分比(%)
一、营林情况				
1.人工造林面积	千公顷	1840	2304	125.2
2.飞播造林面积	千公顷	92	115	124.4
3.当年新封山(沙)育林面积	千公顷	932	1098	117.8
4.退化林修复面积	千公顷		299	
5.人工更新面积	千公顷	102	62	60.3
6.森林抚育面积	千公顷	3643	2670	73.3
7.年末实有封山(沙)育林面积	千公顷	13254	14513	109.5
8.四旁(零星)植树	万株	66730	70859	106.2
9.育苗面积	千公顷	315	297	94.4
二、主要林产品产量				
板　栗	吨	423907	500477	118.1
竹笋干	吨	203603	259858	127.6
油茶籽	吨	291161	315499	108.4
核　桃	吨	1962546	2350999	119.8
生　漆	吨	11726	14491	123.6
油桐籽	吨	234026	223069	95.3
乌桕籽	吨	5222	6569	125.8
五倍子	吨	14648	14347	97.9
棕　片	吨	24124	23976	99.4
松　脂	吨	786307	762790	97.0
紫胶(原胶)	吨	1845	2209	119.7
三、木竹采伐				
木材(商品材)	万立方米	3371	3042	90.3
竹材	万根	74412	86247	115.9

14-9 西部大开发12省(区、市)畜牧业生产情况

指　标	单位	1999年	2000年	2004年	2010年	2014年	2015年
一、牲畜出栏量							
1.大牲畜出栏							
牛	万头	1071.1	1171.0	1579.8	1821.3	1993.8	2054.4
马	万头	67.6	74.4	81.8	94.0	106.7	112.1
驴	万头	65.6	68.1	86.0	106.8	110.7	110.6
骡	万头	14.4	16.5	19.7	24.2	22.9	21.0
骆驼	万头	6.7	6.7	6.6	7.2	8.5	9.4
2.猪	万头	15371.9	16111.1	17833.8	20262.5	22074.7	21529.7
3.羊	万只	7228.5	7890.7	11717.8	14302.9	15333.7	15739.2
4.家禽	万只	120780.6	136585.6	126901.8	204573.5	224673.5	230864.7
5.兔	万只	6845.0	8226.0	14717.6	23004.6	27869.7	28943.0
二、肉类总产量	万吨	1639.2	1737.5	1991.6	2363.7	2631.4	2621.6
#猪牛羊肉产量	万吨	1434.7	1504.0	1748.9	1973.4	2191.4	2166.1
1.猪肉产量	万吨	1194.0	1239.4	1370.1	1511.3	1681.3	1640.7
2.牛肉产量	万吨	123.0	135.7	184.2	230.5	259.2	267.4
3.羊肉产量	万吨	117.7	128.8	194.5	231.6	250.9	257.9
4.禽肉产量	万吨	183.3	207.0	197.1	330.3	363.7	374.7
5.兔肉产量	万吨	9.2	11.1	20.5	31.7	41.2	43.1
6.其他肉产量	万吨	12.0	15.5	25.1	28.3	35.1	13.5
三、其他畜产品产量	万吨						
奶类产量	万吨	320.1	356.7	988.8	1577.8	1543.6	1561.9
#牛奶产量	万吨	281.0	315.7	938.4	1482.6	1465.1	1481.7
山羊粗毛产量	吨	11718	12955	16999	23011.9	22396.1	20955.1
绵羊毛产量	吨	182044	183782	237855	267194.0	296513.0	305519.5
#细羊毛	吨	74101	74432	85510	94252.3	95292.5	105863.9
半细羊毛	吨	35706	38780	52876	49345.7	61470.2	64816.0
山羊绒产量	吨	6984	7138	9825	12882.4	14024.8	14044.1
蜂蜜产量	万吨	5.0	5.1	6.8	9.2	11.3	12.0
禽蛋产量	万吨	244.4	264.9	359.7	379.2	416.1	432.1

14-10 西部大开发12省(区、市)牲畜年末存栏量

指　标	单位	1997年	2000年	2010年	2013年	2014年	2015年
一、大牲畜头数	万头	6814.4	7070.6	6715.1	6495.9	6657.2	6747.0
1.牛	万头	5489.9	5770.4	5589.1	5459.1	5608.6	5716.9
黄牛*	万头	3716.9	3865.6				
水牛*	万头	1161.2	1223.6				
肉牛*	万头			3488.8	3526.3	3690.9	3847.1
奶牛*	万头			649.9	635.6	659.1	671.3
2.马	万头	595.1	583.7	532.7	481.8	493.9	491.6
3.驴	万头	450.7	445.5	384.4	360.1	355.4	344.8
4.骡	万头	237.5	238.5	183.3	163.4	166.0	158.3
5.骆驼	万头	35.0	32.6	25.6	31.6	33.3	35.5
二、猪	万头	14788.5	16322.7	15967.4	15989.7	15832.0	15362.1
三、羊	万只	14797.0	15699.6	17468.8	18260.9	19147.4	19556.3
山羊	万只	5692.9	6081.2	6764.7	6799.3	7057.8	7269.2
绵羊	万只	9104.1	9618.4	10704.1	11461.6	12089.7	12287.1
四、家禽	万只	50701.6	63932.1	115414.4	120285.6	122838.6	127042.1

注：从2008年起牛的品种修正为肉牛、奶牛和役用牛。

14-11 西部大开发12省(区、市)渔业生产情况

指　标	单位	1990年	1995年	2000年	2010年	2014年	2015年
一、水产品总产量	吨	716131	1730062	3587609	4795320	6503384	6929445
1. 按海水、内陆分							
海水产品产量	吨	202672	645706	1594505	1544481	1744361	1797194
内陆水产品产量	吨	513459	1084356	1993104	3250839	4759023	5132251
2. 按生产性质分							
捕捞产量	吨	283759	632198	1100582	933821	978929	993477
养殖产量	吨	432372	1097864	2487027	3861499	5524455	5935968
3. 按品种分							
鱼类	吨	673010	1459932	2509894	3586753	5064319	5431761
甲壳类	吨	30234	81959	197308	317027	415121	420043
贝类	吨	12286	178552	820903	751884	876280	923821
藻类	吨	7	110	15	1791	2408	2412
其他类	吨	594	9509	59489	133746	145256	151408
二、水产养殖面积	千公顷	602.2	723.9	823.3	931.6	1071.6	1097.1
1. 海水养殖面积	千公顷	5.4	41.0	61.4	51.3	54.2	55.0
浅海养殖	千公顷		16.4	16.5			
滩涂养殖	千公顷		20.6	41.5			
其他养殖	千公顷		4.0	3.4			
2. 内陆养殖面积	千公顷	596.8	682.9	761.9	880.4	1017.4	1042.1
池塘养殖	千公顷		226.2	262.2			
湖泊养殖	千公顷		88.4	102.7			
河沟养殖	千公顷		21.9	35.9			
水库养殖	千公顷		340.2	354.1			
其他养殖	千公顷		6.2	7.0			
三、稻田养殖面积	千公顷		561.7	577.8		669.3	666.5

注：因农业部门报表制度修改，故水产养殖面积2009年无法分出细项。

14-12 西部大开发12省(区、市)按人口平均的主要农产品产量

单位：千克/人

指　标	1990年	1995年	2000年	2010年	2014年	2015年
一、粮食作物	348.0	342.1	363.0	396.8	439.8	446.1
(一)谷物		295.6	307.3	334.8	372.6	379.0
#稻谷	140.4	131.2	133.3	123.8	123.9	123.0
小麦	78.3	71.8	64.9	58.3	59.3	62.1
玉米	73.9	75.5	94.3	141.5	177.1	181.2
谷子	2.7	1.1	1.0	1.2	1.3	1.7
高粱	3.1	2.4	2.0	3.0	3.6	3.4
(二)豆类		12.8	12.9	15.4	14.3	14.5
#大豆	5.2	5.5	7.0	9.3	7.3	7.2
杂豆		7.3	5.9	6.0	7.0	7.2
(三)薯类	26.6	33.8	42.7	46.7	52.9	52.7
#马铃薯	11.5	16.4	22.8	32.0	38.7	38.14
二、油料作物	13.5	14.8	18.9	22.8	27.2	28.2
#花生	2.0	2.5	3.8	3.9	4.6	4.7
油菜籽	7.5	8.6	10.3	12.8	15.9	16.2
芝麻	0.1	0.1	0.2	0.1	0.1	0.1
胡麻籽	1.3	0.8	0.8	0.7	0.8	0.8
向日葵籽	2.1	2.4	3.3	4.9	5.4	5.9
三、棉花	2.1	3.4	4.5	7.3	10.3	9.7
四、麻类	0.5	0.4	0.3	0.3	0.3	0.2
#黄红麻	0.3	0.2	0.1	0.0	0.0	0.0
五、糖料	93.9	132.1	142.1	266.6	298.2	279.8
(一)甘蔗	75.5	111.4	157.6	248.1	280.3	261.0
(二)甜菜	18.4	20.7	12.6	18.4	17.9	18.8
六、水果	14.4	31.2	45.4	167.2	212.6	238.7
七、烟叶	3.7	4.2	4.0	5.0	4.9	4.6
#烤烟	3.1	3.8	3.6	4.7	4.5	4.3

14-13 西部大开发12省(区、市)按人口平均的畜产品、水产品产量

单位：千克/人

指　标	1990年	1995年	2000年	2010年	2014年	2015年
一、猪牛羊肉产量	37.3	39.2	41.5	54.2	59.7	58.6
猪肉	31.4	32.8	34.6	41.5	45.8	44.4
牛肉	3.1	3.3	3.6	6.3	7.1	7.2
羊肉	2.8	3.1	3.4	6.4	6.8	7.0
二、奶类产量	7.5	8.5	9.3	43.4	42.0	42.2
#牛奶产量	6.5	7.4	8.1	40.7	39.9	40.1
三、禽蛋产量	6.3	6.4	7.1	10.4	11.3	11.7
四、水产品产量	8.0	9.0	10.4	13.2	17.7	18.9
鱼类	5.7	6.3	7.3	9.9	13.8	14.8
虾蟹类	0.4	0.5	0.6	0.9	1.1	1.1

14-14 西部大开发12省(区、市)农林牧渔业总产值及构成

(按当年价格计算)

指 标	1995年	2000年	2001年	2014年	2015年
一、绝对数(亿元)					
农林牧渔业总产值合计	4690.6	5753.0	5970.6	27608.7	29478.2
#农业	2890.8	3478.8	3525.3	16059.3	17240.5
林业	177.4	242.8	238.8	1219.7	1313.2
牧业	1516.5	1848.9	2012.7	8576.3	9006.8
渔业	105.9	182.5	193.8	883.6	949.9
二、构成(%)					
(以农林牧渔业合计为100)	100.0	100.0	100.0	100.0	100.0
#农业	61.6	60.5	59.0	58.2	58.5
林业	3.8	4.2	4.0	4.4	4.5
牧业	32.3	32.1	33.7	31.1	30.6
渔业	2.3	3.2	3.2	3.2	3.2
三、占全国的比重(%)					
农林牧渔业总产值合计	23.1	23.1	23.2	27.0	27.5
#农业	24.3	25.1	24.6	29.3	29.9
林业	24.1	25.9	26.0	28.7	29.6
牧业	24.7	25.0	25.9	29.6	30.2
渔业	6.2	6.7	6.9	8.5	8.7

注：2003年起农林牧渔业总产值执行新国民经济行业分类标准，包括农林牧渔服务业产值。

14-15　西部大开发12省(区、市)农林牧渔业中间消耗及构成

(按当年价格计算)

指　　标	1995年	2000年	2006年	2013年	2014年	2015年
一、绝对数(亿元)						
农林牧渔业合计	1728.4	2081.3	3987.5	10093.3	10776.5	11645.7
1.农业	937.2	1148.8	1817.6	5108.7	5582.4	6053.3
2.林业	44.2	64.6	133.2	355.9	383.8	427.8
3.牧业	716.4	813.7	1818.1	3929.1	4033.6	4330.8
4.渔业	30.6	54.3	102.5	273.7	307.1	336.2
二、构成(%)						
(以农林牧渔业合计为100)	100.0	100.0	100.0	100.0	100.0	100.0
1.农业	54.2	55.2	69.4	50.6	51.8	52.0
2.林业	2.6	3.1	5.1	3.5	3.6	3.7
3.牧业	41.5	39.1	69.4	38.9	37.4	37.2
4.渔业	1.8	2.6	3.9	2.7	2.8	2.9

14-16　西部大开发12省(区、市)农林牧渔业增加值及构成

(按当年价格计算)

指　　标	1995年	2000年	2001年	2013年	2014年	2015年
一、绝对数(亿元)						
农林牧渔业合计	2962.2	3671.6	3798.2	15701.9	16832.2	17832.4
#农业	1953.6	2330.1	2353.3	9627.5	10476.9	11187.2
林业	133.2	178.2	175.1	774.9	835.8	885.4
牧业	800.1	1035.2	1133.6	4421.7	4542.7	4676.0
渔业	75.3	128.1	136.3	513.6	576.5	613.7
二、构成(%)						
(以农林牧渔业合计为100)	100.0	100.0	100.0	100.0	100.0	100.0
#农业	66.0	63.5	62.0	61.3	62.2	62.7
林业	4.5	4.9	4.6	4.9	5.0	5.0
牧业	27.0	28.2	29.8	28.2	27.0	26.2
渔业	2.5	3.5	3.6	3.3	3.4	3.4

各地区主要农村经济指标排序

15-1 粮食总产量与人均占有量

地　　区	粮食总产量(万吨)		平均每人占有量(千克/人)	
	指标值	位　次	指标值	位　次
全国总计	**62143.9**		**453.2**	
北　　京	62.6	31	29.0	31
天　　津	181.7	27	118.6	29
河　　北	3363.8	8	454.3	12
山　　西	1259.6	18	344.5	19
内 蒙 古	2827.0	10	1127.2	3
辽　　宁	2002.5	13	456.5	11
吉　　林	3647.0	4	1324.8	2
黑 龙 江	6324.0	1	1654.5	1
上　　海	112.1	28	46.3	30
江　　苏	3561.3	5	446.9	14
浙　　江	752.2	23	136.2	27
安　　徽	3538.1	6	578.8	6
福　　建	661.1	24	172.9	26
江　　西	2148.7	12	471.8	9
山　　东	4712.7	3	480.0	8
河　　南	6067.1	2	641.5	5
湖　　北	2703.3	11	463.4	10
湖　　南	3002.9	9	444.2	15
广　　东	1358.1	17	125.9	28
广　　西	1524.8	15	319.3	22
海　　南	184.0	26	202.8	24
重　　庆	1154.9	22	384.5	18
四　　川	3442.8	7	421.3	16
贵　　州	1180.0	20	335.3	20
云　　南	1876.4	14	396.9	17
西　　藏	100.6	30	313.7	23
陕　　西	1226.8	19	324.2	21
甘　　肃	1171.1	21	451.3	13
青　　海	102.7	29	175.3	25
宁　　夏	372.6	25	560.5	7
新　　疆	1521.3	16	653.2	4

15-1 续表 1

地区	谷物总产量(万吨)		平均每人占有量(千克/人)	
	指标值	位次	指标值	位次
全国总计	**57228.1**		**417.4**	
北京	61.1	31	28.3	31
天津	179.8	26	117.4	27
河北	3230.4	7	436.3	12
山西	1192.3	17	326.1	18
内蒙古	2577.0	10	1027.6	3
辽宁	1927.3	13	439.3	11
吉林	3538.9	4	1285.6	2
黑龙江	5786.3	2	1513.8	1
上海	110.6	28	45.7	30
江苏	3454.9	5	433.6	13
浙江	655.6	23	118.7	26
安徽	3371.3	6	551.5	6
福建	509.4	24	133.3	25
江西	2044.3	12	448.9	9
山东	4500.1	3	458.3	8
河南	5902.6	1	624.1	5
湖北	2575.1	11	441.4	10
湖南	2849.8	8	421.6	14
广东	1168.8	18	108.4	28
广西	1422.4	16	297.9	20
海南	153.4	27	169.1	24
重庆	800.2	22	266.4	22
四川	2826.6	9	345.9	16
贵州	841.8	21	239.2	23
云南	1545.8	14	327.0	17
西藏	98.0	29	305.4	19
陕西	1119.8	19	295.9	21
甘肃	909.6	20	350.5	15
青海	62.4	30	106.4	29
宁夏	332.0	25	499.5	7
新疆	1480.5	15	635.6	4

15-1 续表 2

地　　区	稻谷总产量(万吨)		平均每人占有量(千克/人)	
	指标值	位　次	指标值	位　次
全国总计	**20822.5**		**151.9**	
北　　京	0.1	30	0.1	30
天　　津	11.3	26	7.4	25
河　　北	54.5	24	7.4	26
山　　西	0.5	28	0.1	29
内 蒙 古	53.2	25	21.2	23
辽　　宁	467.7	16	106.6	15
吉　　林	630.1	11	228.9	8
黑 龙 江	2199.7	2	575.5	1
上　　海	84.1	21	34.7	20
江　　苏	1952.5	4	245.0	5
浙　　江	578.1	12	104.7	16
安　　徽	1459.3	7	238.7	6
福　　建	485.0	15	126.9	13
江　　西	2027.2	3	445.2	2
山　　东	95.1	19	9.7	24
河　　南	531.5	13	56.2	19
湖　　北	1810.7	5	310.4	4
湖　　南	2644.8	1	391.2	3
广　　东	1088.4	9	100.9	17
广　　西	1137.8	8	238.3	7
海　　南	153.3	18	169.0	10
重　　庆	506.4	14	168.6	11
四　　川	1552.6	6	190.0	9
贵　　州	417.5	17	118.7	14
云　　南	659.7	10	139.5	12
西　　藏	0.5	29	1.4	27
陕　　西	91.9	20	24.3	22
甘　　肃	3.1	27	1.2	28
青　　海		31		31
宁　　夏	60.8	23	91.4	18
新　　疆	65.1	22	27.9	21

15-1 续表 3

地 区	小麦总产量(万吨)		平均每人占有量(千克/人)	
	指标值	位 次	指标值	位 次
全国总计	**13018.5**		**94.9**	
北 京	11.1	23	5.1	23
天 津	59.8	15	39.1	16
河 北	1435.0	3	193.8	5
山 西	271.4	11	74.2	9
内 蒙 古	158.3	12	63.1	12
辽 宁	2.7	25	0.6	25
吉 林	0.1	30	0.0	29
黑 龙 江	21.8	21	5.7	22
上 海	19.9	22	8.2	19
江 苏	1174.0	5	147.3	6
浙 江	35.1	17	6.4	21
安 徽	1411.0	4	230.8	4
福 建	0.6	28	0.2	28
江 西	2.6	26	0.6	26
山 东	2346.6	2	239.0	3
河 南	3501.0	1	370.2	1
湖 北	420.9	9	72.2	11
湖 南	9.4	24	1.4	24
广 东	0.3	29	0.0	30
广 西	0.9	27	0.2	27
海 南		31		31
重 庆	22.9	20	7.6	20
四 川	426.3	8	52.2	15
贵 州	61.7	14	17.5	18
云 南	90.6	13	19.2	17
西 藏	23.4	19	72.9	10
陕 西	458.1	7	121.1	7
甘 肃	281.0	10	108.3	8
青 海	34.1	18	58.2	14
宁 夏	39.6	16	59.6	13
新 疆	698.3	6	299.8	2

15-1 续表 4

地 区	玉米总产量(万吨)		平均每人占有量(千克/人)	
	指标值	位 次	指标值	位 次
全国总计	**22463.2**		**163.8**	
北 京	49.4	24	22.9	24
天 津	107.3	22	70.1	18
河 北	1670.4	6	225.6	8
山 西	862.7	8	236.0	7
内蒙古	2250.8	3	897.5	3
辽 宁	1403.5	7	319.9	5
吉 林	2805.7	2	1019.2	1
黑龙江	3544.1	1	927.2	2
上 海	2.1	29	0.9	30
江 苏	252.2	19	31.6	22
浙 江	31.1	25	5.6	26
安 徽	496.3	14	81.2	17
福 建	21.5	26	5.6	27
江 西	12.8	28	2.8	28
山 东	2050.9	4	208.9	10
河 南	1853.7	5	196.0	11
湖 北	332.9	15	57.1	20
湖 南	188.8	21	27.9	23
广 东	77.9	23	7.2	25
广 西	280.7	17	58.8	19
海 南		31		31
重 庆	259.7	18	86.5	16
四 川	765.7	9	93.7	14
贵 州	324.1	16	92.1	15
云 南	747.3	10	158.1	12
西 藏	0.8	30	2.6	29
陕 西	543.1	13	143.5	13
甘 肃	577.2	12	222.4	9
青 海	18.6	27	31.8	21
宁 夏	226.9	20	341.3	4
新 疆	705.1	11	302.7	6

15-1 续表 5

地　区	大豆总产量(万吨)		平均每人占有量(千克/人)	
	指标值	位　次	指标值	位　次
全国总计	**1178.5**		**8.6**	
北　京	0.7	28	0.3	28
天　津	1.2	26	0.8	26
河　北	22.6	13	3.1	22
山　西	20.2	17	5.5	11
内蒙古	88.8	3	35.4	2
辽　宁	24.0	11	5.5	12
吉　林	29.0	9	10.5	4
黑龙江	428.4	1	112.1	1
上　海	0.6	29	0.2	29
江　苏	48.3	6	6.1	10
浙　江	23.4	12	4.2	16
安　徽	126.8	2	20.7	3
福　建	17.9	18	4.7	15
江　西	24.3	10	5.3	13
山　东	34.8	7	3.5	19
河　南	49.9	5	5.3	14
湖　北	21.2	14	3.6	17
湖　南	20.6	16	3.1	21
广　东	16.7	20	1.5	25
广　西	14.2	22	3.0	23
海　南	0.7	27	0.8	27
重　庆	20.8	15	6.9	6
四　川	52.7	4	6.4	9
贵　州	12.6	23	3.6	18
云　南	30.9	8	6.5	7
西　藏	0.0	30	0.1	30
陕　西	12.3	24	3.2	20
甘　肃	17.0	19	6.5	8
青　海		31		31
宁　夏	1.4	25	2.1	24
新　疆	16.7	20	7.2	5

15-2 棉花总产量与人均占有量

地　区	棉花总产量(吨)		平均每人占有量(千克/人)	
	指标值	位　次	指标值	位　次
全国总计	**5603415**		**4.09**	
北　京	101	22	0.00	20
天　津	25568	12	1.67	8
河　北	373404	3	5.04	4
山　西	14489	14	0.40	13
内蒙古	156	19	0.01	19
辽　宁	154	20	0.004	21
吉　林		24		24
黑龙江		24		24
上　海	444	18	0.02	18
江　苏	116887	8	1.47	10
浙　江	19927	13	0.36	14
安　徽	233663	5	3.82	5
福　建	81	23	0.002	23
江　西	115221	9	2.53	6
山　东	536914	2	5.47	2
河　南	126371	7	1.34	11
湖　北	297600	4	5.10	3
湖　南	144626	6	2.14	7
广　东		24		24
广　西	2533	16	0.05	16
海　南		24		24
重　庆		24		24
四　川	9818	15	0.12	15
贵　州	1173	17	0.03	17
云　南	147	21		22
西　藏		24		24
陕　西	38591	11	1.02	12
甘　肃	42549	10	1.64	9
青　海		24		24
宁　夏		24		24
新　疆	3503000	1	150.40	1

15-3 油料总产量与人均占有量

地区	油料总产量(吨)		平均每人占有量(千克/人)	
	指标值	位次	指标值	位次
全国总计	**35369790**		**25.8**	
北京	5658	30	0.3	31
天津	4221	31	0.3	30
河北	1515428	8	20.5	15
山西	153043	25	4.2	28
内蒙古	1935840	7	77.2	1
辽宁	461225	20	10.5	23
吉林	764235	13	27.8	10
黑龙江	183376	24	4.8	27
上海	11849	29	0.5	29
江苏	1431133	9	18.0	18
浙江	313470	21	5.7	26
安徽	2278518	6	37.3	6
福建	306732	22	8.0	25
江西	1239636	10	27.2	12
山东	3241016	3	33.0	8
河南	5997381	1	63.4	2
湖北	3396035	2	58.2	3
湖南	2428932	5	35.9	7
广东	1103355	11	10.2	24
广西	646795	16	13.5	21
海南	112579	27	12.4	22
重庆	598721	19	19.9	17
四川	3075502	4	37.6	5
贵州	1013366	12	28.8	9
云南	659199	15	13.9	20
西藏	64047	28	20.0	16
陕西	626640	18	16.6	19
甘肃	715654	14	27.6	11
青海	304825	23	52.0	4
宁夏	152549	26	22.9	14
新疆	628830	17	27.0	13

15-3 续表 1

地 区	花生总产量(吨)		平均每人占有量(千克/人)	
	指标值	位 次	指标值	位 次
全国总计	**16439656**		**12.0**	
北 京	5167	25	0.2	25
天 津	3485	27	0.2	26
河 北	1274146	3	17.2	4
山 西	11950	24	0.3	24
内 蒙 古	42223	22	1.7	20
辽 宁	447730	11	10.2	9
吉 林	558983	9	20.3	3
黑 龙 江	52086	21	1.4	21
上 海	2048	28	0.1	29
江 苏	350656	12	4.4	15
浙 江	52997	20	1.0	22
安 徽	944278	5	15.4	5
福 建	285966	14	7.5	13
江 西	464130	10	10.2	10
山 东	3194038	2	32.5	2
河 南	4853100	1	51.3	1
湖 北	679067	6	11.6	8
湖 南	304910	13	4.5	14
广 东	1090407	4	10.1	11
广 西	606960	8	12.7	6
海 南	110922	16	12.2	7
重 庆	119448	15	4.0	16
四 川	678353	7	8.3	12
贵 州	104977	17	3.0	17
云 南	81999	19	1.7	19
西 藏	324	29	0.1	28
陕 西	97451	18	2.6	18
甘 肃	4620	26	0.2	27
青 海		30		30
宁 夏		30		30
新 疆	17234	23	0.7	23

15-3 续表 2

地 区	油菜籽总产量(吨)		平均每人占有量(千克/人)	
	指标值	位 次	指标值	位 次
全国总计	**14930677**		**10.9**	
北 京				28
天 津	52	27		27
河 北	29693	18	0.4	20
山 西	6674	24	0.2	24
内蒙古	417468	12	16.6	8
辽 宁	2168	25		26
吉 林				28
黑龙江				28
上 海	9645	22	0.4	21
江 苏	1063384	5	13.3	11
浙 江	251190	15	4.5	17
安 徽	1262860	4	20.7	6
福 建	18825	21	0.5	19
江 西	739408	8	16.2	9
山 东	24432	20	0.2	23
河 南	860982	7	9.1	15
湖 北	2551881	1	43.7	2
湖 南	2108109	3	31.2	3
广 东	8459	23	0.1	25
广 西	26239	19	0.5	18
海 南				28
重 庆	467256	10	15.6	10
四 川	2385250	2	29.2	4
贵 州	890296	6	25.3	5
云 南	560698	9	11.9	13
西 藏	63722	17	19.9	7
陕 西	431857	11	11.4	14
甘 肃	339746	13	13.1	12
青 海	300573	14	51.3	1
宁 夏	1876	26	0.3	22
新 疆	107934	16	4.6	16

15-3 续表 3

地区	向日葵籽总产量(吨)		平均每人占有量(千克/人)	
	指标值	位次	指标值	位次
全国总计	**2698113**		**2.0**	
北京	460	21	0.02	20
天津	588	19	0.04	19
河北	167198	4	2.26	7
山西	41192	8	1.13	8
内蒙古	1417680	1	56.53	1
辽宁	6996	14	0.16	14
吉林	169531	3	6.16	5
黑龙江	105274	6	2.75	6
上海				26
江苏	191	23		
浙江				26
安徽	286	22		22
福建	99	24		
江西	16	25		
山东	5897	16	0.06	17
河南	9903	11	0.10	16
湖北	9520	12	0.16	13
湖南	503	20	0.01	21
广东				26
广西	6193	15	0.13	15
海南				26
重庆	5251	17	0.17	11
四川	4162	18	0.05	18
贵州	15150	10	0.43	10
云南	8168	13	0.17	12
西藏				26
陕西	30681	9	0.81	9
甘肃	162249	5	6.25	4
青海				26
宁夏	67650	7	10.18	3
新疆	463275	2	19.89	2

15-4 糖料总产量与人均占有量

地　区	糖料总产量(吨)		平均每人占有量(千克/人)	
	指标值	位　次	指标值	位　次
全国总计	**124999643**		**91.2**	
北　京		27		27
天　津		27		27
河　北	891753	8	12.0	9
山　西	54780	21	1.5	20
内蒙古	2301126	6	91.8	6
辽　宁	52095	22	1.2	22
吉　林	12986	23	0.5	23
黑龙江	72930	20	1.9	19
上　海	5704	24	0.2	24
江　苏	94974	19	1.2	21
浙　江	621575	11	11.3	11
安　徽	203206	16	3.3	16
福　建	435709	13	11.4	10
江　西	658244	10	14.5	8
山　东		27		27
河　南	243347	15	2.6	18
湖　北	319991	14	5.5	15
湖　南	659560	9	9.8	12
广　东	14528542	3	134.7	5
广　西	75049242	1	1571.7	1
海　南	2647700	5	291.9	3
重　庆	97730	18	3.3	17
四　川	541540	12	6.6	13
贵　州	1560953	7	44.4	7
云　南	19300500	2	408.2	2
西　藏		27		27
陕　西	1523	25	0.04	26
甘　肃	160481	17	6.2	14
青　海	300	26	0.051	25
宁　夏		27		27
新　疆	4483153	4	192.5	4

15-4 续表 1

地区	甘蔗总产量(吨)		平均每人占有量(千克/人)	
	指标值	位次	指标值	位次
全国总计	**116968001**		**85.3**	
北京		18		18
天津		18		18
河北		18		18
山西		18		18
内蒙古		18		18
辽宁		18		18
吉林		18		18
黑龙江		18		18
上海	5704	16	0.2	16
江苏	94495	15	1.2	15
浙江	621575	8	11.3	8
安徽	203206	13	3.3	12
福建	435709	10	11.4	7
江西	658244	7	14.5	6
山东		18		18
河南	243347	12	2.6	14
湖北	319941	11	5.5	11
湖南	659560	6	9.8	9
广东	14528542	3	134.7	4
广西	75049242	1	1571.7	1
海南	2647700	4	291.9	3
重庆	97730	14	3.3	13
四川	540165	9	6.6	10
贵州	1560913	5	44.4	5
云南	19300497	2	408.2	2
西藏		18		18
陕西	1431	17	0.04	17
甘肃		18		18
青海		18		18
宁夏		18		18
新疆		18		18

15-4 续表 2

地 区	甜菜总产量(吨)		平均每人占有量(千克/人)	
	指标值	位 次	指标值	位 次
全国总计	**8031643**		**5.9**	
北 京				
天 津				
河 北	891753	3	12.0	3
山 西	54780	6	1.5	6
内 蒙 古	2301126	2	91.8	2
辽 宁	52095	7	1.2	7
吉 林	12986	8	0.5	8
黑 龙 江	72930	5	1.9	5
上 海				
江 苏	479	10	0.01	11
浙 江				
安 徽				
福 建				
江 西				
山 东				
河 南				
湖 北	50	13		
湖 南				
广 东				
广 西				
海 南				
重 庆				
四 川	1375	9	0.02	10
贵 州	40	14		
云 南	3	15		
西 藏				
陕 西	92	12		
甘 肃	160481	4	6.2	4
青 海	300	11	0.05	9
宁 夏				
新 疆	4483153	1	192.5	1

15-5　肉类总产量与人均占有量

地　区	肉类总产量(万吨)		平均每人占有量(千克/人)	
	指标值	位　次	指标值	位　次
全国总计	**8625.0**		**62.9**	
北　京	36.4	27	16.8	30
天　津	45.8	26	29.9	27
河　北	462.5	5	62.5	17
山　西	85.6	24	23.4	29
内蒙古	245.7	15	98.0	1
辽　宁	429.4	7	97.9	2
吉　林	261.1	14	94.9	3
黑龙江	228.7	16	59.8	18
上　海	20.3	31	8.4	31
江　苏	369.4	12	46.4	22
浙　江	131.1	21	23.7	28
安　徽	419.4	9	68.6	15
福　建	216.6	17	56.7	21
江　西	336.5	13	73.9	13
山　东	774.0	1	78.8	10
河　南	711.1	2	75.2	11
湖　北	433.3	6	74.3	12
湖　南	540.1	4	79.9	9
广　东	424.2	8	39.3	24
广　西	417.3	10	87.4	4
海　南	78.0	25	86.0	7
重　庆	213.8	18	71.2	14
四　川	706.8	3	86.5	6
贵　州	201.9	19	57.4	20
云　南	378.3	11	80.0	8
西　藏	28.0	30	87.4	5
陕　西	116.2	22	30.7	26
甘　肃	96.3	23	37.1	25
青　海	34.7	28	59.3	19
宁　夏	29.2	29	44.0	23
新　疆	153.2	20	65.8	16

15-6 水产品总产量与人均占有量

地　区	水产品总产量(吨)		平均每人占有量(千克/人)	
	指标值	位　次	指标值	位　次
全国总计	**66996488**		**49.1**	
北　京	66147	27	3.1	27
天　津	400965	19	26.8	13
河　北	1297077	14	17.6	15
山　西	52427	28	1.4	29
内蒙古	153525	25	6.1	25
辽　宁	5312765	5	121.0	3
吉　林	195200	22	7.1	22
黑龙江	542368	17	14.1	19
上　海	324369	20	13.4	18
江　苏	5210467	6	65.5	9
浙　江	5978341	4	108.6	4
安　徽	2304261	11	38.0	12
福　建	7338969	3	193.6	2
江　西	2642490	9	58.3	10
山　东	9312693	1	95.4	5
河　南	1023730	15	10.9	21
湖　北	4558863	7	78.5	7
湖　南	2593776	10	38.6	11
广　东	8582223	2	80.3	6
广　西	3459249	8	73.0	8
海　南	2048912	12	227.8	1
重　庆	480863	18	16.1	17
四　川	1386850	13	17.1	16
贵　州	249762	21	7.1	24
云　南	697098	16	14.8	20
西　藏	340	31	0.1	31
陕　西	155160	24	4.1	26
甘　肃	14932	29	0.6	30
青　海	10578	30	1.8	28
宁　夏	169727	23	25.8	14
新　疆	151361	26	6.6	23
中农发集团	281000			

15-7 水果总产量与人均占有量

地 区	水果总产量(万吨)		平均每人占有量(千克/人)	
	指标值	位 次	指标值	位 次
全国总计	**27375.0**		**199.6**	
北 京	87.9	27	40.7	28
天 津	62.7	28	40.9	27
河 北	2117.2	3	285.9	7
山 西	842.6	14	230.5	10
内蒙古	296.7	23	118.3	21
辽 宁	882.0	13	201.1	12
吉 林	209.0	26	75.9	24
黑龙江	213.5	25	55.8	26
上 海	61.5	29	25.4	29
江 苏	914.8	12	114.8	22
浙 江	740.9	16	134.1	19
安 徽	1029.8	8	168.5	13
福 建	837.0	15	219.0	11
江 西	663.4	19	145.7	17
山 东	3218.6	1	327.8	6
河 南	2665.1	2	281.8	8
湖 北	966.3	10	165.6	14
湖 南	981.0	9	145.1	18
广 东	1648.5	6	152.8	16
广 西	1720.0	5	360.2	5
海 南	405.9	20	447.5	4
重 庆	375.9	21	125.2	20
四 川	934.2	11	114.3	23
贵 州	224.9	24	63.9	25
云 南	726.5	17	153.7	15
西 藏	1.5	31	4.6	31
陕 西	1930.9	4	510.3	2
甘 肃	679.0	18	261.6	9
青 海	3.6	30	6.2	30
宁 夏	298.9	22	449.7	3
新 疆	1635.0	7	702.0	1

15-7 续表 1

地　区	园林水果总产量(万吨)		平均每人占有量(千克/人)	
	指标值	位　次	指标值	位　次
全国总计	**17479.6**		**127.5**	
北　京	67.4	24	31.2	24
天　津	32.7	29	21.4	26
河　北	1508.6	4	203.7	6
山　西	755.6	9	206.7	5
内蒙古	66.0	25	26.3	25
辽　宁	601.5	13	137.1	13
吉　林	53.4	26	19.4	27
黑龙江	51.9	27	13.6	28
上　海	32.8	28	13.5	29
江　苏	300.0	19	37.7	23
浙　江	460.0	16	83.3	19
安　徽	299.4	20	49.0	21
福　建	744.8	10	194.8	7
江　西	450.3	17	98.9	16
山　东	1703.0	1	173.5	9
河　南	915.8	7	96.8	18
湖　北	615.8	12	105.6	15
湖　南	545.6	14	80.7	20
广　东	1519.9	3	140.9	11
广　西	1369.8	5	286.9	4
海　南	296.7	21	327.0	3
重　庆	327.5	18	109.0	14
四　川	806.5	8	98.7	17
贵　州	147.6	22	42.0	22
云　南	656.3	11	138.8	12
西　藏	1.4	31	4.2	30
陕　西	1630.6	2	430.9	1
甘　肃	461.8	15	177.9	8
青　海	1.5	30	2.6	31
宁　夏	93.9	23	141.2	10
新　疆	961.4	6	412.8	2

15-7 续表 2

地 区	苹果总产量(万吨)		平均每人占有量(千克/人)	
	指标值	位 次	指标值	位 次
全国总计	**4261.3**		**31.1**	
北 京	8.0	17	3.7	17
天 津	4.3	19	2.8	18
河 北	366.6	5	49.5	7
山 西	431.2	4	117.9	3
内蒙古	20.0	14	8.0	11
辽 宁	248.4	7	56.6	6
吉 林	14.3	16	5.2	15
黑龙江	17.6	15	4.6	16
上 海				
江 苏	60.0	10	7.5	12
浙 江				
安 徽	37.5	13	6.1	14
福 建				
江 西				
山 东	958.4	2	97.6	4
河 南	449.6	3	47.5	9
湖 北	1.3	20	0.2	22
湖 南				
广 东				
广 西				
海 南				
重 庆	0.5	23	0.2	23
四 川	61.3	9	7.5	13
贵 州	5.3	18	1.5	20
云 南	41.4	12	8.8	10
西 藏	0.6	22	2.0	19
陕 西	1037.3	1	274.1	1
甘 肃	328.6	6	126.6	2
青 海	0.6	21	1.1	21
宁 夏	53.4	11	80.4	5
新 疆	115.1	8	49.4	8

15-7 续表 3

地区	梨总产量(万吨)		平均每人占有量(千克/人)	
	指标值	位次	指标值	位次
全国总计	**1869.9**		**13.6**	
北京	12.7	22	0.2	27
天津	4.6	25	0.1	28
河北	506.0	1	13.7	9
山西	73.3	10	6.7	15
内蒙古	6.4	24	3.0	21
辽宁	140.5	2	91.7	1
吉林	13.1	21	1.8	23
黑龙江	3.4	26	0.9	26
上海	2.9	27	1.1	25
江苏	78.0	9	17.8	7
浙江	38.4	14	14.0	8
安徽	111.7	6	29.2	4
福建	23.4	18	9.7	13
江西	15.4	20	1.9	22
山东	135.4	3	24.5	5
河南	114.8	4	18.8	6
湖北	50.9	11	13.3	10
湖南	17.7	19	3.9	19
广东	11.3	23	1.1	24
广西	31.7	16	3.3	20
海南		31		31
重庆	38.4	15	5.7	18
四川	97.7	8	9.1	14
贵州	29.2	17	6.1	16
云南	50.9	12	56.1	2
西藏	0.1	30	0.05	30
陕西	104.1	7	12.7	11
甘肃	41.4	13	11.8	12
青海	0.4	29	0.1	29
宁夏	1.9	28	5.9	17
新疆	114.0	5	30.1	3

15-7 续表 4

地 区	瓜果类总产量(万吨)		平均每人占有量(千克/人)	
	指标值	位 次	指标值	位 次
全国总计	**9895.5**		**72.2**	
北 京	20.5	29	9.5	29
天 津	30.0	27	19.6	23
河 北	608.6	6	82.2	9
山 西	86.9	23	23.8	21
内 蒙 古	230.7	13	92.0	7
辽 宁	280.6	12	64.0	14
吉 林	155.6	18	56.5	16
黑 龙 江	161.6	17	42.3	19
上 海	28.8	28	11.9	28
江 苏	614.7	5	77.2	11
浙 江	280.8	11	50.8	17
安 徽	730.4	3	119.5	6
福 建	92.3	22	24.1	20
江 西	213.1	15	46.8	18
山 东	1515.6	2	154.4	4
河 南	1749.3	1	185.0	3
湖 北	350.4	8	60.1	15
湖 南	435.5	7	64.4	13
广 东	128.6	19	11.9	27
广 西	350.3	9	73.4	12
海 南	109.2	21	120.4	5
重 庆	48.5	26	16.1	24
四 川	127.7	20	15.6	25
贵 州	77.2	24	22.0	22
云 南	70.2	25	14.9	26
西 藏	0.1	31	0.4	31
陕 西	300.3	10	79.4	10
甘 肃	217.2	14	83.7	8
青 海	2.1	30	3.6	30
宁 夏	205.1	16	308.5	1
新 疆	673.6	4	289.2	2

15-7 续表 5

地区	西瓜总产量(万吨)		平均每人占有量(千克/人)	
	指标值	位次	指标值	位次
全国总计	**7714.0**		**56.3**	
北京	18.7	29	8.6	29
天津	24.6	27	16.0	23
河北	433.3	5	58.5	10
山西	66.8	22	18.3	21
内蒙古	152.9	15	61.0	7
辽宁	141.2	16	32.2	18
吉林	109.3	18	39.7	15
黑龙江	98.5	19	25.8	19
上海	21.6	28	8.9	28
江苏	464.1	4	58.2	11
浙江	216.0	10	39.1	17
安徽	608.4	3	99.5	5
福建	75.7	21	19.8	20
江西	180.5	13	39.6	16
山东	1173.1	2	119.5	4
河南	1565.6	1	165.5	2
湖北	299.2	9	51.3	14
湖南	382.9	6	56.6	12
广东	96.7	20	9.0	27
广西	319.1	8	66.8	6
海南	53.9	25	59.4	8
重庆	46.1	26	15.3	24
四川	110.1	17	13.5	25
贵州	63.5	23	18.1	22
云南	60.6	24	12.8	26
西藏	0.1	31	0.3	31
陕西	213.3	11	56.4	13
甘肃	154.0	14	59.3	9
青海	0.8	30	1.4	30
宁夏	181.8	12	273.4	1
新疆	381.7	7	163.9	3

15-7 续表 6

地　区	蔬菜总产量(万吨)		平均每人占有量(千克/人)	
	指标值	位　次	指标值	位　次
全国总计	**785260977.0**		**572.7**	
北　京	2051446.8	29	94.9	31
天　津	4415399.4	27	288.2	26
河　北	82436877.0	2	1113.4	1
山　西	13022063.3	22	356.2	21
内蒙古	14453344.1	20	576.3	14
辽　宁	29328433.2	9	668.6	8
吉　林	8599500.8	24	312.4	24
黑龙江	9574374.0	23	250.5	28
上　海	3644731.5	28	150.6	30
江　苏	55956719.0	4	702.3	7
浙　江	18069443.0	17	327.1	22
安　徽	27141737.0	11	444.0	19
福　建	19035719.0	13	498.0	16
江　西	13590920.0	21	298.4	25
山　东	102728734.7	1	1046.3	2
河　南	74565212.0	3	788.4	5
湖　北	38519555.0	7	660.3	9
湖　南	39968521.6	6	591.2	12
广　东	34387821.0	8	318.8	23
广　西	27863713.0	10	583.5	13
海　南	5721863.4	26	630.8	10
重　庆	17804742.0	18	592.7	11
四　川	42407941.0	5	518.9	15
贵　州	17318788.0	19	492.2	17
云　南	18738966.0	14	396.4	20
西　藏	696310.3	31	217.1	29
陕　西	18225311.0	16	481.6	18
甘　肃	18231360.0	15	702.5	6
青　海	1664039.0	30	284.0	27
宁　夏	5758238.0	25	866.3	3
新　疆	19339152.9	12	830.3	4

15-8 奶类总产量与人均占有量

地区	奶类总产量(万吨)		平均每人占有量(千克/人)	
	指标值	位次	指标值	位次
全国总计	**3870.3**		**28.2**	
北京	57.2	15	26.5	13
天津	68.0	11	44.4	9
河北	480.9	3	65.0	6
山西	92.7	10	25.4	14
内蒙古	812.2	1	323.9	1
辽宁	142.6	8	32.5	11
吉林	52.8	16	19.2	15
黑龙江	574.4	2	150.3	3
上海	27.7	21	11.4	18
江苏	59.6	14	7.5	20
浙江	16.5	23	3.0	23
安徽	30.6	20	5.0	21
福建	15.4	24	4.0	22
江西	13.0	25	2.9	25
山东	284.9	5	29.0	12
河南	352.3	4	37.2	10
湖北	16.9	22	2.9	24
湖南	9.7	28	1.4	29
广东	12.9	26	1.2	30
广西	10.1	27	2.1	26
海南	0.2	31	0.3	31
重庆	5.4	30	1.8	27
四川	67.5	12	8.3	19
贵州	6.2	29	1.8	28
云南	62.5	13	13.2	17
西藏	35.0	18	109.1	4
陕西	189.9	6	50.2	8
甘肃	39.9	17	15.4	16
青海	32.7	19	55.8	7
宁夏	136.5	9	205.4	2
新疆	163.8	7	70.3	5

15-9 各地区农村居民人均可支配收入位次

单位：元/人

地区	2014年		2015年	
	指标值	位次	指标值	位次
全国总计	**10488.9**		**11421.7**	
北京	18867.3	3	20568.7	3
天津	17014.2	4	18481.6	4
河北	10186.1	13	11050.5	14
山西	8809.4	22	9453.9	23
内蒙古	9976.3	16	10775.9	19
辽宁	11191.5	9	12056.9	9
吉林	10780.1	11	11326.2	11
黑龙江	10453.2	12	11095.2	13
上海	21191.6	1	23205.2	1
江苏	14958.4	5	16256.7	5
浙江	19373.3	2	21125.0	2
安徽	9916.4	18	10820.7	18
福建	12650.2	6	13792.7	6
江西	10116.6	14	11139.1	12
山东	11882.3	8	12930.4	8
河南	9966.1	17	10852.9	17
湖北	10849.1	10	11843.9	10
湖南	10060.2	15	10992.5	15
广东	12245.6	7	13360.4	7
广西	8683.2	24	9466.6	22
海南	9912.6	19	10857.6	16
重庆	9489.8	20	10504.7	20
四川	9347.7	21	10247.4	21
贵州	6671.2	30	7386.9	30
云南	7456.1	27	8242.1	28
西藏	7359.2	28	8243.7	27
陕西	7932.2	26	8688.9	26
甘肃	6276.6	31	6936.2	31
青海	7282.7	29	7933.4	29
宁夏	8410.0	25	9118.7	25
新疆	8723.8	23	9425.1	24

注：本表数据来源于国家统计局开展的城乡一体化住户收支与生活状况调查。

16

国外主要农业指标

16-1 总人口与农业人口

国家或地区	总人口(万人)			农业人口(万人)			农业人口占总人口的比重(%)		
	2010年	2014年	2015年	2010年	2014年	2015年	2010年	2014年	2015年
世　界	**692973**	**726579**	**734947**	**334491**	**336366**	**336750**	**48.3**	**46.3**	**45.8**
中　国	134097	136944	137605	69044	63542	62211	51.5	46.4	45.2
印　度	123098	129529	131105	83272	85720	86245	67.6	66.2	65.8
美　国	30988	31945	32177	6004	5985	5977	19.4	18.7	18.6
印度尼西亚	24161	25445	25756	12052	11881	11829	49.9	46.7	45.9
巴　西	19861	20608	20785	3058	2943	2915	15.4	14.3	14.0
巴基斯坦	17004	18504	18892	10978	11422	11522	64.6	61.7	61.0
尼日利亚	15942	17748	18220	9027	9472	9584	56.6	53.4	52.6
孟加拉国	15162	15908	16100	10509	10539	10543	69.3	66.2	65.5
俄罗斯联邦	14316	14343	14346	3779	3715	3694	26.4	25.9	25.7
墨西哥	11862	12539	12702	2614	2603	2599	22.0	20.8	20.5
日　本	12732	12679	12657	1207	886	825	9.5	7.0	6.5
菲律宾	9304	9914	10070	5116	5557	5663	55.0	56.0	56.2
埃塞俄比亚	8756	9696	9939	7201	7814	7968	82.2	80.6	80.2
越　南	8836	9242	9345	6198	6205	6202	70.2	67.1	66.4
埃　及	8204	8958	9151	4449	4747	4817	54.2	53.0	52.6
德　国	8044	8065	8069	2134	2059	2039	26.5	25.5	25.3
伊　朗	7425	7814	7911	2187	2130	2116	29.5	27.3	26.7
土耳其	7231	7752	7867	2113	2056	2040	29.2	26.5	25.9
刚果共和国	6594	7488	7727	3735	4025	4097	56.6	53.7	53.0
泰　国	6669	6773	6796	3713	3417	3345	55.7	50.4	49.2
英　国	6272	6433	6472	1161	1121	1111	18.5	17.4	17.2
法　国	6296	6412	6440	1369	1339	1331	21.7	20.9	20.7
意大利	5959	5979	5980	1917	1904	1898	32.2	31.8	31.7
南　非	5162	5397	5449	1944	1897	1883	37.7	35.2	34.6
缅　甸	5173	5344	5390	3562	3570	3570	68.9	66.8	66.2
坦桑尼亚	4565	5182	5347	3233	3507	3576	70.8	67.7	66.9
韩　国	4909	5007	5029	875	873	872	17.8	17.4	17.3
哥伦比亚	4592	4779	4823	1159	1167	1167	25.2	24.4	24.2
西班牙	4660	4626	4612	996	972	964	21.4	21.0	20.9
肯尼亚	4033	4486	4605	3127	3407	3477	77.5	75.9	75.5
乌克兰	4565	4500	4482	1442	1372	1353	31.6	30.5	30.2
阿根廷	4122	4298	4342	365	351	348	8.8	8.2	8.0
苏　丹		3935	4023		2573	2622		65.4	65.2
阿尔及利亚	3604	3893	3967	1204	1193	1190	33.4	30.6	30.0
乌干达	3315	3778	3903	2906	3272	3368	87.7	86.6	86.3
波　兰	3857	3862	3861	1494	1507	1508	38.7	39.0	39.1
伊拉克	3087	3527	3642	959	1065	1092	31.1	30.2	30.0
加拿大	3413	3559	3594	651	652	652	19.1	18.3	18.1
摩洛哥	3211	3392	3438	1339	1350	1352	41.7	39.8	39.3
阿富汗	2796	3163	3253	2139	2306	2346	76.5	72.9	72.1
沙特阿拉伯	2809	3089	3154	488	502	504	17.4	16.2	16.0
秘　鲁	2937	3097	3138	676	668	667	23.0	21.6	21.2

资料来源：联合国FAO数据库。

16-2 农业生产指数

(2004年-2006年=100)

国家或地区	2010	2011	2012	2013
世　界	**113**	**117**	**118**	**122**
孟加拉国	129	133	134	136
印　度	125	132	135	140
印度尼西亚	123	127	135	137
伊　朗	108	109	112	113
以色列	104	106	111	110
日　本	97	96	98	98
哈萨克斯坦	107	142	110	127
朝　鲜	98	99	101	103
韩　国	102	99	101	104
马来西亚	111	120	119	121
蒙　古	115	126	133	145
缅　甸	135	133	130	132
巴基斯坦	110	116	116	95
菲律宾	112	115	119	120
斯里兰卡	124	119	122	136
泰　国	113	121	129	129
越　南	120	125	134	136
埃　及	109	114	119	118
尼日利亚	104	96	106	110
南　非	118	117	120	122
加拿大	102	102	105	115
墨西哥	108	108	113	115
美　国	106	104	103	108
阿根廷	115	117	106	120
巴　西	122	128	126	135
委内瑞拉	109	122	124	134
白俄罗斯	117	114	121	116
捷　克	91	96	89	93
法　国	97	99	98	97
德　国	102	104	105	105
意大利	97	95	88	90
荷　兰	111	114	111	113
波　兰	101	103	107	106
罗马尼亚	91	100	79	97
俄罗斯联邦	94	116	108	117
西班牙	103	107	92	109
土耳其	110	116	122	125
乌克兰	106	128	121	138
英　国	102	104	98	100
澳大利亚	100	108	117	116
新西兰	104	104	110	108

资料来源：联合国FAO数据库。

16-3 谷物总产量、收获面积与单产

国家或地区	总产量(万吨)			收获面积(千公顷)			单产(千克/公顷)		
	2010年	2013年	2014年	2010年	2013年	2014年	2010年	2013年	2014年
世　　界	**247532**	**275901**	**280067**	**693090**	**707957**	**720669**	**3571**	**3897**	**3886**
孟加拉国	5186	5425	5507	12094	12451	12499	4288	4357	4406
印　　度	26784	29394	29399	100076	99190	98618	2676	2963	2981
印度尼西亚	8480	8979	8985	17385	17657	17634	4878	5085	5096
伊　　朗	2225	1643	1706	9435	8901	8690	2358	1846	1963
以 色 列	24	31	36	80	82	81	3024	3793	4448
日　　本	1137	1179	1160	1942	1931	1908	5854	6105	6080
哈萨克斯坦	1212	1816	1710	15068	15583	14583	804	1165	1173
朝　　鲜	453	523	553	1320	1307	1283	3431	4006	4308
韩　　国	602	581	585	970	897	884	6204	6480	6619
马来西亚	251	269	273	686	681	699	3660	3948	3906
蒙　　古	36	39	52	259	293	315	1370	1320	1647
缅　　甸	3455	2861	2878	8943	7878	7763	3863	3632	3707
巴基斯坦	3481	3645	3811	13332	13390	13870	2611	2722	2747
菲 律 宾	2215	2582	2674	6853	7310	7351	3232	3532	3637
斯里兰卡	447	484	363	1125	1262	955	3974	3834	3801
泰　　国	3964	4204	3784	13316	13062	12194	2977	3219	3103
越　　南	4461	4923	5018	8617	9075	8997	5177	5425	5577
埃　　及	1946	2412	2205	2993	3315	3078	6504	7276	7162
尼日利亚	2466	1963	2583	16132	15874	16207	1528	1236	1594
南　　非	1470	1487	1727	3548	3993	3998	4143	3725	4320
加 拿 大	4566	6641	5130	13120	15938	13981	3480	4167	3670
墨 西 哥	3493	3321	3653	9977	9806	10198	3501	3387	3582
美　　国	40167	43655	44293	57483	59473	57996	6988	7340	7637
阿 根 廷	4714	5179	5551	9511	10962	12186	4957	4725	4555
巴　　西	7516	10090	10140	18600	20906	21851	4041	4826	4641
委内瑞拉	299	369	356	1009	922	874	2968	4007	4074
白俄罗斯	673	723	903	2390	2405	2428	2814	3008	3721
捷　　克	688	752	878	1465	1416	1412	4696	5310	6220
法　　国	6563	6750	5615	9763	9534	9633	6722	7079	5829
德　　国	4431	4776	5201	6596	6526	6461	6718	7318	8050
意 大 利	1850	1821	1937	3476	3460	3393	5323	5265	5709
荷　　兰	180	176	170	210	203	187	8569	8630	9074
波　　兰	2665	2846	3195	7865	7479	7485	3389	3804	4268
罗马尼亚	1671	2090	2208	5020	5413	5426	3330	3862	4069
俄罗斯联邦	5962	9038	10315	32357	40344	42221	1843	2240	2443
西 班 牙	1983	2523	2036	6001	6183	6259	3304	4081	3253
土 耳 其	3276	3748	3271	12015	11507	11553	2727	3257	2831
乌 克 兰	3868	6269	6338	14185	15550	14401	2727	4031	4401
英　　国	2095	2008	2451	3013	3029	3180	6953	6630	7707
澳大利亚	3351	3560	3841	19437	17871	17973	1724	1992	2137
新 西 兰	100	111	110	136	136	137	7387	8131	8054

资料来源：联合国FAO数据库。

16-4 小麦总产量、收获面积与单产

国家或地区	总产量(万吨)			收获面积(千公顷)			单产(千克/公顷)		
	2010年	2013年	2014年	2010年	2013年	2014年	2010年	2013年	2014年
世　界	**64932**	**71114**	**72897**	**217082**	**218288**	**221616**	**2991**	**3258**	**3289**
孟加拉国	90	126	130	376	416	410	2396	3014	3176
印　度	8080	9351	9448	28457	29650	31188	2840	3154	3030
伊　朗	1350	930	865	7035	6400	5920	1919	1454	1462
以色列	11	15	13	64	64	62	1751	2372	2050
日　本	57	81	85	207	210	213	2761	3862	4009
哈萨克斯坦	964	1394	1300	13138	12954	11923	734	1076	1090
朝　鲜	16	8	5	73	50	34	2192	1500	1324
韩　国	4	2	2	13	7	7	3117	2585	3260
蒙　古	35	37	49	250	276	291	1381	1337	1680
缅　甸	18	19	19	101	100	98	1814	1860	1896
巴基斯坦	2331	2421	2598	9132	8687	9199	2553	2787	2824
泰　国				1	1	1	1038	1250	1137
埃　及	718	946	928	1288	1419	1425	5574	6668	6512
尼日利亚	11	8	9	66	80	85	1667	1000	1059
南　非	143	188	176	558	520	486	2562	3614	3619
加拿大	2317	3753	2928	8269	10442	9462	2802	3594	3095
墨西哥	368	336	367	679	634	707	5419	5293	5194
美　国	6006	5797	5540	19271	18274	18818	3117	3172	2944
阿根廷	1588	919	1393	4532	3452	4957	3503	2662	2810
巴　西	617	574	626	2182	2087	2835	2829	2749	2209
委内瑞拉				1			484	2982	2982
白俄罗斯	174	210	292	603	686	742	2885	3061	3941
捷　克	416	470	544	834	829	836	4992	5668	6510
法　国	3821	3861	3897	5931	5323	5297	6442	7254	7357
德　国	2411	2502	2778	3298	3128	3220	7310	7998	8630
意大利	685	731	714	1830	1902	1874	3742	3844	3811
荷　兰	137	134	130	154	153	142	8909	8741	9170
波　兰	949	949	1163	2406	2138	2339	3943	4437	4972
罗马尼亚	581	730	758	2153	2097	2108	2700	3479	3598
俄罗斯联邦	4151	5209	5971	21640	23371	23908	1918	2229	2498
西班牙	594	760	647	1948	2122	2171	3050	3583	2981
土耳其	1967	2205	1900	8063	7750	7821	2440	2845	2429
乌克兰	1685	2228	2411	6284	6566	6011	2682	3393	4012
英　国	1488	1192	1662	1939	1615	1936	7673	7381	8585
澳大利亚	2214	2286	2530	13507	12979	12613	1639	1761	2006
新西兰	44	45	41	55	49	48	8124	9106	8627

资料来源：联合国FAO数据库。

16-5 稻谷总产量、收获面积与单产

国家或地区	总产量(万吨)			收获面积(千公顷)			单产(千克/公顷)		
	2010年	2013年	2014年	2010年	2013年	2014年	2010年	2013年	2014年
世　界	**70165**	**73806**	**74096**	**161195**	**164085**	**163247**	**4353**	**4498**	**4539**
孟加拉国	5006	5150	5223	11529	11770	11820	4342	4376	4419
印　度	14396	15920	15720	42862	43950	43400	3359	3622	3622
印度尼西亚	6647	7128	7085	13253	13835	13797	5015	5152	5135
伊　朗	301	245	260	564	565	590	5346	4336	4407
日　本	1060	1076	1055	1628	1599	1575	6514	6728	6698
哈萨克斯坦	37	34	38	94	89	95	3970	3851	3960
朝　鲜	243	290	263	570	547	500	4256	5304	5252
韩　国	581	563	564	892	833	816	6514	6764	6913
马来西亚	246	260	265	678	672	690	3636	3876	3835
缅　甸	3258	2637	2642	8012	6872	6790	4067	3837	3892
巴基斯坦	724	680	701	2365	2789	2891	3059	2437	2423
泰　国	3441	3676	3262	11932	11684	10835	2884	3146	3011
埃　及	433	572	600	460	597	630	9422	9587	9530
尼日利亚	447	482	673	2433	2931	3096	1839	1645	2175
南　非				1	1	1	2561	2609	2617
墨西哥	22	18	23	42	33	41	5190	5425	5712
美　国	1103	861	1003	1463	999	1181	7538	8624	8487
阿根廷	124	156	158	216	233	243	5765	6719	6504
巴　西	1124	1178	1218	2722	2353	2341	4127	5007	5201
委内瑞拉	81	108	116	188	215	227	4291	5044	5111
法　国	11	8	8	21	20	17	5359	4039	4994
意大利	152	143	139	248	216	220	6122	6634	6315
罗马尼亚	6	5	5	12	12	13	4966	4719	3551
俄罗斯联邦	106	93	105	201	189	196	5280	4947	5362
西班牙	93	85	86	122	113	110	7594	7522	7851
土耳其	86	90	83	99	111	111	8690	8138	7486
乌克兰	15	15	5	29	24	10	5051	5994	4988
澳大利亚	20	116	82	19	114	75	10407	10218	10920

资料来源：联合国FAO数据库。

16-6　玉米总产量、收获面积与单产

国家或地区	总产量(万吨)			收获面积(千公顷)			单产(千克/公顷)		
	2010年	2013年	2014年	2010年	2013年	2014年	2010年	2013年	2014年
世　界	**85127**	**101754**	**102162**	**164046**	**185672**	**183320**	**5189**	**5480**	**5573**
孟加拉国	89	149	153	152	224	229	5838	6624	6659
印　度	2173	2329	2367	8553	9430	8600	2540	2470	2752
印度尼西亚	1833	1851	1901	4132	3822	3837	4436	4844	4954
伊　朗	214	185	260	240	290	395	8930	6386	6582
以色列	9	11	16	3	5	5	29236	22556	34098
哈萨克斯坦	46	57	66	96	108	126	4833	5276	5257
朝　鲜	168	200	259	503	527	560	3346	3799	4632
韩　国	7	8	8	16	16	16	4787	5059	5178
马来西亚	5	9	9	9	10	10	5535	8899	8899
缅　甸	138	160	169	389	435	399	3537	3681	4246
巴基斯坦	371	494	470	974	1168	1130	3805	4231	4155
泰　国	486	488	480	1163	1154	1132	4180	4224	4245
埃　及	704	796	580	969	1030	750	7270	7722	7733
尼日利亚	768	842	1079	4149	5763	5850	1850	1462	1845
南　非	1282	1249	1498	2742	3250	3300	4674	3842	4540
加拿大	1171	1419	1149	1203	1480	1227	9739	9588	9365
墨西哥	2330	2266	2327	7148	7096	7060	3260	3194	3296
美　国	31616	35370	36109	32960	35478	33644	9592	9970	10733
阿根廷	2266	3212	3300	2904	4864	5000	7804	6604	6600
巴　西	5536	8027	7988	12679	15280	15432	4367	5254	5176
委内瑞拉	180	246	227	610	641	586	2946	3833	3873
白俄罗斯	55	112	60	112	201	112	4931	5566	5355
捷　克	69	68	83	103	97	99	6705	6970	8428
法　国	1397	1503	185	1582	1840	1848	8831	8170	1003
德　国	407	439	514	464	497	481	8785	8828	10684
意大利	850	790	924	927	908	870	9167	8699	10621
荷　兰	20	19	17	17	16	13	11767	11945	13742
波　兰	172	404	447	299	614	678	5746	6576	6588
罗马尼亚	904	1131	1199	2094	2516	2504	4318	4494	4787
俄罗斯联邦	308	1163	1133	1025	2322	2600	3009	5011	4359
西班牙	332	493	469	315	435	418	10555	11326	11238
土耳其	431	590	595	594	659	656	7261	8950	9075
乌克兰	1195	3095	2850	2648	4827	4627	4515	6412	6159
澳大利亚	33	51	39	59	79	52	5559	6444	7500
新西兰	19	20	24	18	19	22	10760	10821	10989

资料来源：联合国FAO数据库。

16-7　大豆总产量、收获面积与单产

国家或地区	总产量(万吨)			收获面积(千公顷)			单产(千克/公顷)		
	2010年	2013年	2014年	2010年	2013年	2014年	2010年	2013年	2014年
世　界	**2402**	**2370**	**2509**	**30987**	**29093**	**30139**	**775**	**815**	**833**
孟加拉国	5	5	5	59	65	63	816	792	816
印　度	489	363	411	11000	9100	10000	445	399	411
印度尼西亚	29	20	21	258	182	185	1130	1124	1135
伊　朗	27	19	20	91	114	92	2948	1661	2174
日　本	8	8	10	42	41	41	1818	2012	2356
哈萨克斯坦	0	0	0	0	0	0	2367	3288	4286
朝　鲜	30	31	32	380	360	367	801	861	861
韩　国	1	1	1	6	10	8	1061	1028	1134
缅　甸	353	370	374	2710	2700	2634	1303	1370	1419
巴基斯坦	9	10	11	162	152	148	540	679	726
泰　国	10	11	10	137	146	138	745	719	732
埃　及	5	9	9	20	34	27	2690	2652	3449
南　非	5	5	5	44	40	40	1185	1200	1233
加拿大	25	21	27	127	85	120	1995	2425	2282
墨西哥	116	129	127	1630	1755	1681	709	738	758
美　国	144	111	132	746	533	674	1934	2093	1965
阿根廷	34	10	21	268	145	249	1261	665	836
巴　西	316	289	329	3424	2814	3186	923	1028	1034
委内瑞拉	4	2	1	50	19	17	824	874	784
白俄罗斯	15	22	35	67	93	115	2196	2378	3012
法　国	1	1	1	3	4	4	2263	1852	1875
意大利	1	1	1	7	5	5	1883	2222	2253
荷　兰	1	1	1	2	2	2	3190	2949	3149
波　兰	3	3	4	18	15	17	1875	2111	2200
罗马尼亚	2	2	2	25	21	22	844	889	899
俄罗斯联邦	1	1	1	4	4	4	1618	1710	1747
西班牙	1	1	1	7	7	7	1715	1569	1845
土耳其	21	20	22	103	85	91	2061	2301	2360
乌克兰	3	4	4	23	25	29	1274	1432	1510
澳大利亚	4	5	5	45	65	61	969	812	868

资料来源：联合国FAO数据库。

16-8 薯类作物总产量、收获面积与单产

国家或地区	总产量(万吨)			收获面积(千公顷)			单产(千克/公顷)		
	2010年	2013年	2014年	2010年	2013年	2014年	2010年	2013年	2014年
世　界	**75531**	**81788**	**83851**	**54271**	**60978**	**60625**	**13917**	**13413**	**13831**
孟加拉国	824	886	969	466	469	520	17673	18900	18636
印　度	4573	5371	5562	2186	2311	2358	20919	23242	23587
印度尼西亚	2739	2787	2714	1492	1368	1236	18356	20374	21953
伊　朗	427	460	474	146	159	160	29216	28995	29560
以色列	57	62	66	19	21	20	29777	29957	32944
日　本	356	374	367	148	143	139	24077	26148	26458
哈萨克斯坦	255	334	341	179	184	183	14296	18152	18677
朝　鲜	214	226	236	164	179	191	13018	12598	12370
韩　国	92	106	91	44	50	42	20757	21294	21735
马来西亚	6	12	11	5	7	7	11954	15754	16033
蒙　古	17	19	16	14	16	13	12158	12360	12229
缅　甸	123	112	108	90	92	85	13590	12126	12682
巴基斯坦	357	426	352	165	202	163	21626	21069	21547
菲律宾	292	315	331	364	343	332	8006	9164	9964
斯里兰卡	38	43	43	33	35	35	11494	12494	12515
泰　国	2246	3068	3022	1201	1417	1364	18695	21651	22146
越　南	1031	1143	1193	685	703	706	15039	16265	16899
埃　及	414	476	524	158	176	191	26243	27123	27386
尼日利亚	8722	9061	10784	8231	13821	14670	10596	6556	7351
南　非	216	231	232	82	85	84	26454	27153	27482
加拿大	442	462	459	140	142	139	31606	32512	33030
墨西哥	180	189	175	66	72	65	27187	26255	26741
美　国	1942	2084	2140	453	471	480	42918	44225	44562
阿根廷	253	259	244	114	114	108	22200	22691	22545
巴　西	2924	2579	2770	1994	1718	1765	14665	15010	15695
委内瑞拉	122	99	101	87	69	70	13988	14433	14533
白俄罗斯	783	591	628	367	305	308	21352	19354	20393
捷　克	67	54	70	27	23	24	24546	23118	29073
法　国	662	695	805	157	161	168	42157	43269	47944
德　国	1020	967	1161	255	243	245	39976	39826	47415
意大利	157	128	137	63	51	53	24925	25235	26056
荷　兰	684	658	710	157	156	156	43598	42208	45660
波　兰	877	729	769	491	346	277	17859	21062	27766
罗马尼亚	328	329	352	247	208	203	13296	15846	17366
俄罗斯联邦	2114	3020	3150	2109	2088	2101	10024	14464	14990
西班牙	236	223	249	81	73	77	29190	30662	32372
土耳其	455	395	417	141	126	130	32207	31444	31993
乌克兰	1871	2226	2369	1412	1394	1343	13248	15966	17645
英　国	606	569	421	138	139	140	43884	40899	30093
澳大利亚	132	132	121	38	35	31	34627	37841	38798
新西兰	54	58	45	12	13	10	45664	43346	43338

资料来源：联合国FAO数据库。

16-9 油菜籽总产量、收获面积与单产

国家或地区	总产量(吨)			收获面积(公顷)			单产(千克/公顷)		
	2000年	2013年	2014年	2000年	2013年	2014年	2000年	2013年	2014年
世　界	**60091858**	**72844046**	**70954407**	**32229357**	**36295982**	**35785227**	**1865**	**2007**	**1983**
孟加拉国	221928	294000	272000	242101	260000	265000	917	1131	1026
印　度	6608100	7820000	7877000	5580000	6340000	7200000	1184	1233	1094
伊　朗	340000	350000	340000	160000	170000	160000	2125	2059	2125
日　本	1570	1770	1780	1300	1590	1470	1208	1113	1211
哈萨克斯坦	109170	241800	271000	304600	254300	243000	358	951	1115
韩　国	1600	2000	1000	1500	1600	1000	1067	1250	1000
巴基斯坦	236000	232000	237400	254139	247000	252500	929	939	940
南　非	36900	112000	121000	34820	72000	95000	1060	1556	1274
加拿大	12773300	17954800	15555100	6848300	8008700	8074600	1865	2242	1926
墨西哥		3000	4000		2000	2000		1500	2000
美　国	1113390	1003550	1140140	579880	512420	630430	1920	1959	1809
阿根廷	23335	111900	104848	12405	69305	54600	1881	1615	1920
巴　西	70000	36000	72000	46000	45000	47000	1522	800	1532
白俄罗斯	374522	675546	729671	307028	403119	400481	1220	1676	1822
捷　克	1042400	1443210	1537320	368824	418808	389298	2826	3446	3949
法　国	4811086	4370075	5522980	1463791	1437736	1503000	3287	3040	3675
德　国	5697595	5784300	6247400	1461197	1465600	1394200	3899	3947	4481
意大利	50300	40242	41633	20400	18734	16636	2466	2148	2503
荷　兰	11521	10275	10221	2632	3477	3086	4377	2955	3312
波　兰	2228676	2677665	3275806	946147	920705	951108	2356	2908	3444
罗马尼亚	943033	666097	1059121	527175	275934	404715	1789	2414	2617
俄罗斯联邦	670080	1393263	1464008	607400	1108710	1061550	1103	1257	1379
西班牙	35500	107700	105600	19600	42000	43000	1811	2564	2456
土耳其	106450	102000	110000	31232	31127	32133	3408	3277	3423
乌克兰	1469700	2351730	2198020	862500	996090	865300	1704	2361	2540
英　国	2230000	2128000	2460000	642000	715000	675000	3474	2976	3644
澳大利亚	1907300	4141731	3832000	1695000	3271649	2721000	1125	1266	1408
新西兰	2684	2800	2290	2516	2600	2250	1067	1077	1018

资料来源：联合国FAO数据库。

16-10 花生总产量、收获面积与单产

国家或地区	总产量(万吨)			收获面积(千公顷)			单产(千克/公顷)		
	2000年	2012年	2013年	2000年	2012年	2013年	2000年	2012年	2013年
世 界	**3474**	**4080**	**4565**	**23252**	**24804**	**25418**	**1494**	**1645**	**1796**
中 国	1444	1669	1697	4856	4639	4633	2973	3599	3663
印 度	648	470	947	6559	4770	5250	988	984	1804
尼日利亚	290	331	300	1934	2660	2360	1500	1246	1271
美 国	148	306	189	541	651	421	2740	4699	4496
前苏丹	95	103	177	1463	1620	2162	647	637	817
缅 甸	63	137	138	560	880	890	1132	1559	1545
印度尼西亚	129	125	134	684	560	519	1890	2236	2582
阿根廷	42	69	103	219	307	404	1914	2232	2539
坦桑尼亚	5	81	79	117	840	740	444	965	1061
塞内加尔	106	67	71	1095	709	770	969	949	922
喀麦隆	20	63	64	204	422	463	964	1500	1373
越 南	36	47	49	245	221	216	1451	2134	2276
乍 得	36	37	41	438	410	470	819	905	881
加 纳	21	48	41	218	345	329	959	1376	1243
巴 西	18	33	39	103	110	121	1793	3028	3222
马拉维	12	37	38	169	353	363	723	1042	1050
刚果共和国	38	37	37	491	477	477	778	779	776
布基纳法索	17	31	35	237	398	449	714	781	779
乌干达	14	30	30	199	421	420	699	701	702
尼日尔	11	29	28	360	741	720	314	394	389
几内亚	20	30	26	153	218	210	1301	1376	1238
马 里	19	23	22	200	344	338	967	669	651
埃 及	19	21	21	60	62	65	3103	3288	3215
安哥拉	1	7	19	39	232	335	331	288	574
尼加拉瓜	10	16	19	22	38	45	4345	4213	4172
中非共和国	10	15	16	84	96	105	1241	1560	1543
土耳其	8	12	14	28	37	40	2756	3284	3537
贝 宁	12	12	13	139	140	154	874	868	873
赞比亚	5	11	11	132	176	207	393	642	515
莫桑比克	12	11	11	269	389	298	461	290	356
埃塞俄比亚	1	12	10	14	90	65	880	1380	1583
津巴布韦	19	9	10	268	220	230	712	423	444
巴基斯坦	9	8	10	82	82	94	1122	996	1074
墨西哥	14	11	10	92	58	56	1550	1986	1771
科特迪瓦	7	9	10	80	81	80	899	1160	1190
冈比亚	14	12	9	118	117	100	1169	1027	936
塞拉利昂	1	8	9	19	101	79	773	840	1100
孟加拉国	3	5	5	29	31	32	1098	1666	1606
老 挝	1	5	5	13	22	23	1031	2129	2133
泰 国	13	5	5	83	30	32	1593	1523	1469
中国台湾	8	6	5	30	19	19	2673	2926	2515
几内亚比绍	2	5	5	16	32	32	1185	1413	1438
多 哥	3	4	4	54	68	68	482	643	636
南 非	14	6	4	83	45	47	1648	1298	894
摩洛哥	4	4	4	18	15	16	2133	2347	2380
刚 果	2	3	3	39	47	48	600	681	688
马达加斯加	4	3	3	47	55	55	742	600	600
柬埔寨	1	3	3	10	18	18	729	1679	1667
巴拉圭	2	3	3	29	25	25	752	1028	1200
菲律宾	3	3	3	27	26	26	999	1116	1136

资料来源：联合国FAO数据库。

16-11 籽棉总产量、收获面积与单产

国家或地区	总产量(万吨)			收获面积(千公顷)			单产(千克/公顷)		
	2010年	2013年	2014年	2010年	2013年	2014年	2010年	2013年	2014年
世　界	**6871**	**7294**	**7687**	**32028**	**32095**	**33535**	**2145**	**2272**	**2292**
印　度	1776	1891	1900	11142	11700	11800	1594	1617	1610
美　国	947	763	930	4330	3053	3783	2188	2498	2458
巴基斯坦	561	624	635	2689	2806	2800	2088	2225	2268
巴　西	295	342	429	830	944	1149	3555	3621	3732
乌兹别克斯坦	344	336	340	1343	1309	1301	2565	2568	2613
澳大利亚	94	268	270	208	444	450	4508	6027	6000
土耳其	215	225	235	480	451	468	4475	4990	5020
阿根廷	75	54	102	441	361	513	1709	1502	1988
希　腊	70	87	92	250	272	283	2800	3195	3257
布基纳法索	53	77	89	463	629	651	1144	1217	1374
墨西哥	44	59	86	113	124	184	3900	4735	4694
土库曼斯坦	68	57	57	550	550	550	1244	1036	1036
埃　及	38	44	53	155	140	200	2435	3107	2625
马　里	29	48	50	250	484	570	1143	1000	877
缅　甸	40	47	49	350	227	234	1143	2070	2106
科特迪瓦	17	41	41	187	250	250	934	1621	1640
哈萨克斯坦	24	40	40	134	138	140	1790	2875	2857
贝　宁	14	31	38	137	347	405	999	886	941
塔吉克斯坦	31	39	37	162	191	178	1912	2057	2098
坦桑尼亚	27	36	36	421	450	455	634	794	791
津巴布韦	27	29	30	340	397	400	794	731	750
尼日利亚	60	27	30	399	415	439	1512	650	682
喀麦隆	19	24	25	145	210	200	1310	1143	1250
伊　朗	23	19	23	91	81	100	2554	2337	2250
西班牙	12	15	22	63	64	74	1821	2275	2961
马拉维	3	16	20	47	185	190	618	861	1053
阿拉伯叙利亚共和国	47	17	16	172	62	73	2740	2713	2234
赞比亚	11	14	12	85	172	125	1258	811	963
玻利维亚	11	12	12	121	126	127	882	921	921
埃塞俄比亚	6	11	11	75	85	87	773	1235	1287
乍　得	5	11	11	150	190	200	347	553	540
多　哥	4	8	11	60	100	130	713	779	815
莫桑比克	6	7	10	130	143	157	477	472	618
秘　鲁	6	8	9	28	31		2280	2632	
哥伦比亚	8	6	7	45	31	32	1753	2092	2367
吉尔吉斯斯坦	7	7	7	26	23	23	2795	2925	2956
乌干达	8	6	6	80	52	52	1044	1212	1221
孟加拉国	4	6	6	14	17	17	3097	3247	3294
阿富汗	3	4	4	33	36	35	1000	1162	1224
几内亚	4	4	4	38	43	43	964	977	977
阿塞拜疆	4	5	4	30	23	23	1267	1932	1788
朝　鲜	3	4	4	19	19	20	1653	2053	2000
伊拉克	5	4	4	21	15	15	2201	2483	2533
以色列	2	3	3	4	6	7	4646	4696	4880
刚果共和国	3	3	3	62	67	68	411	418	412
塞内加尔	3	3	3	28	32	25	944	893	1060
南　非	2	2	2	6	7	7	3477	3286	3429
中非共和国	1	2	2	20	39	40	535	539	550
也　门	3	2	2	20	15	14	1260	1206	1175

资料来源：联合国FAO数据库。

16-12 麻类总产量、收获面积与单产

国家或地区	总产量(万吨)			收获面积(千公顷)			单产(千克/公顷)		
	2000年	2012年	2013年	2000年	2012年	2013年	2000年	2012年	2013年
世　界	**2806**	**3140**	**2949**	**34979**	**37843**	**35221**	**802**	**830**	**837**
印　度	759	784	810	11997	12867	12600	633	610	643
美　国	394	377	284	4330	3772	3053	910	999	931
巴基斯坦	187	222	217	2691	2880	2807	695	769	774
孟加拉国	94	147	141	436	781	702	2162	1885	2010
巴　西	132	183	138	1105	1638	1128	1191	1117	1223
乌兹别克斯坦	116	115	112	1344	1310	1311	860	875	851
澳大利亚	39	97	90	208	596	444	1857	1632	2023
土耳其	80	86	83	480	489	451	1656	1757	1846
布基纳法索	19	21	28	463	531	629	411	388	445
希　腊	18	25	28	250	291	272	735	861	1028
土库曼斯坦	23	20	20	550	525	550	409	377	360
阿根廷	25	24	19	445	533	366	565	447	531
哈萨克斯坦	9	13	19	134	145	138	690	907	1383
墨西哥	20	25	19	138	178	148	1445	1393	1283
坦桑尼亚	12	11	16	481	381	482	254	287	336
缅　甸	15	15	15	364	227	245	404	666	626
科特迪瓦	8	11	13	187	225	250	440	498	534
马　里	8	14	13	253	524	487	326	276	264
塔吉克斯坦	10	14	13	162	199	191	585	679	670
埃　及	15	12	12	166	131	151	889	915	775
贝　宁	5	8	11	137	335	347	350	251	308
阿拉伯叙利亚共和国	17	10	10	172	168	62	959	589	1588
津巴布韦	9	11	10	344	424	401	267	253	243
俄罗斯联邦	8	10	9	59	67	63	1323	1462	1447
越　南	10	9	9	23	18	14	4245	5001	6385
法　国	7	9	8	56	68	61	1219	1260	1370
印度尼西亚	6	8	8	181	174	171	326	461	460
喀麦隆	6	7	8	145	195	210	427	354	372
尼日利亚	22	11	8	400	324	416	554	348	184
菲律宾	7	8	7	142	146	146	517	520	496
比利时	6	6	7	11	11	10	5822	6087	6730
伊　朗	7	5	7	91	125	81	791	417	826

资料来源：联合国FAO数据库。

16-13 甜菜总产量、收获面积与单产

国家或地区	总产量(万吨)			收获面积(千公顷)			单产(千克/公顷)		
	2000年	2012年	2013年	2000年	2012年	2013年	2000年	2012年	2013年
世　界	**22858**	**24738**	**26683**	**4700**	**4350**	**4477**	**48632**	**56872**	**59601**
法　国	3187	3361	3763	384	394	407	83059	85401	92425
俄罗斯联邦	2226	3932	3351	924	890	905	24092	44206	37015
德　国	2343	2283	2975	367	357	373	63847	63874	79861
美　国	2906	2975	2847	468	467	464	62114	63694	61330
土耳其	1794	1649	1657	329	291	290	54593	56663	57148
乌克兰	1375	1079	1573	492	270	330	27945	39894	47650
波　兰	997	1123	1349	206	194	198	48315	58007	68250
埃　及	784	1004	1105	135	193	212	58276	51934	52150
英　国	653	843	843	118	117	116	55314	72051	72672
中国大陆	930	926	842	219	182	172	42448	50923	48974
荷　兰	528	573	682	71	73	75	74836	78250	90843
白俄罗斯	377	434	481	96	99	104	39500	43680	46287
比利时	446	481	479	59	60	59	75288	80423	81753
捷　克	307	374	442	56	62	63	54356	59995	70278
奥地利	313	347	424	45	51	51	69839	68224	83870
意大利	355	216	378	63	41	52	56620	53040	72797
西班牙	353	247	361	43	31	38	81474	78621	93958
日　本	309	344	357	63	58	57	49361	59021	62143
塞尔维亚	332	318	351	66	67	64	50038	47800	54708
伊　朗	410	347	331	99	83	78	41168	42021	42587
摩洛哥	244	214	238	43	36	41	56387	60085	58685
丹　麦	241	199	227	39	39	36	61454	51541	63195
瑞　典	197	233	206	38	36	34	52077	64201	59773
瑞　士	130	138	192	18	20	21	72977	69185	91457
智　利	142	189	173	16	18	18	87326	104530	94466
斯洛伐克	98	114	155	18	20	22	54522	56293	69793
罗马尼亚	84	103	140	22	28	31	38743	36708	44729
克罗地亚	125	105	139	24	20	22	52415	51900	63562
摩尔多瓦	84	101	136	26	28	27	31957	35563	49882
匈牙利	82	99	107	14	19	15	59091	52669	69180
立陶宛	71	97	101	15	18	17	46190	54638	59671
芬　兰	54	48	63	15	12	14	37130	40033	45715
加拿大	56	60	58	11	9	8	49558	67270	71679
希　腊	76	45	53	13	7	8	57689	60594	66494
土库曼斯坦	23	24	24	21	23	23	11143	10348	10435
阿塞拜疆	25	19	18	8	5	6	29774	34557	31239
吉尔吉斯斯坦	14	20	17	8	7	7	16574	29337	23867
巴基斯坦	5	13	11	1	3	3	41028	52000	41482
阿拉伯叙利亚共和国	149	32	7	28	6	2	54291	49540	40666
亚美尼亚	3	5	5	2	4	4	15294	15139	15000
阿尔巴尼亚	4	4	4	2	2	2	20000	20000	20000
哥伦比亚	2	4	4	1	2	2	19579	23333	25000
突尼斯		3	4		1	1		56667	53846
哈萨克斯坦	15	6	2	9	2	1	17269	26921	23900
委内瑞拉	3	2	2	2	1	1	18833	19643	19966
伊拉克	2	2	1	2	2	1	10000	10313	9832

资料来源：联合国FAO数据库。

16-14 甘蔗总产量、收获面积与单产

国家或地区	总产量(万吨)			收获面积(千公顷)			单产(千克/公顷)		
	2000年	2013年	2014年	2000年	2013年	2014年	2000年	2013年	2014年
世　界	**169359**	**189821**	**189999**	**23723**	**26875**	**27182**	**71392**	**70631**	**69900**
巴　西	71746	76809	73716	9077	10195	10438	79045	75339	70625
印　度	29230	34120	35214	4175	5060	5012	70019	67431	70260
泰　国	6881	10010	10370	978	1322	1353	70359	75739	76641
巴基斯坦	4937	6375	6746	943	1129	1173	52368	56476	57511
墨西哥	5042	6118	5667	704	783	762	71627	78158	74390
哥伦比亚	3330	3488	3816	349	406	404	95544	85958	94332
菲律宾	2800	3187	3246	355	437	432	78900	72927	75144
澳大利亚	3146	2714	3052	405	329	375	77672	82405	81381
印度尼西亚	2660	2840	2860	437	471	473	60925	60305	60507
美　国	2482	2791	2800	355	369	352	69895	75710	79511
危地马拉	2231	2633	2736	235	262	264	94944	100699	103685
阿根廷	1889	2370	2460	350	370	387	53971	64054	63632
越　南	1616	2013	1982	269	310	305	60058	64884	65000
南　非	1602	1800	1829	267	325	313	59984	55385	58498
古　巴	1150	1610	1780	431	403	405	26657	39950	43918
埃　及	1571	1578	1600	135	138	141	116762	114146	113556
秘　鲁	985	1099	1139	77	82	90	128015	133717	126051
缅　甸	940	1031	1113	150	167	176	62644	61647	63086
厄瓜多尔	835	716	825	107	101	113	78064	70828	72885
玻利维亚	640	820	787	136	163	158	46943	50397	49968
伊　朗	569	654	721	68	87	96	83174	75495	75436
尼加拉瓜	489	704	712	54	71	72	89916	99372	98762
萨尔瓦多	513	716	678	63	77	80	81336	92843	85001
肯尼亚	571	667	648	69	87	72	83063	76820	89742
巴拉圭	513	554	637	100	116	118	51309	47800	54000
委内瑞拉	611	706	619	81	112	99	75252	62760	62650
洪都拉斯	649	608	611	76	72	72	85463	84064	84410
斯威士兰	500	545	543	52	56	56	96154	97321	97002
多米尼加共和国	458	477	503	80	107	106	57491	44763	47467
哥斯达黎加	415	441	449	56	63	63	74466	69668	71072
孟加拉国	449	443	412	118	109	103	38220	40581	40118
毛里求斯	437	382	404	59	53	51	74364	71371	79781
赞比亚	350	400	402	33	39	39	106061	102564	103457
莫桑比克	272	317	362	38	46	46	70695	68604	78179
津巴布韦	269	388	353	41	45	43	66203	86607	81695
乌干达	355	335	342	52	50	54	68269	67000	63602
马达加斯加	300	325	325	95	103	104	31579	31553	31250
尼泊尔	259	293	300	61	64	66	42500	45438	45649
马拉维	250	290	288	23	27	27	108696	107407	107963
坦桑尼亚	300	299	280	50	59	54	60000	51148	52035
埃塞俄比亚	240	275	275	23	23	23	102819	119565	119262
圭亚那	276	246	250	42	46	46	66324	53525	54348
巴拿马	223	228	248	32	36	38	68874	62692	64813
刚果共和国	195	200	205	45	45	45	43333	44444	45332
科特迪瓦	180	197	198	25	26	26	72094	77058	76635
老　挝	82	87	184	15	14	34	53317	60626	54020
留尼汪	188	172	179	24	25	25	77519	68707	71396
牙买加	139	140	178	28	29	30	50366	48034	59909
斐　济	175	161	158	45	38	38	38911	42368	42010

资料来源：联合国FAO数据库。

16-15 烟叶总产量、收获面积与单产

国家或地区	总产量(吨)			收获面积(公顷)			单产(千克/公顷)		
	2000年	2012年	2013年	2000年	2012年	2013年	2000年	2012年	2013年
世　界	**6737541**	**7248318**	**7435068**	**4167004**	**4089989**	**4238149**	**1617**	**1772**	**1754**
巴　西	578451	810550	850673	309989	410225	405253	1866	1976	2099
印　度	520000	820000	830000	433400	460000	490000	1200	1783	1694
美　国	477753	345837	345837	189970	136068	136068	2515	2542	2542
印度尼西亚	204329	260800	260200	168300	270300	270200	1214	965	963
津巴布韦	227726	115000	150000	90769	93000	115000	2509	1237	1304
马拉维	98675	72551	132849	118752	71249	120172	831	1018	1106
阿根廷	114509	115334	115334	59612	59238	59238	1921	1947	1947
巴基斯坦	107700	97878	108307	56400	45841	49775	1910	2135	2176
土耳其	200280	75000	90000	236569	108000	136233	847	694	661
坦桑尼亚	26384	120000	86359	44000	155527	130000	600	772	664
孟加拉国	35000	85419	86000	31161	50905	51000	1123	1678	1686
朝　鲜	63000	80000	80000	44000	53000	53000	1432	1509	1509
泰　国	60624	69000	72000	31363	32000	30500	1933	2156	2361
赞比亚	9533	61500	62000	9000	59000	60000	1059	1042	1033
莫桑比克	9470	54450	56000	9000	54000	57000	1052	1008	983
菲律宾	49529	48075	53750	44042	34025	34451	1125	1413	1560
越　南	27100	47407	50604	24400	24835	26254	1111	1909	1928
意大利	129937	50620	49770	38788	14784	16035	3350	3424	3104
老　挝	39926	40600	40600	6700	6975	6975	5959	5821	5821
韩　国	68198	36000	36000	24300	14500	14500	2807	2483	2483
加拿大	53010	34500	34500	23800	15000	15000	2227	2300	2300
保加利亚	32296	28060	34000	28523	18151	19400	1132	1546	1753
西班牙	42908	33200	33000	14078	10100	10000	3048	3287	3300
波　兰	29545	35338	31937	14057	15000	14691	2102	2356	2174
乌干达	22837	31000	31000	13712	20000	20000	1666	1550	1550
缅　甸	50900	29000	28600	33185	16500	16300	1534	1758	1755
前南斯拉夫马其顿共和国	22175	27333	27859	22785	19639	19178	973	1392	1453
危地马拉	18630	24000	24500	8374	9000	9200	2225	2667	2663
希　腊	136593	24000	24000	61000	15700	15700	2239	1529	1529
古　巴	32237	19500	24000	45323	16130	12906	711	1209	1860
也　门	11613	23251	23089	5347	10220	10017	2172	2275	2305
哥伦比亚	27767	22267	22604	14692	12567	12084	1890	1772	1871
伊　朗	20980	21000	21000	19685	12500	12500	1066	1680	1680
日　本	60803	19700	19700	23991	9000	11000	2534	2189	1791
尼日利亚	22000	17500	17500	37000	18000	18000	595	972	972
南　非	29700	17010	17010	15600	5139	5139	1904	3310	3310
柬埔寨	7665	16000	16000	9669	11000	11000	793	1455	1455
阿拉伯叙利亚共和国	26112	15620	15817	18100	10881	11117	1443	1436	1423
墨西哥	45164	15235	15145	22674	6963	7393	1992	2188	2049
乌兹别克斯坦	19000	8745	15014	6700	7738	7638	2836	1130	1966
肯尼亚	17960	15000	15000	14160	23000	23000	1268	652	652
科特迪瓦	10200	11000	11000	20000	16700	16700	510	659	659
黎巴嫩	10800	9000	10500	8726	8500	8500	1238	1059	1235
塞尔维亚		8521	10016		6287	6201		1355	1615
克罗地亚	9714	11787	9834	5678	5958	5172	1711	1978	1901
法　国	25252	12397	9670	9282	5003	4419	2721	2478	2188
秘　鲁	12249	7260	9669	4900	422	564	2500	17204	17144
多米尼加共和国	17229	9132	9072	13250	6455	6252	1300	1415	1451
厄瓜多尔	5080	8500	8500	4174	4000	4000	1217	2125	2125

资料来源：联合国FAO数据库。

16-16 茶叶总产量、收获面积与单产

国家或地区	总产量(吨)			收获面积(公顷)			单产(千克/公顷)		
	2000年	2012年	2013年	2000年	2012年	2013年	2000年	2012年	2013年
世　界	**3014442**	**5034968**	**5345523**	**2368116**	**3517384**	**3521221**	**1273**	**1432**	**1518**
印　度	826000	1135070	1208780	490000	605000	563980	1686	1876	2143
肯尼亚	236286	369400	432400	120390	190600	198600	1963	1938	2177
斯里兰卡	305840	330000	340230	188970	221969	221969	1619	1487	1533
越　南	69900	216900	214300	70300	115964	121649	994	1870	1762
土耳其	138770	225000	212400	76750	75860	76426	1808	2966	2779
伊　朗	49874	158000	160000	32107	24000	24500	1553	6583	6531
印度尼西亚	162586	143400	148100	121200	121600	122400	1342	1179	1210
阿根廷	74256	82813	105000	38620	39322	38000	1923	2106	2763
日　本	85000	85900	84800	50400	45900	45400	1687	1872	1868
泰　国	32327	74000	75000	6058	21000	21500	5336	3524	3488
孟加拉国	46000	60000	64000	48600	57900	58300	947	1036	1098
马拉维	42400	53500	54000	18162	25000	25600	2335	2140	2109
乌干达	29236	50915	53000	15701	27000	28000	1862	1886	1893
布隆迪	34060	42147	41817	7906	10500	9134	4308	4014	4578
坦桑尼亚	23600	32812	33700	19138	8768	21407	1233	3742	1574
缅　甸	19000	31200	31700	66908	79000	79900	284	395	397
莫桑比克	10466	22000	23000	5631	13000	14000	1859	1692	1643
卢旺达	14481	22503	22185	12300	15383	15300	1177	1463	1450
尼泊尔	5085	18726	20588	8700	18149	19036	585	1032	1082
津巴布韦	22000	19000	19000	6500	9600	9600	3385	1979	1979
马尔代夫	5642	14711	18377	3003	2380	2711	1879	6181	6779
中国台湾	20349	14902	15000	18512	13308	13500	1099	1120	1111
埃塞俄比亚	3776	7500	7400	4029	9600	9500	937	781	779
巴布亚新几内亚	6200	4600	4700	4000	3000	3000	1550	1533	1567
喀麦隆	4004	4500	4700	1546	1800	2000	2590	2500	2350
秘　鲁	6259	3434	4319	2541	2237	2229	2463	1535	1938
乔治亚州	24000	2600	3300	24000	3000	3500	1000	867	943
韩　国	1434	3000	3200	1179	2400	2500	1216	1250	1280
厄瓜多尔	1211	2700	3000	815	850	800	1486	3177	3750
刚果共和国	1879	3200	2900	2723	8400	8000	690	381	363
毛里求斯	1312	1577	1563	670	669	672	1958	2357	2326
玻利维亚	840	1358	1374	415	263	264	2024	5163	5207
赞比亚	850	900	900	650	650	650	1308	1385	1385
老　挝	307	890	900	560	2705	2710	548	329	332
南　非	12514	870	900	6821	600	650	1835	1450	1385
留尼汪	529	750	800	338	530	535	1565	1415	1495
巴　西	8400	1496	763	3911	867	372	2148	1726	2051
马达加斯加	490	600	600	241	600	600	2033	1000	1000
阿塞拜疆	1082	568	568	5391	543	473	201	1046	1201
危地马拉	450	500	510	450	490	500	1000	1020	1020
萨尔瓦多	300	460	475	150	230	250	2000	2000	1900
巴拿马	135	168	170	180	215	220	750	781	773
马　里	66	145	150	100	115	118	660	1261	1271

资料来源：联合国FAO数据库。

16-17 水果总产量、收获面积与单产

(不包括瓜类)

国家或地区	总产量(万吨)			收获面积(千公顷)			单产(千克/公顷)		
	2000年	2012年	2013年	2000年	2012年	2013年	2000年	2012年	2013年
世　界	**47917**	**65068**	**67667**	**49603**	**58470**	**59622**	**9660**	**11128**	**11349**
中　国									
印　度	4300	7549	8263	3806	6605	6939	11297	11429	11908
巴　西	3699	3844	3777	2388	2330	2295	15492	16499	16460
美　国	3280	2650	2699	1303	1137	1133	25174	23313	23826
西班牙	1612	1444	1770	1831	1569	1568	8801	9202	11286
墨西哥	1331	1596	1755	1078	1261	1283	12353	12657	13683
意大利	1799	1391	1637	1371	1127	1149	13121	12351	14251
印度尼西亚	841	1788	1600	501	782	712	16807	22864	22492
菲律宾	1080	1637	1589	940	1240	1232	11480	13199	12900
土耳其	1086	1494	1534	1008	1097	1150	10777	13625	13338
伊　朗	1229	1197	1181	1131	1024	1008	10862	11686	11714
泰　国	1047	1116	1110	1012	1195	1203	10342	9342	9223
尼日利亚	928	1106	1090	1855	1858	1839	5004	5950	5929
埃　及	697	1068	1090	415	509	516	16790	20983	21126
乌干达	1009	983	956	1741	1838	1794	5797	5345	5330
哥伦比亚	732	887	953	661	743	759	11071	11936	12557
阿根廷	717	761	837	432	483	514	16590	15760	16292
法　国	1128	780	818	1033	882	876	10925	8849	9338
厄瓜多尔	767	838	736	461	409	412	16655	20465	17861
越　南	457	707	713	466	553	563	9801	12776	12661
智　利	389	651	681	298	366	386	13058	17796	17609
南　非	511	630	642	306	301	298	16723	20955	21533
巴基斯坦	519	603	612	617	760	760	8399	7934	8042
哥斯达黎加	381	557	569	132	166	170	28874	33533	33585
喀麦隆	199	545	564	311	405	406	6416	13440	13912
秘　鲁	319	499	548	282	383	403	11283	13039	13605
加　纳	239	513	533	322	405	408	7432	12658	13060
坦桑尼亚	188	465	491	650	878	912	2891	5293	5380
危地马拉	197	431	442	75	168	167	26457	25684	26421
阿尔及利亚	143	384	423	296	500	503	4821	7681	8420
波　兰	225	389	418	391	420	427	5741	9248	9785
安哥拉	45	351	392	54	188	216	8263	18720	18110
孟加拉国	136	361	370	178	420	422	7626	8587	8765
卢旺达	230	359	364	376	391	420	6121	9195	8663
摩洛哥	268	376	363	284	355	368	9434	10577	9869
乌兹别克斯坦	142	326	358	238	340	363	5950	9581	9870
澳大利亚	308	323	338	238	276	275	12986	11705	12287
俄罗斯联邦	340	292	337	821	452	445	4141	6454	7561
希　腊	415	345	334	298	252	254	13944	13696	13154
多米尼加	141	315	328	108	143	147	13029	21936	22284
委内瑞拉	319	269	303	212	202	216	15038	13302	14029
前苏丹	129	297	299	140	243	244	9179	12219	12249
日　本	382	303	298	232	192	189	16459	15811	15834
肯尼亚	218	277	286	149	166	173	14664	16714	16486
刚　果	243	279	277	409	460	458	5927	6067	6037
乌克兰	192	237	275	463	277	274	4144	8546	10037
韩　国	263	254	275	181	167	169	14525	15228	16307
布隆迪	160	130	236	364	201	199	4388	6477	11835
巴布亚新几内亚	167	231	235	168	209	215	9902	11039	10886

资料来源：联合国FAO数据库。

16-18 牲畜存栏数

(2014年)

单位：万头、万只

国家或地区	牛	马	山羊	绵羊	猪
世　界	**167724**	**5891**	**100679**	**120991**	**98665**
孟加拉国	2499		5590	193	
印　度	29700	63	13300	6300	1000
印度尼西亚	1651	46	1922	1572	787
伊　朗	879	14	2212	5023	
以 色 列	46		11	57	19
日　本	396	2	2	1	954
哈萨克斯坦	586	178	236	1520	92
朝　鲜	58	5	367	17	210
韩　国	319	3	27		1009
马来西亚	88		46	14	183
蒙　古	341	300	2201	2321	5
缅　甸	1897	12	578	116	1393
巴基斯坦	7430	36	6660	2910	
菲 律 宾	535	24	369	3	1180
斯里兰卡	143	0	30	1	11
泰　国	592	1	45	4	759
越　南	775	7	160		2676
埃　及	870	7	426	557	1
尼日利亚	1945	10	7100	4055	685
南　非	1425	31	63	2550	163
加 拿 大	1222	41	3	87	1305
墨 西 哥	3294	636	869	858	1610
美　国	8853	1026	261	525	6773
阿 根 廷	5165	360	440	1470	511
巴　西	21366	545	885	1761	3793
委内瑞拉	1682	52	143	60	381
白俄罗斯	436	7	7	7	292
捷　克	137	3	2	23	162
法　国	1925	41	128	721	1332
德　国	1275	37	12	160	2834
意 大 利	649	39	94	717	868
荷　兰	417	14	41	108	1224
波　兰	592	21	8	22	1172
罗马尼亚	202	55	131	914	518
俄罗斯联邦	1957	137	209	2225	1908
西 班 牙	608	25	270	1543	2657
土 耳 其	1424	13	1035	3112	
乌 克 兰	453	35	67	107	792
英　国	984	40	9	3374	482
澳大利亚	2910	27	357	7261	231
新 西 兰	1037	5	10	2980	29

资料来源：联合国FAO数据库。

16-19 肉类产量

(2013年) 单位：万吨

国家或地区	肉类总产量	#猪肉	#牛肉	#羊肉	#禽肉
世　界	**31038.0**	**11303.5**	**6770.6**	**1396.2**	**10866.9**
中　国	8535.0	5493.0	673.2	408.0	1798.4
美　国	4264.2	1051.0	1169.8	7.3	2008.5
巴　西	2601.1	328.0	967.5	11.6	1291.5
俄罗斯联邦	854.4	281.6	163.3	19.0	346.3
德　国	820.1	549.4	110.6	3.5	145.7
印　度	621.5	35.4	257.7	74.7	235.8
墨西哥	612.2	128.4	180.7	9.8	284.6
法　国	556.0	212.1	140.0	12.3	174.3
西班牙	542.4	343.1	58.1	12.7	120.0
阿根廷	521.0	41.6	282.2	5.9	182.6
澳大利亚	448.9	36.1	231.8	68.6	109.8
加拿大	433.4	197.7	105.6	1.7	125.4
越　南	426.5	321.8	37.9	0.8	63.3
意大利	405.3	162.5	85.4	3.5	123.3
波　兰	381.0	174.5	38.6	0.1	165.2
英　国	364.2	83.3	84.7	28.9	166.2
印度尼西亚	331.7	74.3	58.6	11.3	187.2
日　本	327.6	130.9	50.8	0.0	145.0
菲律宾	312.8	168.1	29.7	5.5	107.9
巴基斯坦	304.0		164.6	45.9	91.2
土耳其	299.5		87.0	35.1	177.1
南　非	279.8	21.6	85.1	17.9	150.4
荷　兰	266.5	128.2	37.4	1.4	99.3
泰　国	263.4	96.7	19.5	0.2	147.0
伊　朗	250.8		25.4	27.0	196.7
乌克兰	239.2	74.8	42.8	1.9	117.1
哥伦比亚	238.4	24.3	84.8	1.0	127.6
委内瑞拉	232.2	24.3	51.6	1.2	127.6
缅　甸	212.6	62.1	26.2	4.8	119.6
埃　及	206.8	0.0	86.2	13.1	95.9
韩　国	203.6	100.7	33.6	0.1	68.6
丹　麦	189.5	158.9	12.8	0.2	17.2
比利时	177.5	113.1	25.0	0.2	38.9
马来西亚	162.4	23.1	3.1	0.2	136.0
秘　鲁	160.3	12.8	19.1	4.1	120.3
尼日利亚	146.4	25.4	40.3	47.2	17.0
智　利	145.4	55.0	20.6	1.5	67.6
新西兰	125.5	3.9	56.4	45.1	17.1
白俄罗斯	117.2	46.9	31.6	0.1	38.5
摩洛哥	112.4	0.1	25.4	14.4	65.7

资料来源：联合国FAO数据库。

16-20 鸡蛋产量

单位：万吨

国家或地区	2000年	2005年	2010年	2011年	2012年	2013年
世　界	**5104.6**	**5661.6**	**6416.2**	**6536.7**	**6629.4**	**6826.2**
中　国						
美　国	499.8	533.3	541.2	544.0	522.5	563.6
印　度	203.5	256.8	337.8	346.6	365.5	383.5
日　本	253.5	248.1	251.5	248.3	250.7	252.2
墨西哥	178.8	202.5	238.1	245.9	231.8	251.6
俄罗斯联邦	189.5	205.0	226.1	228.4	233.4	228.4
巴　西	150.9	167.5	194.8	203.7	208.4	217.2
印度尼西亚	64.2	85.7	112.1	102.8	114.0	122.4
乌克兰	49.7	74.8	97.4	106.4	109.3	112.1
土耳其	81.0	75.3	74.0	81.0	93.2	103.1
法　国	103.8	93.0	94.7	86.6	85.4	94.4
德　国	90.1	79.5	66.2	78.2	83.2	89.3
意大利	68.6	72.2	73.7	75.5	76.5	77.5
西班牙	65.8	70.8	81.2	81.9	71.9	74.3
荷　兰	66.8	60.7	67.0	69.2	67.2	70.3
英　国	56.9	60.9	65.8	65.7	64.3	67.2
泰　国	51.5	46.9	58.5	60.1	65.9	66.8
哥伦比亚	38.6	49.2	58.5	64.0	63.6	66.8
伊　朗	57.9	75.8	68.7	55.9	62.5	66.5
马来西亚	39.1	44.2	58.7	62.1	64.3	66.4
尼日利亚	40.0	50.0	62.3	63.6	64.0	65.0
巴基斯坦	34.4	40.1	55.6	60.4	61.8	64.9
韩　国	47.9	51.5	59.0	59.5	60.0	61.5
波　兰	42.4	53.6	63.7	57.7	53.0	55.8
南　非	31.8	36.6	47.3	51.1	53.5	54.0
阿根廷	32.7	38.9	55.4	59.1	60.0	53.9
加拿大	37.2	39.9	43.3	43.7	44.3	44.3
菲律宾	24.3	32.0	38.7	40.3	42.1	42.8
缅　甸	11.2	18.7	34.2	37.2	38.0	38.2
越　南	18.5	19.7	32.1	34.5	36.5	37.8
秘　鲁	16.2	18.2	28.5	31.8	31.4	35.0
阿尔及利亚	10.1	17.5	26.0	28.0	30.9	34.7
埃　及	17.7	23.5	29.1	30.6	31.0	31.5
罗马尼亚	26.3	35.5	29.8	30.4	31.2	30.8
孟加拉国	12.5	18.5	18.8	19.9	23.9	28.7
委内瑞拉	17.5	17.4	24.2	25.6	26.8	28.1
摩洛哥	23.5	23.2	24.4	26.5	27.2	27.8
乌兹别克斯坦	6.9	10.8	17.1	19.2	21.7	24.5
澳大利亚	14.3	13.9	17.4	20.5	21.5	24.1
危地马拉	8.1	19.2	22.0	22.4	23.2	23.9
沙特阿拉伯	12.8	17.0	21.9	21.8	22.0	22.2
白俄罗斯	18.2	17.2	19.6	20.4	20.9	22.0
哈萨克斯坦	9.4	13.9	20.7	20.7	20.5	21.7
智　利	11.0	12.6	19.1	19.8	20.8	20.9
比利时	19.4	18.0	16.9	17.0	15.4	17.4
厄瓜多尔	7.2	7.5	11.0	13.0	14.0	14.0
匈牙利	17.6	16.5	15.2	13.7	13.4	13.9
巴拉圭	6.8	10.7	12.8	12.8	13.0	13.2
瑞　典	10.2	10.2	11.1	11.6	12.2	12.9

资料来源：联合国FAO数据库。

16-21 禽蛋产量

单位：万吨

国家或地区	2000年	2005年	2010年	2011年	2012年	2013年
世　界	**5508.4**	**6116.3**	**6946.7**	**7075.6**	**7180.8**	**7385.5**
中　国	2861.2	2879.5	2762.7	2811.4	2861.2	2876.1
美　国	499.8	533.3	541.2	544.0	522.5	563.6
印　度	203.5	256.8	337.8	346.6	365.5	383.5
日　本	253.5	248.1	251.5	248.3	250.7	252.2
墨西哥	178.8	202.5	238.1	245.9	231.8	251.6
巴　西	156.9	174.6	208.7	219.3	225.5	237.7
俄罗斯联邦	190.3	206.5	227.4	230.5	236.5	231.7
印度尼西亚	78.3	105.2	138.2	128.4	141.6	150.4
乌克兰	50.5	75.6	101.8	109.0	111.0	113.9
泰　国	80.7	77.9	98.0	99.6	105.4	106.3
土耳其	81.0	75.3	74.0	81.0	93.2	103.1
法　国	103.8	93.0	94.7	86.6	85.4	94.4
德　国	90.1	79.5	66.2	78.2	83.2	89.3
意大利	68.6	72.2	73.7	75.5	76.5	77.5
西班牙	66.1	71.0	81.4	82.1	72.1	74.4
荷　兰	66.8	60.7	67.0	69.2	67.2	70.3
英　国	58.4	62.5	67.1	67.3	65.8	68.6
马来西亚	40.1	45.3	60.1	63.5	65.7	67.8
哥伦比亚	38.6	49.2	58.5	64.0	63.6	66.8
伊　朗	57.9	75.8	68.7	55.9	62.5	66.5
巴基斯坦	35.1	40.8	56.4	61.2	62.7	66.1
尼日利亚	40.0	50.0	62.3	63.6	64.0	65.0
韩　国	50.0	54.3	62.1	62.7	63.2	64.7
波　兰	42.4	53.6	63.7	57.7	53.0	55.8
南　非	31.8	36.6	47.3	51.1	53.5	54.0
阿根廷	32.7	38.9	55.4	59.1	60.0	53.9
菲律宾	29.7	37.4	42.4	44.1	46.1	46.9
加拿大	37.2	39.9	43.3	43.7	44.3	44.3
缅　甸	12.2	20.7	38.1	41.2	42.1	42.5
孟加拉国	17.8	26.4	26.8	28.4	34.1	39.2
越　南	18.5	19.7	32.1	34.5	36.5	37.8
秘　鲁	16.2	18.2	28.5	31.8	31.4	35.0
阿尔及利亚	10.1	17.5	26.0	28.0	30.9	34.7
罗马尼亚	28.6	36.6	31.0	31.6	32.0	31.9
埃　及	17.7	23.5	29.1	30.6	31.0	31.5
委内瑞拉	17.5	17.4	24.2	25.6	26.8	28.1
摩洛哥	23.5	23.2	24.4	26.5	27.2	27.8
乌兹别克斯坦	7.1	11.1	17.5	19.7	21.9	25.0
澳大利亚	14.3	13.9	17.4	20.5	21.5	24.1
危地马拉	8.1	19.2	22.0	22.4	23.2	23.9
白俄罗斯	18.4	17.4	19.8	20.7	21.2	22.2
沙特阿拉伯	12.8	17.0	21.9	21.8	22.0	22.2
哈萨克斯坦	9.5	14.1	20.9	20.9	20.6	21.8
智　利	11.0	12.6	19.1	19.8	20.8	20.9
比利时	19.4	18.0	16.9	17.0	15.4	17.4
匈牙利	18.0	16.9	15.6	14.0	13.8	14.3
厄瓜多尔	7.2	7.5	11.0	13.0	14.0	14.0
巴拉圭	6.9	10.8	12.9	12.9	13.1	13.3
瑞　典	10.2	10.2	11.1	11.6	12.2	12.9
葡萄牙	11.8	11.9	13.2	12.3	12.1	12.6

资料来源：联合国FAO数据库。

16-22 奶类产量

单位：万吨

国家或地区	2000年	2005年	2010年	2011年	2012年	2013年
世　界	**58202**	**65074**	**72536**	**74310**	**75975**	**74671**
中　国	919	2865	3748	3811	3875	3650
印　度	7966	9562	12185	12790	13243	13560
美　国	7602	8025	8747	8902	9087	9127
巴　西	2053	2553	3086	3225	3245	3441
德　国	2835	2848	2964	3035	3053	3114
俄罗斯联邦	3228	3115	3184	3164	3175	3052
法　国	2574	2571	2425	2529	2488	2455
新西兰	1224	1464	1701	1734	1913	1888
土耳其	979	1111	1354	1506	1740	1822
巴基斯坦	2557	2944	3549	3666	3786	1717
英　国	1449	1447	1407	1385	1384	1394
波　兰	1189	1195	1230	1243	1268	1274
荷　兰	1116	1085	1181	1184	1189	1243
阿根廷	1012	991	1031	1121	1124	1180
乌克兰	1266	1371	1125	1109	1138	1149
墨西哥	944	1003	1084	1089	1104	1112
意大利	1330	1186	1113	1111	1121	1100
澳大利亚	1085	1013	902	910	948	952
加拿大	816	781	824	840	856	839
乌兹别克斯坦	361	455	617	677	731	788
西班牙	694	725	746	751	731	763
伊　朗	589	703	753	769	757	761
前苏丹	579	754	747	749	752	753
日　本	850	829	772	747	763	751
白俄罗斯	449	568	662	650	677	664
哥伦比亚	615	632	629	628	648	646
厄瓜多尔	481	458	572	639	569	627
埃　及	378	481	576	579	584	590
爱尔兰	516	538	533	554	539	558
丹　麦	472	458	491	488	500	510
罗马尼亚	462	555	506	516	498	502
肯尼亚	271	421	482	492	497	494
哈萨克斯坦	373	475	538	523	485	493
埃塞俄比亚	103	233	443	362	409	429
瑞　士	391	396	411	414	411	403
孟加拉国	214	262	340	350	352	353
比利时	369	303	308	311	308	348
奥地利	336	314	329	334	341	342
南　非	254	287	323	326	337	340
阿尔及利亚	151	180	263	273	291	313
瑞　典	335	321	290	289	290	291
捷　克	281	283	269	275	282	286
智　利	200	231	254	263	266	269
委内瑞拉	141	135	244	248	254	264
索马里	211	222	245	247	249	249
摩洛哥	125	147	200	230	261	241
阿拉伯	167	236	224	256	245	236
沙特阿拉伯	95	130	219	224	232	234
芬　兰	245	243	234	230	230	233
土库曼斯坦	99	187	215	215	218	220
乌拉圭	142	162	182	206	218	212

资料来源：联合国FAO数据库。

16-23 羊毛产量

单位：吨

国家或地区	2000年	2005年	2010年	2011年	2012年	2013年
世　界	**2311429**	**2209791**	**2020033**	**2089519**	**2093605**	**2126898**
中　国	325768	430076	429482	437119	443981	452997
澳大利亚	671000	465700	352740	368330	362100	360520
新西兰	257200	215500	176300	163700	165000	165000
英　国	64000	60000	67000	67500	68000	68000
伊　朗	75000	74292	60000	61000	61500	61500
摩洛哥	40000	53993	55300	55500	56000	56000
前苏丹	45500	64853	55000	55000	56000	56000
俄罗斯联邦	39241	48033	53521	52575	55253	54651
土耳其	43139	46176	42823	46586	51180	51180
印　度	48400	44900	42991	44700	46100	46500
阿根廷	58000	63696	54000	48000	45000	45000
巴基斯坦	38900	40000	42000	42500	43000	43600
南　非	52671	44000	41091	41197	39904	39904
土库曼斯坦	23000	34000	38000	38000	38000	38000
哈萨克斯坦	22924	30444	37600	38500	38437	37638
乌拉圭	57218	42009	34700	34700	36000	36000
乌兹别克斯坦	15834	20081	26510	28687	31065	32400
印度尼西亚	22281	24981	30750	30750	30750	30750
阿尔及利亚	17709	25296	25900	26000	27000	27000
西班牙	32104	30888	22688	22333	22935	22935
阿拉伯	32000	44000	18670	21069	20285	19926
罗马尼亚	17997	17600	20457	19026	18600	18600
伊拉克	15800	16500	17200	17000	17000	17000
阿塞拜疆	10916	13134	15626	16203	16464	16776
蒙　古	21700	15000	15000	16000	16500	16500
阿富汗	18000	12900	15900	17100	16600	15800
爱尔兰	11707	10986	14000	14200	14500	14500
法　国	14438	14000	14000	14000	14000	14000
美　国	20662	16865	13776	13286	14000	14000
德　国	9799	9500	12800	13000	13500	13500
埃　及	7373	6200	12000	12000	12500	12500
巴　西	13301	10777	11646	11805	11994	12041
吉尔吉斯斯坦	11250	9980	10857	11095	10803	11601
沙特阿拉伯	10000	12500	10500	10800	11500	11500
秘　鲁	12729	10882	10200	10300	11000	11000
突尼斯	8935	10151	10400	10600	11000	11000
利比亚	9518	9500	9400	9450	9450	9450
意大利	11000	9049	8939	8558	8432	8432
也　门	4391	6496	7693	7940	8040	8065
智　利	17000	10300	7808	7808	8000	8000
埃塞俄比亚	12000	9652	8000	8000	8000	8000
希　腊	9645	8982	7600	7750	7800	7800
保加利亚	6976	6500	7000	7000	7000	7000
坦桑尼亚	2821	4315	6600	6750	6800	6800
玻利维亚	8752	8816	6641	6641	6641	6641
塔吉克斯坦	2059	4353	5771	6027	6361	6565
葡萄牙	8731	7829	6369	5864	6000	6000
墨西哥	4176	4234	4683	4696	5042	4516
挪　威	4957	5064	4368	4368	4351	4351
哥伦比亚	2975	4333	4000	4000	4000	4000
莱索托	2600	3800	3700	4000	4000	4000

资料来源：联合国FAO数据库。

16-24 鱼类产量

单位：吨

国家或地区	鱼类总计		海域		内陆水域	
	2013年	2014年	2013年	2014年	2013年	2014年
印　　度	9199291	9602842	3817421	3902080	5381870	5700762
秘　　鲁	6002015	3714469	5934646	3651104	67369	63365
印度尼西亚	19267434	20883669	16391432	17590645	2876002	3293024
智　　利	3334592	3820176	3290172	3751484	44420	68692
俄罗斯联邦	4506749	4396267	4114925	4033023	391824	363244
越　　南	6098280	6330591	3513740	3623502	2584540	2707089
美　　国	5683477	5410351	5403286	5146893	280191	263458
缅　　甸	4717620	5047526	2544394	2763790	2173226	2283736
挪　　威	3475747	3788336	3475747	3787940		396
日　　本	532144	4773492	470026	4708790	62118	64702
菲 律 宾	4708790	4691972	4189006	4179162	519784	512810
孟加拉国	3410254	3548115	750813	769735	2659441	2778380
泰　　国	2900691	2704304	2196999	2071331	703692	632973
韩　　国	3139886	3304772	3114471	3274994	25415	29778
墨 西 哥	1806143	1722665	1651231	1514803	154912	207862
马来西亚	2023490	1989165	1884292	1875989	139198	113176
冰　　岛	1390593	1103629	1390593	1102815		814
巴　　西	1239446	1329559	611491	619339	627955	710220
摩 洛 哥	1260728	1369030	1244386	1353378	16342	15652
埃　　及	1454402	1481883	106662	107800	1347740	1374083
西 班 牙	1259104	1393936	1236804	1372399	22300	21537
丹　　麦	740090	784545	719753	762764	20337	21781
尼日利亚	1000061	1073059	1000061	405362		667697
阿 根 廷	873908	833943	857841	815373	16067	18570
巴基斯坦	623022	623457	351859	346956	271163	276501
加 拿 大	1039021	1010508	1002265	974442	36756	36066
英　　国	826975	960307	813437	946155	13538	14152
土 耳 其	607992	536516	449898	392143	158094	144373
厄瓜多尔	851341	1031747	822951	1003444	28390	28303
南　　非	431103	615673	428448	613018	2655	2655
柬 埔 寨	149039	200943	46441	124770	102598	76173
乌 干 达	517312	572219			517312	572219
塞内加尔	472179	459792	438529	429245	33650	30547
新 西 兰	540865	552581	539236	550580	1629	2001
法　　国	765353	784992	725286	740101	40067	44891
法罗群岛	563049	629290	563049	629290		
纳米比亚	486338	444848	483413	441983	2925	2865
荷　　兰	387847	430176	382537	424978	5310	5198
斯里兰卡	528534	572044	435227	467252	93307	104792
加　　纳	330425	331534	207912	202999	122513	128535
安 哥 拉	275450	442379	265000	423257	10450	19122
德　　国	255193	268775	224141	232349	31052	36426
爱 尔 兰	310148	337624	309230	336662	918	962
波　　兰	249378	228374	195463	169575	53915	58799
乌 克 兰	226798	138662	176824	94778	49974	43884
巴布亚新几内亚	218205	261394	202695	245759	15510	15635
意 大 利	340538	344584	297883	301929	42655	42655
巴 拿 马	207752	169891	206713	169262	1039	629
瑞　　典	191501	195558	181612	176131	9889	19427

资料来源：联合国FAO数据库。

16-25　土地利用情况

(2013年)　　单位：千公顷

国家或地区	国土面积	陆地面积	农业用地	耕地与多年生作物	耕地面积	多年生作物	永久性草场
世　界	**13466592**	**13009337**	**4928929**	**1575263**	**1407843**	**164661**	**3353666**
孟加拉国	14846	13017	9108	8508	7678	830	600
印　度	328726	297319	180280	170000	157000	13000	10280
印度尼西亚	191093	181157	57000	46000	23500	22500	11000
伊　朗①	174515	162855	46161	16684	14878	1806	29477
以色列②	2207	2164	520	380	286	95	140
日　本③	37796	36456	4537	4537	4237	300	
哈萨克斯坦	272490	269970	216994	29526	29395	132	187468
朝　鲜	12054	12041	2630	2580	2350	230	50
韩　国	10027	9747	1769	1711	1496	215	58
马来西亚	33080	32855	7839	7554	954	6600	285
蒙　古	156412	155356	113310	571	566	5	112739
缅　甸	67659	65308	12587	12281	10772	1509	306
巴基斯坦	79610	77088	36280	31280	30470	810	5000
菲律宾	30000	29817	12440	10940	5590	5350	1500
斯里兰卡	6561	6271	2740	2300	1300	1000	440
泰　国	51312	51089	22110	21310	16810	4500	800
越　南	33097	31007	10874	10232	6410	3822	642
埃　及	100145	99545	3761	3761	2738	1023	
尼日利亚	92377	91077	70800	40500	34000	6500	30300
南　非	121909	121309	96841	12913	12500	413	83928
加拿大	998467	909351	65251	50651	45915	4736	14600
墨西哥	196438	194395	106705	25668	22975	2693	81037
美　国	983151	914742	405437	154437	151837	2600	251000
阿根廷	278040	273669	149199	40699	39699	1000	108500
巴　西	851577	835814	278808	82808	76008	6800	196000
委内瑞拉	91205	88205	21600	3400	2700	700	18200
白俄罗斯	20760	20291	8726	5693	5573	120	3033
捷　克	7887	7723	4219	3225	3149	76	994
法　国	54909	54756	28774	19302	18306	997	9472
德　国	35717	34854	16697	12076	11876	200	4621
意大利	30134	29414	13630	9087	6827	2260	4543
荷　兰	4150	3367	1848	1075	1038	36	773
波　兰④	31268	30621	14410	11204	10792	412	3206
罗马尼亚	23839	23003	13905	9188	8746	442	4717
俄罗斯⑤	1709825	1637687	216840	123840	122240	1600	93000
西班牙	50594	50021	26942	17539	12570	4969	9403
土耳其	78356	76963	38423	23806	20574	3232	14617
乌克兰⑥	60355	57932	41275	33419	32526	894	7856
英　国	24361	24193	17250	6310	6265	45	10940
澳大利亚	774122	768230	396615	46611	46219	392	350004
新西兰	26771	26331	11106	618	547	71	10488

注：①永久性草场是指条件好及条件一般的牧场，不包括条件差的牧场。②国土面积和陆地面积均包括戈兰高地。③永久性草场包括在耕地中。④农业用地仅包括被农业相关物品占用土地。⑤国土面积不包括白海和亚速海面下土地。⑥国土面积不包括亚速海面下土地。

资料来源：联合国FAO数据库。

16-26 农业机械拥有量

(2008年)

单位：台

国家或地区	农用拖拉机	挤奶机	联合收割机
世　　界①	**29320418**		**4382366**
中　　国	2996936		743474
孟加拉国①	3000		2
印　　度①	3149000		477000
印度尼西亚①	5200		108000
伊　　朗①	308422	24065	10880
以 色 列	21591②	1600①	238①
日　　本①	1877000	160000	957000
哈萨克斯坦①	40228	559	18802
朝　　鲜①	64200		
韩　　国	253531		85338
马来西亚①		44	
蒙　　古	3232		700
缅　　甸	160506②		24391②
巴基斯坦①	470000		1572
菲 律 宾①	63000		1360
斯里兰卡①	21500		10
泰　　国	830000①	620①	48175
越　　南①	163000		223000
埃　　及	110304②		3161
尼日利亚①	24800	35	4
南　　非①	63000		10500
加 拿 大①	733314		81258
墨 西 哥①	238830		22500
美　　国①	4389812		346935
阿 根 廷①	254011	8200	50000
巴　　西①	776905		53621
委内瑞拉①	49000		5800
白俄罗斯	48100②	13500②	12200②
捷　　克①	83813	6794	10442
法　　国①	1135000	200000	76500
德　　国①	681200②	250000	85480
意 大 利①	1913000	150000	54800
荷　　兰①	144000	37500	5600
波　　兰	1577290②	272000①	160000①
罗马尼亚	176841②		25679②
俄罗斯联邦	329980②	33164②	86122②
西 班 牙	1320599②	130000①	52042②
土 耳 其	1052975	183846	13084
乌 克 兰	369131②	10547②	56580②
英　　国①	443000	157000	40000
澳大利亚①	315000	200000	56500
新 西 兰①	76611	13800	3100

注：①2007年数据。②2009年数据。
资料来源：联合国FAO数据库。

16-27 化肥施用量

(2013年)　　单位：万吨

国家或地区	化肥施用总量	氮 肥	磷 肥	钾 肥
世 界	**16659.4**	**9957.2**	**3818.2**	**2884.1**
孟加拉国	160.2	75.6	47.3	37.3
印 度	2473.1	1673.2	594.1	205.8
印度尼西亚	480.8	282.5	78.3	120.0
伊 朗	48.7	26.1	21.0	1.7
以 色 列	7.7	3.9	0.8	3.0
日 本	108.7	43.7	37.5	27.5
哈萨克斯坦	8.5	5.6	2.6	0.4
韩 国	54.0	23.8	15.1	15.1
马来西亚	164.7	44.4	40.2	80.2
缅 甸	18.1	12.9	2.2	3.0
巴基斯坦	412.1	323.5	86.6	2.0
非 律 宾	40.0	28.7	7.3	4.0
斯里兰卡	20.8	12.7	3.7	4.4
泰 国	281.9	163.3	60.2	58.3
越 南	239.6	113.4	64.4	61.7
埃 及	174.2	140.6	29.0	4.7
尼日利亚	60.5	47.2	8.0	5.3
南 非	72.1	41.7	18.4	12.1
加 拿 大	405.2	289.3	80.9	35.0
墨 西 哥	181.0	129.0	30.7	21.2
美 国	2002.8	1200.7	360.7	441.5
阿 根 廷	143.5	77.2	62.2	4.1
巴 西	1335.2	395.4	467.6	472.1
委内瑞拉	48.6	28.5	9.0	11.0
白俄罗斯	142.5	53.5	20.8	68.3
捷 克	40.0	33.1	4.0	2.9
法 国	257.4	200.5	25.9	31.0
德 国	241.6	167.5	28.4	45.7
意 大 利	88.1	60.0	17.1	11.0
荷 兰	24.0	20.2	0.9	2.9
波 兰	218.0	136.8	32.7	48.5
罗马尼亚	49.2	34.4	11.4	3.4
俄罗斯联邦	186.1	116.7	43.8	25.6
西 班 牙	174.9	96.2	43.3	35.5
土 耳 其	233.6	158.4	65.2	10.0
乌 克 兰	148.9	104.1	23.6	21.3
英 国	154.5	106.0	20.1	28.4
澳大利亚	235.2	131.5	82.3	21.5
新 西 兰	86.4	45.7	30.7	9.9

资料来源：联合国FAO数据库。

16-28 农业集约化经营程度

(2012年)

国家或地区	农业经济活动人口（万人）	耕地面积（千公顷）	人均耕地面积（公顷/人）	每千公顷耕地使用农用拖拉机（台/千公顷）	每千公顷耕地使用联合收割机（台/千公顷）	每千公顷耕地化肥施用量（吨/千公顷）
世　界	**132498**	**1396280**	**1.05**	**21.24**	**3.2**	**132**
孟加拉国	3232	7628	0.24	0.38		253
印　度	27107	157350	0.58	19.91	3.0	177
印度尼西亚	4996	23500	0.47	0.24	4.9	198
伊　朗	663	17541	2.65	18.10	0.6	26
以色列	5	302	6.16	70.60	0.7①	222
日　本	125	4254	3.41	435.70	222.1	261
哈萨克斯坦	116	24035	20.68	1.77	0.8	2
朝　鲜	301	2300	0.76	23.78		
韩　国	114	1492	1.31	163.23	54.9	334
马来西亚	151	1800	1.19			1188
蒙　古	21	612	2.89	3.76	0.8	
缅　甸	2073	10786	0.52	1.09	2.0	12
巴基斯坦	2549	20714	0.81	23.10	0.1	202
菲律宾	1357	5400	0.40	11.89	0.3	130
斯里兰卡	401	1200	0.30	17.20		279
泰　国	1803	15760	0.87		3.2	162
越　南	3057	6500	0.21	25.87	35.4	252
埃　及	632	2870	0.45	37.22	1.2	588
尼日利亚	1247	36000	2.89	0.66	0.0	4
南　非	115	12033	10.49	4.34	0.7	54
加拿大	32	42968	133.44	16.26	1.8	81
墨西哥	791	25491	3.22	9.63	0.9	79
美　国	241	160163	66.46	25.75	2.0	125
阿根廷	139	38048	27.43	7.94	1.6	46
巴　西	1050	71930	6.85	12.74	0.9	171
委内瑞拉	70	2600	3.71	18.15	2.1	177
白俄罗斯	39	5529	14.03	8.97	2.3	300
捷克共和国	31	3164	10.14	27.69	3.4	123
法　国	52	18370	35.12	62.16	4.2	140
德　国	61	11875	19.47	64.30	7.2	191
意大利	77	6800	8.81	268.23	7.7	142
荷　兰	20	1042	5.16	135.01	5.3	238
波　兰	280	11098	3.96	124.60	12.7①	210
罗马尼亚	79	8995	11.37	20.04	2.9	54
俄罗斯	596	121500	20.40	3.00	0.8	16
西班牙	93	12512	13.41	82.43	4.2	122
土耳其	781	20539	2.63	48.85	0.6	90
乌克兰	229	32499	14.20	10.33	1.8	39
英　国	46	6062	13.09	73.77	6.7	239
澳大利亚	46	47678	103.42	7.16	1.3	45
新西兰	19	471	2.52	169.09	6.8	1610

注：①2007年数据。②农用拖拉机和联合收割机数据为2008年数据。

资料来源：联合国FAO数据库。

16-29 中国农业主要指标占世界的比重

单位：%

指标	1978	1980	1990	2000	2005	2010	2014
农业人口			33.98	32.99	32.30	31.86	31.68③
耕地面积	7.20	7.17	8.81	8.75	8.51	8.02	7.99③
森林面积			3.77	4.33	4.75	5.13	5.20③
谷物产量	17.26	18.08	20.72	19.77	18.93	20.46	19.90
小麦产量	12.13	12.54	16.58	17.00	15.55	17.70	17.31
稻谷产量	36.35	36.00	36.95	31.67	28.70	29.35	27.87
玉米产量	14.24	15.81	20.11	17.92	19.55	21.03	21.10
大豆产量	10.09	9.83	10.15	9.56	7.62	6.62	4.12
油菜籽产量	17.71	22.18	28.48	28.80	26.10	22.15	16.35
花生产量	13.37	21.82	27.86	41.80	37.45	41.73	37.28④
籽棉产量	16.80	19.72	25.05	25.05	24.59	26.22	23.97
甘蔗产量	3.80	4.35	6.02	5.51	6.67	6.61	6.61
茶叶产量	16.27	17.35	22.28	23.77	26.30	32.48	36.28④
水果产量①	2.82	2.77	5.93	13.62	17.02	20.06	22.81④
肉类产量②	8.70	10.81	16.88	26.60	27.43	27.57	27.52④
牛奶产量	0.28	0.28	0.91	1.76	5.12	5.66	5.61④
羊毛产量	5.19	6.30	7.15	12.66	17.41	18.93	22.15④

注：①不包括瓜类。②1990年以前为猪、牛、羊肉产量的比重。③2011年数据。④2013年数据。
资料来源：联合国FAO数据库。

16-30 中国农业主要指标居世界的位次

指标	1978	1980	1990	2000	2005	2010	2014
农业人口			1	1	1	1	1③
耕地面积	4	4	4	3	3	4	4③
谷物产量	2	1	1	1	1	1	1
小麦产量	2	3	2	1	1	1	1
稻谷产量	1	1	1	1	1	1	1
玉米产量	2	2	2	2	2	2	3
大豆产量	3	3	3	4	4	4	6
油菜籽产量	2	2	1	1	1	1	2
花生产量	2	2	2	1	1	1	1④
籽棉产量	2	2	1	1	1	1	2
甘蔗产量	7	5	4	3	3	3	3
茶叶产量	2	2	2	2	1	1	1④
水果产量①	9	8	4	1	1	1	1④
肉类产量②	3	3	1	1	1	1	1④
牛奶产量	34	35	20	17	5	3	3④
羊毛产量	5	4	4	2	2	1	1④

注：①不包括瓜类。②1990年以前为猪、牛、羊肉产量的位次。③2011年数据。④2013年数据。
资料来源：联合国FAO数据库。

如何使用《中国农村统计年鉴》

如何使用《中国农村统计年鉴》

为了使广大读者更好地使用《中国农村统计年鉴》，我们编写了《如何使用农村统计年鉴》一章，主要对农村统计改革和发展进行了概述，对各章资料的来源进行说明，对主要统计指标的统计含义和口径作了诠注。

一、农村统计制度方法改革概述

改革开放以来，我国农村统计适应农村经济改革的要求，取得了长足的发展和进步，农村统计范围由农业统计向农村统计转变；农村统计制度方法由以全面统计为主向以普查为基础、抽样调查为主体、辅之以全面报表、重点调查、科学核算等多种方法综合运用的方法体系转变。

1. 抽样调查得到恢复和全面发展。1978 年以后，中国进入改革开放的新时期，国家统计局和地方统计局陆续恢复。从农村开始的中国经济体制改革，带来了两方面的巨大变化。一是在经济结构上，由过去单一的农业经济向农业、工业、商业、建筑业、运输业、服务业等全面发展，农业统计面临向农村统计的转变。二是在经营体制上，由三级所有、队为基础的“一大二公”式的集体经营向以家庭联产承包责任制为主要形式的双层经营体制转变，农村统计的对象由600多万个生产队变为2亿多农户。面对大量分散的、小规模经营的农户，继续实行全面统计的方法，依靠层层报表的形式搜集数据，越来越困难。1983 年，国务院办公厅转发了国家统计局《关于加强农村统计工作等问题的报告》。提出“根据农村多种经营的新情况，农村统计首先要认真搞准粮食产量和经济作物产量；同时还要调查农村工业、交通运输业、商业等情况，调查农村的人口、教育、文化、卫生等社会情况。今后，除了改进全面报表制度外，一定要大力推行抽样调查”。随后，全国农村抽样调查队在原有 1600 人的基础上扩大到 6100 人，正式成为国家统计局直属的事业单位，并于1985年底完成了全国857个抽样调查县的建队工作。在进行组织建设的同时，业务建设也加快了步伐。一是农村住户调查由以前的收支调查扩展为全面反映农民社会经济活动，增加了农户生产经营情况、主要生活消费品实物消费量，以及农民家庭基本情况等方面的内容。二是农产量抽样调查增加了“农作物种植意向调查”，“播种面积调查”和“夏收、早稻、秋粮预测和实测产量调查”等，到 1988 年由粮食产量调查发展为种植业调查，全面调查反映粮、棉、油、麻、糖、烟、蔬菜和瓜果的生产情况。三是增加了农村社会经济抽样调查，内容包括农村劳动力、固定资产投资等生产要素和农村社区状况等。

抽样调查网点的抽选也逐步实现了科学化。1979 年采用多阶段、半距起点、等距抽样方法，住户调查抽样框按各单位人均从集体分配的收入排队，参加分配的人口作辅助资料进行编制。农产量调查抽样框按平均亩产排队，以平均播种面积作为辅助资料进行编制。1984 年开始启用多阶段、随机起点、对称等距抽样方法。为了克服样本老化的问题，从 1990 年开始在县以下实施样本轮换制度，每四年轮换一次样本。

2. 全面统计不断完善并发挥了独特的作用。由于全面统计在满足我国政府分层决策和分层管理方面具有优势，所以对于行政记录比较健全、起报单位较高或一时还不具备实施抽样调查条件的统计项目，如农村基层组织状况，农业自然资源、人力资源和机械、电力、化学肥料等物质、技术装备情况，农田水利建设和农业灾害情况等，继续采用全面统计的方法取得数据。此外，还有一部分综合性内容，如农村社会总产值、农业总产值、农业增加值、农业商品产值、经济收益分配等，主要是由县以上综合统计部门根据相关基础资料，按照全国统一方案测算的。

全面统计的源头数据按照村、乡（镇）、县（市）、省（区、市）、国家的顺序层层汇总并逐级上报，它的基础是乡镇统计网络。

3．**第二次全国农业普查取得了圆满成功**。根据国务院决定，我国开展了第二次全国农业普查。这次普查的标准时点为2006年12月31日，时期资料为2006年度。普查对象为我国境内的农村住户、城镇农业生产经营户、农业生产经营单位、村民委员会和乡镇人民政府。本次普查共调查了40656个乡级行政单位， 656026个村级组织， 22592万个住户。普查主要内容包括：农业生产条件、农业生产经营活动、农业土地利用、农村劳动力及就业、农村基础设施、农村社会服务、农村居民生活，以及乡镇、村民委员会和社区环境等方面的情况。农业普查采用全面调查的方法，对所有普查对象由普查员进行逐个查点和填报。全国共组织动员了普查员、普查指导员和各级普查机构的工作人员近700万人，填报普查表近5亿张。通过普查获得了大量数据，掌握了我国有关农业、农村、农民的基本情况，填补了反映我国基本国情国力数据的缺陷和空白，矫正了常规统计数据因各种原因引起的系统性偏差。它不仅为党和政府的决策提供了科学依据，而且为农村统计改革与发展打下了很好的基础。第二次全国农业普查的成功，标志着我国农村统计事业进入了新的发展阶段。

二、资料来源

《中国农村统计年鉴》资料绝大部分是由国家统计局农村司根据《农林牧渔业综合统计报表制度》、《乡村社会经济调查方案》、《农产量抽样调查制度》、《农村住户调查方案》和《县（市）社会经济调查卡片》的有关资料整理提供。

部分章节资料来自于部门统计。农业生态与环境资料主要来源于国家环保总局、水利部和国家林业局统计报表；农村市场与价格资料主要是根据国家工商行政管理局统计报表和国家统计局城市司的价格统计资料整理而成；农产品生产成本资料主要是根据国家发改委农产品成本调查报表整理而成；农产品进出口主要依据海关总署有关资料加工整理的；农村文化、教育、卫生资料是国家统计局社会科技统计司根据文化部、教育部、卫生部有关资料加工整理而成的；国外农业统计资料是国家统计局国际统计中心根据联合国粮农组织提供的资料加工整理而成的。

三、主要统计指标解释

国内生产总值(GDP)：指一个国家（或地区）所有常住单位在一定时期内生产活动的最终成果。国内生产总值有三种表现形态，即价值形态、收入形态和产品形态。从价值形态看，它是所有常住单位在一定时期内生产的全部货物和服务价值超过同期中间投入的全部非固定资产货物和服务价值的差额，即所有常住单位的增加值之和；从收入形态看，它是所有常住单位在一定时期内创造并分配给常住单位和非常住单位的初次收入分配之和；从产品形态看，它是所有常住单位在一定时期内最终使用的货物和服务价值与货物和服务净出口价值之和。在实际核算中，国内生产总值有三种计算方法，即生产法（总产出减中间投入）、收入法（由劳动者报酬、生产税净额、固定资产折旧、营业盈余组成）和支出法（由最终消费、资本形成总额、货物和服务净出口组成)。三种方法分别从不同的方面反映国内生产总值及其构成。

劳动者报酬：指劳动者因从事生产活动所获得的全部报酬。包括劳动者获得的工资、奖金和津贴，既包括货币形式的，也包括实物形式的；还包括劳动者所享受的公费医疗和医药卫生费、上下班交通补贴和单位支付的社会保险费等。对于个体经济来说，其所有者所获得的劳动报酬和经营利润不易区分，这两部分统一作为劳动者报酬处理。

生产税净额：指生产税减生产补贴后的余额。生产税指政府对生产单位生产、销售和从事经营活动以及因从事生产活动使用某些生产要素（如固定资产、土地、劳动力）所征收的各种税、附加费和规费。生产补贴与生产税相反，指政府对生产单位的单方面收入转移，因此视为负生产税，包括政策亏损补贴、粮食系统价格补贴、外贸企业出口退税收入等。

固定资产折旧：指为弥补固定资产损耗按照核定的固定资产折旧率提取的固定资产折旧，或按国民经济核算统一规定的折旧率虚拟计算的固定资产折旧。各类企业和企业化管理的事业单位的固定资产折旧是指实际计提并计入成本费中的折旧费；不计提折旧的政府机关、非企业化管理的事业单位和居民住房的固定资产折旧是按照统一规定的折旧率和固定资产原值计算其虚拟折旧。原则上，固定资产折旧应按固定资产的重置价值计算，但是目前我国尚不具备对全社会固定资产进行重新估价的基础，所以暂时只能采用上述办法。

营业盈余：指常住单位创造的增加值扣除劳动者报酬、生产税净额和固定资产折旧后的余额。它相当于企业的营业利润加上生产补贴，但要扣除从利润中开支的工资和福利等。

支出法国内生产总值：指一个国家(或地区)所有常住单位在一定时期内用于最终消费、资本形成总额，以及货物和服务的净出口总额，它反映本期生产的国内生产总值的使用及构成。

最终消费：指常住单位在一定时期内对于货物和服务的全部最终消费支出，也就是常住单位为满足物质、文化和精神生活的需要，从本国经济领土和国外购买的货物和服务的支出；不包括非常住单位在本国经济领土内的消费支出。最终消费分为居民消费和政府消费。

资本形成总额：指常住单位在一定时期内获得的减去处置的固定资产加存货的变动，包括固定资本形成总额和存货增加。

货物和服务净出口：指货物和服务出口减货物和服务进口的差额。出口包括常住单位向非常住单位出售或无偿转让的各种货物和服务的价值；进口包括常住单位从非常住单位购买或无偿得到的各种货物和服务的价值。由于服务活动的提供与使用同时发生，因此服务的进出口业务并不发生出入境现象，一般把常住单位从国外得到的服务作为进口，非常住单位从本国得到的服务作为出口。货物的出口和进口都按离岸价格计算。

三次产业：指根据社会生产活动历史发展的顺序对产业结构的划分，产品直接取自自然界的部门称为第一产业，对初级产品进行再加工的部门称为第二产业，为生产和消费提供各种服务的部门称为第三产业。我国的三次产业划分是：第一产业为农业（包括种植业、林业、牧业和渔业），第二产业为工业（包括采掘业，制造业，电力、煤气及水的生产和供应业）和建筑业，第三产业为除第一、第二产业以外的其他各业。

当年价格：也称现行价格，指报告期内的实际市场价格。按现行价格计算的各种综合指标可以反映当年国民经济发展水平及比例关系，但因其变化受实物数量增减和价格升降因素的影响，在不同时期之间缺乏可比性。

可比价格：指计算各种总量指标所采用的扣除了价格变动因素的价格，可进行不同时期总量指标的对比。按可比价格计算总量指标有两种方法：一种是直接用产品产量乘某一年的不变价格计算；另一种是用价格指数进行缩减。

不变价格：指以同类产品某年的平均价格作为固定价格，用于计算各年的产品价值。按不变价格计算的产品价值消除了价格变动因素，不同时期对比可以反映生产的发展速度。新中国成立后，随着工农业产品价格水平的变化，国家统计局先后五次制定了全国统一的工业产品不变价格和农业产品不变价格。从1952年到1957年使用1952年工（农）业产品不变价格，从1957年到1970年使用1957年不变价格，从1971年到1980年使用1970年不变价格，从1981年到1990年使用1980年不变价格，从1991年开始使用1990年不变价格。从2003年起使用可比价计算产值，取消不变价产值。

人口数：指一定时点、一定地区范围内有生命的个人总和。年度统计的年末人口数指每年 12 月 31 日 24 时的人口数。年度统计的全国人口总数内未包括台湾省和港澳同胞以及海外华侨人数。

从业人员：指从事一定社会劳动并取得劳动报酬或经营收入的人员，包括全部职工、再就业的离退休人员、私营业主、个体户主、私营和个体从业人员、乡镇企业从业人员、农村从业人员和其他从业人员(包括民办教师、宗教职业者、现役军人等)。

固定资产投资额：指以货币表现的建造和购置固定资产活动的工作量，分为基本建设投资、更新改造投资、房地产开发投资和其他固定资产投资四个部分。

财政收入：指国家财政参与社会产品分配所取得的收入，是实现国家职能的财力保证。财政收入所包括的内容几经变化，目前主要包括各项税收、专项收入、其他收入（如基本建设贷款归还收入、基本建设收入、捐赠收入等）和国有企业计划亏损补贴。

财政收入按财政体制划分为中央本级收入和地方本级收入。1994年分税制财政体制以后，属于中央财政的收入包括关税、海关代征消费税和增值税，消费税，中央企业所得税，地方银行和外资银行及非银行金融企业所得税，铁道、银行总行、保险总公司等集中缴纳的营业税、所得税、利润和城市维护建设税，增值税的75%部分，证券交易税(印花税)50%部分和海洋石油资源税。属于地方财政的收入包括营业税，地方企业所得税，个人所得税，城镇土地使用税，固定资产投资方向调节税，城镇维护建设税，房产税，车船使用税，印花税，耕地占用税，契税，增值税25%部分，证券交易税(印花税)50%部分和除海洋石油资源税以外的其他资源税。

财政支出：国家财政将筹集起来的资金进行分配使用，以满足经济建设和各项事业的需要，主要包括基本建设支出、企业挖潜改造资金、地质勘探费用、科技三项费用、支援农村生产支出、农林水利气象等部门的事业费用、工业交通商业等部门的事业费、文教科学卫生事业费、抚恤和社会福利救济费、国防支出、行政管理费和价格补贴支出。

财政支出按照政府在经济和社会活动中的不同职权，划分为中央财政支出和地方财政支出。中央财政支出包括国防支出，武装警察部队支出，中央级行政管理费和各项事业费，重点建设支出以及中央政府调整国民经济结构、协调地区发展、实施宏观调控的支出。地方财政支出主要包括地方行政管理和各项事业费，地方统筹的基本建设、技术改造支出，支援农村生产支出，城市维护和建设经费，价格补贴支出等。

城镇居民家庭可支配收入：指被调查的城镇居民家庭在支付个人所得税、财产税及其他经常性转移支出后所余下的实际收入。

社会消费品零售总额：指国民经济各行业直接售给城乡居民和社会集团的消费品总额。社会消费品零售总额包括售给城乡居民作为生活用的商品和修建房屋用的建筑材料；售给社会集团的各种办公用品和公用消费品；售给机关、团体、学校、部队、企业、事业单位的职工食堂和旅店(招待所)附设专门供本店旅客食用，不对外营业的食堂的各种食品、燃料；企业、单位和国营农场直接售给本单位职工和职工食堂的自己生产的产品；售给部队干部、战士生活用的粮食、副食品、衣着品、日用品、燃料；售给来华的外国人、华侨、港澳台同胞的消费品；居民自费购买的中、西药品，中药材及医疗用品；报社、出版社直接售给居民和社会集团的报纸、图书、杂志，集邮公司出售的新、旧纪念邮票、特种邮票、首日封、集邮册、集邮工具等；旧货寄售商店自购、自销部分的商品；煤气公司、液化石油气站售给居民和社会集团的煤气灶具和罐装液化石油气；农民售给非农业居民和社会集团的商品。

海关进出口总额：指实际进出我国国境的货物总金额。包括对外贸易实际进出口货物，来料加工装配进出口货物，国家间、联合国及国际组织无偿援助物资和赠送品，华侨、港澳台同胞和外籍华人捐赠品，租赁期满归承租人所有的租赁货物，进料加工进出口货物，边境地方贸易及边境地区小额贸易进出口货物(边民互市贸易除外)，中外合资、中外合作、外商独资经营企业进出口货物和公用物品，到、离岸价格在规定限额以上的进出口货样和广告品(无商业价值、无使用价值和免费提供出口的除外)，从保税仓库提取在中国境内销售的进口货物，以及其他进出口货物。我国规定出口货物按离岸价格统计，进口货物按到岸价格统计。

农业机械总动力：指用于农、林、牧、渔业生产的各种动力机械的动力之和，包括耕作机械、农用排灌机械、收获机械、植保机械、林业机械、渔业机械、农产品加工机械、农用运输机械、其他农用机械。按能源又分为柴油、汽油、电力和其他动力。总动力按法定计量单位千瓦计算。（注：1马力=735.5瓦特=0.735千瓦）

农用大中型拖拉机：指发动机额定功率为14.7千瓦及以上的专门用于农作物田间作业和以农作物田间作业为主进行综合利用的拖拉机，包括轮式和履带式两种。不包括用于森工、基建、营林等方面的拖拉机。

小型拖拉机：指专门或主要用于农作物田间作业的不足14.7千瓦的拖拉机。包括四轮拖拉机和手扶拖拉机。

农用载重汽车：指主要用于农林牧渔业生产运输的载重汽车。

耕地灌溉面积：指具有一定的水源，地块比较平整，灌溉工程或设备已经配套，在一般年景下当年能够进行正常灌溉的耕地面积。在一般情况下，耕地灌溉面积应等于灌溉工程或设备已经配备，能够进行正常灌溉的水田和水浇地面积之和。

（1）灌溉工程或设备已经配套，可以灌溉，但由于雨水及时或所种作物不需要灌溉等原因，当年没有进行灌溉的，应统计为耕地灌溉面积。

（2）灌溉工程或设备不配套（如只有深水井，

没有安装机器）、渠系不健全（如只有水库，没有修渠）、地块不平整，当年不能发挥灌溉效益的灌溉面积，不应统计为耕地灌溉面积。

（3）北方地区没有灌溉工程或设备的引洪淤灌的耕地面积，不应统计为耕地灌溉面积。

（4）南方地区没有灌溉工程或设备，完全靠雨蓄水的“冬水田”、“屯水田”、“望天田”、“雷响田”等水田面积，不应统计为耕地灌溉面积。

（5）没有灌溉工程或设备，遇到旱年临时抗旱点种的耕地面积，不应统计为耕地灌溉面积。

（6）原有的灌溉工程或设备，由于受到破坏等原因不能起灌溉作用，这部分耕地面积不应统计为耕地灌溉面积。

旱涝保收面积：指在耕地灌溉面积中，灌溉设施齐全，抗灾能力较强，土地肥力较高，遇到较大的旱涝灾害能保证遇旱能灌、遇涝能排的耕地面积。灌溉设施的抗旱能力和排涝能力，全国各地根据当地的气候执行不同的标准。一般抗旱能力；南方在50-100天，北方在30-50天；排涝能力达到5年至10年一遇的标准，防洪一般达到20年一遇的标准。旱涝保收面积应小于或等于耕地灌溉面积。

化肥施用量：指本年度内实际用于农业生产的化学肥料数量，包括氮肥、磷肥、钾肥和复合肥。施用量要求按折纯量计算数量，即各类化学肥料的实际施用数量按其含氮、含五氧化二磷、含氧化钾的比例折成百分之百计算。

农村用电量：指本年度内，扣除在农村中的国有工业、交通、基建等单位的用电量以后的农村生产和生活的全年用电总量。包括国家电网供电和农村自办电站供电量。

农作物总播种面积：指本日历年度内收获农产品的作物播种面积之和，包括实际播种或移植有农作物面积。凡是实际种植有作物面积，不论种植在耕地上还是种植在非耕地上，均包括在农作物播种面积中。在播种季节基本结束后，因遭受灾害而重新改种和补种的农作物面积也包括在内。

农作物包括范围

（1）**谷物**　包括稻谷、小麦、玉米、谷子、高粱和其他谷物，不包括豆类和薯类。谷类作物一律按脱粒后的原粮计算。

（2）**豆类作物**　是以食用种籽及其制成品的豆科植物，包括大豆和杂豆。大豆包括黄豆、黑豆、青豆三类。产量按去荚后的干豆计算。

（3）**薯类作物**　包括甘薯和马铃薯。不包括芋头、木薯等。芋头一般应作为“蔬菜”计算，木薯作为其他作物计算。城市郊区以蔬菜种植为主把马铃薯产量统计在蔬菜内。

（4）**油料作物**　是以榨取油脂为主要用途的一类作物。种子含油率约达20-60%。包括花生、油菜籽、芝麻、胡麻籽、向日葵籽等。不包括木本油料和野生油料。花生以带壳干花生计算。

（5）**棉花**　不包括木棉，按去籽后的皮棉计算，3公斤籽棉折1公斤皮棉。棉花产量从1999年起在主产区实行抽样调查（河北、江苏、安徽、山东、河南、湖北、湖南、新疆），非主产区仍按全面统计。

（6）**糖料**　包括甘蔗和甜菜。甘蔗以蔗杆计算，甜菜以块根计算。

（7）**药材**　指人工栽培的各种药材作物，不包括野生药材。

（8）**蔬菜**　包括菜用瓜、茭白、芋头、生姜等在内。

（9）**瓜类作物**　指果用瓜，如西瓜、甜瓜（香瓜）、白兰瓜、哈密瓜、脆瓜等，但不包括菜用瓜。

（10）**其他作物**　包括饲料作物、苇子、莲子、席草等。

（11）**饲料作物**　指人工栽培的主要用于喂养牲畜的作物，如苜蓿等。有些地方在饲料地上种植粮食作物，除了种植目的就是作为青饲料用的可作为饲料作物统计以外，收获主产品以后，副产品不管是否作为饲料的，仍应分别列入谷物，豆类作物，薯类等项下统计产量，不得列入饲料作物内。

粮食总产量：指全社会的产量。包括国营农场等国有经济的、集体统一经营的和农民家庭经营的产量，还包括工矿企业办的农场和其他生产单位的产量。粮食除包括稻谷、小麦、玉米、高粱、谷子、其他杂粮外，还包括薯类和大豆。其产量计算方法，豆类按去豆荚后的干豆计算，薯类（包括甘薯和马铃薯，不包括芋头和木薯）1963年以前按每4千克鲜薯折1千克粮食计算，从1964年以后按5千克鲜薯折1千克粮食计算。其他粮食一律按脱粒后的原粮计算。

粮食比国际上通行的谷物口径大，相当于谷物+薯类+大豆。

茶叶产量：指本年度内生产的全部茶叶产量。

包括从成片茶园和零星种植的茶树以及荒芜未垦复的茶树上所采摘的全部产量。不论自食的或出售的，都应统计在内。茶叶的产量按经过初步加工的干毛茶的重量计算。由于加工毛茶的方法不同，以分为红毛茶、绿毛茶、乌龙茶、紧压茶、其他茶。紧压茶是指作紧压茶原料的茶叶产量。其他茶是上述四种毛茶之外的毛茶。

水果产量：指本年度内从果树上收获的全部水果产量。不论自食的或出售的，都应计算在内。但不包括果用瓜（如西瓜、甜瓜、白兰瓜、哈密瓜、脆瓜等）和主要作蔬菜食用的藕、西红柿等。不包括采集的野生水果。水果的产量按鲜果计算，干枣、葡萄干、柿饼、桔饼等应统一折成鲜果计算。香蕉不包括大蕉、龙牙蕉、粉蕉、西贡蕉等。

林产品产量　指从人工栽培的竹木上，不经砍伐竹木的根而取得的各种林产品数量。包括生漆、棕片、五倍子、松脂、笋干、油桐籽、油茶籽、乌桕籽、核桃、板栗等各种林木果实以及修剪竹木所获得的枝叶（如荆条、柳条、蒲葵叶）等。不包括桑叶、茶叶、水果，也不包括野生的林产品。如果某些林产品人工栽培和野生的混在一起，不易划分，则应根据它的主要来源决定其应计入林产品产量统计中还是其他农业内采集野生植物果实产量统计中，但不要两方面都算，以免重复。

林产品产量的计算方法为：

（1）油茶籽、油桐籽、乌桕籽、核桃、文冠果按去掉果皮、外壳的干籽计算产量。

（2）五倍子 以干籽计算产量。

（3）生漆、松脂 按从树上割下来的生漆、松脂计算产量。

（4）棕片和竹笋 按干片和笋干计算产量。

（5）板栗 按除去毛荚的果实计算产量。

（6）油橄榄 按果实计算产量。

（7）紫胶（虫胶） 按原胶计算产量。

畜牧业生产

猪、牛、羊、禽等主要畜禽的存栏、出栏及产品产量。1999年畜牧调查和数据采集方式发生变化。非农户生产经营单位按全面统计的组织方式逐级上报；农户（含规模饲养农户）采取抽样调查，全部调查工作在国家调查（行政）村进行。抽中村中规模饲养农户（制定的规模养殖参照标准）要进行逐个调查。非规模饲养农户，应按随机原则，抽选10个有代表性的农户进行入户调查访问。同时，在调查村要建立畜牧业统计台账，并按要求定期填报有关资料。根据1996年农业普查结果，国家统计局农调总队对猪、牛、羊等主要畜产品存栏、出栏及肉产量等指标常规年报数据与农业普查数据进行衔接。2000年以后的生猪存栏、出栏和肉产量均为抽样调查数据。

当年出栏的畜禽数　指当年（报告期内）乡村各种合作经济和农民、国有农场、机关、团体、学校、工矿企业、部队等单位及城镇居民饲养的，已屠宰或出售的全部畜禽数，包括交售给国家，集市上出售和农民自食的部分。不包括个别地区习惯吃的“烤小猪”或出口的“乳猪”。

期初（末）畜禽存栏头（只数）　指本期（报告期）期初（末），农村与城市的全部畜禽存栏头（只）数。除科学研究单位专门用于试验研究的牲畜和军马以外，农村各种合作经济组织和国营农场、农民个人、机关、团体、学校、工矿企业、部队等单位以及城镇居民饲养的各种畜禽，不分大小、公母、品种、用途一律包括在内。专业运输组织的运输用牲畜也应包括在内。但商业部门库存的和运输途中的活牲畜不进行统计。

肉类总产量　指当年出栏并已屠宰的畜禽肉产量，即屠宰后除去头蹄下水后带骨肉的重量，也叫酮体重。

牛奶产量、羊奶产量　指全社会产量。包括出售给国家、农贸市场交易和农牧民自食部分。无论是纯种牛、杂种牛、黄牛或兼用牛产的奶；无论是奶山羊、绵羊或其他改良羊所产的奶都要计算为产量。牛犊、羊羔直接吮食部分，不统计产量。

细羊毛　指细毛及其改良羊所产的羊毛量。

半细羊毛　指半细毛羊及其改良羊所产的羊毛产量。

禽蛋产量　指鸡、鸭、鹅三种家禽的禽蛋产量，包括出卖和农民自食以及种蛋。

蚕茧产量　指本年度内生产的全部蚕茧产量，无论自用的或出售的，都应计算在内。在计算产量时，要把土茧、改良茧和种茧包括在内，桑蚕茧、柞蚕茧均按鲜茧计算，木薯蚕茧和蓖麻蚕茧等的产量均按茧壳的重量计算。

渔业生产

水产品产量　指当年捕捞的水产品（包括人工

养殖并捕捞的水产品和捕捞天然生长的水产品）产量。

海水产品产量 指从海洋和海水养殖水域中捕捞的海水产品产量。包括海水中的鱼类、虾蟹类、贝类、藻类。

内陆水域水产品产量 指淡（咸）水湖泊、水库、河沟和池塘以及其他内陆水域内捕捞的水产品产量。包括鱼类、虾蟹类、贝类，不包括淡水水生植物。

养殖产量 指从海水养殖面积和内陆水域养殖面积中捕捞的产量。

捕捞产量：指捕捞天然生长的水产品产量。

农林牧渔业总产值：指以货币表现的农、林、牧、渔业全部产品和对农林牧渔业生产活动进行的各种支持性服务活动的价值总量，它反映一定时期内农业生产总规模和总成果。1957年以前的农业总产值中包括了厩肥和农民自给性手工业（如农民自制衣服、鞋、袜，自己从事粮食初步加工等）。1958年及以后的农业总产值，林业中增加了村及村以下竹木采伐产值；牧业中取消了厩肥产值；副业中取消了农民自给性手工业产值，增加了村及村以下办的工业产值；渔业中增加了海洋捕捞水产品产值。1980年及以后，在副业中增加了农民家庭兼营工业商品部分产值。从1984年起村及村以下工业产值划归工业。从1993年起取消副业，将野生动物的捕猎划入牧业、野生植物采集和农民家庭兼营商品性工业划归农业。从2003年起，执行新的国民经济行业分类标准，农林牧渔业总产值中包括了农林牧渔服务业产值。林业中增加了森林采运业产值。农业中取消了家庭兼营商品性工业产值，将野生林产品的采集划归林业。第一次农业普查以后，由于畜牧业产品年报数据与普查数据之间存在一定的差距，国家统计局农村司对畜牧业年报数据与普查数据进行衔接，相应的畜牧业产值进行调整。

农林牧渔业总产值的计算方法通常是按农、林、牧、渔业产品及其副产品的产量分别乘以各自单位产品价格求得；少数生产周期较长，当年没有产品或产品产量不易统计的，则采用间接方法匡算其产值；然后将四业产品产值相加即为农林牧渔业总产值。

农林牧渔业增加值：用生产法计算的一定时期内农业生产活动的最终成果。其计算方法是用现价计算的农林牧渔业产值扣除各项中间投入。

1996年第一次农业普查以后，由于畜牧业产品产量年报数据与普查数据之间存在一定的差距，国家统计局农村司对畜牧业年报数据与普查数据进行衔接，相应的畜牧业产值、增加值进行调整。

农村固定资产：是指使用年限在一年以上，单位价值在规定的标准以上，并在使用过程中保持原来物质形态的资产。企事业单位所有的使用期限在一年以上、单位价值在200元以上的房屋建筑物、机器设备、器具、工具等资产应作为固定资产统计；不属于生产经营的物品，单位价值在200元以上，并且使用期限超过两年的也应作为固定资产统计。农户所有的使用年限在一年以上、单位价值在50元以上的房屋建筑物、机器设备、器具等资产应作为固定资产统计。

农村固定资产统计调查方式由全面统计改为抽样调查。九十年代初，农村固定资产投资统计进行了初步改革，即集体部分的投资由统计部门中负责投资统计的单位通过全面统计的方式，逐级汇总、层层上报取得数据；农户部分则以抽样调查方式取得数据。由于全面统计数据存在行政干扰，农户抽样调查不太规范等原因，从1999年年报开始，农村固定资产投资全面实行抽样调查。根据农村固定资产投资调查的现实情况，本着“不重不漏、方便调查”的原则，界定了调查范围，即城关镇以下（不包括城关镇，但包括城关镇所辖的行政村）属于农村固定资产投资调查的范围。但为了保持工作的衔接，在此范围内的大中型工矿企业、县级以上直属单位所属的企业和单位的投资活动不列入农村固定资产投资调查的范围。统计原则由按所属统计改革为按所在地原则调查。具体划分为三个层次：一是乡政府所在地或镇区所在地范围内的非农户投资单位；二是行政村范围内的非农户投资单位；三是农户投资。

除涝

（1）易涝耕地面积：是指抗涝能力标准低的低洼涝耕地面积。即经过治理的“除涝面积”和尚未经过治理的或虽经过治理，但抗涝标准尚未达到三年一遇的“现有易涝面积”之和。

（2）除涝面积：指由于兴修治涝工程或安装排涝机械等水利设施（或进行改种），使易涝耕地免除淹涝，除涝标准达到三年一遇以上者。易涝面积虽经过治理，但标准尚未达到三年一遇标准的，不做为除涝面积统计。

易涝面积=除涝面积+现有易涝面积（即尚未治理面积+虽经过治理，标准尚未达到三年一遇的标准）

除涝面积=三年至五年治理面积+五年至十年治理面积+十年以上治理面积

除涝面积=上年除涝面积（上年基数）+本年新增除涝面积-本年减少面积

治碱

（1）**盐碱耕地面积**：是指土壤中含有盐碱，影响农作物生长，成苗率（促苗率）不足 70%的耕地面积。盐碱耕地面积包括未改良的老盐碱耕地以及未改良的次生盐碱耕地和盐碱耕地改良面积之和。

（2）**盐碱耕地改良面积**：是指在老盐碱地、次生盐碱地上进行水利、农业、土壤改良等措施，在正常年景使作物成苗率（促苗率）达到 70%以上的盐碱耕地面积。在同一块耕地上，除涝、治碱并举，应分别统计除涝面积和盐碱耕地改良面积。

（3）**本年新增改良面积**：是指在报告期当年（日历年度），对尚未经过治理的盐碱耕地，采取水利、农业、化学等改碱措施，使其脱盐（碱），达到盐碱地改良标准的面积。不包括在已改良过（已被统计除涝面积）的面积上，采取治碱措施，而被改善、提高的面积。

（4）**本年减少改良面积**：是指已被改良的盐碱地面积中由于建设占地、退耕养殖、工程老化失修或不合理的人为措施重又退化积盐，沦为严重影响农作物生长的盐碱耕地的面积。

盐碱耕地改良面积=上年盐碱耕地改良面积（上年基数）+本年新增改良面积-本年减少改良面积

水土保持

（1）**水土流失面积**：是指自然因素和人为因素，使山丘地区地表土壤及母质受到各种破坏和移动，造成水土流失的面积。水土流失面积应为解放初期实有的水土流失面积和解放后发展的水土流失面积之和。

（2）**水土流失治理面积（又称水土保持面积）**：是指在山丘地区水土流失面积上，按照综合治理的原则，采取各种治理措施，如：水平梯田、淤地坝、谷坊、造林种草、封山育林育草（指有造林、种草补植任务的）等，以及按小流域综合治理措施所治理的水土流失面积总和。

（3）**小流域治理面积**：是以小流域为单元，根据流域内的自然条件，按照土壤侵蚀的类型特点和农业区划，在全面规划的基础上，合理安排农、林、牧各业用地，布置水土保持农业技术措施，林草措施与工程措施，相互协调、相互促进形成综合的水土流失防治体系。凡列入县级以上治理规划，并进行重点治理的，流域面积在 5 平方公里以上的小流域治理面积均进行统计。

（4）**本年新增治理面积（也称本年新增水土保持面积）**：是指在山丘水土流失区，由于采取各种水土措施，或进行小流域综合治理，在报告期年度，新增加的水土流失治理面积。不包括已治理的水土流失面积，以往年度已经统计，而在本年度内又增建或更新改造水保措施，而得到提高改善的面积。

（5）**本年减少的治理面积**：是指在报告期内，由于各种原因，如基建占地、人为破坏、自然灾害、各类生产活动、工程老化失修等，使原已治理的水土流失面积重又产生水土流失的面积。

水土流失治理面积=上年累计达到治理面积+本年新增治理面积-本年减少治理面积

水库

（1）**已建成水库**：是指主、副坝、溢洪道、输水洞和专门建筑物，如电站、过船过水建筑物等，已全部建成或基本建成，无重大遗留问题达到设计蓄水能力，经过验收鉴定合格，正式交付使用的水库。

（2）**总库容**：即校核水位以下的库容。包括死库容、兴利库容、防洪库容（减掉和兴利库容重复部分）之总和，称总库容，它是水库兴建的总规模。

大、中、小型水库的划分标准

大型水库　总库容在一亿立方米及以上；

中型水库　总库容在一千（含一千）万立方米至一亿立方米；

小型水库　库容在十万立方米至一千万立方米。

堤防总长度　指建成或基本建成的河堤、江堤、海堤、湖堤、围堤，包括防洪墙等各类防洪，防潮堤防之总和，包括建国前建成或需要加固加高培厚的老堤防。但不包括单纯除涝河道的堤防和弃土形成的堤防，也不包括子埝和生产堤。所谓基本建成，是指按设计标准已经完成，已能发挥设计效益，但还留有少量尾工的工程。

农场个数：指报告期末实有农场个数。包括农垦系统内全民所有制、集体所有制和合资经营的农、林、牧、渔场个数，不包括家庭农场个数。农场应具备三个条件：进行农林牧渔业生产；设有场部组织结构；实行独立核算。

农村居民家庭基本情况

常住人口：是指全年经常在家或在家居住六个月以上，而且经济生活和本户连成一体的人口。在外劳动的合同工、临时工和其他副业工，他们在外劳动虽然超过六个月，但其收入主要带回家中，仍要计算在内。在家居住，生活和本户连成一体的国家职工、退休人员也要计算在内。但是参军、在外居住的职工等，则不应计入。

常住人口中整半劳动力：整劳动力是指男子18周岁到50周岁，女子18周岁到45周岁；半劳动力是指男子16周岁到17周岁，51周岁到60周岁；女子16周岁到17周岁，46周岁到55周岁，同时具有劳动能力的人。虽然在劳动年龄之内，但已丧失劳动能力的人，不应算为劳动力；在劳动年龄以外，但能经常参加劳动，能顶上一个整劳动力或半劳动力的人，应计入劳动力数内。常住人口中的职工，若这些职工为劳动力，就包括在本户的整半劳动力中。

总支出：指农村住户用于生产、生活和再分配的全部支出。包括家庭经营费用支出、购置生产性固定资产支出、生产性固定资产折旧、税费支出、生活消费支出、财产性支出和转移性支出。

家庭经营费用支出：指农村住户以家庭为基本生产经营单位从事生产经营活动而消费的商品和服务、自产自用产品。所消费的未计算为住户收入的自产自用产品，不计算为费用支出。库存的化肥、农药也不应该计算费用支出。

现金收入：指农村居民家庭年内所有家庭成员的全部现金收入。包括基本收入（即以工资形式支付的劳动报酬收入和家庭经营现金收入）、财产性收入、转移性收入和储蓄借贷现金收入。

现金支出：指农村居民家庭年内全部现金支出。包括用于承包经营生产的家庭经营费用支出的各项现金，向国家缴纳的各种税金，按承包合同上交的集体提留或承包任务的现金，购买生产用固定资产支付的现金，用于生活消费支出，转移性支出和储蓄借贷支出的现金等。

农村居民家庭平均每人总收入和纯收入

总收入：是指调查期内农村住户和住户成员从各种来源渠道得到的收入总和。按收入的性质划分为工资性收入、家庭经营收入、转移性收入和财产性收入。

（1）**工资性收入**：指农村住户成员受雇于单位或个人，靠出卖劳动而获得的收入。

（2）**家庭经营收入**：指农村住户以家庭为生产经营单位进行生产筹划和管理而获得的收入。农村住户家庭经营活动按行业划分为农业、林业、牧业、渔业、工业、建筑业、交通运输邮电业、批发和零售贸易餐饮业、社会服务业、文教卫生业和其他家庭经营。

家庭经营产品的计价：凡是出售部分，按实际出售价格计算；非出售部分（包括自用的和结存的）按出售该产品的综合平均价计算。

转移性收入：指农村住户和住户成员无需付出任何对应物而获得的货物、服务、资金或资产所有权等，不包括无偿提供的用于固定资本形成的资金。一般情况下，指农村住户在二次分配中的所有收入。

财产性收入：指金融资产或有形非生产性资产的所有者向其他机构单位提供资金或将有形非生产性资产供其支配，作为回报而从中获得的收入。

纯收入：是农村住户当年从各个来源得到的总收入相应地扣除所发生的费用后的收入总和。纯收入主要用于再生产投入和当年生活消费支出，也可用于储蓄和各种非义务性支出。“农民人均纯收入”按人口平均的纯收入水平，反映的是一个地区或一个农户农村居民的平均收入水平，反映的是一个地区或一个农户农村居民的平均收入水平。计算方法为：

纯收入＝总收入－家庭经营费用支出－税费支出－生产性固定资产折旧－赠送农村亲友支出。

农村居民家庭平均每人生活消费支出

生活消费支出：指农村住户用于物质生活和精神生活方面的支出。生活消费支出包括：食品，衣着，居住，家庭设备、用品及服务，医疗保健，交通和通讯，文化教育娱乐用品及服务，其他商品和服务等消费支出。各消费类别的具体内容如下：

（1）**食品消费支出**：指农村居民年内消费各类

食品支出。包括主食、副食、其他食品、在外饮食支出和食品加工费支出。其中的**主食**：是指各种粮食和粮食复制品的消费量折价。粮食复制品：指利用原粮加工而成的食品，如挂面、年糕等。但不包括用粮食加工成豆油、豆腐、粉条、酒。**副食**：包括蔬菜、豆制品、油脂类、食糖、肉、禽及其制品、蛋类、水产品、调味品等。**其他食品**：包括烟草类、酒类、饮料类、干鲜果品、糖果糕点、奶和奶制品、罐头类等。**在外饮食**：包括在外面饭馆、小吃部、小卖部、茶馆、饮食摊内吃饭、喝茶、吃冷饮时消费的各种食品。开会和住院的伙食费也应包括在内。**食品加工费**：指加工食品所需的费用，包括把原粮加工成副食品和其他食品的费用。

（2）**衣着**：指农村住户各种穿着用品及加工穿用品的各种材料等支出。包括棉花、丝棉、化纤棉、驼毛、棉布、各种化纤布、绸、缎、呢绒、各类成衣、棉、毛、丝、麻纺织品，背心、汗衫、棉毛衫裤、卫生衫裤、袜子等针织品，毛线、毛线织品、各种鞋、帽等消费品及衣着的加工修理费。但不包括用各种布料做的床上用品，室内装饰品。

（3）**居住**：指农村住户与居住有关的所有支出，包括新建（购）房屋、房屋维修、居住服务、租赁服务、租赁住户所付的租金、生活用水、生活用电、用于生活的燃料等支出。

（4）**家庭设备、用品及服务**：指农村住户消费的各种家庭设备、用品及设备、用品的加工修理费用。包括耐用消费品、室内装饰品、床上用品、家庭日用杂品等。

（5）**医疗保健**：指农村住户用于医疗和保健的药品、医疗器械和服务费用。包括医药卫生保健用品、医疗保健服务费和医疗卫生设备、用品加工修理费等。

（6）**交通和通讯**：指农村住户用于交通和通讯的工具、各种服务费、维修费用支出。

（7）**文化教育娱乐用品及服务**：指农村住户用于文化、教育、娱乐方面的支出。包括文化教育娱乐用品支出和文化教育娱乐服务支出。

（8）**其他商品和服务**：是指上述各类支出以外的商品的服务支出。其中商品性支出：包括化装品、金银珠宝饰品和其他商品。服务支出：指生活消费的服务。包括旅店住宿费、洗澡费、照相费、殡殓费等。

农村居民家庭房屋使用情况

房屋：是指有顶有墙，能遮风避雨，可用于住人放物从事生产等用的房屋。包括住房、仓库、牧区的蒙古包、帐棚，但不包括船屋。它是反映农村住户生活水平的重要标志。

新建房屋：是指全年从无到有“平地起家”的新建筑房屋。包括新址上新建和旧址上新建的房屋。在原来的房屋基础上按原有规模对房屋进行翻修或一般维修的不包括在内。新建房屋仅包括年内建成的新建房屋，未完工的在建房屋不要统计在内。

房屋面积：是指室内面积，从房屋的内墙线算起的面积，不包括房屋结构（如墙、柱）占用的面积。多层建筑，按各层面积总和计算。其中：**砖（石）木结构**：是指房屋的梁、柱、承重墙等主要部分是用砖、石、木料建造的，如木房架、砖、石墙、木柱、砖柱建造的房屋。**钢筋混泥土结构**：是指房屋的梁、柱、承重墙等主要部分是用钢筋混泥土建造的。

房屋的价值：购买房屋按购买价格计算。新建房屋价值，可按实际消耗的建筑材料和人工的报酬计算，有的地方，人工不要报酬，只管吃喝，可将吃喝的费用，当作报酬，计入房价内。原有房屋，按房屋质量和新旧程度，根据当地实际情况进行估价。对原有房屋进行大翻修的，也应考虑在内。

生活用房屋面积：指实际住人或可以用来住人的房屋面积。与住房连成一体的起居室或放置灶具的地方、专用厨房，均应包括在内。但不包括专用仓库等生产用房面积。其中的**楼房面积**：是指二层和二层以上的多层建筑的房屋面积，楼房面积按各层面积总和计算。

农村居民家庭平均每户生产性固定资产原值

生产性固定资产：是指在生产过程中使用年限较长、单位价值较高，并在使用过程中保持原有物质形态的资产，包括厂房、机器设备等。农村家庭使用的固定资产，需同时具备两个条件，即使用年限在两年以上，单位价值在50元以上。在乡村企业及其他部门中，规定单位价值在200元以上，使用年限在一年以上。如果企业的主要设备虽低于200元，但使用年限在一年以上，也划为固定资产。

生产用固定资产原值：是以购入该项固定资产的原始价值量，反映农村住户拥有的生产规模和能力。各类固定资产的原值，也可按开始占有这项固定资产的重新估计的价值计算。

农村居民家庭平均每人经营耕地情况

经营耕地面积：是指农村住户年末经营的全部耕地面积，包括承包集体生产的耕地面积和家庭自营地面积（自留地、饲料地和零星开荒地），经营耕地面积中，应包括因各种原因休闲和抛荒的耕地面积、改种植为养殖的耕地面积。还包括经营他人的转包耕地面积，但不包括代为他人临时耕种的承包地面积。

经营山地面积：是指农村住户年末经营的全部山地面积，包括承包集体的山地面积和家庭自留山面积。还包括经营他人的转包山地面积，但不包括代为他人临时经营承包的山地面积。

经营山地面积中植树造林面积：是按当年造林面积计算。当年造林面积按年末实际成活率达到80%以上的面积，有一亩算一亩。

经营水面面积：是指农村住户年末经营的全部水面面积，包括承包集体的水面和家庭自营水面面积。经营水面面积，包括原水面面积、新挖塘养殖面积，未挖深但已停止种植粮食作物的蓄水养殖面积。

四大地区划分：分为东部、中部、西部和东北四个地区。东部地区：北京、天津、河北、上海、江苏、浙江、福建、山东、广东和海南共10个省市。中部地区：山西、安徽、江西、河南、湖北和湖南共6个省。西部地区：内蒙古、广西、重庆、四川、贵州、云南、西藏、陕西、甘肃、青海、宁夏和新疆共12个省区市。东北地区：辽宁、吉林和黑龙江共3个省。